AF130317

ANDREAS BUDZ

SONNENAUFGANG

EIN REISEBEGLEITER ZUM BEWUSST SEIN

novum pro

Dieses Buch ist auch als
e-book
erhältlich.

Bibliografische Information
der Deutschen Nationalbibliothek:

Die Deutsche Nationalbibliothek
verzeichnet diese Publikation in
der Deutschen Nationalbibliografie.
Detaillierte bibliografische Daten
sind im Internet über
http://www.d-nb.de abrufbar.

Gedruckt in der Europäischen Union
auf umweltfreundlichem, chlor- und
säurefrei gebleichtem Papier.

© 2025 novum publishing gmbh
Rathausgasse 73, A-7311 Neckenmarkt
office@novumverlag.com

ISBN 978-3-7116-0327-2
Lektorat: Helmuth Santler,
www.textmaker.at
Umschlagabbildungen: Bozhenamelnyk,
Jose Miguel Sanchez I Dreamstime.com
Umschlaggestaltung, Layout & Satz:
novum Verlag

www.novumverlag.com

Druckprodukt mit finanziellem
Klimabeitrag
ClimatePartner.com/16547-2311-1001

Inhaltsverzeichnis

Eine sonnige Geschichte

Das Mädchen blickte zum alten Mann und fragte: „Opa, wann geht die Sonne auf?"

„Jetzt", antwortete der Alte.

Das Mädchen drehte sich suchend einmal im Kreis herum und stutzte. „Das stimmt gar nicht!", protestierte es. „Du schwindelst! Sag mir, Opa, wann geht die Sonne auf?"

Ihr Großvater lächelte gütig und ein wenig verschmitzt. „In jedem Augenblick", sagte er dann.

Tatsächlich schob sich in diesem Moment der rotglühende Ball über den Horizont und das Mädchen hüpfte auf und ab vor Begeisterung. „Die Sonne, die Sonne", jubelte es. „Schau, Opa, schau, die Sonne geht auf. Es ist wunder-wunderschön!"

„Ja", sagte der alte Mann. „Es ist wunder-wunderschön. Aber weißt du, ich habe wirklich geschwindelt. Die Sonne geht in Wirklichkeit niemals auf."

Die Kleine drehte sich abrupt um, kniff die Augen zusammen und schaute den Alten empört an. „Opa ...!?", sagte sie und dehnte das „a" drohend aus, bis ihr die Luft ausging. Der aber hielt ihrem Blick stand und nickte bestätigend. Ja, so verhielt es sich. Wie er gesagt hatte.

Da wurden die Züge des Mädchens weich, es stürmte auf den Großvater zu und umarmte ihn mit aller Kraft. „Ich weiß", rief es. „Ich verstehe das Jetzt!"

Vorwort

Im Buch „Christina. Die Vision des Guten" von 2018 antwortet die 15-jährige Christina von Dreien ihrer Mutter Bernadette auf die Frage, was genau bei den Kindern, die etwa seit der Jahrtausendwende auf die Welt kamen, so anders ist als bei den Menschen, die 40 oder 50 Jahre zuvor geboren wurden; in dem Gespräch ging es darum, die Entwicklung der neuen Zeit einzuleiten.

„Weißt du, Mama, die meisten heutigen Menschen sind der Meinung, sie seien das höchstentwickelte und intelligenteste Lebewesen, das jemals im Universum existiert habe. Doch das stimmt absolut nicht. Mir sind sehr viele andere Zivilisationen und Lebensformen bekannt, doch kenne ich keine Zivilisation, in der die Leute sich gegenseitig so sehr hassen und zerstören, wie es die Menschen derzeit tun. Deshalb benötigt die Menschheit ein Erwachen, einen dringend notwendigen Evolutionssprung, damit sie endlich wieder aus dieser Negativität herausfindet. Von außen wird zu diesem Zweck bereits seit Jahrzehnten eine breite Palette von Hilfestellungen geschickt, sodass jeder Mensch die Möglichkeit hat, sein Bewusstsein zu verändern und sich wieder dem Licht zuzuwenden. Man könnte dies auch den Übergang vom Dualitätszeitalter zum Kristallzeitalter nennen, und die bedingungslose Liebe ist die stille Revolution in dieser Zeit des Übergangs. Jeder Mensch ist aufgefordert, diese bedingungslose Liebe in sich zu erwecken und zu entfalten. Das ist die große Aufgabe der heutigen Menschheit."[1]

Dieses Buch unterstreicht die Dringlichkeit dieser Aussage vollkommen. Und möchte seinen Beitrag dazu leisten, dass möglichst viele die Reise zum bewusst Sein und zum Erwachen der

---

1 Bernadette von Dreien, S. 43–44

bedingungslosen Liebe unternehmen – indem es erklärt, wieso dieses Universum überhaupt entstanden ist und warum es so funktioniert, wie es funktioniert. Weshalb selbst *das Göttliche*, das hinter der Schöpfung von allem steht, keine andere Wahl hatte, als das Universum genau so zu erschaffen, wie es eben ist, um seine Absicht zu verwirklichen. Worin diese Absicht besteht. Und allem voran, indem es zeigt, welche Wege aus dem aktuellen Zustand von Unbewusstheit, in dem sich ein Großteil der Menschheit befindet, heraus ins Licht führen.

Dieses Buch will erfahren werden. Sie sollten es daher nicht in einem Stück durchlesen. Lesen Sie ein Kapitel und legen Sie es dann beiseite. Beschäftigen Sie sich mit dem Gesagten, bis Sie die darin enthaltene Wahrheit spüren können. Sie müssen sich im Grunde nur an das erinnern, was Ihre Seele immer schon wusste und was Sie bei Ihrer Geburt vergessen haben. Dieses Wissen ist Ihnen zugänglich, indem Sie meditieren oder in gedankenfreier Stille sich in der Natur bewegen oder einfach tun, was Ihnen Freude macht. Das ist alles, was zu „tun" ist.

Hinter allem steht die universelle Liebe *des Göttlichen*, alles ist in perfekter Harmonie aufeinander abgestimmt und dient nur einem Ziel: dem Erwachen der Menschheit aus ihrem gegenwärtigen (Un-)Bewusstseinszustand. Dem Finden des Lichts.

Beziehungen können dabei hilfreiche Wegweiser sein. Beziehungen – zu anderen Menschen, jedoch ebenso zur Natur und allem Lebendigen – sind nicht dazu da, Sie glücklich zu machen. Sie dienen dazu, Sie bewusst zu machen. Wenn Sie dies erkennen, dann wird jede Form von Beziehung Ihnen einen Ausweg aus dieser Illusion aufzeigen und Sie werden mit dem höheren Bewusstsein, welches Sie in *Wirklichkeit* sind und das durch Sie in diese Welt geboren werden möchte, in Berührung kommen.

Wir Menschen stehen unter einem großen Druck, uns weiterzuentwickeln, damit wir unsere Lebensgrundlagen und damit uns selbst nicht zerstören. Für die Situation, in der wir uns befinden, ist das wesentlichste Element des vergangenen Zeitalters hauptverantwortlich: unser Verstand.

Unser Verstand beeinflusst jeden Aspekt unseres Lebens und ganz besonders unsere Beziehungen zu anderen Menschen, wie auch zu anderen Lebewesen und der Natur, die uns umgibt und uns erhält. Der Verstand erzeugt die in unserer Welt nahezu allgegenwärtige Angst. Der Verstand ist ein mächtiges und nützliches Werkzeug, jedoch stellt er innerhalb des Entwicklungsprozesses der Menschheit nur eine Evolutionsstufe dar. Auf der wir uns lange genug aufgehalten haben: Es ist Zeit, darüber hinauszugehen, den alten Verstand loszulassen wie schweres Gepäck. Zeit, die Klammern zu lösen, mit denen der Verstand sich an den alten Strukturen der vorangegangenen Epoche des Fischezeitalters festhält und damit an Schmerz und Leid in unserer Welt.

Es ist Zeit, die Herzen zu öffnen und sich der Liebe anzuvertrauen.

Möge Ihnen dieses Buch Hilfestellung bieten für den Übergang in dieses neue Zeitalter, Ihnen den Sonnenaufgang Ihres Bewusstseins näherbringen und ein Wegweiser sein in eine friedvollere und harmonischere Zukunft.

1 Einleitung

„Wenn Sie das Geheimnis des Universums lüften wollen,
denken Sie in Begriffen wie Energie, Frequenz und Vibration."
Nikola Tesla

„Jenseits von richtig und falsch gibt es einen Ort.
Dort treffen wir uns."
Rumi

Alles innerhalb der Schöpfung ist in Bewegung, alles hat eine unverwechselbare, jedem Gegenstand oder Wesen innewohnende Frequenz. Diese ist so einzigartig wie Ihr Fingerabdruck. Alles im Universum schwingt: unsere Erde, ein Bakterium, ein Berg und auch Sie selbst. Alles schwingt, lebt und verändert sich laufend, ohne dabei das ureigene, unverwechselbare Schwingungsmuster zu verlieren. Alles ist einzigartig und individuell. Zwei Dinge oder Wesen mögen sich ähneln, nie werden sie vollkommen identisch sein. Wenn Sie daher die Frequenz von irgendetwas oder irgendjemandem kennen, dann wissen Sie dadurch genau, wen oder was Sie vor sich haben.

Dies ist die materielle Sicht auf die Dinge unseres Lebens und sie entspricht unserer Realität. Unser Universum und alle Dinge und Wesen, die sich darin befinden, erfahren wir als Form. Die Form ist jedoch nur die eine Seite der Medaille. Dieses Buch möchte Ihnen dabei helfen, die andere Seite zu verstehen, sich mit ihr zu verbinden und sie wahrhaftig zu erfahren, sodass Sie Ihre Wirklichkeit anders wahrnehmen als bisher. Dies wird Ihre Perspektive vollkommen verändern und Ihnen neue Möglichkeiten eröffnen.

Sie werden Ihre Wirklichkeit anders sehen, nicht mehr nur materiell. Leben ist weit vielschichtiger als bloß Materie. Die Kraft, die alles am Leben hält und aus der alles stammt, ist geistiger

Natur. Und auch dieses Geistige – welches wir für unsere Zwecke und ohne dabei an Konfessionen irgendeiner bestimmten Richtung zu denken, als *das Göttliche* bezeichnen wollen – ist etwas, das sich ständig bewegt und sich entwickelt; es ist das Leben selbst.

Diese Kraft ist schöpferisch. Sie ist die Quelle der gesamten Schöpfung und unseres Universums. Sie ist in allem enthalten und somit sind auch Sie schöpferisch tätig. Wir alle sind daher schöpferisch und können unsere Welt entsprechend unseren Vorstellungen gestalten. Dieser Geist, welcher als Bewusstsein in Erscheinung tritt und das Leben selbst ist, ist das, *was Sie in Wirklichkeit sind.* Wenn Sie diese neue Weltsicht ernst nehmen, dann verändert sich ihr Blick auf Ihre Welt und Ihr Miteinander mit allem, was lebt, schlagartig.

In unserer modernen Welt ist für diese Sicht der Dinge kaum Platz. Dennoch ist es der Wissenschaft heute nicht mehr möglich, die Augen vor dem Wesentlichen zu verschließen und die Menschheit beginnt zu entdecken, dass das, worüber Sie hier lesen, das Wesentlichste überhaupt ist.

Die geistige Welt ist die *Wirklichkeit,* die materielle Welt ist ein Produkt der geistigen Welt und wird von ihr erschaffen und erhalten. Jedoch ist nicht alles innerhalb der materiellen Welt eine Illusion, da die geistige Welt die materielle Welt durchdringt. Das, was die materielle Welt durchdringt, ist *Bewusstsein.* Wenn Ihnen jedoch die Bewusstheit dafür fehlt, dieses zu erkennen, bleibt Ihnen nur die materielle Sicht der Dinge. Somit erkennen Sie höchstens die eine Seite der Medaille.

Um jedoch beide Seiten der Medaille zu erfahren, müssen Sie sich die wichtigste Frage Ihres Lebens stellen. Diese lautet: „Wer bin ich?" Diese Frage wird Sie tief in Ihr inneres Wesen führen, ja bis zum Anbeginn unseres Universums und darüber hinaus. Dies ist so, weil Sie ein Teil von allem sind, auch wenn Sie sich als isoliert und von allem getrennt innerhalb des Universums empfinden mögen; dies ist nur eine Illusion. Aber wovon trennt Sie diese Illusion? Weshalb gibt es Trennung? Warum befinden Sie sich auf der Erde? Gibt es etwas für Sie zu tun oder zu erledigen? Wozu wurde das Universum erschaffen? Ist dies alles zufällig entstanden oder gibt es einen Plan, eine Ordnung hinter allem? Wollen Sie das herausfinden?

Wenn Ihnen bewusst wäre, wer Sie *in Wirklichkeit* sind, würde dies alles verändern. Die Frage „Wer bin ich?" hat also sehr viel mit Ihrem aktuellen Bewusstseinszustand zu tun. Nur wenn es Ihnen gelingt, Ihren Bewusstseinszustand – und damit ist nicht ihr Verstand gemeint, sondern das Maß an Bewusstheit – über den aktuellen Zustand zu erheben, sind Sie in der Lage, einen Weg aus dieser perfekt erschaffenen Illusion herauszufinden.

Der Schlüssel dazu liegt in Ihrem Inneren. Wenn Sie den Schlüssel finden, wird Ihnen eine Wahrheit entgegenleuchten, die viel tiefgründiger und umfassender ist, als Sie sich je vorstellen konnten. Das, was Ihnen entgegenleuchten wird, sind Sie selbst in Ihrer reinen, vollkommenen und unbegrenzten Form. Dieser Zustand wird als Erleuchtung bezeichnet. Sie werden aber diesen Zustand nur erreichen, wenn Sie erkennen, dass Sie – genau wie *das Göttliche* –Schöpfer:in Ihres eigenen Universums sind.

Sie haben die Möglichkeit, alles und jedes, was Sie sich vorstellen, zu erschaffen. Aus diesem Grund haben Sie einen Verstand erhalten, welcher dies kraft Ihrer Gedanken und Ihrer Vorstellungsgabe zu realisieren vermag. Alles, was Sie in Händen halten, war irgendwann ein Gedanke. Gedanken sind Formen, auch wenn sie für Ihr Auge unsichtbar sind, da sie zu hochfrequent schwingen. Wenn Sie die Gedanken aussprechen, erhalten diese zusätzliche Kraft und Ihre eigene Schwingung wird verstärkt. Wenn Sie dann noch entsprechend Ihren Gedanken und Ihren Worten handeln, dann können Sie Ihre Umwelt und Ihr Leben gestalten, so wie Sie es wollen. Vielleicht haben Sie es noch nie von dieser Seite her betrachtet, aber auf diese Weise funktioniert Ihr persönlicher Schöpfungsprozess. Je höher Ihre individuelle Schwingung, desto größer ist Ihre Bewusstheit. Je größer Ihre Bewusstheit, desto bewusster und schneller erschaffen Sie Ihre neue Realität.

Wenn Sie dies verstanden haben, werden Sie erkennen, dass Sie nie Opfer irgendwelcher Umstände waren oder sind oder sein werden. Sie sind Schöpfer:in Ihrer eigenen Realität. Sie werden verstehen, was Ihre persönliche Aufgabe in diesem Leben ist und welche Aufgabe die Menschheit auf diesem Planeten hat. Sie werden erkennen, wie Sie aus dieser Illusion herauskommen und sich zu dem entwickeln, der Sie *in Wirklichkeit* sind.

Diesen Prozess der Evolution können wir als das Erwachen bezeichnen, welcher sich auf unserer Erde gerade vollzieht. Dieses Buch kann ein Anstoß dazu sein oder, wenn der Prozess schon eingesetzt hat, diesen beschleunigen. Die wichtigste Erkenntnis dabei ist, dass Sie noch in einem Traum gefangen sind, den Sie als Ihre Realität bezeichnen. Dabei erfahren Sie, wie Ihr Ich-Bewusstsein denkt, handelt und spricht und welche individuellen und kollektiven Muster Sie in diesem Zustand der Unbewusstheit festhalten. Dies ist wichtig, denn wenn Sie diese Zusammenhänge nicht erkennen, können Sie sie auch nicht durchschauen. Dann fallen Sie immer wieder auf die Täuschung herein und bleiben in der Unbewusstheit gefangen. Außerdem wird der Prozess des Erwachens leichter, wenn Sie Ihre eigene Unbewusstheit erkennen. Das, was diese Erkenntnis ermöglicht, sind Sie selbst: *das sich selbst erkennende Bewusstsein.*

Sind Sie bereit für diesen evolutionären Schritt? Nicht jeder ist bereit dazu, aber Sie könnten dazugehören. Die Transformation des menschlichen Bewusstseins ist in unserer Zeit kein Luxus mehr, sondern eine *Notwendigkeit*, um unsere planetaren Lebensgrundlagen, die einzigen, die wir haben, vor der Zerstörung durch die menschliche Unbewusstheit zu retten. Die Menschheit muss sich vor sich selbst retten! Der Wandel, von dem wir hier sprechen, geht über das Denken hinaus. Er gründet sich auf der Erkenntnis, dass alles mit allem verbunden ist, und diese Erkenntnis ist keine intellektuelle. Sie muss gespürt werden, sodass die Erfahrung des Eins-Seins zum zentralen Leitmotiv Ihres Handelns wird.

Diese neue Fähigkeit, sich über das Denken zu erheben und eine Dimension in sich selbst zu entdecken, die viel umfassender ist als das Denken selbst, ist der Schlüssel für die Entwicklung Ihres noch unbewussten Selbst. Mit jedem Schritt, den Sie in diese Richtung machen, beziehen Sie Ihre Identität nicht mehr aus dem illusorischen Ich, das Sie für sich selbst halten, sondern aus einer Ihnen innewohnenden Tiefe, die Sie als Freude, Liebe und Harmonie kennenlernen werden. Sie erkennen sich als Bewusstsein, das hinter dem Denken steht, als der Raum, in dem alle Ihre Erfahrungen auftreten und sich Ihr Leben abspielt. Ihr Ich-Bewusstsein ist nichts anderes als die Identifikation mit Form. In erster Linie mit Gedankenformen, aber auch mit physischer Form, das heißt Ihrem Körper.

Diese Identifikation ist der Grund für das Entstehen des Traums von Realität, der Sie blind macht gegenüber der *Wirklichkeit*. Sie können das Eins-Sein mit allen Dingen nicht mehr spüren und erfahren so die Verbundenheit mit Ihrem eigenen Ursprung nicht mehr. Dieses Nicht-Erkennen ist die Ursache für Ihre Unbewusstheit.

Dieses Buch, Ihr Reisebegleiter zum bewusst Sein, hat nur ein Ziel. Es möchte Ihnen zu mehr Bewusstheit verhelfen, indem es Ihnen den Zugang zu Ihrer Erinnerung daran erleichtert, wer Sie *in Wirklichkeit* sind.

Lassen Sie uns jetzt mit der aufregendsten Reise Ihres Lebens beginnen. Sie wird Sie an ganz unerwartete Orte führen. Sie werden Orte entdecken, die wunderschön sind und von deren

Existenz Sie bisher nichts wussten, und auch an Orte kommen, die nicht immer angenehm für Sie sein werden. Das gehört zu Ihrer Reise dazu. Diese beginnt jetzt. Und hier.

Diese Erkenntnisse sind nicht neu. In den Tafelgesprächen des Sufi-Meisters Rumi wird diese Reise, welche vom Ich-Bewusstsein zu einem Wir-Bewusstsein und schließlich zu einem universellen Bewusstsein führt, in ihrer fundamentalen Bedeutung sehr schön dargelegt:

„Die Meister sagen, dass man eines auf der Welt niemals vergessen darf. Würdest du auch sonst alles vergessen, bis auf dieses eine, gäbe es keinerlei Grund zur Sorge; wenn du jedoch alles andere vollkommen im Sinn behieltest und dich danach richtetest, dies eine jedoch vergäßest, hättest du nichts erreicht. Es ist, als hätte der König dich in ein fremdes Land geschickt, um eine ganz bestimmte Aufgabe zu erledigen. Du gehst und erfüllst hundert wichtiger Aufgaben, wenn du jedoch die eine Angelegenheit, derentwegen du geschickt wurdest, unerledigt lässt, ist es, als hättest du gar nichts erreicht. Genauso kommt der Mensch auf die Welt, um eine ganz bestimmte Aufgabe zu erfüllen, das ist sein Lebenswerk. Erfüllt er sie nicht, hat er versagt."[2]

---

2 Sogyal Rinpoche, Seite 163

2 Auf Spurensuche

> „Wenn kosmisches Bewusstsein das Nichts an sich wäre,
> wäre es unerfahrbar. Da es ist, ist es erfahrbar. Und wie?
> Seinem Wesen nach als Licht. Seiner Wirkung nach
> als Erleuchtung, als kosmisches Bewusstsein."
> *Hui-Neng*

Das, was hier geschrieben steht, ist von Ihnen und somit von Ihrem Verstand wirklich schwer zu verstehen. Es ist eigentlich gar nicht zu verstehen, weil es das Unbeschreibbare ist, dem wir uns hier widmen. Sollte Ihnen dieses Kapitel daher als etwas schwer verdaulich erscheinen, so ist das vollkommen in Ordnung. Jedoch ist es für das weitere Verstehen unerlässlich, zumindest den Versuch zu unternehmen, das Unbeschreibbare zu beschreiben.

Das Ganze ist so etwas wie die Quadratur des Kreises: Es ist zwar unmöglich, aber es kommt ohnehin nur darauf an, es zu versuchen. Das Unbeschreibbare ist und bleibt in seiner Essenz unbeschreibbar, jedoch kann man sich der Sache annähern und so zumindest ein Fenster öffnen, durch das ein Blick darauf möglich wird.

2.1 Das Unbeschreibbare beschreiben

Stellen Sie sich vor, Sie legen sich am Abend schlafen und am Morgen nach dem Aufwachen erinnern Sie sich an absolut nichts mehr. Sie wissen weder, wie Sie hierhergekommen sind, noch, was Sie hier machen sollen. Ihnen ist diese neue Welt genauso fremd wie einem Baby, das gerade geboren wurde. Zu Ihrem Erstaunen entdecken Sie jedoch ein Buch auf Ihrem Nachtkästchen. Sie greifen danach, schlagen die erste Seite auf und beginnen zu lesen. Mit Erstaunen stellen Sie fest, dass dieses Buch mit folgenden Worten beginnt:

„Stellen Sie sich vor, Sie legen sich am Abend schlafen und am Morgen nach dem Aufwachen erinnern Sie sich an absolut nichts mehr. Seien Sie jedoch unbesorgt. Sie haben lediglich Ihren Verstand verloren. Sie sind geradezu ein Glückspilz, denn dieser Verlust wird zum größten Gewinn Ihres Lebens. Indem Sie vergessen haben, wer Sie Ihrem Verstand zufolge sind, werden Sie sich daran erinnern, wer Sie *wirklich* sind. *Sie sind absolute Wirklichkeit. Sie sind Bewusstsein. Sie sind das Göttliche.*"

Letzteres ist zumindest das am häufigsten verwendete Wort für das Unbeschreibbare oder jedenfalls das, auf das sich alle einigen können, unabhängig davon, ob sie ansonsten eher von Gott, Allah, Jahwe, Manitu, Brahma-Vishnu-Shiva, der großen Weltseele oder was auch immer sprechen würden. Verwenden Sie einen dieser Begriffe oder welchen auch immer Sie wollen, wenn Ihnen das lieber ist. Für die Zwecke dieses Buches eignet sich ein neutraler, in keiner Weise durch Assoziationen vorbelasteter oder eingeschränkter oder womöglich sogar durch Missbrauch beschädigter Begriff am besten. Es ist auch nicht so wichtig: Kein Begriff, kein Name, nicht dieses Buch noch irgendjemand auf dieser Welt kann Ihnen erklären, was oder wer *das Göttliche* ist. Das liegt daran, dass sich das Wesen der Dinge mit Worten letztlich nicht erfassen lässt: Was ist ein Vogel? Sicher können Sie das Äußere eines Vogels beschreiben, das Tier exakt vermessen, es Gattungen und Arten und Unterarten zuordnen, sein Verhalten mehr oder minder gut studieren ... am Ende des Tages müssten Sie aber *der Vogel sein*, um dessen wahrem Wesen zumindest näherzukommen.

Mit dem Erfassen und Beschreiben *des Göttlichen* verhält es sich ebenso, nur unendlich viel komplexer. Es ist ja das Unbeschreibbare, dem wir uns hier widmen, und somit quasi per definitionem mit dem Verstand nicht zu erfassen. Es doch zu versuchen gleicht dem Versuch eines Blinden, Farben zu beschreiben. Oder dem Versuch eines Einzellers, Ihnen die Philosophie Kierkegaards darzulegen. Denn *das Göttliche*, das lässt sich sagen und das müssen Sie wissen, ist *alles, was ist.* Es ist Liebe.

Die gute Nachricht: Alles Weitere lässt sich logisch daraus ableiten. Jedoch benötigen wir ein wenig (Wort-)Struktur, um dies zu bewerkstelligen: In deren Zentrum stehen neben dem allumfassenden *Göttlichen* die Begriffe *Wirklichkeit* und *Bewusstsein* für spezifische Aspekte *des Göttlichen*.

Was ist *das Göttliche*?

Das Göttliche ist *alles, was ist*. Es ist das Absolute, das eins mit allem ist und aus dem alles stammt. *Das Göttliche* ist die Urquelle, der unbewegte Beweger, alles, was Sie wollen. Seine Eigenschaften sind Ewigkeit und Unendlichkeit. *Das Göttliche* ist alles und nichts zugleich. Daher ist alles, was man über *das Göttliche* sagen kann, zugleich richtig und falsch. Nichts kann daher *das Göttliche* beschreiben, aber alles beschreibt *das Göttliche*.

Da es eine sichtbare und wahrnehmbare Schöpfung gibt, kann daraus gefolgert werden, dass *das Göttliche* schöpferisch ist. Da die Schöpfung neben einem für uns Menschen unsichtbaren auch einen sichtbaren Teil enthält, muss auch *das Göttliche* eine sichtbare Form haben. Da *das Göttliche* alles ist, ist *das Göttliche* in allem Sichtbaren enthalten. Um mit Jesu Worten zu sprechen: „Hebe einen Stein auf und du wirst mich finden. Spalte ein Stück Holz und ich bin da."

Was ist *Wirklichkeit*?

Die *Wirklichkeit*, von der hier die Rede ist, ist ein Aspekt *des Göttlichen* und daher wie *alles, was ist*, logischerweise absolut. Auch *Wirklichkeit ist*. Sie ist der große Rahmen, das All-Eine, in dem sich alles abspielt. Ihre wichtigste Eigenschaft ist die Unveränderlichkeit, womit sie einen Gegenpol zu den unendlich vielen individuellen, wahrgenommenen Scheinrealitäten bildet, den Denkwirklichkeiten, die wir uns in der Illusion der Getrenntheit selbst erschaffen.

Die *Wirklichkeit* ist eine andere Dimension, aber sie ist nicht von der physischen Ebene getrennt. Im Gegenteil, beide durchdringen einander. *Wirklichkeit* ist dabei der unmanifestierte Aspekt *des Göttlichen* und ewig und kann sich daher nicht entwickeln. Die *Wirklichkeit* bringt die Schöpfung hervor und auch Ihre „Realität". Es ist ein unerschöpfliches Potenzial.

Was ist *Bewusstsein*?

Das Göttliche ist Liebe und die Liebe ist das, wodurch *das Göttliche* sich ausdrücken möchte. Um der Liebe diesen Ausdruck zu ermöglichen, setzt *das Göttliche* das *Bewusstsein* ein. Das *Bewusstsein* ist schöpferisch: Es erschafft die Schöpfung aus dieser einen Energie, die wir Liebe nennen. *Bewusstsein* ist das, was die Form erschafft, erhält und ihr ihre Existenz ermöglicht. *Bewusstsein* ist wissende und schöpferische Energie. Energie, die immer in Bewegung ist und sich ihrer selbst bewusst ist. *Bewusstsein* ist die Energie hinter der Form und doch außerhalb von Zeit und Raum. *Bewusstsein* hat keinen eigenen Raum und umfasst doch alles. *Bewusstsein* ist immer und überall, an jedem Punkt, zu jedem Zeitpunkt. Es gibt nur ein *Bewusstsein*. *Bewusstsein* kann nicht erkannt werden, nur Form kann erkannt werden; *Bewusstsein* ist das Erkennende.

Wenn *Bewusstsein* sich dem Außen zuwendet und physische Gestalt annimmt, scheint es jedoch der Zeit und der Trennung unterworfen zu sein. Diesem Prozess der Bewusstwerdung ist auch der Mensch unterworfen. Daher unterliegt alles Physische einer Evolution und entwickelt sich nur langsam. Alles lebt und hat *Bewusstsein*, nicht nur Menschen, sondern auch Tiere, Pflanzen und Mineralien. Das *Bewusstsein* „schlüpft" sozusagen in jegliche Form von Materie, indem es die Schwingung seiner selbst an die jeweilige Form der Materie anpasst und somit innerhalb jeder Form von Materie – beginnend bei uns Menschen bis zu Felsgestein – alles wahrnimmt und somit Erfahrung gewinnt, welche es für seine Evolution benötigt. Daher ist alles mit allem verbunden und alles steht mit allem in ununterbrochenem Kontakt.

Bewusstsein ermöglicht Gedanken und Gefühle. Jede Form von Materie hat elementare Gefühle. Damit sind nicht nur menschliche Gefühle wie Freude, Hoffnung, Trauer oder Wut gemeint. Je nachdem, wie stark sich die materiellen Erscheinungsformen, in welche sich das *Bewusstsein* kleidet, von der menschlichen unterscheiden, wird es zunehmend schwieriger, deren „Gefühlsleben" mit Worten zu beschreiben: Mimik und Körpersprache von intelligenten Säugetieren ist oft noch verblüffend menschenähnlich, bei Fischen, Insekten und noch mehr bei Pflanzen und noch einmal mehr bei Mineralien entfernen wir uns immer weiter von unserem Wahrnehmungshorizont. Es ist daher auf den uns Menschen nicht zugänglichen Bewusstseinsebenen von Tieren, Pflanzen oder Mineralien korrekter, von Informationen zu sprechen, welche individuell von der jeweiligen Form „gefühlt" werden.

Mit den Gedanken verhält es sich ebenso, *Bewusstsein* ermöglicht auch diese in jeder seiner Materialisierungen. Gedanken über Gedanken sind jedoch dem Menschen vorbehalten. Bei uns Menschen stellt sich daher die Frage, ob wir das, was wir wahrnehmen, bewusst oder unbewusst wahrnehmen. Das, was Sie aktuell wahrnehmen, ist Ihr Tagesbewusstsein, welches ununterbrochen von Ihren Gedanken bewertet und beurteilt wird. Das, was Sie mit Ihrem Unterbewusstsein wahrnehmen, ist der Teil der Realität, den Sie nicht bewusst wahrnehmen können. Bewusst wahrnehmen können Sie immer nur das, was innerhalb oder unterhalb Ihrer Frequenz schwingt. Was höher schwingt als Sie, können Sie nicht wahrnehmen.

Wenn Sie Ihre persönliche Frequenz erhöhen, sind Sie in der Lage, Dinge wahrzunehmen, die Sie bisher nur unbewusst wahrgenommen haben. Ihr Tagesbewusstsein wird dadurch erhöht. Dadurch sind Sie automatisch in der Lage, sich an alles zu erinnern, wer oder was Sie in *Wirklichkeit* sind. Im Grunde geht es daher nicht darum, in Ihrem Leben etwas Neues zu lernen, sondern darum, sich an das zu erinnern, was Sie – also Ihr *Bewusstsein* – immer schon wissen und wussten. So lösen Sie Ihr Unterbewusstsein auf und werden selbst zu *Bewusstsein*. Auch Probleme lösen sich auf diese Weise auf. Probleme existieren immer nur auf einer bestimmten Frequenzebene. Wenn Sie Ihre Bewusstheit vergrößern, befinden Sie sich automatisch auf einer höheren Frequenzebene, auf welcher Ihr Problem nicht mehr existiert.

Was ist Schöpfung?

Aus dem vorher Gesagten lässt sich das erste größere Problem *des Göttlichen* ableiten: *Das Göttliche ist*, und weil es *ist*, kann es sich *nicht erfahren*. Aus diesem Grund hat *das Göttliche* die Illusion der Trennung erschaffen. Nur dadurch kann die *Wirklichkeit* innerhalb der vom *Bewusstsein* erschaffenen Schöpfung zur wahrgenommenen „Realität", zur Denkwirklichkeit werden. Der Zweck der Schöpfung ist, den Eigenschaften *des Göttlichen*, wie Liebe, Freude, Freiheit … Ausdruck zu verleihen.

Die Schöpfung umfasst wie *das Göttliche alles, was ist,* da es nichts außerhalb *des Göttlichen* gibt. Von ihren Ausmaßen her übersteigt die Schöpfung jedes menschliche Verständnis. Feinfühligen Menschen ist manchmal ein kleiner Einblick gegönnt. Dabei erfahren diese Menschen Welten, die unserem Verständnis nach schwer zu beschreiben sind. Es gibt Lichtwelten, Klangwelten, geistige Welten und so weiter. Diese Ebenen sind in ihrer Zahl unendlich. Alle Ebenen unterscheiden sich durch ein unterschiedliches Maß an Schwingung und damit an Bewusstheit. Die Ebene mit der niedrigsten Frequenz und damit dem geringsten Grad an Bewusstheit ist unsere physische Ebene.

Sie ist eine unbewusste Schöpfungsebene, während die zahllosen anderen Ebenen der Schöpfung in unterschiedlichem

Maß bewusste Schöpfungsebenen sind. Immer abhängig von dem vorhandenen *Bewusstsein*, das sich auf jeder dieser Ebenen manifestiert.

Da *das Göttliche* die Quelle allen Ursprungs ist, nimmt die Schöpfung ihre Tätigkeit im selben Moment auf, in dem das *Bewusstsein* der Quelle entströmt. Da *das Göttliche* unendlich und ewig ist, also ohne Anfang und Ende, ist auch die Schöpfung ohne Anfang und Ende. Die Schöpfung ist somit ein fortlaufender, sich immer wieder erneuernder Prozess. Die Schöpfung kopiert nie etwas, sondern sie verbindet, vermengt und vermischt Bestehendes, um Neues zu erschaffen. Das ist der Grund, weshalb keine Schneeflocke der anderen gleicht. Alles fließt und ist ständig in Bewegung.

Innerhalb der Schöpfung drängt das *Bewusstsein* vom Innersten nach außen, indem es immer unbewusster wird, bis es in die Welt der Form kommt. Auf der Ebene der Form drängt das *Bewusstsein* in die entgegensetzte Richtung: Es strebt von außen nach innen und gewinnt so mehr und mehr Bewusstheit. Das ist der kosmische Kreislauf des Lebens und aller Dinge. Alles kommt aus dem Nichts und kehrt irgendwann ins Nichts zurück.

Die Ebene der Form wird oft etwas geringschätzig als die Ebene mit der geringsten Bewusstheit bezeichnet. Obwohl diese Aussage stimmt, gibt es auf der Ebene der Form ein paar ganz spezielle Mechanismen und Eigenschaften, die sich wiederum von den anderen Ebenen der Schöpfung so stark unterscheiden, dass sie hier unbedingt Erwähnung finden müssen. Der größte Unterschied zu allen anderen Ebenen der Schöpfung liegt in der Illusion der Trennung und der Erschaffung der Form in Gestalt von Materie. Dies wird erreicht, indem Illusionen wie Zeit und Raum erschaffen wurden. Außerdem hat das *Bewusstsein* – also *das Göttliche,* das Sie sind – auf dieser Ebene einen stofflichen Körper, welcher Ihnen innerhalb dieser wahrgenommenen „Realität" zur Verfügung steht und Ihnen das Leben ermöglicht.

Wirklichkeit und Illusion

Die *Wirklichkeit* ist das, was *ist*. Illusion ist das, was nicht ist, von dem wir aber glauben, dass es ist. Die Illusion wurde erschaffen, damit sich das *Bewusstsein* im Spiegel dieser Illusion erkennen kann. Damit sich *das Göttliche* erfahren kann, braucht es eine Art von Hintergrund. Dieser muss von sich selbst verschieden sein, da das Beobachtende sich andernfalls im Hintergrund nicht erkennen kann. Da *das Göttliche* jedoch *alles ist*, kann die logische Schlussfolgerung nur lauten, dass der Hintergrund alles ist, *was nicht ist*.

In der absoluten *Wirklichkeit* gibt es diesen Hintergrund nicht. Die einzige Möglichkeit, diesen Hintergrund doch zu erzeugen, besteht darin, eine Illusion zu erschaffen, ein Deep Fake der absoluten *Wirklichkeit*, in welchem sich das unbewusste Bewusstsein zu erkennen glaubt. Zudem muss diese Illusion so perfekt sein, dass es so aussieht, als stünde sie für sich allein, als gäbe es die *Wirklichkeit* nicht. Und genau das ist der Fall. Der Kern dieser Illusion ist unsere Wahrnehmung der Getrenntheit.

Der größte Unterschied zwischen absoluter *Wirklichkeit* und der als Realität wahrgenommenen Illusion besteht darin, dass die *Wirklichkeit* aus sich selbst heraus besteht, genauso wie das *Bewusstsein*. Die Illusion von Getrenntheit hingegen braucht die *Wirklichkeit* und das *Bewusstsein*, um existieren zu können, da sie von diesen Erscheinungsformen *des Göttlichen* erschaffen und erhalten wird. Nur diese Illusion von Trennung erzeugt eine vierdimensionale, als real wahrgenommene Scheinrealität, in welcher *Wirklichkeit* und *Bewusstsein* nicht erkannt werden. Es ist eine universelle Täuschung, eine Denkwirklichkeit.

Was ist Denkwirklichkeit?

Das *Bewusstsein* erschafft die Illusion von Realität, um zu erfahren, was es ist. Die Betonung liegt hier auf dem Wort „erfahren". Innerhalb der „Realität" unter Anführungszeichen geht es in erster Linie nicht um das Sein, sondern um das Erfahren.

Da es nun die Illusion der Getrenntheit in Form eines Gegenübers gibt, entsteht zum ersten Mal so etwas wie ein „Außen". Damit lässt sich irgendetwas von etwas anderem unterscheiden und somit kann dieses Etwas auch wahrgenommen werden. So lautet zumindest der Plan. Tatsächlich befinden wir uns im ultimativen Dilemma: Damit der Plan funktioniert, muss die Illusion, die erschaffene Denkwirklichkeit, perfekt sein. Da sie das ist, kann sie aber nicht durchschaut werden. Zwar wurde so die Möglichkeit geschaffen, die absolute *Wirklichkeit* zu erfahren, was wir auch in jedem Moment tun. Wir merken es aber nicht.

Damit *das Göttliche* sich zum Ausdruck bringen kann, muss es in jedem Moment Illusion erschaffen. Es muss sogar jede *Möglichkeit* von erfahrbarer Illusion erschaffen, da Ihnen ein freier Wille gegeben wurde, welcher es Ihnen ermöglicht, jede nur erdenkliche Erfahrung frei zu wählen. Das bedeutet, dass die gesamte Schöpfung schon erschaffen ist. Indem Sie eine der unendlich vielen möglichen Erfahrungen wählen, erschaffen Sie in jedem Moment einen neuen Pfad auf Ihrem Lebensweg. Da *das Göttliche* alles ist, was ist, ist es auch in jedem möglichen neuen Pfad. *Das Göttliche* folgt Ihnen gewissermaßen beziehungsweise ist es schon immer da (gewesen), egal wofür Sie sich entscheiden, da es in *Wirklichkeit* keine Trennung gibt.

Wirklichkeit, die Illusion von Getrenntheit und die Denkwirklichkeit

Zusammenfassend lässt sich sagen, dass die Illusion von Getrenntheit ein Spiegel ist, in dem sich die *Wirklichkeit* betrachten kann. Aber das, was im Spiegel betrachtet wird, ist *nicht* die *Wirklichkeit*: Die *Wirklichkeit* betrachtet sich nicht selbst, sondern die selbst erschaffene Denkwirklichkeit als Ausdruck der Illusion von Getrenntheit. Damit ist jedoch etwas Unglaubliches gelungen: Die *Wirklichkeit* oder *das Göttliche* ist zu dem geworden, was wir für unsere Realität halten. Das bedeutet, dass *das Göttliche* existiert: Es zeigt sich uns in einer Form, in der wir es wahrnehmen können. In derselben Form, in der auch Sie und alles andere existieren.

Sie selbst

Das Göttliche drückt sich gerne in Vielfalt aus. Diese göttlichen „Selbste" nennen wir Seele. Wie dies geschieht, erfahren Sie im Kapitel 4.3 „Wie entstand die Schöpfung?". Jedes göttliche Selbst hat das gesamte Potenzial an Liebe, Schöpferkraft und *Bewusstsein* zur Verfügung wie *das Göttliche* selbst. Jedes göttliche Selbst, jede Seele, ist ein Teil *des Göttlichen* und gleichzeitig die Gesamtheit *des Göttlichen*. Das ist es, was oder wer Sie in *Wirklichkeit* sind.

Dieses Selbst ist genau wie *das Göttliche* außerhalb der Zeit und auf unterschiedlichen Ebenen präsent. Da es keine Trennung gibt und das göttliche Potenzial unermesslich ist, ist es Ihrem Selbst möglich, auf verschiedenen Ebenen und in verschiedenen Scheinrealitäten gleichzeitig zu existieren. Ihre Seele ist ein multidimensionaler Ausdruck *göttlichen Bewusstseins*. Alle diese „Teile" sind miteinander verbunden und bilden gemeinsam Ihre Seele.

Sie, der Sie dies lesen, sind jener Teil Ihrer Seele, der sich entschieden hat, auf der unbewussten Schöpferebene eine Erfahrung zu machen. Sie sind der Teil, der sich entschlossen hat, ein Mensch zu werden und diese „Realität" zu erfahren. Ihr Bewusstsein beschränkt sich auf diesen menschlichen Ausdruck in Form eines Körpers und auf das, was Ihr Verstand aus Ihren Sinneseindrücken macht.

2.2 Die relative und die absolute Wahrheit

Die Begriffe *Wirklichkeit* und Denkwirklichkeit oder „Realität" beschreiben ähnliche, dabei aber fundamental unterschiedliche Dinge. Hier ein Versuch, diesen Zusammenhang zu verdeutlichen: Die *Wirklichkeit* ist immer die *absolute* Wahrheit. Die Denkwirklichkeit ist eine wahrgenommene (Schein-)Realität und immer die *relative* Wahrheit. Das Paradoxe daran ist, dass beide nebeneinander bestehen und einander nicht widersprechen. Es gibt jedoch einen Unterschied zwischen diesen beiden Begriffen, der für das Verständnis unserer Welt sehr wichtig ist. Er liegt darin, dass die relative Wahrheit sich immer im Getrennt-Sein manifestiert, während die absolute Wahrheit immer das Eins-Sein ausdrückt. Im vorigen Kapitel wurde dargelegt, dass das Getrennt-Sein die Grundlage der Illusion ist, die wir für die Realität halten: die Denkwirklichkeit. Somit ist die relative Wahrheit auch eine Illusion.

Für Sie als Mensch hat dies eine weitreichende Bedeutung. Sie sind sowohl Teil der *Wirklichkeit* als auch Teil der Illusion in Form der Denkwirklichkeit, mithin Teil einer doppelten Wirklichkeit.

Als Teil der Denkwirklichkeit können Sie nur das wahrnehmen, was in Ihr Bewusstseinsfeld dringt. Die *Wirklichkeit* können Sie nicht wahrnehmen, da Ihre Sinne nur das erfassen können, was Form annimmt. Geistiges Sein ist für Ihre Sinne nicht erfassbar, da es zu hochfrequent schwingt. Anders ausgedrückt ist das, was wir über das Wesen des Universums sagen können, nie die absolute Wahrheit. Die *Wirklichkeit* ist ein einziges Ganzes, welches durch die Illusion der Trennung und durch das Denken in einzelne Teile aufgespalten wird. Jeder Gedanke ist nur eine subjektive Wahrnehmung der absoluten Wahrheit und somit eine Einschränkung.

Daraus erklärt sich, dass alles, was Sie sagen oder lesen oder denken, nicht die absolute Wahrheit darstellt. Weder Worte noch

Formeln können die Unendlichkeit und Ewigkeit erklären. Nur das Ganze ist wahr, aber das Ganze kann nicht in Worten ausgedrückt werden. Die absolute Wahrheit lautet, dass es nur das All-Eine gibt, das Alles-was-Ist, in dem alles mit allem verbunden ist. Alles, was geschehen ist und geschehen wird, ereignet sich im einzigen, was es in *Wirklichkeit* gibt, dem ewigpräsenten Jetzt. Vergangenheit und Zukunft sind nur Konstrukte Ihres Verstandes. Zeit existiert nur in Ihrer Denkwirklichkeit. Diese „Realität" ist aber immer nur die relative Wahrheit, da sie immer einen Bezug zu sich selbst und dem betrachteten Objekt herstellt und somit ein unteilbares Ganzes in Bruchstücke trennt.

Dies hat sehr weitreichende Konsequenzen für Ihr weiteres Leben. Denn es ist die Ursache Ihrer Überzeugung, dass Sie getrennt von allen Dingen und Wesen sind, getrennt von der Natur, getrennt von der gesamten Schöpfung. Sie glauben, den Kontakt zur Quelle verloren zu haben, und empfinden sich als ein einzelnes Wesen in einem riesigen Universum. Als Folge dieser Illusion nehmen Sie an, dass ein bestimmtes Ereignis die Ursache für ein anderes Ereignis ist. Das Gegenteil ist wahr. Da alles miteinander verbunden ist, tritt kein Ereignis isoliert von einem anderen Ereignis auf. Alle Ereignisse bedingen einander. Es gibt nur das Alles-was-Ist, in dem alles mit allem in Verbindung steht, keine unabhängigen Kausalketten. Diese Fehlsicht der Dinge führt zu einem verzerrten Weltbild, das Ihnen jedoch als Grundlage für alle weiteren Entscheidungen dienen muss.

Bedeutet dies, dass Sie nicht die Wahrheit sagen, wenn Sie behaupten, dass die Sonne am Morgen aufgeht und am Abend untergeht? Dass die Sonne am Morgen auf und am Abend untergeht, ist eine Aussage, die von der Perspektive des Betrachters abhängig ist.

Von jedem Punkt auf der Erde aus betrachtet, geht die Sonne jeden Tag auf und verschwindet am Abend wieder hinter dem Horizont. Würden Sie sich einen Platz außerhalb der Erde suchen, also Ihre Perspektive erweitern, könnten Sie sehen, dass die Sonne nie hinter dem Horizont der Erde verschwindet, sondern dass sich die Erde um die Sonne dreht und die Illusion des Sonnenauf- und -untergangs nur deshalb zustande kommt, weil die Erde sich auch noch um ihre eigene Achse dreht. Der Sonnenauf- und -untergang ist somit eine relative Wahrheit, aber keine absolute.

Das Paradoxe an dieser Situation ist, dass Sie mit dem Glauben, mit dieser relativen Wahrheit recht zu haben oder im Recht zu sein, völlig richtig liegen – und dabei gleichzeitig an der Wahrheit vollständig vorbeigehen. Ihre Behauptung, dass die Sonne zu einem exakt bestimmbaren Zeitpunkt aufgeht, ist vollkommen korrekt – allerdings nur in Bezug auf die Illusion des Getrennt-Seins. Sie halten, wie fast alle auf unserer Ebene, diese relative Wahrheit, Ihre Denkwirklichkeit, für die absolute Wahrheit, für die *Wirklichkeit*. Es gibt jedoch eine größere Wahrheit, deren Teil Sie selbst sind. Die relative Wahrheit unserer vierdimensionalen Welt wird mit den Worten „entweder ... oder" beschrieben, welche eine Trennung implizieren. Die absolute Wahrheit kann mit den Worten „sowohl ... als auch" erfasst werden, welche die Ganzheit aller Dinge zum Ausdruck bringen: Wenn die Sonne (irgendwo) aufgeht, geht sie zugleich (irgendwo anders) unter. In jedem Augenblick. Und in *Wirklichkeit* in keinem Augenblick ...

Vor diesem Hintergrund ist es vollkommen belanglos, ob man im Recht ist oder recht hat; ja, mehr als das, denn mit dem Verschwinden von richtig und falsch existieren Kategorien wie recht zu haben oder falsch zu liegen, einfach nicht mehr. Dies ist eine weitreichende Erkenntnis, wie Sie im späteren Verlauf noch sehen werden. Da Ihr Verstand nur Ihre Denkwirklichkeit, das heißt Ihre relative Wahrheit, erfassen kann, leitet er – der Verstand nämlich, den Sie für sich selbst halten – seine Existenz und seine Vormachtstellung genau von diesen beiden Punkten ab: Wer recht hat, ist auch im Recht.

Damit im Rücken lassen sich neue Spielregeln aufstellen und man fühlt sich als Gewinner: Geschichte wird von Siegern geschrieben. Der andere, der nicht recht hat und dieser Logik folgend also im Unrecht ist, verliert. Das ist der Grund für unseren aktuellen Bewusstseinszustand, diese sehr einfache Darstellung ist ein Spiegelbild unserer Gesellschaft.

Für uns Menschen bzw. unseren Umgang miteinander bedeutet dies, dass jede Form von Vorschriften, Regeln oder Gesetzen nie die absolute Wahrheit sein kann. Dem liegt die Tatsache zugrunde, dass sie erdacht wurden. Gedanken können nie die absolute Wahrheit sein, sondern nur auf sie hindeuten, weil sie selbst Teil der Illusion sind. Dies gilt auch im Bereich der Religion. Alle religiösen Lehren sind wahr und gleichzeitig auch nicht. Das hängt allein davon ab, zu welchem Zweck sie verwendet werden. Wenn Sie die Religion im Sinne der Liebe verwenden, wird sie wahr. Wenn Sie die Religion für eigene, persönliche Zwecke benutzen, ist sie unwahr. Wenn Sie die Religion zum Wohle der Wahrheit benutzen, haben Sie so etwas wie eine Orientierungshilfe auf Ihrer Reise zu sich selbst zur Hand. Sie wird Ihnen helfen, sich von Ihrer Identifikation mit Form zu lösen.

Relative Wahrheiten, Denkwirklichkeiten, „Realitäten" gibt es so viele, wie es Menschen gibt; die absolute Wahrheit ist hingegen unteilbar und es gibt sie nur im Singular: Es gibt nur eine absolute Wahrheit. Wenn Ihnen dies bewusst wird, werden Sie entsprechend handeln. Menschliches Handeln kann die Wahrheit, aber auch die Illusion widerspiegeln. Kann man die Wahrheit mit Wörtern oder Buchstaben ausdrücken? Ja, das ist möglich, denn das ist es, was Sie jetzt gerade tun, indem Sie die Wörter dieses Buches Ihrem Bewusstsein zuführen. Aber Worte – auch wenn gesprochen – und noch viel weniger Buchstaben sind nie die Wahrheit selbst. Sie können nur darauf hinzeigen, sie mehr oder weniger verständlich bezeichnen.

Ein Beispiel: Das Wort Apfel sagt nichts über den Apfel aus; es ist lediglich eine Bezeichnung. Um der Wahrheit über den Apfel näherzukommen, müssten Sie einem Apfelbäumchen beim Wachsen zusehen, ein paar Jahre lang. Den Wechsel der Jahreszeiten an seinen Blättern verfolgen, sich über die ersten Blüten und noch mehr über die ersten Früchte freuen. Diese wachsen und reifen und Farbe annehmen sehen, sie endlich zu pflücken wagen in der Hoffnung, den genau richtigen Zeitpunkt dafür gewählt zu haben. Die Frucht in der Hand halten, ihr Gewicht spüren, ihren Duft genießen – und endlich hineinbeißen, um die Bestimmung des Apfels zu erfüllen, sich ihn im wahrsten Sinn des Wortes einzuverleiben. Und selbst das wird am Ende nicht ausreichen, um die ganze, tiefe Wahrheit über den Apfel zu erfahren; dazu müssten Sie eins mit dem Apfel sein.

Die Wahrheit ist immer mit dem verbunden, wer Sie in *Wirklichkeit* sind: Sie sind Wahrheit. Ihr innerstes Sein ist Wahrheit und somit Leben und Liebe. Wenn Sie Ihre Wahrheit woanders suchen, dann werden Sie immer enttäuscht werden. Wenn Sie dies spüren, werden Sie entsprechend handeln. Regeln, Gesetze und Verbote werden für Sie nicht mehr wichtig sein. Ihr Kompass liegt jetzt in Ihrem Inneren.

3 Wer Sie wirklich sind

„Das, was du denkst, bist du. Das, was du bist, strahlst du aus.
Das, was du ausstrahlst, ziehst du an."
Buddha

„Wir sind nicht menschliche Wesen, die eine spirituelle Erfahrung
machen, sondern spirituelle Wesen, die eine
menschliche Erfahrung machen."
Pierre Teilhard de Chardin

Dies ist das Geheimnis Ihrer Existenz: Ihre Essenz ist reines
Bewusstsein, welches sich seiner selbst und den Folgen und Auswirkungen Ihres zumeist unbewussten Handelns auf der Oberfläche der Ebene der Form vollkommen bewusst ist. Dieses reine
Bewusstsein existiert ohne Beziehung zu einer äußeren Form,
ohne Anhaftung an materielle Dinge. Sie sind Liebe, Frieden
und Mitgefühl, welches sich aus dem *Bewusstsein* erhält, das
mit allem verbunden ist und sich somit in allem wiedererkennt.
Sie sind das eine *Bewusstsein*, welches das gesamte Universum
durchdringt und in allem enthalten ist, was existiert. Dies ist
die Antwort auf die wichtigste Frage Ihres Lebens, welche lautet: Wer bin ich wirklich?

3.1 Die wichtigste Frage Ihres Lebens

Diese Erkenntnis ist mit Worten nur schwer zu beschreiben.
Sie liegt Ihnen nun zwar vor und Sie können Sie buchstäblich
lesen wie ein offenes Buch, aber machen Sie sich keine Sorgen,
falls sich Ihnen die Tiefe dieser Aussage nicht sofort erschließt.
Sie können sie nicht verstehen. Genauer gesagt, Ihr Verstand
kann dies nicht. Dieses Buch wird Sie Schritt für Schritt tiefer
in dieses Geheimnis einführen. Lassen Sie uns daher langsam
beginnen, denn ohne die Erkenntnis dessen, wer Sie in *Wirk-*

lichkeit sind, wird sich in Ihrem Leben nichts verändern. Äußerliche Änderungen sind möglich, bleiben aber letzten Endes nur Kosmetik. Doch selbst wenn die Erkenntnis dessen, wer Sie *wirklich* sind, am Ende doch nur intellektueller Art wäre und keine Veränderung in Ihrem Inneren bewirken würde, so hätten Sie dennoch einen enormen Schritt in Ihrer spirituellen Entwicklung gemacht. Denn selbst in diesem Worst Case hätten Sie Ihren Verstand an die Schwelle seiner geistigen Fähigkeiten gebracht, und von dort ist es nur noch ein kleiner Schritt, um darüber hinauszugehen.

Um sich selbst in allem wiederzuerkennen ist dieser letzte Schritt notwendig, denn die Welt, so wie Sie diese wahrnehmen, ist nichts anderes als die Spiegelung Ihres aktuellen Bewusstseinszustandes, da die Welt, in der Sie leben, von Ihnen bewusst oder unbewusst erschaffen wird. Obwohl Sie nicht von dieser Welt getrennt sind, können Sie sie nicht objektiv wahrnehmen. Die Quantenphysik liefert uns hierfür einen anschaulichen Beweis, indem sie den Zusammenhang zwischen dem beobachtenden Subjekt und dem beobachteten Objekt nachweist. Das Subjekt, also Sie beziehungsweise Ihr beobachtendes Bewusstsein, und das beobachtete Ergebnis sind eins. Eine veränderte Art der Beobachtung bewirkt, dass sich das beobachtete Ereignis verändert.

Auf Ihr Leben bezogen bedeutet dies, dass Ihnen die Welt genau das widerspiegelt, woran Sie glauben. Wenn Sie an Getrenntheit glauben, werden Sie Getrenntheit erleben. Wenn Sie glauben, dass nur die Stärksten überleben, das Leben ungerecht ist und alle anderen mehr Glück haben als Sie, dann werden Sie die Resultate Ihres Glaubens überall wiederfinden. Als Folge davon wird die Angst zu Ihrem bestimmenden Faktor in diesem Leben. Es beginnt eine endlose Suche nach Anerkennung und Sicherheit. Da sich Ihre Suche auf das Außen konzentriert und sich das Außen ständig ändert, haben Sie sich selbst unauflösbar im Netz der Polarität verfangen.

3.2 Eine Frage von Bewusstheit

Ihr persönlicher Bewusstseinszustand unterscheidet sich von dem eines jeden anderen Menschen. Deshalb ist auch die Deutung von beobachteten Ereignissen immer individuell: Abhängig von der jeweiligen Perspektive entsteht in jedem Kopf eine ganz eigene „Realität". Die Perspektive wiederum hängt von dem ab, was die Menschen als ihren Verstand bezeichnen. Sie stehen in Wechselwirkung zu dem beobachteten Ereignis und geben ihm eine äußere Form. Dies geschieht durch ihr Handeln oder ihre Worte. So entstehen unsere Welten. Eine unendliche Anzahl von unterschiedlichen Interpretationen ist möglich und existiert tatsächlich. Ihre Welt kann Ihnen daher als das Paradies oder die Hölle erscheinen, immer in Abhängigkeit von dem wahrnehmenden Bewusstsein, das Sie sind.

Wir können daher sagen, dass jede Form – also auch Sie – eine Zusammenballung von Bewusstsein darstellt, die ihre eigene, individuelle Welt erschafft. Obwohl alle diese Welten miteinander verbunden sind, scheinen sie doch getrennt voneinander zu existieren. Das ist die Welt der Illusion, in der Sie leben.

Steine, Pflanzen und Tiere nehmen die Welt ganz anders wahr als wir Menschen und erschaffen infolgedessen eine ganz andere, ihre eigene Welt. Daher befinden sich Steine, Pflanzen, Tiere und Menschen auf unterschiedlichen Bewusstseinsebenen innerhalb unserer eigenen Welt. Das eine wahrnehmende *Bewusstsein* wirkt auf vielfältige und sehr unterschiedliche Weise. Würde der Großteil der Menschheit über den aktuellen Bewusstseinszustand hinausgelangen, erschiene uns das Leben als Paradies. Hunger, Ausbeutung und Kriege verschwänden und die Menschheit würde sich untereinander und auch mit allem anderen verbunden fühlen. Da alle Welten miteinander verbunden sind, würde auch die Tier- und Pflanzenwelt diese Transformation widerspiegeln, welche durch ein höheres menschliches Bewusstsein in diese Welt einflösse.

So wie jeder Traum ein Symbol für innere Ängste und Zustände ist, so ist die kollektive „Realität" der Menschheit eine Widerspiegelung der Angst. Sollte es der Mehrzahl der Menschheit gelingen, sich aus dem Würgegriff ihres Verstandes zu befreien und somit der Angst zu entziehen, würde diese innere Veränderung unsere gesamte Schöpfung beeinflussen. Dies geschieht bereits, jedoch ist die Zahl derer, die sich bewusst auf diesen Weg begeben (haben), noch zu klein, um einen entscheidenden Einfluss auf das überwiegend unbewusste Kollektiv der Menschheit zu haben. Doch täglich werden es mehr und auch Sie, auf der Reise zum bewusst Sein mit Ihrem Reisebegleiter in Händen, sind schon Teil dieser Entwicklung.

Was dabei entsteht, ist nichts weniger als eine *neue Welt*. Verwechseln Sie dabei aber nicht den Weg mit dem Ziel. Es ist nicht Ihre Aufgabe, die Welt zu verbessern. Dieser Ansatz erscheint zunächst sehr lobenswert, bedeutet aber bei näherer Betrachtung, dass Sie einem äußeren Ziel anhaften. Die Welt zu verbessern, bedeutet jedoch, dass Sie das Außen verändern wollen und dafür Zeit brauchen. Beides ist Teil der Illusion und daher verändern Sie immer nur die Illusion. Wahre Veränderung geschieht im Inneren. Das Wichtigste ist jedoch, Ihre Identifikation mit Ihrem Verstand zu lösen. Dann sind Sie nicht mehr länger an Form gebunden. Sie können die Welt der Form weiterhin genießen und sich in ihr bewegen, aber Sie sind dann nicht mehr an sie gebunden. Ihre Wurzeln sind dann in der unmanifestierten Welt, welche auch Ihr wahres Zuhause ist.

Sie sind dann mit etwas verbunden, was Ihnen mehr Befriedigung und Freude bringen wird, als Ihnen dies je durch eine Erfahrung im Außen möglich ist. Dies ist die Freude des Seins, die hinter allen Formen ist und die alle Formen erhält. Sie werden dann kein Verlangen mehr verspüren, die Welt verändern zu wollen. Alles darf so sein, wie es ist. Sie werden erkennen, dass es keine Probleme gibt, sondern nur Gelegenheiten und Herausforderungen. Erst ab diesem Zeitpunkt werden Sie in der Lage sein, die Herausforderungen Ihrer „Realität" auf der ursächlichen Ebene zu lösen und somit an der Erschaffung einer neuen Welt mitzuwirken.

Sie denken, das ist unmöglich? Die Heilung, die dadurch einsetzt, ist nicht von Ihrem äußeren Tun abhängig, sondern Sie wirken über Ihr Sein, durch Ihre Ausstrahlung. Menschen, Tiere und Pflanzen werden dies in ihrem Inneren spüren und sich so dem öffnen, was durch Sie in diese Welt kommt. Sie werden nicht mehr auf die Unbewusstheit anderer Menschen reagieren. Sie werden durchlässig für das unbewusste Verhalten anderer Menschen und genau dadurch wird der endlos scheinende Kreislauf, in welchem Sie innerhalb der Polarität von einem Pol zum anderen und wieder zurückgehen, unterbrochen. Kein Tun oder Handeln, mögen damit auch noch so edle Ziele angestrebt werden, ist dazu in der Lage. Das können nur Sie, im Zustand vollen *Bewusstseins*. Sie lehren durch Ihr Sein und befreien so die Welt von ihrer Unbewusstheit. In dieser Erkenntnis liegt das Erkennen Ihres wahren Seins.

Das bedeutet nicht, dass Sie nur durch Ihr „Tun im Nicht-Tun" einen positiven Beitrag zur Erschaffung einer neuen Welt leisten können. Sie können auch durch Ihr Tun und Handeln einen wichtigen Beitrag zur Gesundung der Menschheit beitragen, indem Sie zeigen, wie man von seiner Identifizierung mit dem Verstand loskommt oder wie man unbewusste Muster in sich aufspüren kann. Das, was Ihrem Handeln und Tun jedoch wirkliche Bedeutung gibt, ist das, was durch Sie, durch Ihre Bewusstheit, einfließt und in anderen dadurch eine Veränderung hin zu etwas Positivem bewirkt. Dabei müssen Sie den anderen – die es in *Wirklichkeit* gar nicht gibt – nicht persönlich gegenüberstehen. Die Gedanken, die Sie im Zustand Ihrer Bewusstheit aussenden, genügen, um in anderen den Prozess der Heilung in Gang zu setzen und deren Bewusstheit zu erhöhen.

Alles Leiden ist die Folge von Unbewusstheit. Sie können die Folgen der Unbewusstheit verringern, aber Sie können sie nicht gänzlich vermeiden. Daher ist alles Tun, um Leiden zu beseitigen, so lange ein Fass ohne Boden, bis Sie an die Wurzel des Übels gelangen. Wahre Veränderung erfolgt immer nur im Inneren und ist eine Folge von Bewusstheit. Im Zustand von Bewusstheit fließen Liebe und Mitgefühl in das ein, was Sie tun. So erzielen Sie sowohl auf der Ebene der Ursache als auch auf der Ebene der Wirkung eine nachhaltige Veränderung. Sie können die Dinge der Welt nicht bekämpfen. Na gut, Sie können es, aber Sie erreichen dadurch genau das Gegenteil von dem, was in Ihrer Absicht lag: Sie geben den Dingen Ihre Energie und *verstärken* Sie dadurch. *Gegen* etwas zu sein, ist Widerstand. Widerstand ist ein Kind des Verstandes. Den Verstand zu überwinden: Das ist Ihre Aufgabe.

3.3 Der Schleier der Illusion

Man kann es kaum oft genug sagen: Sie sind nicht in der Lage, diese Welt objektiv wahrzunehmen. Nichts ist, was es zu sein scheint! Das ist der Schleier der Illusion. Sie leben buchstäblich in Ihrer eigenen Welt. Um sich Ihre eigene Welt erklären zu können und als Ersatz für Ihr wahres Ich, haben Sie mithilfe Ihres Verstandes ein illusionäres Ich erschaffen, welches die *Wirklichkeit* nicht erkennen kann; stattdessen existiert es in der Illusion von Trennung. In Ermangelung Ihres wahren Selbst klammern Sie sich nun noch fester an Ihr erfundenes Selbst und die Illusion wird somit zur „Realität" für Sie; zu Ihrer Denkwirklichkeit. Dieser Schleier der Illusion nimmt Ihnen die Sicht auf Ihr herrliches Wesen.

Der Schleier der Illusion ist so fein, dass Sie ihn gar nicht wahrnehmen. Gleichzeitig ist er Ihnen so nah, dass Sie ihn nicht erkennen können. Außerdem ist er so gut wie undurchdringlich, da er laufend von Ihnen selbst neu erschaffen wird. Ihre Gedanken und Worte erschaffen eine Trennung, die es so nicht gibt. Sobald Sie den Dingen oder den Situationen ein Ich-Gefühl hinterlegen, erschaffen Sie die Trennung. Dazu gehören auch Aussagen wie „mir" und „mein", welche einen Bezug zu Ihrem illusorischen Ich herstellen, dieser Erfindung Ihres Verstandes. Wenn Sie sagen oder denken, dass Sie Ihr Leben verlieren könnten, dann befinden Sie sich schon im Reich der Illusion. Die Wahrheit lautet: Sie haben kein Leben, Sie *sind* Leben. Und Sie können nicht etwas verlieren, das Sie sind.

Wenn Ihnen dies jedoch nicht bewusst ist, dann hat die Illusion Sie fest im Griff. Ihr Verstand hat die Kontrolle über Ihr Denken und Handeln übernommen, erzeugt Ihr Bild von der Wirklichkeit und somit wird es zu Ihrer Realität. Dadurch wird der Schleier der Unbewusstheit zu einer undurchdringlichen Barriere für Sie. Dies gilt so lange, bis Sie zu einer neuen Erkenntnis kommen, die Sie näher an die *Wirklichkeit* bringt. Das heißt nicht, dass der Schleier der Illusion verschwindet. Er wird mit jeder neuen Erkenntnis, wer Sie in *Wirklichkeit* sind, etwas durchlässiger und bringt Ihr Licht mehr zum Leuchten.

Die *Wirklichkeit* ist viel umfassender, als Ihr Verstand zu erfassen vermag. Sie sind *Bewusstsein*, von dem das ganze Universum durchdrungen ist und das auf der Ebene Ihrer „Realität" zeitweise eine Form annimmt, um sich als Stein, Pflanze, Tier oder Mensch zu erfahren. Daher ist alles lebendig. Unsere Erde, der gesamte Kosmos und alles, was sich darin befindet, lebt. Können Sie dies tief in Ihrem Inneren spüren?

Der einzige Ort, an dem Sie zu dieser (Selbst-)Erkenntnis gelangen können, liegt tief in Ihrem Inneren verborgen. Diesen Ort können Sie nur im Jetzt finden. Zukunft und Vergangenheit sind Teil des illusionären Schleiers, welcher Sie von der Erkenntnis Ihres wahren Selbst fernhält. Das bedeutet, dass Sie auch die aktive Suche nach Selbsterkenntnis nur noch tiefer in die Illusion führt. Denn zu suchen bedeutet, dass Sie die Vergangenheit oder die Zukunft brauchen. Beides ist Illusion, da auch Zeit nur eine Illusion ist. Der Schlüssel zur Erkenntnis Ihres wahren Selbst liegt in der Erkenntnis, dass Sie nirgendwo hingehen müssen, ja, theoretisch nicht einmal Zeit benötigen, um zu erkennen, wer Sie in *Wirklichkeit* sind. Alles ist bereits hier und alles ist bereits vorhanden. Sie brauchen sich lediglich zu erinnern.

Dadurch, dass bereits alles existiert und vorhanden ist, ist es Ihnen jedoch unmöglich, sich selbst zu erkennen. Darin liegt die Krux im Prozess des Erwachens. Sie können nur etwas erkennen, wenn auch etwas anderes existiert. Solange es nur das Eine gibt, ist das Eine nicht erkennbar, da es sich selbst nicht erkennen kann. Es existiert daher nicht in der selbstgeschaffenen Illusion Ihres Verstandes – in Ihrer Denkwirklichkeit.

Das ist der Grund für die Erschaffung der Illusion und Ihres illusorischen Selbst. Sie können sich nicht erkennen, wenn es nichts anderes gibt. Das beobachtende Bewusstsein – also Sie in Ihrer Essenz – kann sich nicht als *Bewusstsein* oder Essenz erkennen, da Sie es selbst sind. Nur indem Ihr Bewusstsein der Illusion von Trennung unterliegt, kann es sich selbst als etwas Getrenntes wahrnehmen und sich somit erkennen.

Ihr Bewusstsein erkennt sich jedoch nicht als das, was es ist, also Liebe, Freude, Licht, Energie, sondern als das, was es *nicht* ist. Daher sind Angst, Schmerz und Leid so präsent in unserer Scheinrealität. Dies ist aber notwendig, denn nur so erkennt sich Ihr wahres Selbst innerhalb der Illusion – als das Gegenteil von dem, was es in *Wirklichkeit* ist. Da die Illusion jedoch nicht wirklich ist, kann sie durch das Erkennen ihres Nicht-Seins verändert und schließlich überwunden werden.

Das vollkommene *Bewusstsein* durchläuft also einen Prozess von der Erschaffung der Illusion bei gleichzeitigem Verlust des Bewusstseins zur allmählichen Wiedererlangung des Bewusstseins innerhalb der Illusion zum Zweck der Erkennung des wahren Selbst und seiner Schöpfungen. Anders ist es nicht möglich, denn das, was ist – die *Wirklichkeit* –, kann sich ohne die Illusion – das, was nicht ist – nicht erkennen und nicht wahrgenommen werden. Deshalb muss das All-Eine, um den beschriebenen Prozess in Gang setzen zu können, eine Illusion erschaffen, quasi einen Trick erfinden, der Ihrem Bewusstsein vorgaukelt, getrennt vom *Göttlichen* und allem anderen zu sein.

Dies ist auch der Grund, weshalb Ihre Reise immer zuerst bei dem beginnt, was Sie *nicht* sind, mit der schon erwähnten Präsenz von Angst, Schmerz und Leid. Sie würden dies mittels Ihres Verstandes als unangenehmen oder negativen Punkt bezeichnen. Es ist jedoch die einzige Möglichkeit zu erkennen, wer oder was Sie in *Wirklichkeit* sind. Auf unser menschliches Denken umgelegt, bedeutet dies, dass Sie Ihr Leben mit einer negativen Erfahrung beginnen, um von dort zu einer positiven Erfahrung zu kommen, also das, was Ihrem wirklichen Wesen entspricht, um von dort wieder eine negative Erfahrung zu machen, die Sie wiederum in den positiven Bereich bringt, da Sie die negative Erfahrung durch eine bewusste Entscheidung hinter sich lassen.

Genauso beginnt auch unser Dasein auf dieser Ebene: mit der traumatischen Erfahrung der Geburt. Dem folgt die ursprünglichste positive Erfahrung, die Bindung an die Mutter; die ersten beiden Schritte auf Ihrem Weg.

Dieser Prozess dauert so lange, bis Sie den Schleier der Illusion durchschauen, indem Sie sich als *Bewusstsein* erkennen, welches zeitweise eine Form annimmt. Mit dieser Erkenntnis lösen Sie sich Schritt für Schritt aus der Abhängigkeit von Situationen und Erfahrungen. So befreien Sie sich langsam aus Ihrer Illusion der Bindung an Formen und kommen frei. Freiheit wovon? Freiheit von Trennung und Ihrem illusorischen Selbst.

Je mehr Sie den Schleier der Illusion durchschauen, desto weniger wichtig wird das, was geschieht, für Sie. Die Welt verliert ihre Schwere, das Leben wird leichter. Sobald Sie wissen, wer Sie wirklich sind, spüren Sie die Freude des Seins in allem, was

Sie tun. Ihr Handeln ist dann nicht mehr darauf ausgerichtet, ein bestimmtes Ergebnis zu erzielen, sondern es ist die Freude am Tun, die Ihr Handeln bestimmt. Die Freude, die sich daraus speist, dass Sie wissen, wer Sie in *Wirklichkeit* sind.

Ab diesem Zeitpunkt betrachtet das *Bewusstsein* – das Sie sind – die Welt durch Ihre Augen. Das *Bewusstsein* setzt quasi Ihren Körper als Medium ein, wodurch die Illusion als solche erkennbar wird: Sie betrachten nicht länger *Ihre* Schöpfung (Ihre Denkwirklichkeit), sondern *die* Schöpfung (die *Wirklichkeit*). Dann erkennen Sie sich in allem und jedem. Es ist ein Zustand ohne Ich-Bezogenheit und Ihre Erkenntnisse sind kristallklar. Sie wissen, was Sie in diesem Moment zu tun oder zu sagen haben, ohne auf die Erfahrung Ihrer Vergangenheit zurückzugreifen. Der Schleier aus Begriffen, Vorstellungen und tiefsitzenden Mustern, durch die Sie bisher Ihre Erfahrungen interpretiert haben, hat sich aufgelöst. Sie handeln aus Ihrer Essenz heraus. Das erschaffende *Bewusstsein* wird sich durch Sie in der Form seiner selbst bewusst. Das ist Erleuchtung.

4 Die Schöpfung

„Wenn du der Quelle der Schöpfung in dir erlaubst,
Ausdruck zu finden, kannst du die ganze Zeit fröhlich sein."
Sadhguru

Ihr inneres Sein ist genauso ein Teil von Ihnen wie Ihre äußere
Form, die Sie als Ihren Körper wahrnehmen. Beide scheinen getrennt voneinander, tatsächlich aber bedingen sie einander. Die
Wirklichkeit besteht aus diesem unsichtbaren inneren Sein und
der sichtbaren äußeren Welt. Die sichtbare Welt ist das, was Sie
als „Realität" erfahren. Es ist das Außen, die Welt der Form, in
der alles Existierende irgendwann sich auflösen wird. Ihr inneres
Sein, Ihre – wenn Sie so wollen – unsichtbare Welt, ist unvergänglich und bildet den Rahmen für die sichtbare Welt. Sie umgibt
die Welt der Form, sie durchdringt sie und sie ist der Raum, in
dem alles, was Sie erfahren, geschieht. Sie ist vergleichbar mit
der Atmosphäre unserer Erde. Die Luft umgibt uns, ist in uns,
und alles, was wir tun, tun wir innerhalb dieser schützenden
Hülle, die alles umgibt, was sich auf diesem Planeten ereignet.

4.1 Das Wesen des Nichts

Anders als die Luft können Sie diese innere Welt jedoch nicht
sehen, hören, riechen oder ertasten, da Sie sie mit Ihren körperlichen Sinnen nicht wahrnehmen können. Deren Wahrnehmungs-
fähigkeit ist auf die Welt der Form beschränkt. Das innere Sein
existiert[3] daher nicht für Sie, gleichwohl ist diese unsichtbare

---

3 Existieren leitet sich vom lateinischen *exsistere* mit der Bedeutung
  hervortreten ab. Wortwörtlich bedeutet existieren daher: aus dem Zustand als Potenzial heraustreten und sich in sinnlich wahrnehmbarer
  Form manifestieren.

Ebene sehr real. Aus ihr werden die Dinge geboren, erhalten ihre Form und gehen eines Tages wieder zurück zu ihrem Ursprung. Da diese Dimension für uns Menschen nicht erfahrbar ist, wird sie oft als das *Nichts* bezeichnet und mit Worten wie „leer" oder „inhaltslos" beschrieben. Dies ist Ihrem Verstand geschuldet, welcher das nicht mit den Sinnen erfassbare Nichts nicht begreifen kann. Damit geht der Verstand aber komplett an dem vorbei, was die Essenz des Nichts ist. Das Nichts enthält alles, was Sie sich vorstellen können (und noch weitaus mehr, was Sie sich nicht vorstellen können), nur eben nicht in physischer Form. Es ist daher ganz und gar nicht leer oder inhaltslos. Das *Bewusstsein*, welches sich durch eine materielle Form Ausdruck verleihen will, fokussiert sich auf diese materielle Form und holt sich sozusagen diese Form aus dem Nichts in die Existenz. Dies ist möglich, da das Nichts das gesamte Potenzial der Schöpfung enthält, da *das Göttliche* das Alles und zugleich das Nichts ist.

Innerhalb dieses Nichts gibt es einen Punkt, an dem alles eins ist. Es ist die Quelle, der Ursprung allen Lebens und alles Seienden. Diese Quelle bezeichnen wir als das All-Eine, das absolute *Bewusstsein* oder *das Göttliche*. Wenn sich *Bewusstsein* nach innen zur Quelle wendet, zieht es sich ins Nichts zurück. Wendet sich das *Bewusstsein* nach außen, so entstehen die Welt und die Form. *Das Göttliche* ist daher auch die Quelle des Nichts, oder anders ausgedrückt: *Das Göttliche ist das Nichts*. Alle Ebenen des Seins und natürlich auch unsere Ebene der Erfahrung haben in diesem Nichts ihren Ursprung. Alles muss irgendwann wieder zurück zu dieser Quelle, die unablässig am Erschaffen neuer Welten und Formen ist. Aus diesem Grund ist alles der Veränderung unterworfen und alles fließt. So ist es auch der Menschheit bestimmt. Die Menschheit ist Form. Das Leben, das die Menschheit und die Form beseelt, entspringt jedoch der Quelle und ist daher ewig.

Sie fragen sich vielleicht, warum das so wichtig ist. Nun, weil es ohne das Nichts nichts gäbe. Die gesamte Schöpfung, einschließlich unseres Universums, würde ohne das Nichts nicht existieren. In unserem physischen Universum existieren das Nichts und die Form nebeneinander. Es sind dies zum Beispiel alle Planeten in unserem Universum. Sie existieren im scheinbaren Nichts. Es gibt nichts, das sie erhält oder bewegt und doch gibt es sie und sie bewegen sich. Auch alle Dinge unseres täglichen Lebens sind von diesem Nichts umgeben, das unser Verstand als leeren Raum bezeichnet. Ohne den leeren Raum könnte in unserem physischen Universum nichts existieren; es könnte im ursprünglichsten Sinne des Wortes nicht hervortreten und also wahrnehmbar werden.

Das Wesen von Form ist sein Hervortreten, sein Erscheinen. Wenn es den leeren Raum nicht gäbe, könnte nichts Neues erschaffen werden. Alles in dieser Existenz braucht Raum, damit es sein kann und wachsen kann. Somit lässt sich sagen, dass der leere Raum die Existenz aller Dinge erst ermöglicht und somit die Essenz aller Dinge darstellt, die sich in ihm befinden. Der leere Raum und das Nichts sind ein und dasselbe.

Nehmen Sie einen Ton, welcher durch Ihr Wort in die Existenz geboren wird. Er ist aus dem Nichts gekommen, existiert eine Zeit lang und ist dabei von Nichts umgeben. Dann verschwindet dieser Ton wieder im Nichts. Das, was bleibt, ist das Nichts.

Dieses Beispiel kann von Ihrem Verstand verstanden werden. Das ändert jedoch nichts am eigentlichen Problem, denn was Ihr Verstand verstanden hat, sind die Geburt und der Tod des Tons. Das Nichts kann nicht verstanden werden. Das Nichts kann nicht mit den Körpersinnen wahrgenommen werden. Das Nichts kann nur „erspürt" werden (auf der nichtstofflichen Ebene mit nichtstofflichen „Sinnen"). Erst durch das Spüren können Sie das Wesen des Nichts „erfahren". Solange Sie das Nichts nicht erfahren können, bleiben Sie weiter an Ihren Verstand gefesselt.

Nur in der Stille wird sich Ihnen diese unsichtbare Welt zeigen, und in ihr liegt auch Ihr Schlüssel zur Überwindung der äußeren

Welt. In unserer vierdimensionalen Welt gibt es daher neben dem leeren Raum noch einen Begriff, der dem des Nichts entspricht. Das Wort ist die Stille, denn die Stille enthält auch nichts, aber ohne die Stille gäbe es keine Töne. Jeder Ton ist umgeben von Stille, wird aus der Stille geboren und geht wieder zurück in die Stille. Leerer Raum ist daher ein anderes Wort für Stille.

4.2 Was ist Schöpfung?

Der Begriff Schöpfung ist bereits im vorigen Kapitel gefallen, ohne dass wir auf dessen Bedeutung näher eingegangen wären. Dies ist aber wichtig, da Sie ohne ein fundamentales Verständnis dessen, was die Schöpfung ist und aus welchem Grund es sie gibt, nicht erfassen können, wer Sie in *Wirklichkeit* sind.

Die Schöpfung umfasst alles, was je erschaffen wurde und auch das, was sich noch *nicht* manifestiert hat. Der Raum, aus dem heraus die Schöpfung wirkt und in dem die Schöpfung erkannt und wahrgenommen wird, ist das Nichts. Das Nichts enthält dabei das gesamte Potenzial der Schöpfung, da ja schon alles erschaffen wurde. Die Schöpfung wurde verwirklicht, damit sich *das göttliche Bewusstsein* selbst erkennen kann. Der materielle Teil der Schöpfung, also unser Universum, ist nur ein winziger Bruchteil der gesamten Schöpfung, aber unverzichtbar, wenn es darum geht, Erfahrungen zu machen.

Der höchste Sinn der Schöpfung ist für den menschlichen Geist nicht nachvollziehbar. Daher lassen Sie uns dieses Wunder der Schöpfung mit den Worten beschreiben, welche dem menschlichen Geist zur Verfügung stehen. Da es nur das *All-Eine* gibt, *das Göttliche*, bezeichnen wir *das Göttliche* als die Quelle der Schöpfung. Halten Sie sich bitte nicht mit Worten auf. Worte werden durch den Verstand geschaffen und sind nichts weiter als Wegweiser auf dem Weg zur Erfahrung. Legen Sie daher ihren Verstand ruhig ein paar Minuten zur Seite. Ihr Bewusstsein wird diese Zusammenhänge verstehen. Wenn Sie daher so etwas wie ein inneres Erkennen spüren, ein gutes Gefühl bekommen, so als ob Sie ein Puzzleteil an die richtige Stelle gesetzt haben, dann hat Ihre Seele Ihnen auf der Ebene des Gefühls eine Nachricht zukommen lassen. Vertrauen sie daher Ihrem Gefühl, wenn in Ihnen eine plötzliche Erkenntnis auftaucht.

4.3 Wie entstand die Schöpfung?

Ausgehend von den Annahmen, die wir über *das Göttliche* getroffen haben, können wir ein paar Ableitungen ziehen, welche auch auf die Schöpfung zutreffen müssen. Dass *das Göttliche alles ist* bedeutet, dass *alles schon ist*. Die gesamte Schöpfung besteht bereits und zwar außerhalb der Zeit. Zeit ist eine Illusion, welche nur in unserem physischen Universum existiert. Vergangenheit und Zukunft existieren daher ebenfalls nur als Illusion innerhalb unseres physischen Universums und sind in *Wirklichkeit* bereits erschaffen.

Dass sie schon erschaffen wurden bedeutet, dass alle Ereignisse sich schon ereignet haben und abrufbar sind. Daraus lässt sich wiederum eine weitere wichtige Erkenntnis ableiten: Es gibt eine unendliche Anzahl an Universen, welche alle parallel und „zur selben Zeit" existieren. Dies ermöglicht Ihnen, jedes Ereignis und jede Situation zu wählen, die Sie möchten. Sie entscheiden in jedem Augenblick Ihres Lebens, welches Universum Sie betreten und welche Erfahrung Sie darin machen möchten. All dies funktioniert so reibungslos, weil keines der Universen, die Ihr Leben darstellen, in *Wirklichkeit* voneinander getrennt ist. Innerhalb der Illusion der Zeit erscheint Ihnen jedoch Ihr Leben als lineare Abfolge von Tausenden von Augenblicken innerhalb *eines* existierenden Universums. Die Illusion dieses Universums und Ihres physischen Lebens ist daher ein Spiegelbild der *Wirklichkeit*. Genauer gesagt eines winzigen Bruchteils der gesamten *Wirklichkeit*.

Dieses zeitlose und in sich vollkommene Konzept ist für den menschlichen Geist nur schwer zu erfassen. In unserem Universum sieht es so aus, als wäre sogar das *Bewusstsein* einer Entwicklung unterworfen und es Zeit braucht, um von einer Bewusstseinsstufe auf die nächsthöhere Stufe zu kommen. Aus der Sicht des Relativen stimmt diese Aussage, da innerhalb der Zeit alles einem Entwicklungsprozess unterworfen ist. Aus der Sicht des Absoluten ist sie jedoch nicht zutreffend, da das *Bewusstsein* schon alles ist und sich daher nicht entwickeln kann.

Kehren wir zurück zur Erschaffung des Universums. *Das Göttliche* drückt sich in Vielfalt aus. Das bedeutet, dass *das Göttliche* sich in irgendeiner Weise aufgeteilt haben muss. Wenn *das Göttliche alles ist*, dann muss diese Vielfalt *das Göttliche* sein. Eine andere Antwort kann es nicht geben, da *das Göttliche* nichts außerhalb von sich hat, was als Baumaterial für die Schöpfung und somit für unser Universum zur Verfügung stünde, da es nichts außerhalb *des Göttlichen* gibt. Alles muss daher aus dem einen „Baumaterial" entstanden sein. Dieses Baumaterial nennen wir der Einfachheit halber Licht. Das ist der Baustoff, aus dem die gesamte Schöpfung besteht.

Wenn Licht in der gesamten Schöpfung enthalten ist, dann bedeutet das, dass in jedem Teil der Schöpfung auch *alles des Göttlichen* enthalten ist, da es ja kein anderes „Baumaterial" gibt. Wir können dies am Beispiel einer menschlichen Zelle sehen, welche das gesamte Erbgut des menschlichen Körpers enthält. Dies ist eine sehr wichtige Erkenntnis, denn daraus ergibt sich ein großes Problem, welches *das Göttliche* lösen musste. Um sich in Vielfalt auszudrücken, musste *das Göttliche* sich teilen. Aber wenn *das Göttliche* sich teilt, was ist dann zwischen den Teilen? Das zwischen den Teilen können wir als das Nichts beschreiben, von dem im vorigen Kapitel die Rede war, und die Teile selbst als die Schöpfung. Beide Elemente enthalten jedoch das volle Potenzial *des Göttlichen*.

Ein anderer Punkt spricht ebenfalls für diese Annahme. Da *das Göttliche* Liebe ist, muss es alles gleich lieben. Es ist *dem Göttlichen* unmöglich, das eine etwas mehr und das andere etwas weniger zu lieben. *Das Göttliche* muss jeden seiner Teile im gleichen Ausmaß lieben, und somit ist die Liebe *des Göttlichen* in allen Teilen in vollem Umfang enthalten.

Es erscheint unmöglich, diese Anforderungen umzusetzen, außer man hat unendliches Bewusstsein und unbeschränkte Intelligenz zur Verfügung. Es gibt jedoch ein Phänomen, welches diesem Prinzip auf der Erde sehr nahekommt. Auch aufgrund des Gesetzes der Analogie (wie im Großen, so auch im Kleinen oder auch wie oben, so unten) erscheint es naheliegend, dass die gesamte Schöpfung und somit auch unser Universum nach dem Prinzip des Hologramms erschaffen wurden.

Aus technischer Sicht – welche zum besseren Verständnis kurz angesprochen werden soll – wird in der Holografie der Wellenaspekt des Lichts genutzt anstelle des Teilchenaspekts wie in der Fotografie. Das bedeutet, dass auf dem Hologramm, einer fotoempfindlichen Platte, neben der Intensität die sogenannte Phase des Lichts festgehalten wird; die aktuelle Position. Für das Erzielen des für die Holografie typischen 3D-Effekts braucht es dazu noch Interferenz, also die Überlagerung von Wellen. Dies wird erreicht, indem ein Laser einen Lichtstrahl aussendet, welcher mittels eines Prismas in zwei Teile aufgeteilt wird. Ein Lichtstrahl wird mittels einer Streulinse aufgefächert und trifft zuerst auf ein Objekt (z. B. auf einen Apfel), bevor es von diesem reflektiert wird und die Platte erreicht. Der zweite Strahl wird ebenfalls durch eine Streulinse aufgefächert, trifft jedoch die Platte sofort. Die dadurch entstandene Phasenverschiebung erzeugt eine Überlagerung beider Lichtwellen, ein Interferenzmuster, das nun auf der Platte gespeichert wird.

Sobald die Platte nun erneut von einem Laser angestrahlt wird, erscheint das ursprüngliche Objekt (unser Apfel), als täuschend echte Illusion im dreidimensionalen Raum.

Der verblüffendste Effekt entsteht, wenn Sie die Platte zerschlagen. Wenn Sie nun ein Stück dieser Platte erneut mit einem Laser bescheinen, dann ist es Ihnen möglich, das ursprüngliche Objekt in seiner ganzen Größe zu reproduzieren. Dies können Sie so oft wiederholen, wie Sie möchten. Möglich ist das, weil alle Informationen des Apfels an jedem Ort im Hologramm vollständig vorhanden sind. Dieses Phänomen hat seine Entsprechung zum Beispiel in menschlichen Zellen: In jeder einzelnen ist die gesamte (Erb-)Information gespeichert. Beim Hologramm verliert die Darstellung umso mehr an Schärfe, je kleiner das Fragment ist, welches vom Laser beschienen wird. In der Wirklichkeit, für die das hier beschriebene Hologramm-Prinzip als Modell dient, besteht dieser technische Makel nicht: Egal, wie klein das Teilstück ist, es enthält stets die gesamte Information.[4]

Mit Bezug auf die Schöpfung im Allgemeinen und unser Universum im Speziellen können wir sagen, dass die Fotoplatte dem Nichts entspricht und *das Göttliche* der Laser ist. Die Fotoplatte – also das Nichts – enthält das gesamte Schöpfungspotenzial. Die gesamte Schöpfung ist in diesem Nichts enthalten. Sobald das Licht in Form von Liebe auf etwas fällt, z. B. einen Apfel wie im Beispiel oben, erhält jeder Teil davon, jede Stelle, dieselbe *Menge an Licht*, egal, wie oft Sie dieses Etwas teilen.

Innerhalb der Schöpfung repräsentiert der Apfel Sie; somit kommen auch Sie, so wie jedes einzelne Wesen mit Bewusstsein, in den Genuss der *vollen* Liebe *des Göttlichen*.

Das Prinzip des Hologramms ist kein Prinzip des „wenn – dann" sondern eines des „sowohl – als auch". Durch die Anwendung des Schöpfungshologramm-Modells können Sie leichter verstehen, wie es *dem Göttlichen* möglich ist, sich unendlich oft zu teilen und dabei in jedem dieser Teile vollständig zu bleiben.

---

4 Ackermann, S. 23

Das Göttliche ist in jeder einzelnen seiner Schöpfungen präsent, steht mit ihr in Kontakt und verliert nichts von seiner Liebe. Einfach ausgedrückt lässt sich das Prinzip der Schöpfung unserer Realität wie folgt darstellen: Jedes Teil im gesamten Universum ist getrennt und birgt doch die Liebe und das *Bewusstsein* des Ganzen in sich.

Somit war es *dem Göttlichen* möglich, eine unendliche Vielfalt an Ebenen zu erzeugen, und innerhalb jeder dieser Ebenen besteht wiederum unendliche Vielfalt. Gleichzeitig sind die Dinge dieser Welt – oder aller dieser Welten – eins mit *dem Göttlichen*, da sie alle Eigenschaften *des Göttlichen* enthalten.

Es lässt sich daher festhalten:

- Die Schöpfung besteht in ihrer Gesamtheit. Alle Ereignisse, ob für unsere Wahrnehmung in der Vergangenheit, der Gegenwart oder der Zukunft liegend, sind schon vorhanden und daher potenziell von Ihnen abrufbar.
- Alles, was ist, und alles, was existiert – d. h. Teil unserer „Realität" ist –, ist *das Göttliche*. Daher ist alles geistiger Natur. Die Eigenschaften der Schöpfung sind die Eigenschaften *des Göttlichen*, das heißt, alles besteht aus Liebe, Licht und *Bewusstsein*.
- In jedem Teil der Schöpfung ist die Gesamtheit der Schöpfung enthalten. Alles, was existiert, ist ein Teil *des Göttlichen* und *das Göttliche* ist in allem vollständig enthalten. So wie jede menschliche Zelle das Erbgut des gesamten Körpers enthält, enthält Ihr Körper das gesamte Potenzial *des Göttlichen*.

Bewusstsein hat die Fähigkeit, sich nach diesem Prinzip zu verhalten. Sie sind deshalb ein Teil Ihrer Seele, die wiederum ein Teil des göttlichen *Bewusstseins* ist, und gleichzeitig sind Sie alles von diesem göttlichen *Bewusstsein*. Damit sind Sie ein Teil *des Göttlichen* und zugleich *alles von ihm*.

4.4 Bewusstsein und Schöpfung

Im zeitlosen Raum, in dem *das Göttliche* ist, sind Anfang und Ende eins. Alles, was ist und was je sein wird, ist in diesem zeitlosen Raum ewig gegenwärtig. Alles ist bereits vorhanden, jedoch auf unmanifestierte Art und Weise. Auf der höchsten Ebene ist auch das, was bereits existiert, eins mit der Quelle. In unserer Welt der getrennten Dinge und Formen bildet das Konzept von Einheit und zeitloser Perfektion einen Rahmen, den der menschliche Geist sich nicht vorzustellen vermag.

Bewusstsein ist. Es kann sich nicht entwickeln, da ihm schon das gesamte Wissen seiner selbst innewohnt. In unserer vierdimensionalen Welt scheint jedoch auch das Bewusstsein, das allen Dingen zugrunde liegt, einem Entwicklungsprozess unterworfen zu sein. Diese Sichtweise entspricht der durch Ihren Körper (Ihrer Form in der Getrenntheit) begrenzten Wahrnehmung der Dinge. Aus dieser illusionären bzw. die Illusion Schritt für Schritt überwindenden Sichtweise findet eine Entwicklung statt. In *Wirklichkeit* ist das nicht so, denn alles, was existiert, ist unauflöslich mit dem Sein verbunden. Alles in unserer vierdimensionalen Realität hat somit auch elementares Bewusstsein. Das bedeutet, dass alles lebendig ist. Unsere Erde, die Steine, Pflanzen und Tiere, ja das gesamte physische Universum ist Ausdruck lebendigen Bewusstseins. Andernfalls würde es nicht existieren, also sich nicht in einer wahrnehmbaren Gestalt manifestieren, da ihre Atome und Moleküle sich einfach „auflösen" würden, sprich in den Zustand des unmanifestierten Potenzials fallen.

Dieses lebendige Bewusstsein drückt sich in unzähligen Formen und in unterschiedlichen Graden aus. Eine Pflanze hat ein höheres Bewusstsein als ein Stein und ein Tier hat wiederum ein höheres Bewusstsein als eine Pflanze. Aber auch innerhalb des Bewusstseins von Steinen, Pflanzen und Tieren gibt es unterschiedliche Grade an Bewusstsein. Das Gleiche gilt natürlich auch für den Menschen, welcher im Vergleich zu allen anderen Lebensformen das höchste Bewusstsein hat.

Das Außen entsteht, wenn Bewusstsein Form annimmt, materielle Formen und Gedankenformen. Die unzähligen Formen, durch welche das Bewusstsein sich manifestiert, sind Ausdruck von Fülle, welche überall um uns herum existiert. Jedoch kann Ihnen dies nicht bewusst werden, *solange Sie Ihre eigene Essenz nicht als Ausdruck göttlichen Bewusstseins erkannt haben.* Die *Wirklichkeit* ist immer im Inneren zu finden. Das Außen ist somit immer eine Illusion.

Sich selbst als Ausdruck göttlichen Bewusstseins zu erkennen, fällt deshalb so schwer, weil sich Bewusstsein mehr und mehr in der Form verliert, je komplexer diese Form ist. Daher identifiziert sich das Bewusstsein der meisten Menschen fast ausschließlich mit ihrem Körper einschließlich ihrer Gedanken. Sie nehmen sich als getrennt von allem anderen wahr und leben in ständiger Angst vor der Vernichtung ihrer körperlichen und geistigen Form.

Ab diesem Punkt sieht es so aus, als ob etwas innerhalb der Schöpfung schiefgelaufen ist. Doch auch dies ist Teil des großen Spiels und gehört zur Evolution göttlichen Bewusstseins auf der Erde. Irgendwann innerhalb dieses Entwicklungsprozesses zwingen das Leid und der Schmerz das Bewusstsein, aus dem Traum von Form zu erwachen. Dies ist nicht der einzige Weg zur Erkenntnis. Warum dies aus Ihrer begrenzten Sicht dennoch so scheint und warum es diesen Weg des Leidens überhaupt gibt, wenn doch die Liebe der ganzen Schöpfung zugrunde liegt, damit werden wir uns in Kürze befassen.

Lassen Sie uns jedoch zuvor noch auf Ihre persönliche Rolle innerhalb der Schöpfung zu sprechen kommen. Sie, in Ihrer Form als Mensch, haben als einziges Lebewesen die Fähigkeit zur Selbstreflexion. Keine andere Lebensform auf dieser Erde kann sich Gedanken über sich, sein Tun und Handeln und seine Herkunft machen und sich mit Dingen beschäftigen wie der Frage, ob es ein Leben nach dem Tode gibt. Diese Fähigkeit ist Ihrem Bewusstsein zuzuschreiben und *keine* Fähigkeit Ihres Verstandes. Ihr Verstand versucht aber permanent, Ihnen dies als eine seiner Fähigkeiten zu verkaufen, indem er logische Argumente aus der Vergangenheit als Rechtfertigung für seine Fähigkeiten anführt. Ihr Verstand kann sich ein Leben nach dem Tod nicht vorstellen, da er Angst vor dem Tod hat und dieses Thema am liebsten weit wegschiebt. Das können nur Sie. Als das Bewusstsein, das Sie sind.

Ihr Verstand ist unaufhörlich damit beschäftigt, Ihr Bewusstsein in Denkmaterial zu verwandeln, d. h. aus dem All-Einen in die Getrenntheit zu zerren, ohne dass Sie es bemerken. Das ist der Grund, weshalb Sie mit dem Denken einfach nicht aufhören können. Wenn es Ihnen jedoch gelingt, bewusst eine Lücke in diesem ununterbrochenen Gedankenstrom zu schaffen, dann haben Sie von Ihrem Verstand Bewusstsein zurückgefordert und sind in der Lage – wenn auch nur für kurze Zeit – wahre Selbstreflexion zu erfahren. Dazu später mehr.

Durch diese Fähigkeit kommt Ihnen eine ganz spezielle Rolle innerhalb der Schöpfung zu. Mittels Ihrer Bewusstwerdung erwacht das eingeschlossene Bewusstsein aus seiner Identifikation mit gedanklichen wie materiellen Formen. Sobald dies geschieht, nimmt Bewusstsein seine ursprüngliche „Form" an und wird zu reinem Bewusstsein innerhalb der physischen Form.

4.5 Was ist Liebe?

Bedingungslose Liebe ist *das* Grundprinzip der Schöpfung. Da *das Göttliche* bedingungslose Liebe ist und es nur *das Göttliche*, das All-Eine gibt, muss alles, was je erschaffen wurde, von dieser universellen Liebe erfüllt sein. Das ist auch der Fall, es sei denn, es ist nicht der Fall – denn es ist Ihre Wahl, sich für oder gegen die Liebe zu entscheiden. In diesen Sätzen ist ein Widerspruch enthalten, den wir auflösen müssen, denn wie könnten Sie sich gegen die Liebe entscheiden, wenn die Liebe in allem enthalten ist?

Bedingungslose Liebe ist ein Seins-Zustand, eine Seins-Liebe. Es ist Ihr natürlicher Zustand von Sein. Seins-Zustände können jedoch nicht eindeutig beschrieben werden. Wie jeder Seins-Zustand entspricht er der absoluten Wahrheit, welche immer und überall Gültigkeit hat. Liebe als Seins-Zustand tritt in unserer vierdimensionalen Welt äußerst selten in Erscheinung, im Gegensatz vom Gefühl der Liebe. Die Liebe, von der hier die Rede ist, kann *gefühlt werden*, aber sie *ist kein* Gefühl. Das Gefühl von Liebe ist der Polarität zugehörig und keine bedingungslose Liebe; es kann einen Hinweis darauf geben, was Seins-Liebe ist, aber es bringt Sie nie in den Seins-Zustand. Gleichzeitig gilt: Je öfter Sie das Gefühl der Liebe mit anderen teilen, desto öfter wird es Ihnen widergespiegelt. Je mehr Sie davon nach außen geben, desto mehr erhalten Sie zurück.

In Ihrer Welt der vierdimensionalen „Realität" ist der Sinn darin zu sehen, Liebe zu fühlen und zu erfahren und zu beschreiben. Wenn Sie zum Beispiel verliebt sind, dann entspricht das einem Gefühl von Liebe, welches Sie in der Regel für den Seins-Zustand der Liebe öffnet und Sie für kurze Zeit diesen Seins-Zustand erfahren lässt. Wenn Sie das Gefühl von Liebe nicht mehr haben, dann verschwindet auch dieser Seins-Zustand und die Liebe kann nicht mehr in das einfließen, was Sie tun oder sagen. In einem bewussten Zustand von Seins-Liebe zu sein, nicht zu verwechseln mit dem Gefühl von Liebe, etwa dem Verliebtsein, gelingt Ihnen nur dann, wenn Sie sich vom Gegenpol des Gefühls der Liebe lösen.

Denn auf der Ebene der Form – also in Ihrer Scheinrealität – kann Liebe nur dann existieren, wenn sie einen Gegenpol hat;

dieser ist die Angst. Daher können Sie nur das *Gefühl* der Liebe *erfahren*, es aber nicht *sein*. Es sei denn, Sie überwinden den Zustand der Polarität. Das macht das Thema grundsätzlich so schwierig, da das Spiel mit der Polarität nicht gewonnen werden kann, sofern Ihnen nicht bewusst ist, wie es funktioniert und wie die Illusion aufgelöst werden kann. Damit werden wir uns zu einem späteren Zeitpunkt noch genauer beschäftigen. Im Moment genügt es, wenn Sie göttliche (bedingungslose, universelle) Liebe und das Gefühl von Liebe unterscheiden können.

Liebe als Seins-Zustand tritt innerhalb der Polarität dann in Erscheinung, wenn sie einfließt in das, was Sie tun, sagen oder denken. Dies geschieht, wenn Sie sich von Ihrem Ich-Bewusstsein lösen, indem Sie keinerlei Interessen oder Absichten verfolgen, die Ihrer Persönlichkeit oder Ihrem Ego nutzen oder anderen Menschen oder Lebewesen schaden. Anders ausgedrückt, stellen Sie keine Bedingungen hinsichtlich des Resultats Ihrer Handlungen. Somit haben Sie auch schon eine Eigenschaft der Seins-Liebe erkannt: Sie ist immer bedingungslos.

Bedingungslosigkeit ist jedoch innerhalb der Polarität ein Widerspruch, da die Polarität nur existieren kann, wenn es zwei Seiten gibt, die einander bedingen. Die Erfahrung bedingungsloser Liebe machen Sie daher nur, wenn Sie in Ihrer Mitte sind, nicht denken und fühlen und Ihr Fokus nicht abgelenkt ist. Das ist der Moment, in dem Sie sich über die Polarität erheben. In diesem Zustand gibt es weder Persönlichkeit noch Ego. Sie haben diese Erfahrung sicher schon einige Male in Ihrem Leben gemacht: Momente, in denen die Zeit stillzustehen scheint, hervorgerufen durch immense Schönheit, eine äußerst anstrengende körperliche Erfahrung oder im Gefühl absoluter Geborgenheit. In diesen Momenten sind sie tatsächlich aus der Zeit herausgetreten. Somit existiert die Liebe außerhalb der Zeit und ist ewig.

In diesem Zusammenhang ist natürlich die vollkommene beziehungsweise bedingungslose Liebe gemeint. Sich ein solches

Konzept der Liebe in Ihrem Leben vergegenwärtigen zu können, übersteigt jedoch Ihre Vorstellungskraft. Das ist ein großes Problem, zweifeln Sie damit doch nicht nur an der Liebe als Seins-Zustand, sondern gleichzeitig auch am *Göttlichen*, denn wenn *das Göttliche* nicht bedingungslose Liebe ist, auf welches Versprechen können Sie sich dann noch verlassen? Ohne dieses Fundament der Liebe beginnt Ihr Leben unsicher zu werden und ist ständig von Verfall bedroht. Können Sie sich vorstellen, wie Ihr Leben aussehen würde, wenn es jemanden in Ihrem Leben gäbe, der Sie nie enttäuschen würde und zu dem Sie einhundert Prozent Vertrauen haben? Wie würde dies Ihr Leben verändern?

Diese bedingungslose Liebe ist nicht die Abwesenheit von negativen Emotionen wie Hass oder Wut. Diese Art der Liebe beinhaltet alle Gefühle und daher auch alle negativen Gefühle. Eifersucht, Gier und alle anderen Formen negativer Emotionen werden von der bedingungslosen Liebe angenommen und somit aufgelöst. Sie ist *die Summe aller Emotionen*. Wenn Ihre Seele diese Form der Liebe erfahren will, hat sie keine andere Wahl, als jedes menschliche Gefühl, jede Emotion zu erleben, sodass sie die Möglichkeit hat, diese aufzulösen.

Ein Kind, das auf die Welt gekommen ist, befindet sich noch im Zustand der bedingungslosen Liebe, da sich in ihm noch kein illusionäres Ich-Bewusstsein entwickelt hat. Da es jedoch in eine Welt der Unbewusstheit geboren wird, wird es die Erfahrungen seiner Eltern und seiner Umwelt langsam als seine eigene Realität wahrnehmen und nicht mehr hinterfragen. Somit wird jedes Kind innerhalb seiner Kindheit der *Wirklichkeit* entzogen und es bleibt ihm keine andere Wahl, als sich seinen Gefühlen und Erfahrungen anzuvertrauen. Da die Gefühle aber ständig wechseln, beginnt eine nicht enden wollende Suche nach Liebe, welche sich als äußerst schwierig herausstellt, da selbst, wenn sie gefunden wird, sie sich nach einer gewissen Zeit aufzulösen scheint.

Die Suche nach der Liebe ist in ihrer Wurzel spirituell. Es ist der Ausdruck Ihrer Seele, welche zwar *weiß*, dass sie Liebe ist, es aber auch *erfahren* möchte. Die Liebe kann in jedem Moment, in jeder Erfahrung und in jedem Gegenstand gefunden werden, wird aber weitaus am häufigsten in einer Partnerschaft gesucht. Dies hat einen weiteren spirituellen Hintergrund, da sie innerhalb der Polarität als Mann oder Frau bzw. einzelner Mensch auf körperlicher Ebene immer nur die Hälfte des Ganzen sind. In der sexuellen Vereinigung erleben Sie sich als ganz. Die körperliche Liebe ist ein Tor, durch welches die Liebe in Ihr Leben einfließen kann. Daher ist die sexuelle Vereinigung eine so wunderbare und hochgeschätzte Erfahrung. Ihnen wird jedoch nur ein kurzer Blick in den Zustand des Eins-Seins erlaubt. Daher ist sie wie jede andere Erfahrung vergänglich.

Wahre Liebe ist unvergänglich. Da Bedingungslosigkeit, Ewigkeit und Unvergänglichkeit alles Eigenschaften *des Göttlichen* sind, ist alle Liebe die Liebe *des Göttlichen*. Alle Erfahrungen auf körperlicher Ebene haben in der Regel eine Absicht, sind der Zeit unterworfen und somit vergänglich. Wie kann Sie aber Ihr Körper oder Ihr Verstand in den Zustand der Liebe bringen?

Ihr Körper kann dies nicht. Seine Schwingungen sind zu niedrig, aber er kann Liebe durch Gesten, Worte oder Handlungen ausdrücken. Ihr Verstand kann dies auch nicht, da er in der Polarität gefangen ist. Aber er kann Ihnen helfen zu erkennen, dass Gefühle und Gedanken nicht dem Zustand der Liebe entsprechen. Diese Erkenntnis räumt das größte Hindernis beiseite, indem Sie erkennen, wer oder was Sie *nicht* sind. In der Erfahrung dessen, wer oder was Sie nicht sind oder sein wollen, definieren Sie, wer oder was Sie in *Wirklichkeit* sind oder sein wollen. Was bleibt übrig, wenn Sie erkennen, wer oder was Sie nicht sind? Was übrig bleibt, ist Ihre Essenz, welche immer die Liebe ist. In Ihrem Leben kann es jedoch zu Situationen kommen, in welchen Sie zum Ausdruck bringen *müssen*, wer oder was Sie nicht sein wollen, um Liebe auszudrücken. Dies klingt zunächst sehr verwirrend und ist es auch, denn bei genauerer Betrachtung hat auch die Liebe innerhalb Ihrer vierdimensionalen „Realität" zwei Pole. Um dieses Rätsel zu lösen, lassen Sie uns zunächst dem positiven Pol der Liebe zuwenden.

Wenn Sie sich diesem Zustand der Liebe und Einheit nähern wollen, dann fragen Sie sich einfach: „Was würde die Liebe jetzt tun?" Keine andere Frage hat mehr Bedeutung für Ihre Seele als diese. Wie jede spirituelle Wahrheit, so kann auch diese leicht missverstanden werden, und daher muss dieses Prinzip genauer erklärt werden.

Ihnen wurde beigebracht, dass zu lieben bedeute, für andere zu sorgen und ihnen zu helfen. Kurz gesagt, alles das zu tun, was zum Wohl des anderen beiträgt. Die Wahrheit lautet jedoch, dass die im höchsten Sinne der Liebe getroffene Wahl immer diejenige ist, welche Ihrem persönlichen Wohl dient. Auf den ersten Blick erscheint dies unlogisch und es wird oft mit Egoismus verwechselt. Die Welt ist ja so hart und grausam, weil jeder nur an sich selbst denkt. Wer sagt das? Das sagt Ihr Verstand. Wenn Sie aber eine Wahl im absolut höchsten Sinne für sich treffen, dann lösen sich problematische Sichtweisen wie Persönlichkeit und Ego auf. Wenn Sie eine Wahl im absolut höchsten Sinn für sich selbst treffen, handeln Sie absichtslos und das höchste Wohl für Sie selbst wird zum höchsten Wohl für den anderen.

Diese Erkenntnis birgt noch eine größere Erkenntnis, welche den Schlüssel zur Aufhebung der Polarität enthält, und, wird sie verstanden, ein Wegweiser für das Zusammenleben aller Menschen und das Gelingen aller Beziehungen ist:

- Was Sie für sich selbst tun, das tun Sie für die anderen.
- Was Sie für die anderen tun, das tun Sie für sich selbst.

Dies ist deshalb so, weil Sie und alle anderen in Wirklichkeit eins sind. Es gibt keine Trennung. Es gibt in *Wirklichkeit* nur

Sie. Alles andere ist Illusion. Wenn Sie dieses Prinzip verstanden haben und danach handeln, dann haben Sie die Bedeutung dessen, was Liebe ist, verstanden.

Setzen Sie sich daher an die erste Stelle. Dies setzt jedoch voraus, dass Sie wissen, was das Beste für Sie ist. Was wollen Sie mit Ihrem Leben anfangen? Wer oder was wollen Sie in diesem Leben sein? Diese Fragen müssen vorher von Ihnen geklärt werden, da es ansonsten zu Missverständnissen kommt. Ohne Antworten auf diese Fragen bleibt die Frage, was das Beste für Sie ist, ein Rätsel.

Wenn Sie in einer Situation ungerecht behandelt oder missbraucht werden, dann werden Sie vermutlich etwas unternehmen, was dieser Behandlung Einhalt gebietet. Das wird Ihnen helfen und auch für denjenigen gut sein, der Sie ungerecht behandelt oder missbraucht. Denn es gilt immer das gleiche Prinzip. Derjenige, der andere schlecht behandelt oder missbraucht, wird ebenfalls schlecht behandelt oder missbraucht, wenn es ihm gestattet wird, seine ungerechte Behandlung oder seinen Missbrauch fortzuführen. Es gibt wie gesagt keine Trennung. Sie und der andere sind eins.

Wenn Sie anderen in Liebe begegnen, dann bedeutet das nicht, dass diese tun und lassen können, was sie wollen. Egomanisch, narzisstisch oder despotisch Veranlagten bzw. Handelnden müssen Grenzen gesetzt werden. Denn was lernt ein solch unbewusster Mensch, wenn er feststellt, dass es keine Konsequenzen gibt und ihm nicht Einhalt geboten wird? Dies ist auch die Antwort auf die Frage, weshalb der Mensch aus Liebe in den Krieg ziehen muss, um die Tyrannei und die Gewalt zu stoppen. Die Liebe zu sich selbst und die Liebe zum Despoten erfordern dies. Hier zeigt sich die andere Seite der Liebe. In den Krieg zu ziehen oder sich gegen jemanden aufzulehnen, der anderen Menschen schadet, ist grundsätzlich negativ, da es *gegen* etwas gerichtet ist. Das ändert aber nichts daran, dass es Liebe ist, denn die Liebe ist, wie gesagt, in allem, und auch das scheinbar Negative beinhaltet die Liebe: Die Liebe hat innerhalb der Polarität immer zwei Seiten. Wenn Sie so wollen, können Sie diese Seiten als den positiven Pol und den negativen Pol der Liebe beschreiben.

In Ihrem Leben kann es vorkommen, dass Sie sich irgendwann einer Situation gegenübersehen, in welcher ein anderer Mensch Ihr Leben oder das Leben Ihrer Familie bedroht. Dies ist ein Extrembeispiel, aber es ist hilfreich, diese auf den ersten Blick widersprüchlichen Seiten zu erklären. Nehmen wir an, dass Sie diese Situation nur lösen können, indem Sie den Angreifer körperlich verletzen oder gar töten müssen. Entscheidend ist, aus welchem Pol heraus Sie agieren. Das ist Ihre Ausgangsposition und sie ist von entscheidender Bedeutung für Ihr weiteres Handeln und die sich daraus ergebenden Konsequenzen.

Nehmen wir daher weiters an, dass Sie aus dem positiven Pol heraus agieren. Die Liebe zu sich selbst bzw. Ihrer Familie bringt Sie dazu, Ihr eigenes Leben zu riskieren, um Ihr Leben und das Leben anderer zu schützen. Wenn Sie dies tun, dann werden Sie nichts gegen den Angreifer haben und versuchen, ihn selbst vor seinen Konsequenzen so gut wie möglich zu schützen. Sie handeln aus Ihrer Mitte heraus, ohne sich an das Ereignis in negativer Form zu binden. Obwohl Sie vielleicht jemanden verletzt haben, lassen Sie das Ereignis los und erschaffen somit kein Unterbewusstsein, in dem Sie Ihr Bewusstsein nicht an das Ereignis fesseln. Sie sind somit frei in Bezug auf die von Ihnen geschaffenen Resultate und Konsequenzen.

Erfolgt Ihr Tun jedoch aus einem negativen Pol, weil Sie selbst so etwas wie Zorn oder Angst gegenüber Ihrem Gegner empfinden, dann wird dieses Gefühl zum dominierenden Faktor Ihrer Handlungen, unabhängig vom Resultat Ihrer Handlung, also dem Verletzen oder dem Tod Ihres Gegenübers. Der Unterschied ist, dass Ihr Gefühl von Angst und Hass auch dann nicht verschwunden ist, wenn die Gefahr vorbei ist. Potenziell könnte sich in Ihrer Vorstellung solche eine Situation jederzeit wiederholen. Damit haben Sie Ihre Erfahrung an Ihr Bewusstsein gefesselt und Unterbewusstsein erschaffen.

Ihr Unterbewusstsein wird irgendwann wieder eine ähnliche Situation erschaffen. Wenn Sie sich jetzt noch zusätzlich die Schuld an den Konsequenzen Ihrer Handlungen geben, dann sind Sie noch tiefer in die Illusion gefallen und hoffnungslos im negativen Pol gefangen.

Was damit deutlich gemacht werden soll, ist, dass die wahre Liebe immer die Antwort auf alle Ihre Fragen und Probleme ist. Jede Art von „negativer Handlung" wird – sofern Sie aus einem Motiv der Liebe heraus geschieht – Ihren Seelenfrieden nicht belasten. Entscheidend für Ihre Erfahrung ist daher immer Ihre Absicht. Sie haben immer die freie Wahl und Ihre Absicht entscheidet in jeder Sekunde darüber, in welchem Pol Sie sich gerade befinden.

Das Schöpfungsprinzip wird hierbei wieder sehr deutlich erkennbar. Bewusstsein *erschafft*, auch wenn es Unterbewusstsein ist – dann aber in Form von (Schein-)Realität (Denkwirklichkeit). Wenn Sie aus dem positiven Pol heraus handeln, definieren Sie sich sich selbst und der Welt gegenüber als wer oder was Sie *wirklich* sind. Agieren Sie aus dem negativen Pol heraus, als wer oder was Sie *nicht* sind. Sie müssen daher nur erkennen, wo Sie gerade stehen und was Ihre Absicht ist. Die universelle Liebe *des Göttlichen* wird Sie nie verlassen. Sie müssen eventuell nur Ihre Absicht ändern.

Das Leben hinter allen Formen zu erkennen und anzuerkennen ist Liebe, wie wir zuvor gesagt haben. Es kann daher vorkommen, dass Sie, um sich als ein Mensch des Friedens und der Liebe beweisen zu können, möglicherweise die Idee von Frieden und Liebe aufgeben müssen. Ihr Leben wird Sie irgendwann dazu aufrufen zu zeigen, wer Sie in *Wirklichkeit* sind, indem Sie sich der Welt als jenes Wesen zeigen, dass Sie in *Wirklichkeit nicht* sind. Die Wahrheit hinter diesem Prinzip der Liebe lautet: „Sie können die wirkliche Liebe nicht haben, sofern Sie nicht bereit sind, sie vollständig aufzugeben."

Daher verurteilen Sie die Menschen nicht, die sich in diese extreme Erfahrung begeben haben. Die Wahrheit lautet, dass es das Böse im absoluten Sinne nicht gibt, sondern nur die Liebe. In unserer vierdimensionalen Welt der Polarität gibt es jedoch Gut und Böse. Indem Sie das Böse verurteilen, geben Sie ihm Energie und stellen sich selbst als Opfer dar. Es gibt aber auch keine Täter:innen und keine Opfer. Es gibt nur Ihre objektiven Erfahrungen. Aufgrund dieser Erfahrungen ist es manchmal nötig, sich von seiner pazifistischen Grundhaltung zu lösen und dem Bösen entgegenzutreten.

Das Ganze ist ein Prozess und die Frage, was Liebe ist, führt zur Auflösung des Geheimnisses des Lebens. Sie *müssen* geradezu aus Ihren Erfahrungen etwas als schlecht oder böse definieren, da sie sonst weder sich selbst noch etwas anderes als gut bezeichnen könnten. Somit können Sie Ihr Selbst, welches Sie in dieser Ihrer Denkwirklichkeit sind, nicht erkennen und erschaffen. Sie definieren sich selbst über das, was Sie als gut und als böse bezeichnen. Wenn Sie nichts als böse bezeichnen, so ist dies eine Lebenslüge, denn das Gute kann nur mittels des Bösen existieren.

Wenn Sie daher die Liebe sein wollen, die Sie schon sind, dann ist es hilfreich, sich von allen Gedanken des Verletzt-Werdens, des Verlustes und der Enttäuschung zu trennen. Seien Sie ganz offen und ehrlich und drücken Sie gegenüber den anderen aus, wie Ihr Befinden zu einer bestimmten Situation ist und was Sie verletzt. Die Situation hat dann nicht mehr die Macht, Sie zu verletzen. Sagen Sie Ihre Wahrheit liebevoll, aber konsequent. Indem Sie zeigen, was diese Situation oder Erfahrung für Sie bedeutet, demonstrieren Sie in Liebe, wer Sie sind und wer Sie sein wollen.

Sie müssen daher weder den fürsorglichen Ehemann noch die aufopfernde Ehefrau spielen. Es gibt auch nichts, was Sie tun können, um *dem Göttlichen* gefällig zu sein. Im Grunde gibt es nicht mal Regeln und Definitionen, die Sie befolgen müssen. Sie haben keine Verpflichtung gegenüber *dem Göttlichen* und auch nicht gegenüber Ihrem Leben. Beide entsprechen der Liebe und sind bedingungslos. *Definieren Sie einfach, wer Sie sind, und nehmen Sie sich die Freiheit, dies zu jedem Zeitpunkt zu ändern.* Es ist *Ihre* Entscheidung. Was Sie für sich persönlich wählen, das wählt auch *das Göttliche* für Sie. Wenn Sie dies in Liebe für sich selbst und für alle anderen tun, haben Sie das Prinzip der Liebe in die Tat umgesetzt und es wird zu Ihrem persönlichen Sein.

4.6 Der Schöpfungsprozess

Sie sind Schöpfer:in Ihrer eigenen „Realität". Diese „Realität" ist aber eine Illusion. Ihr Schöpfungsprozess geht von Annahmen aus, die nicht der *Wirklichkeit* entsprechen. Dies ist jedoch Teil des *göttlichen Plans*, denn wäre Ihnen bewusst, wie dieser Trick innerhalb Ihrer Illusion funktioniert, würde sich die Illusion sofort auflösen. Damit dies nicht zu schnell geschieht, wurde auch der Schöpfungsprozess der Illusion angepasst, sodass Sie sich nicht als jene Instanz erkennen, die sich ihre eigene (Schein-)Realität erschafft, sondern diese Ihre Denkwirklichkeit uneingeschränkt erfahren können.

Davon, dass *das Göttliche* unsere materielle Ebene erschaffen hat, um sich in der Materie auszudrücken und die Interaktionen seiner Schöpfungen zu erfahren, haben wir bereits gesprochen. Die Absicht dahinter ist, dass *Bewusstsein* sich in der Materie als Schöpfer:in der eigenen Realität erkennt und somit eine Realität erschafft, die seinem Ursprung entspricht. Der Ursprung ist die *Wirklichkeit*, welche die Eigenschaften *des Göttlichen* widerspiegelt und in Begriffen wie Unendlichkeit, Ewigkeit und bedingungsloser Liebe erahnen lässt. Das Ziel ist das Erkennen und das Erfahren dieser Zustände innerhalb des Körpers. Dies ist Ihr persönliches höchstes Ziel und dieses Ziel teilen Sie mit der gesamten Menschheit.

Wie funktioniert das Ganze? *Das Göttliche* erfährt sich selbst und seine Schöpfung durch Sie. Dazu musste *Es* die Illusion der Trennung, der Zeit und der Materie erschaffen. Dieser Trick ist der Schöpfungsprozess unserer vierdimensionalen „Realität". Daneben gibt es noch andere Schöpfungsebenen, die aber in diesem Zusammenhang nicht genauer erläutert werden sollen. Nur durch die Erschaffung dieser Tricks ist es möglich, die Illusion am Leben zu erhalten. Durch das Geschenk Ihres Körpers, welcher Ihnen nur eine extrem begrenzte und verzerrte Wahrnehmung der *Wirklichkeit* erlaubt, hat *das Göttliche* Ihnen ein Vorschlag gemacht, den Sie unmöglich ablehnen konnten. Daher haben Sie so etwas wie eine unauflösliche Partnerschaft mit *dem Göttlichen*, denn in Ihrer Essenz sind Sie selbst *das Göttliche*. Wie schaut nun dieser Deal mit *dem Göttlichen* aus?

Einfach ausgedrückt besteht die Vereinbarung darin, dass sie in Liebe geschlossen wurde und nie aufgelöst werden kann. Das bedeutet, was auch immer Ihnen innerhalb dieser Illusion zustößt, oder was auch immer Sie innerhalb ihrer eigenen „Realität" erschaffen: Sie werden immer geliebt. Des Weiteren besagt diese Vereinbarung, dass Sie immer das bekommen, was Sie erschaffen und worum Sie bitten. Da eine Vereinbarung immer zwei Parteien braucht, besteht Ihre Verpflichtung darin, dass Sie den Prozess des Erschaffens und des Wählens entsprechend Ihren Eigenschaften als Schöpfer:in verstehen.

Dies setzt jedoch voraus, dass Sie sich dieses Prozesses bewusst sind. Da die meisten Menschen sich dieses Prozesses nicht bewusst sind, sind auch Ihre Schöpfungen unbewusster Natur. Lassen Sie uns daher den Prozess des Erschaffens etwas genauer anschauen.

Sie sind ein dreiteiliges Wesen, welches aus Körper, Geist und Seele besteht. Da sie genau wie *das Göttliche* Schöpfer:in sind, müssen Sie auch im *Göttlichen* diese Dreiteilung wiederfinden. Tatsächlich ist dies so. Im christlichen Glauben finden Sie die Trinität: *Gott Vater, Gott Sohn* und *Heiliger Geist*. Im Hinduismus repräsentieren *Brahma*, der Schöpfer, *Vishnu*, der Bewahrer und *Shiva*, der Zerstörer die Trimurti, die gesamte Schöpfung. Andere Bezeichnungen sind Überbewusstsein, Bewusstsein und Unterbewusstsein. Innerhalb Ihrer vierdimensionalen „Realität" sind dies Energie, Materie und Antimaterie.

Diese Dreiteiligkeit äußert sich in Ihrer selbst erschaffenen „Realität" als Gedanke, Wort und Tat. All dies sind Energieformen von unterschiedlicher Frequenz, welche am Ende ein Ereignis oder eine Situation erzeugen, die Sie dann auf ganz individuelle Art als eine Erfahrung erleben.

Ihre Seele ist die Summe aller Ihrer Erfahrungen, die Sie je erschaffen haben. Da Ihre Seele nicht den Illusionen der Trennung und der Zeit unterliegt, hat sie auch die Möglichkeit, aller je gemachter Erfahrungen innerhalb des physischen Universums gewahr zu sein – und tut dies auch. Das Gewahrsein dieser Erfahrungen bezeichnen Sie als Erinnerung. Jede Erinnerung ist wie ein Puzzlestück, welches sich zu einem gesamten Bild zusammenfügt. Je mehr Sie sich erinnern, desto näher kommen Sie Ihrem wahren Wesen. Sind alle Teile dieses Puzzles zusammengefügt, dann haben Sie sich daran erinnert, wer Sie in *Wirklichkeit* sind. Um jedoch im wahrhaftigen Sinne des Wortes zu *erfahren*, wer Sie in *Wirklichkeit* sind, mussten Sie diese Erinnerung bei Ihrer Geburt aufgeben. Daher wirkt auch die Illusion so perfekt mit der Folge, dass Sie unverbrüchlich an diese glauben und ihrer daher unbewusst sind. Da Sie unbewusst sind, erschaffen Sie auch auf unbewusster Ebene.

Das gesamte Universum wartet auf die Bewusstwerdung des Geistes in der Materie, nur um sich danach aufzulösen und wieder neu erschaffen zu werden. Es ist eine Reise ausgehend von vollkommener Unbewusstheit über unvollkommene Bewusstheit hin zu bewusster Vollkommenheit. Ein Prozess ohne Anfang und ohne Ende.

Es stellt sich die Frage, wozu dieser ganze Aufwand betrieben wird? Dieser Prozess hat kein wirkliches Ziel, da er nicht linear verläuft, sondern zirkular. Das „Ende" dieses Prozesses – also die Erkenntnis von *Bewusstsein* auf höchster Stufe innerhalb der Materie – ist zugleich die Auflösung von Materie und bedeutet einen Neuanfang innerhalb des Schöpfungszyklus. Es gibt nur den Prozess und dieser wird aus der reinen Freude am Sein, durch die Freude am Erschaffen und Neues zu gebären, ewig in Gang gehalten.

Auf unserer vierdimensionalen Ebene ist unmittelbare Schöpfung dann möglich, wenn Körper, Geist und Seele als Einheit agieren. Wenn Sie so agieren, dann sehen Sie die Dinge, wie Sie wirklich sind. Sie haben sich über die Illusion erhoben. Im Zustand der Unbewusstheit erkennen Sie jedoch nicht, was *wirklich* ist, sondern verwechseln dies mit der Illusion Ihrer Denkwirklichkeit. Die Illusion kann nie zur *Wirklichkeit* werden, da es sie gar nicht gibt. Um in den Zustand von Bewusstheit zu gelangen, ist es deshalb wichtig, die Illusion als Illusion zu erkennen und zu akzeptieren. Solange Sie die Illusion nicht erkennen, können Sie ihr nicht entrinnen.

Dabei ist es innerhalb der Illusion gleichgültig, ob Sie sich für oder gegen etwas entscheiden, da Sie in beiden Fällen dieser Sache Ihre Energie geben und somit diese Erscheinungsform der Illusion nähren: Das, was Sie dem Universum mitteilen, indem Sie Ihren Fokus und Ihre Energie darauf richten, erschaffen Sie. Deshalb führt es zum selben Ergebnis, ob Sie für oder gegen Krieg sind – zum Krieg. Dabei ist es unmittelbar einleuchtend, was Kriegstreiberei bewirkt. Wie kann aber auch das Umgekehrte, also die Kriegsgegnerschaft, zum selben Ergebnis führen? Eben weil Sie diese Gegnerschaft in Ihren Fokus rücken und damit dem Krieg und dem Kriegsgegner Ihre Energie geben. Das Universum reagiert ausschließlich darauf, *was* in Ihrem Fokus ist, ob Ihre Energie positiv oder negativ ist, spielt keine Rolle.

Seien Sie daher nicht gegen den Krieg, sondern für den Frieden; nur damit geben Sie dem Frieden Ihre Energie. Frieden erschaffen zu wollen bedeutet jedoch auch, den Krieg in all seiner Bestialität und Sinnlosigkeit als Teil Ihrer „Realität" zu akzeptieren.

Um nicht missverstanden zu werden: In beiden Fällen verlassen Sie die Illusion nicht. Wenn Sie jedoch etwas durch Ablehnung erschaffen, *wieder*erschaffen Sie und haben keine Kontrolle darüber, was Sie erschaffen. Das von Ihnen Erschaffene erhält somit die Kontrolle über Sie. Deshalb drehen wir uns so oft im Kreis und lehnen die Verantwortung für unser Schöpfertum ab: Wir sind unzufrieden mit dem Erschaffenen, das wir doch vehement bekämpft haben und wofür wir demnach nicht verantwortlich sein können.

Wahres Schöpfertum besteht jedoch nicht darin, durch Gegnerschaft *wieder*zuerschaffen. Schöpfer:in zu sein bedeutet, *neue* Erfahrungen zu machen. Die Voraussetzung dafür ist die Annahme dessen, was Sie ablehnen; nur dann sind Sie in der Lage, etwas Neues zu erschaffen. So erhalten Sie Kontrolle über Ihre Schöpfung und machen den Schritt zum bewussten Schöpfertum.

Wie gelingt ihnen dies? Vereinfacht ausgedrückt, machen Sie dies mithilfe Ihres Geistes. Indem Sie sich etwas vorstellen, beginnt es, eine Form anzunehmen. Diese Form ist zunächst noch sehr grob und instabil, doch je länger Sie sich damit im Geiste beschäftigen, desto physischer wird diese Form. Dieser Prozess kann Stunden, Tage oder Jahre dauern. Aber wenn Sie Ihren Fokus konsequent auf Ihrer Schöpfung halten, wird sie eines Tages in Ihr Leben treten. Ob dies nun eine Erfindung, ein Partner oder eine Geschäftsidee ist, macht keinen Unterschied. Sobald Ihr Wunsch in Ihr Leben getreten ist, beginnt der Schöpfungsprozess von Neuem. Sie richten Ihren Fokus neu aus, indem Sie entscheiden, worauf Sie Ihre Energie lenken und welche Bedeutung dies für Sie hat.

4.7 Ihr persönlicher Schöpfungsprozess

Da *das Göttliche*, so wie Sie, sich wesenhaft als dreiteilig manifestiert, besteht auch die Schöpfung aus drei Teilen. Diese sind die Schöpfung selbst, der Prozess der Schöpfung und last, but not least, Ihr persönlicher Schöpfungsprozess, mit dem wir uns nun näher befassen wollen.

Die Seele entscheidet sich, eine Erfahrung ihrer selbst in der physikalischen Realität zu machen. Sie lernt sich dadurch selbst kennen. *Ihr persönlicher Schöpfungsprozess ist daher das, was sich in Ihrem Leben ereignet.* Ihr Leben kann folgerichtig als der eigentliche Prozess bezeichnet werden, in dem und durch den die Seele und damit *das Göttliche* die Schöpfung erfährt und die Schöpfung immer wieder neu erschafft. Innerhalb dieses Prozesses sind Relativität, Zeit, Trennung und Schwingung nur Werkzeuge, um die Illusion der Realität aufrechtzuerhalten. Über Ihre Seele erfährt *das Göttliche* nun von den Interaktionen seiner Schöpfungen und deren Schöpfer:innen, indem *das Göttliche* allen schöpferischen Wesen die absolut freie Wahl darüber lässt, was sie zu jedem beliebigen Augenblick erschaffen wollen oder was sie sein wollen.

Auf Ihrer persönlichen Ebene ist alles, was sich in Ihrem Leben ereignet hat, gerade ereignet und noch ereignen wird, der physische Ausdruck dessen, was Sie in Ihrem Innersten an Gedanken, Entscheidungen, Ideen und Beschlüssen in Bezug auf Ihre Vorstellung, wer Sie in *Wirklichkeit* sind, je getroffen haben. *Sie haben alle Ereignisse selbst in Ihr Leben gezogen.*

Es gibt jedoch, ungeachtet der Gültigkeit dieser Aussage, Ereignisse, für die Sie nur indirekt verantwortlich sind. Wie ist dies zu erklären? Im Grunde gibt es drei Arten, wie Ihre persönliche Schöpfung entsteht. Eine Form ist das bewusste Erschaffen mittels Ihrer Gedanken, die Sie kontrollieren. Die Ergebnisse werden als von Ihnen selbst erschaffen wahrgenommen. Eine Verabredung mit einem Freund ist so ein Beispiel.

In den meisten Fällen ist ihnen jedoch nicht klar, wie Sie Ihre Realität erschaffen. Dann liegt dem eine von zwei weiteren existierenden Formen der Schöpfung zugrunde: Zum einen erschaffen Sie durch Ihre unbewussten Gedanken und zum anderen über das Kollektivbewusstsein. Über beides haben Sie keine Kontrolle und werden daher die Erfahrung so wahrnehmen, als ob sie Ihnen zustößt. Weshalb Sie auch nicht bereit sind, die Verantwortung dafür zu übernehmen. Unbewusste Gedanken können zum Beispiel einen Streit mit Ihrem Freund, mit dem Sie sich verabredet haben, auslösen, während eine kollektiv erschaffene Erfahrung sich auf globale Phänomene wie wirtschaftliche Ereignisse oder Kriege auswirkt.

Das ganze Universum entspricht einem Kopierer, welcher auf Ihre stärksten schöpferischen Gedanken reagiert. Wenn Sie liebevolle Gedanken haben, wird Ihnen eine liebevolle Erfahrung zuteil, analog dazu führen negative oder angstvolle Gedanken zu ebensolchen Erfahrungen. Wenn Sie sich einer Sache widersetzen, dann wird Sie Ihnen bleiben und größer werden, da Sie dem unerwünschten Ereignis Ihre Energie geben und dem Universum so signalisieren, Ihnen diese Erfahrung zuteilwerden zu lassen: Da es nicht *nicht* erschaffen kann, ignoriert es die Verneinung eines Gedankens. „Ich will nicht" wird somit zu „Ich will".

Um etwas empfangen zu können, müssen Sie *zuerst etwas geben*. Wählen Sie das, was *Sie für sich wollen, für jemand anderen*. Wenn

Sie erfolgreich sein wollen, helfen Sie anderen, erfolgreich zu sein. Wenn Sie glücklicher sein wollen, helfen Sie jemand anderem, glücklich zu sein.

Ihre Gedanken sind der erste Teil Ihres dreiteiligen Schöpfungsprozesses. Ob Ihre Gedanken auf bewusste Weise durch Ihr höheres Selbst oder Ihre Seele erschaffen werden oder auf unbewusste Weise entstehen, ist dabei nicht wichtig. Alles, was sich je in der Materie manifestiert hat, existierte zuvor in Gedanken. Auch das Universum wurde, bevor es physische Gestalt annahm, „erdacht". Dieser Gedanke entsprang dem Wunsch *des Göttlichen,* sich selbst als Teil des *Alles-was-Ist* zu erfahren.

Auch Ihr persönliches Universum entspringt Ihren Ursprungsgedanken. Das sind die Gedanken, die für Sie am stärksten vorhanden sind, die Sie für sich als unumstößlich ansehen, bis sie von einer neuen Erfahrung überschrieben werden. Achten Sie daher darauf, von wem diese Gedanken kommen. Sind es Ihre eigenen, oder haben Sie diese – vielleicht in Ihrer Kindheit – von Ihren Eltern, Geschwistern oder anderen Menschen übernommen? Geben Sie auch acht, welche Art von Gedanken Sie entwickeln. Denn die Qualität Ihrer Gedanken entspricht der Qualität der dadurch angezogenen Ereignisse: Aggression zieht Aggression an, Freude ruft Freude hervor, Angst führt zu Angsterfahrungen usw.

Durch Ihre Gedanken entstehen Worte. Alles, was Sie sagen, ist ein zum Ausdruck gebrachter schöpferischer Gedanke. Obwohl Gedanken höher schwingen als Worte und daher unsichtbar sind, sind Worte schöpferischer, da sie mehr Energie beinhalten. Worte verstärken die Schwingung der Gedanken, welche in das Universum ausgeschickt wurden. Sie beeinflussen das Universum beziehungsweise das Nichts stärker, als dies Gedanken im aktuellen Stadium des menschlichen Bewusstseins tun.

Die nächste Ebene innerhalb Ihrer physischen Realität ist die Handlung. Die Handlung ist die stärkste Form der Schöpfung.

Innerhalb der physischen Realität entspringt der Großteil der Schöpfung einer Handlung. Handlung ist überall dort notwendig, wo Trennung und somit Illusion bestehen; ohne die Illusion würde *Bewusstsein* unmittelbar erschaffen, da es ja keine Trennung und auch keine Zeit gäbe. Weil die Illusion aber allgegenwärtig zu sein scheint, ist unsere gesamte Zivilisation Ausdruck von Handlung. Deshalb legt unsere Gesellschaft so viel Wert auf das Tun statt auf das Sein. Sie übersieht jedoch, dass alles Handeln, alles Tun und jede Tat, solange diese auf der Grundlage von Unbewusstheit erfolgen, immer tiefer in die Illusion führt.

Die höchste Form der Schöpfung ist erreicht, wenn die Handlung dem Gedanken vorausgeht, das heißt, Sie eine gänzlich neue Erfahrung machen, ohne sich davor auf in der Vergangenheit erlebte zu berufen. Erfahrungen dieser Art geschehen auf einer höheren Ebene und werden oft als Intuition bezeichnet. Diese Form der Schöpfung kommt Ihrem Ursprung am nächsten, da sie einfach aus Lust am Erschaffen erfolgt und somit das Einfließen der Liebe in Ihren Schöpfungsprozess ermöglicht.

Um aus der unbewussten Schöpfung Ihrer Realität herauszukommen, gibt es nur einen Weg. Das Entscheidende ist, dass Sie den Ihrer Meinung nach grundlegendsten Gedanken, den Sie über eine Situation, Erfahrung oder Person haben, erkennen. Dies kann ein Gedanke sein, der mit Ihren persönlichen Erfahrungen nicht wirklich etwas zu tun hat, sondern Ihnen von anderen Menschen, Ihrer Kultur oder Ihren Eltern vermittelt wurde. Letzteres zeigte sich beispielsweise daran, dass Sie in Ihrem Leben ähnliche oder identische Annahmen treffen, wie es Ihre Eltern taten. Sie werden diese fremden Gedanken dann in Worten ausdrücken und mit Handlungen verstärken. Ihre Handlungen werden dann beinahe zu Automatismen, welche sich früher oder später in Ihrem Leben manifestieren werden.

Im Grunde ist es einfach, sich aus dieser Falle zu befreien, denn wenn Sie Ihren persönlichen Schöpfungsprozess verstanden haben, brauchen Sie dieser riesigen Kopiermaschine nur noch zu sagen, was Sie wollen. Doch genau da liegt bei den meisten Menschen das Problem. Dies setzt voraus, dass Sie wirklich wissen, was Sie wollen bzw. wer oder was Sie sind. Wenn Sie jedoch *nicht* wissen, wer oder was Sie *sind* bzw. *wollen*, sondern nur von sich zu sagen vermögen, wer oder was Sie *nicht* sind bzw. was Sie *nicht* wollen, was bleibt dann von Ihnen übrig? Es bleibt *nichts* von Ihnen übrig, da das Wissen um das, was Sie *nicht* sind bzw. wollen, keinerlei Substanz hat und daher kein Wissen darstellt, sondern ein Nichts-Wissen. Dieses Nichts ist jedoch gleichzeitig ein Feld unbegrenzter Möglichkeiten, welches nicht durch Ihren Verstand geprägt ist. Somit ist es noch nicht definiert und frei von allen Anhaftungen und Vorstellungen. Sie können daher vollständig aus diesem Nichts schöpfen und wählen den Gedanken, der Ihnen am meisten Freude bereitet und von dem Sie am meisten überzeugt sind. Dieser wird dann zu Ihrem schöpferischen Gedanken. Auf diese Weise bilden Körper, Geist und Seele eine Einheit.

Etwas zu erschaffen bedeutet, etwas in die „Realität" zu ziehen. Sie müssen fühlen, dass dieses Etwas schon existiert und dass es zu Ihnen kommen darf. Legen Sie Ihr ganzes Herz, Ihre gesamte Energie, Ihren Fokus darauf und wanken Sie nicht in der Überzeugung, im Glauben daran, dass das Erstrebte bereits Realität ist, die sich lediglich noch zu manifestieren braucht. Sich einfach etwas zu wünschen, reicht nicht; jedoch: was auch immer Sie in der beschriebenen Weise für sich *wählen, das Göttliche* kann nicht anders, als es Ihnen zu geben.

Ihre Zweifel an dieser Tatsache verhindern jedoch, dass Sie sich diesem Schöpfungsprozess hingeben können. Wenn Sie am *Göttlichen* zweifeln, zweifeln Sie zwangsläufig an der Liebe. Aber wenn Sie sich nicht auf die Liebe *des Göttlichen*, die immer da ist, verlassen können, auf wessen Liebe können Sie sich dann verlassen? Das ist der Teufelskreis, in dem die meisten Menschen stecken. *Sie vertrauen sich und Ihren Fähigkeiten nicht.* Sie haben hundertmal die gegenteilige Erfahrung von dem gemacht, was hier geschrieben steht. Das trifft auf viele Menschen zu. Trotzdem: Vertrauen Sie dem Schöpfungsprozess und halten Sie Ihren Fokus immer auf das von Ihnen gewählte Ereignis gerichtet. Der Dalai Lama drückt diese Wahrheit wie folgt aus: „Wer sich sagt, dass er seine Ziele erreichen kann, wird unweigerlich Erfolg haben."

Am einfachsten ist es, mit Kleinigkeiten anzufangen: So besitzen wir alle bereits etwas, das wir geben können. Das kann ein Lächeln sein, ein paar aufmunternde Worte oder eine herzliche Umarmung. Auch so etwas zu geben ist ein Schöpfungsprozess, denn durch das Lächeln, das Sie geben, erschaffen Sie eine Erfahrung: Sie bekommen ein Lächeln zurück, das es ohne Ihren Akt der Schöpfung, ohne Ihr Geben, so nicht gegeben hätte. Das ist viel leichter als aus dem Nichts heraus zu erschaffen.

Innerhalb Ihres persönlichen Schöpfungsprozesses ist es dabei wichtig, dass Sie immer ehrlich und wohlmeinend in Ihrer Absicht sind, ansonsten funktioniert Ihr Schöpfungsprinzip nicht. Wenn Sie jemandem hingegen nur deshalb etwas geben, um diese Person zu beeinflussen oder zu manipulieren, dann werden Sie die Erfahrung machen, dass Sie, was immer Sie erreichen wollten, nicht vollständig bekommen werden, ganz gleich, was auch immer Sie unternehmen. Es ist sehr wahrscheinlich, dass Sie deshalb mit dem Manipulieren weitermachen werden, in der Hoffnung, es doch eines Tages zu erhalten. Dieser Weg führt jedoch nie zu Glück und Zufriedenheit. Früher oder später werden Sie stattdessen die Erfahrung von Mangel machen und diese Erfahrung hält Sie weiter in der Illusion gefangen und macht Sie und andere unglücklich.

Auch die andere Person wird Ihre Unehrlichkeit erkennen: In Wirklichkeit haben Sie nichts anzubieten, was die andere Person wirklich bräuchte, und Ihr Geben ist deshalb nichts als eine leere Geste. Damit stoßen Sie das, was Sie eigentlich anziehen wollten, von sich weg. Da Ihre Motive nicht liebevoller Natur waren, erkennen Sie die Wahrheit dieses Prozesses nicht an und beschuldigen stattdessen den anderen, die Ursache für Ihren Mangel zu sein, da er Ihnen nicht geben wollte, was Sie sich wünschen.

Doch wenn Sie aus reinem Herzen einem anderen etwas geben und Sie entdecken, dass diese Person Ihr Geschenk gerne annimmt, dann erkennen Sie, dass Sie das, was sie gaben, selbst bereits hatten und Sie die andere Person glücklich gemacht haben. Deren Glück wird damit auch zu Ihrem Glück.

Wählen oder erschaffen Sie alles, was Sie möchten. Aber wählen sie es nicht für sich allein. Wählen Sie Ruhm, um ihn mit anderen zu teilen. Wählen Sie Erfolg, um andere daran teilhaben zu lassen. Wählen Sie Macht, aber nicht um über andere zu herrschen, sondern um Schwächeren zu helfen. Machen Sie dies zu Ihrer Lebensphilosophie.

Wählen Sie, mehr zu haben, um anderen mehr geben zu können. Wählen Sie, Wissen zu erlangen, um es mit anderen zu teilen. Setzen Sie sich an die erste Stelle, wenn es um Ihre Wahl geht: Sie können nicht geben, was Sie nicht empfangen haben. Andernfalls brennen Sie aus. Deshalb ist die Befriedigung der eigenen Bedürfnisse so wichtig. Wenn Sie sich an die erste Stelle setzen, bedeutet das nicht, dass Sie selbstsüchtig sind, sondern dass Sie sich Ihrer selbst bewusst sind. Wenn Sie immer den Regeln der anderen folgen, dann gehorchen Sie nur, anstatt Ihre eigene Wahrheit auszudrücken. Jedoch sollte Ihre Wahl stets auch das Wohl aller anderen mit einbeziehen.

Zu guter Letzt bedenken Sie auch die Konsequenzen. Etwas zu wählen bedeutet immer auch, die Konsequenzen davon zu erschaffen. Mit anderen Worten: Sie müssen immer zwei Entscheidungen treffen. Eine, welche Ihrer Wahl entspricht, und die andere, welche sich aus den Konsequenzen dieser Wahl ergibt. Unbewusste Menschen tendieren dazu, die Konsequenzen Ihrer Entscheidungen zu negieren oder nicht zu betrachten.

Dies führt dann in der Regel zu Problemen, weil dann ein plötzlich auftretendes Ereignis nicht als die Ursache der eigenen Entscheidung angesehen wird. Nur wenn Sie in jeder Situation sagen können, ja, das habe ich getan, können Sie die Kraft finden, die für Sie unangenehme Konsequenz zu ändern.

Natürlich ist es viel zu viel verlangt, sich aller Konsequenzen von Entscheidungen bewusst zu sein, insbesondere dann, wenn diese Entscheidungen so gut wie nie im Zustand vollkommener Bewusstheit getroffen werden. Von Winston Churchill ist der Spruch überliefert: „Man weiß ohnehin nicht, was dabei herauskommt, also kann man gleich das Richtige tun." Diese Aussage ist in unseren Denkwirklichkeiten hundertprozentig wahr: Es ist unmöglich, alle globalen Konsequenzen jeder Handlung auf Jahrzehnte im Voraus mit dem Verstand zu erfassen und derart im herkömmlichen Sinn zu *wissen*. Genau deshalb ist es entscheidend, Gefühl und Intuition in die Absicht einfließen zu lassen, zum eigenen und dem Wohle aller Wesen zu handeln. Dann erübrigt sich auch die fruchtlose Beschäftigung mit der Frage, was denn nun „das Richtige" wäre. Denn da es in *Wirklichkeit* richtig und falsch nicht gibt und dies lediglich illusionäre Kategorien in unseren Denkwirklichkeiten sind, ist eine Antwort auf der unbewussten Ebene niemals gänzlich frei von ich-bewussten Absichten und daher zwingend nur ein Teil der Wahrheit.

Die Schöpfung ist größer, als wir uns vorstellen können. Was wir jedoch über die Schöpfung und den Schöpfungsprozess sagen und somit als Wahrheit innerhalb der Schöpfung betrachten können, sei hier nochmals zusammengefasst:

- Es gibt nur das *Eine*, das wir *das Göttliche* nennen.
- Seien Sie die Quelle Ihres Lebens, die wir Liebe nennen.

- Alles, was Sie für andere tun, tun Sie für sich selbst und vice versa, da Sie und alle anderen eins sind. Tun Sie liebevolle Dinge gemeinsam mit anderen zu Ihrem eigenen höchsten Wohl und dem aller anderen Wesen, um somit Ihrer Seele Ausdruck zu verleihen und Ihr höchstes Ziel zu verwirklichen. So erfahren Sie, wer Sie wirklich sind. Tun Sie liebevolle Dinge nicht *für* jemanden, wenn es nicht Ihr ureigenster Wunsch ist, da Sie sonst Ihrem Selbst und Ihrer Seele nicht treu sein können.
- Geben Sie den anderen, was Sie selbst erfahren möchten. Dadurch erfahren Sie, was *das Göttliche* erfährt. Das, was Sie anderen geben, geben Sie sich selbst, da es immer nur das *Eine* gibt. Das Leben ist nicht da, um zu bekommen, sondern um zu geben. So, wie es die Natur uns vormacht. Sorgen Sie sich nicht, was Sie im Gegenzug bekommen, wenn Sie geben. Es geht beim Geben nicht um das Materielle, sondern um den Akt des Gebens selbst. Sie ermöglichen Ihrer Seele dadurch den höchstmöglichen Ausdruck. Daher können Sie nie verlieren, was Sie weggeben.
- Die Antwort auf die Frage, wer Sie in *Wirklichkeit* sind, lautet: Sie sind die Person, die Sie in jedem Augenblick Ihres Lebens *wählen zu sein.*
- Veränderung ist die einzige Konstante im Leben. Das ist das Paradoxon des Lebens.
- Nichts geschieht gegen den Willen *des Göttlichen*. Alles, was geschieht, ist der auf vollkommene Art und Weise zum Ausdruck gebrachte Wille *des Göttlichen*, welcher Ihrem persönlichen und dem kollektiven menschlichen Willen entspricht. Da *das Göttliche Alles-was-Ist* ist, kann es nichts geben, was außerhalb seines Willens geschieht. Das umschließt sowohl das Gute als auch das Böse. Keine Seele kann eine andere Seele beeinflussen und kein Mensch kann einen anderen beeinflussen, außer die Seele und der Mensch wollen dies so. Alles geschieht in wechselseitigem Einvernehmen, und auf diese Weise erschaffen Sie und wir alle unsere Realitäten.
- Alles fließt, bewegt und verändert sich. Sie sehen daher nie etwas Statisches oder Unveränderliches. Sie sind immer

Zeuge eines Ereignisses oder Prozesses. Dies muss so sein, da die gesamte Schöpfung ein ununterbrochener Prozess ist. Würde dieser Prozess nur für einen kurzen Augenblick unterbrochen, würde die gesamte Schöpfung sich auflösen und ins Nichts zurückkehren.

- Das Leben an sich verfolgt keinen bestimmten Zweck, strebt nach keinem bestimmten Ziel. Es genügt sich selbst. Auch Ihre Erfahrungen, mögen sie auch noch so einzigartig sein, haben deshalb keine fundamentale Bedeutung. Erst durch Ihre *Beurteilung* geben Sie Ihrem Leben die Bedeutung, die es *für Sie* hat. Die Wahrheit auf unserer Ebene der weitestgehenden Unbewusstheit ist, dass Sie all dies erfinden: ob es für Sie wichtig oder unwichtig ist, Bedeutung für Sie hat oder bedeutungslos für Sie ist. Es spielt keine Rolle. Entscheidend ist, dass Sie eine Erfahrung gemacht haben. Die Beurteilung Ihrer Erfahrung ist immer subjektiv und daher nie allgemeingültig.

Das Leben ist in *Wirklichkeit* ein ständiger, individueller Schöpfungsprozess. Er erfordert in jeder Sekunde eine Entscheidung darüber, wer Sie wirklich sind. Dies ist ein *aktiver Prozess*. Die meisten Menschen reagieren innerhalb der Illusion jedoch auf das Außen und versuchen es zu verändern. Dies ist ein *reaktiver Prozess*, der sich endlos wiederholt, da er auf der Basis von Entscheidungen erfolgt, die in der Vergangenheit getroffen wurden oder in der Zukunft gefällt werden. Vergangenheit und Zukunft sind jedoch Illusionen. Somit kann keine wirklich neue Erfahrung gemacht werden. Die Aufgabe in Ihrem Leben besteht jedoch eben genau darin, neue Erfahrungen zu machen, um so eine immer neue und größere Vorstellung von sich selbst zu erschaffen.

Wenn Sie zu jenen gehören, die das tun, erschaffen Sie, während Sie Ihre Vision von sich selbst beständig erweitern und vergrößern, laufend neue Grenzen für sich selbst. Indem Sie dies tun, erschaffen Sie gleichzeitig einen immer wieder neuen Begriff von sich selbst. Das ist Schöpfung. Dieser Prozess geht immer weiter, bis Sie erkennen, dass es keine Grenzen gibt. Denn in *Wirklichkeit* sind Sie unbegrenzt und grenzenlos. Um jedoch eine Erfahrung zu machen, müssen Sie sich selbst Grenzen setzen. Anders ist es nicht möglich. Um dadurch aber nicht immer tiefer in die Erfahrung und somit in die Illusion (zurück)zufallen, müssen Sie die gemachten Erfahrungen vergessen, Ihren Verstand loslassen, um neue Erfahrungen zu machen und so Ihrem höchsten Ziel näherzukommen. Falls Sie Kinder haben, beobachten Sie einmal, wie vorurteilsfrei sie bestimmte Ereignisse annehmen und gemachte Erfahrungen loslassen, bis sie ihr Ziel erreicht haben, um sich danach ein neues, größeres Ziel auszusuchen. Ihre Kinder sind wahre Meister im Hinfallen und im Aufstehen. Ihre Kinder sind daher auch Ihre Lehrer.

4.8 Leid und Schmerz

Die Frage, warum es so viel Leid und Schmerz innerhalb der Schöpfung gibt, wird immer wieder gestellt. Die Frage ist so alt wie die Menschheit, denn die Geschichte der Menschheit ist die Geschichte von Leid und Schmerz. Daher ist es äußerst hilfreich, sich dieser Frage anzunehmen und die Hintergründe zu beantworten. Vorab sei gesagt, dass Leid und Schmerz nicht vom *Göttlichen* gewollt sind. Wir Menschen fügen dies uns und anderen gegenseitig zu. Obwohl *das Göttliche* Liebe *ist*, hatte *Es* in dieser Angelegenheit keine Wahl. Selbst für *das Göttliche*, obwohl allmächtig, gelten Regeln, denen *Es* sich beugen muss.

Im zeitlosen Raum, in dem *das Göttliche* zu Hause ist und welches auch Ihr Zuhause ist, ist alles, was ist und je sein wird. Anfang und Ende sind eins. Anders ausgedrückt, es gab, gibt und wird niemals etwas anderes geben außer *dem Göttlichen*. Daraus entsteht ein Problem, denn wenn es nur das Eine gibt, kann sich dieses Eine nicht selbst erkennen. Aber genau das wollte *das Göttliche* ja. Das ist der Grund für die Erschaffung der Schöpfung. Jedoch gilt auch für diese, dass sie nicht außerhalb *des Göttlichen* ist, da es derlei ja nicht gibt. Wie also kann die Schöpfung zur Lösung des Problems werden?

Das Göttliche wusste, dass *Es* alles war, auch das, was nicht ist. Damit war klar, dass es nie einen Bezugspunkt *außerhalb des Göttlichen* geben konnte, der es *Ihm* ermöglichte, einen Blick auf sich und seine Schöpfung zu werfen. Diesen Punkt konnte es daher nur im Inneren geben. Das *All-Eine* teilte sich deswegen in unendlich viele Teile, wobei jeder dieser Teile sich seiner selbst weniger bewusst ist als das Ganze, jedoch weiterhin die ganze Liebe des *All-Einen* enthält. Dieses Weniger an *Bewusstsein* erlaubt es den Teilen, zu etwas anderem, Höherem aufzublicken und sich somit selbst in Liebe wahrzunehmen.

Jetzt wird die Sache richtig spannend, denn *das Göttliche* wollte noch mehr. *Es* hatte die Absicht, sich selbst nicht nur zu erkennen, sondern in allen nur vorstellbaren (und für uns nicht vorstellbaren) Aspekten zu *erfahren*. Dies ist aber auf den Ebenen des Seins nicht möglich: In einem unendlichen Kontinuum ohne Zeit und Raum kann es keine wahrnehmbare Bewegung geben, da ja alles *ist*. Daher musste *das Göttliche* die Trennung erfinden. Dies ist aber unmöglich, da es außer *dem Göttlichen* nichts gibt. Es bedurfte daher eines Tricks: die Illusion. *Das Göttliche* erkannte, dass *Es* etwas erschaffen musste, was *Es nicht ist*. Nur indem *Es* erkannte, was *Es* nicht ist, war *Es* in der Lage zu erfahren, was *Es* ist. Das bereits oben beschriebene Problem, dass das Eine sich nicht selbst erkennen kann, kommt hier zum Vorschein.

Die Ebene der Materie, also unser gesamtes physisches Universum, ist die Ebene mit dem niedrigsten Bewusstseinsgrad. Dennoch geschieht hier nichts zufällig. Der Unterschied innerhalb Ihrer physischen Realität besteht lediglich darin, dass die Schöpfung meist unbewusst geschieht. Dies hat zur Folge, dass Sie sich nicht selbst als Schöpfer:in erkennen und die Verantwortung für das, was um Sie herum geschieht, ablehnen. Indem

Sie Ihre Schöpfung ablehnen, verstärken Sie deren Effekt noch, da Sie dem Ereignis, das Sie ablehnen, ständig Energie zuführen. Dies gilt auch für Situationen, in welchen Sie sich ängstigen. Die Konsequenz daraus ist, dass Sie das anziehen, wovor Sie sich fürchten.

Spätestens hier scheint innerhalb der Schöpfung etwas schiefgelaufen zu sein: Sie erschaffen unbewusst Ihre eigene „Realität" und ziehen auch noch das an, wovor Sie sich am meisten fürchten. Damit sind wir bei dem Punkt angekommen, weshalb Leid und Schmerz so einen großen Teil Ihrer Erfahrungen ausmachen.

Ihr Leid und Ihr Schmerz sind nicht bewusst gewählt. Wären Sie sich dieser Tatsache bewusst, dann würden Sie eine andere Erfahrung wählen. Sie nehmen ja auch kein Medikament, das Ihnen schadet. Leid und Schmerz werden aufgrund Ihrer Unbewusstheit durch Ihren Verstand erschaffen, welcher sich aus den Erfahrungen Ihrer Vergangenheit nährt und die Gegenwart ablehnt, indem er Erwartungen in die Zukunft projiziert. Niemand ist in dieser Welt ohne Schmerz und Leid groß geworden, selbst wenn Sie eine glückliche Kindheit hatten. Schmerz und Leid müssen existieren, damit Sie Liebe und Freude erfahren können. Das Problem ist, dass Sie diese Art der Erfahrung vermeiden wollen und sich davor fürchten, sie nochmals zu erleben. Damit geben Sie dieser Erfahrung Ihre Energie. Als Konsequenz begeben Sie sich immer tiefer in die Illusion hinein und erfahren diese als Ihre „Realität".

Darin liegt auch die Antwort, weshalb *das Göttliche* keine Wahl hatte. Um sich selbst zu erfahren, musste *das Göttliche* etwas erschaffen, was *Es nicht ist*. Genau dies ist aber die Absicht, mit welcher die Illusion erschaffen wurde. Sie müssen sich zuerst vollkommen von Ihrem ursprünglichen *Bewusstsein* lösen. Sie müssen sich sozusagen zuerst vom *Göttlichen* lösen, um zu erfahren, wer *Sie nicht sind*, um dann mittels Ihrer Gedanken, Worte und Handlungen zu erschaffen, wer Sie *in Wirklichkeit* sind. Dies ist der Prozess des Erwachens. Alle Fehler, die Sie gemacht haben, all das Schlechte auf dieser Welt musste zuerst erfahren werden, damit Sie erkennen, wer *Sie nicht sind.* Aus diesem Grund gibt es weder Opfer noch Täter:innen. Sie sind ein Wesen, das ein viel höheres Bewusstsein hat, als Sie es gegenwärtig leben können, und darin liegt die Ursache für Leid und Schmerz.

Wenn Sie jedoch erkennen, dass Sie sich und anderen unbewusst Leid und Schmerz zufügen, dann ist der Bann gebrochen und Ihr spirituelles Erwachen hat eingesetzt. Wut und Hass sind hierbei nur die offensichtlichsten Ausdrucksformen. Viel häufiger kommt es vor, dass Sie einfach nur schlecht drauf sind, nörgeln, unzufrieden oder ungeduldig sind. Dies sind unbewusste Formen von Leid und Schmerz und so normal, dass Sie Ihnen nicht auffallen. Daher müssen Sie sehr aufmerksam bleiben, wenn Sie diese Art der Gefühle in sich entdecken. Sobald Sie sie entdecken, sind Sie nicht mehr unbewusst und Sie können sie loslassen. Im Loslassen liegt der Schlüssel zur Überwindung von Leid und Schmerz.

5 Die Erschaffung des Universums

„Jeder Planet, jeder Stern, ja sogar ganze Galaxien verfügen über eine individuelle Seele und über ein persönliches Bewusstsein. Auch haben sie alle einen eigenen Seelenplan und damit verbunden eine bestimmte Lebensaufgabe, genauso wie jeder einzelne Mensch."
Christina von Dreien

Die Wissenschaft nimmt an, dass das Universum durch einen „großen Knall", den Urknall oder Big Bang, vor circa 14 Milliarden Jahren entstanden ist. So zumindest das gängigste und meistverbreitete Erklärungsmodell: „die gemeinsame Entstehung von Materie, Raum und Zeit aus einer ursprünglichen Singularität (Creatio ex nihilo)" (Wikipedia). Diese „ursprüngliche Singularität" war ein Punkt mit unendlich hoher Energie und Materiedichte – er enthielt ja das gesamte Universum, umfasste aber keinen Raum, den gab es zu diesem Zeitpunkt noch nicht.

Trotz der Bezeichnung Urknall erinnert die Geburt unseres Universums mehr an ein Ausströmen von Energie, Licht und Bewusstsein mit hoher Intensität statt an eine riesige Explosion. Durch das Ausströmen verringerte sich nach und nach die Schwingung der Energie, Materie entstand und mit ihr Zeit und Raum. Die Quantenphysik hat uns in diesem Zusammenhang zu neueren Einsichten bezüglich der Beschaffenheit der Dinge verholfen. Auf der Quantenebene gibt es keine feste Form mehr, wie wir sie kennen (bzw. genauer: wahrnehmen), sondern lediglich unterschiedliche Schwingung – alles schwingt in der je eigenen Frequenz. Daraus folgt auch die permanente Veränderlichkeit allen Seins: Alles schwingt, ist in Vibration und erschafft sich ständig neu. Es existiert kein festgelegtes Ergebnis und auch keine Materie in dem unveränderlichen Sinn, wie sie sich in unserer Alltagswahrnehmung präsentiert: Materie ist nichts anderes als niederfrequent schwingende Energie. Die Quantenphysik hat auch herausgefunden, dass alles mit allem zusammenhängt und alles auf alles einwirkt: Allein durch die Beobachtung wird etwa das Beobachtete verändert. Das beobachtende Subjekt beeinflusst stets, ob bewusst oder unbewusst, willkürlich oder unwillkürlich, das Ergebnis seiner Untersuchung. Anders gesagt: Es erschafft seine eigene „Realität", die eben, wie wir schon gehört haben, lediglich eine Denkwirklichkeit ist.

5.1 Das Wesen unseres Universums

Aber zurück zum Anfang. Es stellt sich auch die Frage, was war denn vor dem Universum? Die Antwort darauf lautet, dass es vor dem Universum nichts gab. Es existierte einfach nichts. Es gab keinen leeren Raum oder Ort, an dem das Göttliche das Universum zuerst erschaffen und dann hingestellt hätte. Die Tatsache, dass sich das Universum die letzten 14 Milliarden Jahre ausgedehnt und dabei laufend verändert hat durch das Werden und Vergehen von Sternen und Planeten, entspricht dem Prinzip der Evolution und der Absicht des Bewusstseins, sich zu entwickeln. Denn alles, was in die physische Existenz kommt, wird geboren, wächst und dehnt sich aus, bis es seine maximale Ausdehnung erreicht hat; dann kehrt sich dieser Prozess wieder um, bis es im Nichts verschwindet. Das gesamte Universum und alles, was es enthält, unterliegt dem ewigen Kreislauf allen Seins von Geburt und Tod.

Wie kann man sich die Geburt und das Werden unseres Universums vorstellen? Haben Sie schon mal Seifenblasen gemacht? In dieser Analogie ist jede Seifenblase ein eigenes kleines Universum, das Sie erschaffen. Die Seifenlauge ist das Nichts, das bereits alles enthält, und Ihr Wunsch, eine Seifenblase zu formen, ist das Bewusstsein, der Antrieb zur Schöpfung. Ihr Atem ist die Energie, welche die Form erschafft. Sobald Sie den Ring in die Seifenlauge halten und anfangen zu blasen, erscheint die Seifenblase. Sie erscheint aus dem Nichts. Gleichzeitig erschaffen Sie Raum, welcher von der Seifenblase umschlossen wird.

Auf der äußeren Schicht der Seifenblase entsteht eine Schicht, welche für äußere Einflüsse empfänglich ist. Je länger sie in das Röhrchen blasen, desto größer wird die Seifenblase, sie dehnt sich immer weiter aus. Alles Existierende befindet sich auf der Oberfläche der Seifenblase, während das Innere „leer" und still bleibt. Sobald Sie aufhören zu blasen, hört auch die Ausdehnung der Seifenblase auf. Hier endet die Analogie, denn das Universum wird natürlich nicht platzen wie eine Seifenblase, sondern sich allmählich zusammenziehen, bis es im ursprünglichen Nichts verschwunden ist. Danach beginnt der Prozess von Neuem. Es ist das Ein- und Ausatmen *des Göttlichen*.

Da das Nichts alles enthält, was existiert, enthält das Nichts auch das Universum. Wir wissen, dass alles im Universum schwingt. Betrachtet man den Aufbau von scheinbar unverrückbar fester Materie wie Holz, Steinen oder Ihrem Körper, wird deutlich, wie massiv die Täuschung ist, der unsere Wahrnehmung unterliegt. Denn alle Materie besteht zu 99,9999 % aus – nichts. Man kann sich Atome in etwa wie ein Sonnensystem vorstellen: Die Sonne ist der positiv geladene Atomkern, in dem 99,9 % der gesamten Atommasse gebündelt sind. Dafür benötigt der Kern aber nur ein Zehn- bis Hunderttausendstel des Raums, der von den ihn umkreisenden negativ geladenen und so gut wie masselosen Elektronen eingenommen wird. Wäre der Atomkern eine Fliege, hätte das Atom in etwa die Größe des Stephansdoms in Wien.

Deswegen ist feste Materie nur eine Illusion. Auch Ihr Körper unterliegt dieser Illusion und ist daher nicht fest, sondern er erscheint unseren Sinnen nur so. Man kann den Aufbau Ihres Körpers und des darin enthaltenen leeren Raums durchaus mit dem Aufbau und der Struktur des Universums vergleichen: eine Galaxis entspricht dann quasi einer Person, jeder Körper ist umgekehrt gesehen das Äquivalent zu einer Galaxie.

Wenn Sie noch tiefer gehen, in den subatomaren Bereich, dann sehen Sie, dass auch der Atomkern selbst nicht fest ist, sondern eher einer Schwingung gleicht. Wie gesagt, alles im Universum schwingt. Diese Energie ist der „Raum", der die Materie zusammenhält. Wenn aber etwas schwingt, dann muss es auch einen Ton dazu geben, welcher durch dessen individuelle Frequenz erzeugt wird. Alles hat daher einen Ton, angefangen vom kleinsten Atom bis hin zu unserem Planeten und dem gesamten Universum. Das bringt uns zurück zur Frage, wie *das Göttliche* dieses Universum erschaffen hat: Am Anfang war das Wort, heißt es in der Genesis. Klang also, Schwingung. *Das Göttliche* in seiner Manifestation als reines *Bewusstsein* erschafft und erhält dieses Universum mittels Schwingung und Tönen, die Materie benötigen, um auf der physischen Ebene hervorzutreten, zu existieren, selbst aber immateriell sind. Somit sind der Ursprung und das Wesen der Schöpfung geistiger Natur. Der Geist, also *das göttliche Bewusstsein*, erschafft durch die Verringerung der Frequenz die Materie. Die Illusion „feste Materie" ist also in Wirklichkeit niederfrequentes und deshalb für unsere Wahrnehmung *erstarrtes göttliches Bewusstsein*; jede Form von Materie enthält demnach *Bewusstsein* oder besteht vielmehr aus nichts anderem.

Diese Feststellung hat weitreichende Konsequenzen: Denn damit unser Universum existieren kann, muss *das Göttliche unaufhörlich erschaffen*. Würde *das Göttliche* nur eine Sekunde mit dem Erschaffen aufhören, so würde sich unser ganzes Universum, und damit auch alles Existierende, sofort auflösen. Und wir mit ihm. Das bedeutet, dass Schöpfung ein unaufhörlicher Prozess ist, durch den *das Göttliche* Ihnen *Sein* Bewusstsein und *Seine* Energie gibt.

Nehmen wir einmal an, *das Göttliche* würde tatsächlich für eine Sekunde aufhören zu erschaffen. Was würde passieren? So wie die Seifenblase aufhört zu existieren, sobald Sie ihr die Energie entziehen, würde die Welt, also unser Universum, im Nichts verschwinden, aus dem es gekommen ist. Was würde bleiben? Von der Form würde nichts bleiben, das *absolute Bewusstsein*, das diese Form erschaffen hat, würde jedoch weiterbestehen.

Umgelegt auf uns als Individuen heißt das: Sie, in Gestalt des Menschen, der gerade dieses Buch liest, sind nicht die Erfahrung selbst, sondern nur das Werkzeug, mit dessen Hilfe die Erfahrung gemacht wird. Ihre Gestalt, Ihre Form ist eine Illusion. Jede Art von Form wurde erschaffen, damit das *Bewusstsein* sich ausdrücken kann und Erfahrungen machen kann. Dazu gehören auch Gedankenformen, mit welchen der Mensch seine Umwelt erfasst und erschafft. Das *Bewusstsein* existiert unabhängig von Form. Deshalb sprechen wir von der *absoluten* Wahrheit, wenn wir von *Bewusstsein* reden, und der *relativen* Wahrheit, wenn es sich um die Form handelt. Die Illusion benötigt Bewusstsein, um zu existieren. Das ist zugleich das Wesen der Illusion, während das *Bewusstsein* unabhängig von der Illusion existiert.

Die Physik versucht diese Erkenntnisse zu ergründen und zu beweisen, während Philosophie und Spiritualität über die Erkenntnisse der Wissenschaft hinausgehen, denn sie stellen die Frage nach dem Sinn des Ganzen. Fragen wie jene danach, weshalb *das Göttliche* dies alles macht und wie *Es* seine Schöpfung erfährt und empfindet. Vielleicht fragen Sie sich jetzt, warum es überhaupt notwendig ist, sich der Erschaffung des Universums aus philosophischer Sicht zu nähern. Diese Frage ist wichtig. Versuchen wir daher, ihr auf den Grund zu gehen.

Das Göttliche ist Liebe und Liebe ist das Ursprungsprinzip, das sich durch alle Ebenen des Seins und des Erfahrens zieht. Wenn Sie etwas aus Liebe machen, dann wird es schön und andere können die Liebe spüren, die Sie investiert haben, egal ob es sich um ein großes Projekt oder ein einfaches Mahl handelt. *Das Göttliche* handelt nur aus der reinen Freude am Sein und der Liebe zu seinen Schöpfungen. Sie sind ebenfalls Schöpfer:in und entsprechend dem Gesetz der Analogie (wie im Großen so im Kleinen bzw. wie oben, so unten) erleben Sie daher, ganz wie es der Absicht *des Göttlichen* entspricht, die gleiche Freude und Liebe bei der Erschaffung Ihrer eigenen Welt, wie *das Göttliche* sie im Rahmen seiner unaufhörlichen Schöpfung erfährt.

Wäre es nicht interessant zu wissen, wie *das Göttliche* das Universum erlebt? Sie denken, dass dies unmöglich ist? Lassen Sie uns versuchen, dies am Beispiel eines Orchesters darzustellen. Da das gesamte Universum unterschiedlich schwingt und jede Schwingung auch einen Ton darstellt, ist das gesamte Universum von Musik erfüllt. Stellen Sie sich *das Göttliche* als einen Dirigenten vor, der einen bestimmten Ton anstimmt und das gesamte Universum antwortet *Ihm*, wie bei einem großen Orchester. Sobald *das Göttliche* durch das Wort – welches Sie, wenn Sie möchten, als Aum bezeichnen können – Schwingung und Ton erzeugt, beginnt die Schöpfung. Durch den ewigen Gesang *Seines* Wortes hält *das Göttliche* unser Universum in Existenz und am Leben.

Nun stellen Sie sich vor, dass das gesamte Universum, jede Galaxie, jeder Planet, jedes Lebewesen auf diesen Gesang antwortet. Jede Galaxie hat ihre eigene Melodie, die sich wiederum aus zahllosen Instrumenten in Form von Sonnensystemen und Planeten zusammensetzt. Jede Galaxie hätte somit eine unverwechselbare und einzigartige Ausdrucksform ähnlich wie ein Fingerabdruck bei einem Menschen. Ein universelles Orchester ist somit entstanden. Eine Welt ist entstanden, die aus ununterbrochenen göttlichen Symphonien besteht, eine Welt aus Klang und Schwingung, in welcher Liebe und Harmonie wunderbar verschmelzen.

Wenn Sie jetzt noch jedem Planeten eine Farbe zuordnen und jedes Sonnensystem ein Bild darstellt, dann bekommen Sie einen kleinen Eindruck von der Schönheit und Kreativität der Schöpfung *des Göttlichen*.

Aber damit noch nicht genug. Jeder Planet und jedes Sonnensystem sowie jede Galaxie bewegt sich frei im leeren Raum. Dabei hinterlassen sie Spuren und bilden geometrische Formen, die hinter dem dunklen Firmament des Universums leuchten – ähnlich wie Wunderkerzen, welche, wenn man sie schnell bewegt, eine Spur aus Licht hinter sich herziehen.

Wenn Sie dies jetzt alles zusammennehmen, dann haben sie ein kosmisches Orchester, welches in wunderschönen Farben ununterbrochen göttliche Muster im Kosmos erzeugt. Wäre dieser Anblick nicht atemberaubend? Dies alles nennen wir die Schöpfung, und der Plan *des Göttlichen* war es, diese Schöpfung entsprechend seinen Wünschen zu erschaffen. Dies gilt aber nicht nur für das Universum, sondern das Wunder der Schöpfung ist in jedem Mineral und Tier, in jeder Pflanze und auch in uns Menschen enthalten. Vielleicht schauen Sie jetzt mit anderen Augen zum Sternenhimmel hinauf oder betrachten einfach das Wunder, welches sich täglich vor Ihren Augen entfaltet, aus einem anderen Blickwinkel heraus.

5.2 Inhalt und Struktur unseres Universums

Die Schöpfung wäre ohne das physische Universum unvollständig. Ohne das physische Universum gäbe es keine Möglichkeit, eine Erfahrung zu machen. Dies ist der einzige Grund für dessen Existenz. Damit tauchen jedoch neue Probleme auf. Neben den bereits bekannten Voraussetzungen, wie Ihr Bewusstsein zu beschränken und an die Erfahrung zu fesseln sowie Ihr Wissen zu vergessen, mussten neue Illusionen – physische Voraussetzungen – geschaffen werden. Diese Illusionen sind Trennung, Zeit und Raum.

Mit der Erschaffung von Materie entstand auch der Raum, da zwei physische Materieteilchen nie am selben Platz existieren können.

Mit dem Raum wurde auch die Zeit erschaffen: die Zeit, die benötigt wird, um eine Strecke von A nach B zurückzulegen. Gäbe es keine Zeit, gäbe es auch keine Bewegung und Materieteilchen wären auf ewig an jenen Punkt im Raum gebunden, an dem sie sich zuerst manifestierten. Dem *Bewusstsein* sind weder Raum noch Zeit bekannt. Daher sind Raum und Zeit Teil der Illusion unseres physischen Universums.

Doch selbst damit war das Ziel noch nicht erreicht. Es musste eine weitere Illusion erschaffen werden, die dem in der Materie befindlichen Bewusstsein eine Wahl erlaubte. Dies geschah mit der Erschaffung der Polarität. Doch was nützt die Polarität, wenn es keinen Mechanismus gibt, der sie am Laufen hält? Es musste daher etwas Zusätzliches erschaffen werden, was Ihr Bewusstsein veranlasst, von einem Pol zum anderen und wieder zurückzugehen und dies freiwillig. Dieses Etwas ist die Erfindung der Angst. Mit der Angst entstand somit die Polarität. Mit beiden Themen werden wir uns etwas später eingehend beschäftigen, nämlich dann, wenn Ihr Sturz in die Unbewusstheit beginnt.

Schließlich brauchte es noch einen physischen Körper, um all dies zu erfahren, und damit kommen Sie ins Spiel. Ihnen ist eine ganz besondere Rolle zugewiesen worden, auf die wir ebenfalls später noch genauer eingehen werden. Damit Sie diese Rolle ausfüllen können, wurde Ihnen Ihr Körper geschenkt, der bestimmten Mechanismen des physischen Universums unterworfen ist wie zum Beispiel der Schwerkraft, dem Altern, Krankheit und Tod – all dies Eigenschaften, die dem *Bewusstsein* fremd sind.

Schauen wir uns in der Folge die oben erwähnten drei physischen Voraussetzungen etwas genauer an:

Die Trennung

Trennung bedeutet immer, dass es „etwas" außerhalb Ihres individuellen Bewusstseins geben muss, weil alles innerhalb des *göttlichen Bewusstseins* in jedem Moment bekannt ist, was jegliche Erfahrung verunmöglicht. Durch Trennung entsteht der Eindruck, dass es ein Außen gibt und dieses Außen und alles, was es enthält, nicht Teil von Ihnen ist. In unserer Sprache bezeichnen wir das als das Fremde. Dieses Fremde ist isoliert von Ihnen, es hat seine eigene, individuelle Existenz und kann auf uns sowohl anziehend als auch bedrohlich wirken. Wie wir später noch sehen werden, zieht diese Getrenntheit ganz spezifische Konsequenzen nach sich, so entstehen daraus zum Beispiel das „Habenwollen" wie auch das „Fürchten oder Wertschätzen" dieses fremden Etwas.

Die Zeit

Die Zeit ist ein Paradoxon und vielleicht eine der am schwierigsten zu verstehenden Illusionen unserer physischen Realität. Wo auch immer Sie sind, was auch immer Sie machen, Sie können der Zeit nicht entfliehen. Alles scheint der Zeit unterworfen. Egal, ob Sie ein Mahl zubereiten, ein Projekt planen, ein Haus bauen, Sie benötigen immer Zeit. Am Ende holt die Zeit Sie ein. Gleichzeitig ist die Zeit immer nur jetzt. Es gab nie etwas, was in der Zukunft oder in der Vergangenheit gesagt oder getan wurde. Alles geschieht immer nur im Jetzt. Zukunft und Vergangenheit sind Erfindungen des Verstandes. Die Zukunft ist ein zukünftiges Jetzt, das sich der Verstand vorstellt. Die Vergangenheit ist ein vergangenes Jetzt, an das sich der Verstand erinnert. Und da es nur das Jetzt gibt, gibt es keinen linearen Zeitverlauf vom Gestern über das Heute zum Morgen, ungeachtet der Tatsache, dass sich dieser so hervorragend messen und datieren lässt. Da es nur das Jetzt gibt, *gibt es keine Zeit.*

Ihr Verstand kann aber im Jetzt nicht überleben. Daher ist er ständig damit beschäftigt, Sie entweder in die Vergangenheit oder in die Zukunft zu entführen. In der Zukunft kann oder soll etwas passieren, was Sie wollen oder nicht wollen, oder irgendetwas ist in der Vergangenheit geschehen, was Sie in der Gegenwart beschäftigt. Diese beiden Vorstellungen von Zeit haben einen enormen Einfluss auf Ihren menschlichen Geist, da sie Sie tief in die Illusion führen, wie wir noch sehen werden.

Vielleicht lässt sich das Thema Zeit am einfachsten anhand eines Computerspiels erklären. In einem Computerspiel ist alles schon vorhanden. Jedes Ereignis ist schon vorprogrammiert und kann deshalb von den Spielenden (eine Analogie für Ihr höheres Selbst) erfahren werden. Es bestehen auch verschiedene Ebenen und Herausforderungen, die im Spiel gemeistert werden müssen. Sie entsprechen dem Bewusstsein der Spielenden, denen es freisteht, jedes Level zu wählen und zu jedem beliebigen Zeitpunkt in das Spiel ein- oder auszusteigen. Die Spielfigur in diesem Spiel jedoch (Ihr Körper und das darin zu erfahrende Bewusstsein) sind der Zeit unterworfen. Die Spielfigur muss sich entsprechend den Anforderungen des Spiels vom Anfang bis zum Ende durch das Spiel bewegen, bis sie die nächste Ebene erreicht hat.

Ihr Leben und alles, was sich darin ereignet, ist die horizontale Ebene. Die Zeit entspricht hingegen der *vertikalen* Ebene Ihrer Existenz. Mit der Zeit und jeder bewusst gemachten Erfahrung steigen Sie sozusagen eine Stufe höher. Wiederholen Sie immer wieder die gleichen Erfahrungen, dann läuft zwar die Zeit weiter, aber Sie bewegen sich nicht aufwärts zur nächsten Ebene. Je mehr Ebenen (bewusste Erfahrungen) Sie innerhalb Ihres Lebens erreichen, desto leichter fällt es Ihnen, zu erkennen, wer oder was Sie in *Wirklichkeit* sind. Dieses Beispiel ist natürlich nicht vollständig korrekt, da bei einem Computerspiel die Spielfigur keinen eigenen Willen hat, sondern von den Spielenden gelenkt wird. Der freie Wille ist jedoch ein entscheidendes Merkmal Ihrer physischen Existenz, auf den wir später noch genauer zu sprechen kommen.

Das Wesentliche dieser Analogie ist jedoch, dass im Spiel wie in der *Wirklichkeit* alles bereits vorhanden ist. Alles geschieht im Jetzt. Vergangenheit und Zukunft sind Einbildungen Ihres Verstandes. Es gibt keinen Anfang und kein Ende. Alles, was ist, ist jetzt. Jede Möglichkeit existiert als Tatsache, steht sozusagen auf Abruf bereit. Da *das Göttliche* alles und zu jeder Zeit ist und *Ihm* alles bewusst ist, weiß *Es* auch immer schon im Voraus, was Sie wählen zu sein und welche Entscheidung Sie treffen. Das ist der Hintergrund der Tatsache, dass Sie alles, worauf Sie Ihren Fokus richten, auch erreichen können.

Der Raum

Indem *das Göttliche* sich teilte, erschuf es das Linke und das Rechte, das Hier und das Dort, und es erschuf das Wichtigste von allem: das, was dazwischen ist, das heißt, den leeren Raum. Nur durch die Existenz des leeren Raums können Dinge existieren. Nur in der Existenz der Dinge innerhalb des leeren Raums können die Dinge erfahren werden. Der leere Raum ist daher die Voraussetzung für die Welt der Materie und unser physisches Universum.

Wir erinnern uns an den vielen leeren Raum *innerhalb* der Atome bzw. Sonnensysteme; doch das ist verglichen mit dem Leerraum *zwischen* den Atomen und Molekülen bzw. zwischen den Sternen geradezu dicht gepackt. Vielleicht haben Sie gehört, dass die Raumsonde Voyager 1 nach fast vier Jahrzehnten ihrer Reise die äußerste Grenze unseres Sonnensystems, die sogenannte Heliopause, verlassen hat und in den interstellaren Raum eingetreten ist. Diese Grenze findet sich in einer Entfernung von etwa 120 astronomischen Einheiten von der Sonne (1 AE oder rund 150 Millionen Kilometer ist der mittlere Abstand der Erde von der Sonne). Auf dem Weg zu unserem nächstgelegenen Nachbarstern, Alpha Centauri, hat die Voyager damit allerdings erst ein paar wenige Trippelschrittchen geschafft: Es fehlen noch knapp 266.000 AE oder 99,95 % des Wegs.

Um sich der Erfahrung bewusst zu sein, muss alles mit allem verbunden bleiben. So hat alles, was existiert, *göttliches Bewusstsein*. Auch der leere Raum ist daher nicht leer (und auch der oben beschriebene lange Weg nach Alpha Centauri führt nicht durch ein absolutes Vakuum, sondern durch das interstellare Medium). Das Nichts hält sozusagen die physische Existenz im Raum und enthält daher alles. Das Nichts ist wie ein Ozean, der alles enthält, was in ihm existiert. Das Nichts kann daher auch nicht verstanden werden, denn unser Verstand kann nur Dinge begreifen. Aber das Nichts kann weder begriffen noch gespürt werden und trotzdem wäre ohne das Nichts die Erfahrung nicht möglich.

Die Polarität

Der Polarität widmen wir uns in einem eigenen Kapitel, da sie mit wenigen Worten nicht ausreichend beschrieben werden kann. An dieser Stelle daher nur das Wichtigste kurz zusammengefasst.

Bezogen auf unsere vierdimensionale Welt lässt sich sagen, dass *das Göttliche alles ist, was ist.* Trotz der Erschaffung des physischen Universums und von Zeit und Raum, dem Nichts und der Trennung der Dinge tauchte nun ein neues Problem auf. *Das Göttliche* konnte die gesamte Schöpfung zwar betrachten, aber sie immer noch nicht erfahren. So erschuf *das Göttliche* mehr von dem, was *das Göttliche nicht* ist, in Form eines Gegenpols. Dies ermöglicht, über die Betrachtung hinausgehend, auch die Erfahrung: durch das Auswählen des Pols.

Das Höhere kann ohne das Niedrigere nicht existieren. Kalt kann ohne den Gegensatz von warm nicht existieren. Das Gute kann ohne das Böse nicht existieren. Wenn es nur das Eine gibt, dann *existiert* dieses Eine nicht. Existieren bedeutet hervortreten, sichtbar werden. Andernfalls wäre es im Sein. Jede Form von Erfahrung bedingt daher, dass irgendwo das Gegenteil im Universum auftauchen muss, um die Erfahrung zu ermöglichen. Ohne die Polarität wäre der Rhythmus des Lebens nicht möglich, welcher darin besteht, dass man ständig zwischen dem Niedrigen und dem Höheren hin- und herpendelt. Dieser Rhythmus wird durch jede Erfahrung, die Sie in Ihrem Leben machen, in Tausende kleine Schritte unterteilt.

Versuchen Sie sich innerhalb der Polarität nicht den Dingen und Ereignissen zu widersetzen, die Ihnen nicht gefallen. Indem Sie dies tun, geben Sie ihnen Ihre Energie und sie bleiben bestehen und verstärken sich. Kämpfen Sie nicht gegen die Dunkelheit an, sondern seien Sie das Licht in der Dunkelheit. Gerade in Augenblicken, in denen die Dinge hoffnungslos erscheinen, verweilen Sie nicht in Dunkelheit und Negativität.

Mittels dieses Pol-zu-Pol-Prozesses erschaffen Sie sich immer wieder neu und damit auch *das Göttliche innerhalb Seiner Schöpfung*, da *das Göttliche* sich durch Sie erfährt und Ihnen jede Erfahrung ermöglicht. Somit ist *das Göttliche* ein Prozess, welcher sich durch das Pendeln zwischen den Polen innerhalb der Polarität immer wieder neu erfährt. Dieser Prozess dauert so lange, bis Sie beim höchsten Zustand angelangt sind, der Verschmelzung mit dem *All-Einen* innerhalb Ihres Körpers, was wir Erleuchtung nennen. Dort entscheiden Sie, was Sie als Nächstes erfahren wollen und auf welche Ebene Sie sich im Reich des *Bewusstseins* als Nächstes begeben wollen.

Mit diesem genialen Trick stellte *das Göttliche* zweierlei sicher. Zum einen wurde mit der Angst ein Gegenpol zur Liebe geschaffen. Dies entspricht im Übrigen dem Sündenfall in der Bibel, der Vertreibung aus dem Paradies. Die Vertreibung aus dem Paradies ist jedoch keine Strafe, wie Ihnen das gesagt wurde, sie ist einfach notwendig, um eine Erfahrung zu machen. Zum anderen war damit gesichert, dass das Leben sich ständig von einem Pol zum anderen bewegt, da es aufgrund der Polarität unmöglich ist, einen Zustand auf Dauer zu halten. Daher fließt alles und ist immer in Bewegung. Daraus ergeben sich Zyklen. Wäre es nicht so, dann würde sich irgendwann alles am positiven Pol befinden und der Prozess käme zum Erliegen.

Sie und Ihr Körper

Eine Erfahrung ist nur möglich, wenn Sie einen Körper haben, der verletzbar und sterblich ist. Ihrem *Bewusstsein* ist es daher unmöglich, eine Erfahrung zu machen, da es weder verletzbar noch sterblich ist. Sie können zwar die Erfahrung von Sonne auf Ihrer Haut, von Krankheit oder Krieg machen, aber ohne eine Endlichkeit der Erfahrung wäre diese nicht vollständig. Daher muss alles, was in der Illusion existiert, irgendwann vergehen. Selbst unser Universum wird eines Tages wieder in den Zustand zurückkehren, den es bei seiner Geburt hatte. Da Ihr Körper eine Miniaturversion unseres Universums ist, ist ihm das gleiche Schicksal bestimmt.

Ihr *Bewusstsein* ist daher, analog zum *Göttlichen* als Weltenerschaffer, der Schöpfer Ihres Körpers mit all seinen Funktionen und Sinnen. Dieser Körper ist der Schlüssel, damit sich Ihr im Körper befindliches Bewusstsein – welches nur einen winzigen Teil Ihres wirklichen *Bewusstseins* darstellt – erfahren und ausdrücken kann. Ihr Körper ist dabei so konstruiert, dass er alle lebensnotwendigen Funktionen von selbst erledigt und es Ihnen damit erlaubt, sich voll und ganz auf die zu machenden Erfahrungen und Ihr geistiges Erwachen zu fokussieren. Leider werden Sie dabei durch das Außen immer wieder aus Ihrer Mitte abgelenkt, sodass Sie in Ihrem Körper sowohl Freud als auch Leid erfahren. Dieser Prozess wird nur durch das unterbrochen, was wir den Tod nennen.

Bis Sie an diesen Punkt kommen und die Illusion von Zeit und Raum auch auf Ihren Körper wirken kann, muss dieser verletzlich sein, er muss altern und er muss Krankheit und Zerfall unterworfen sein. Ohne diese Eigenschaften wäre die Illusion nicht machbar. Ein Körper, der nie altert oder zerstört werden kann, würde keinen Sinn ergeben.

Sie als Schöpfer:in

Die Erschaffung von Raum und Zeit und die Erfindung der Polarität sind schon an sich beeindruckend. Der eigentliche Trick ist jedoch ein ganz anderer und er betrifft Sie direkt. Die einzige Möglichkeit, sich der Schöpfung *des Göttlichen* immer bewusst zu sein und zugleich die Interaktionen *Seiner*

Schöpfung bewusst zu erfahren, besteht darin, etwas in das materielle Universum zu bringen, welches die Macht hat – wie *das Göttliche* selbst – als Schöpfer:in der eigenen Realität zu agieren und zu entscheiden.

Stellen Sie sich vor, Sie wären an der Stelle *des Göttlichen*. Sie träfen die gleichen Entscheidungen wie *Es*, aber diesen letzten Schritt gingen Sie nicht. Dann stünde dieses wunderbare Universum irgendwo im Raum, umgeben vom Nichts, und folgte ihren physikalischen Gesetzen von Zeit und Raum, Geburt und Zerstörung. Alles liefe perfekt. Spätestens ab jetzt wäre es todlangweilig. Ihr Universum ähnelte einer Spielzeugeisenbahn, welche immer nur im Kreis fährt. Alle einhunderttausend Jahre wechselte die Eisenbahn vielleicht die Richtung, aber mehr geschähe nicht.

Damit wird klar, dass *das Göttliche*, um seine Schöpfung interaktiv zu erfahren, ein Wesen benötigte, welches innerhalb seiner Schöpfung Neues erschaffen kann. Dieses Wesen, welches die Fähigkeit zur Schöpfung hat, ist der Mensch. Unsere Spezies ist das einzige Geschöpf auf Erden, welches den Rahmen der Natur verlassen kann, indem es sich bewusst über die von der Natur vorgegebenen Rhythmen erhebt. Damit fällt ihm natürlich auch eine besondere Verantwortung innerhalb der Schöpfung zu, welcher sich der Mensch nicht immer bewusst ist, was mit ein Grund für die leichtfertige Zerstörung der Natur und seiner Umwelt sein dürfte.

Sie, geschätzte Leserin, lieber Leser dieses Buches, sind daher das wichtigste Bindeglied in diesem System, da es ohne Ihr Erschaffen und Zerstören nicht funktionieren würde. Natürlich dürfen Sie sich Ihrer Schöpferkraft nicht bewusst sein, da Sie sich sonst nicht auf die Illusion Ihrer „Realität" einlassen und somit den Trick *des Göttlichen* sofort durchschauen würden. Somit müssen Sie für einen Großteil Ihrer Zeit auf der Erde unbewusst bleiben, aber nicht für immer. Das Ziel *des Göttlichen* kann nicht darin bestehen, Sie auf ewig in der Unbewusstheit zu halten. Dies würde keinen Sinn ergeben. Daher ist es vorherbestimmt, dass alle Menschen irgendwann den Trick der Illusion durchschauen und sich als bewusste Schöpfer:innen erkennen.

5.3 Das Dilemma *des Göttlichen*

Mit der Erschaffung unseres Universums nähern wir uns nun langsam auch Ihnen, denn Sie sind Teil dieses Universums. *Das Göttliche* hat mit der Schöpfung und dem Nichts alle Voraussetzungen bereitgestellt, um etwas ganz Neues zu erschaffen. Eine Hülle oder Schicht, welche aus Materie besteht und in der es so etwas wie Zeit und Raum und somit Trennung gibt. Unser vierdimensionales Universum ist die Ebene mit der geringsten Schwingung aller Ebenen innerhalb der Schöpfung, aber ohne dieses physische Universum könnte *das Göttliche* nie erfahren, was es schon ist, und somit seinen göttlichen Plan umsetzen.

Um dieses Universum zu erschaffen, musste *das Göttliche* an seine Grenzen gehen. Da *Es* natürlich keine Grenzen hat, ist dies nur eine Redewendung, aber *das Göttliche* musste ein paar Voraussetzungen schaffen und hatte dabei buchstäblich keine andere Wahl. Denn *das Göttliche* stand vor ein paar herausfordernden Problemen. Zunächst einmal musste *Es* die Frage klären, wie es sich bewerkstelligen ließe, dass *Seine* Schöpfung unendlich vielfältig ist, wenn es nichts außer *dem Göttlichen* gibt? Das *All-Eine* erkannte, dass die einzige Lösung darin bestand, sich zu teilen. *Das Göttliche* spaltete sich also in unendlich viele Teile *Seines Selbst*, blieb dabei aber das *All-Eine*. Alle Teile waren gleichwertig und entsprachen dem Ganzen. Es gab keinen Platz oder Raum, der nicht *das Göttliche* war. Anders ausgedrückt: Es gab keinen Bezugspunkt von außen, der es *Ihm* erlaubte, sich zu betrachten.

Um diesen Bezugspunkt zu erschaffen, entstand das Rechte und das Linke, das Oben und das Unten und das, was zwischen dem Rechten und dem Linken und dem Oben und dem Unten ist. Das, was zwischen den Dingen ist, ist das Nichts, das alle Dinge beinhaltet und ohne das kein Ding existieren kann. Da das *All-Eine* sich geteilt hatte, diese Teilung jedoch innerlich stattfand, war das *All-Eine* weiterhin mit allem verbunden, konnte aber nun die einzelnen Teile betrachten. Alle diese Teile befanden sich auf einer Schicht des *Bewusstseins*.

Das Göttliche war nun in der Lage, sich von jedem Punkt aus zu betrachten, aber durch die Teilung hatte *das Göttliche* nur die Hälfte des Problems gelöst. Um eine weitere Unterscheidung zu ermöglichen, mussten unterschiedliche Hüllen oder Schichten des Bewusstseins erschaffen werden mit je unterschiedlichen Graden an Bewusstheit. Das *göttliche Bewusstsein* ist dabei in allen Teilen und Ebenen enthalten, jedoch in unterschiedlich hoher Frequenz. Das Ganze kann man sich am besten in Form von Hüllen oder Schichten vorstellen, die sich um einen Kern gelegt haben. Das höchste *Bewusstsein* ist im Innersten dieses Kerns. Je weiter sich die Teile oder die Hüllen vom innersten Kern entfernen, desto geringer ist das Bewusstsein innerhalb der Teile oder der Hüllen. Durch die Reduktion der göttlichen Schwingung entstanden so zahllose Schichten des Seins, in denen göttliche Liebe, Bewusstsein und Energie in unterschiedlichsten Formen zum Ausdruck kommen.

Somit konnte der Teil *des Göttlichen,* der etwas „weniger war" als *das Göttliche,* zum ersten Mal *das Göttliche* „von außen" betrachten und auf seine wahre Größe und Herrlichkeit schauen. *Das Göttliche* verlangsamte seine Schwingungen immer weiter, so lange, bis die Frequenz sich so verringert hatte, dass sie in Form von Materie sichtbar wurde. Dies war der Zeitpunkt der Geburt von Materie und der Erschaffung unseres physischen Universums. Somit wurde sichergestellt, dass jede Form von Materie auch *göttliches Bewusstsein* enthält.

5.4 Die Erfindung der Polarität

Die Polarität ist eine Erfindung *des Göttlichen*, welche nur in unserer vierdimensionalen „Realität" existiert. Sie ist somit eine Illusion. Allerdings ist die Polarität eine so mächtige Illusion, dass ihr alles unterworfen ist, was sich in ihr als Form definiert. Mit der Erschaffung der Polarität wurden gleich zwei Probleme *des Göttlichen* auf einmal gelöst.

Zum einen wurde die Voraussetzung geschaffen, Freude und Liebe *fühlen* zu können, obwohl beides Seins-Zustände sind. Damit wurde der Grundstein für die Erfahrung gelegt. Zum anderen sorgt die Polarität dafür, dass Ihr Bewusstsein Ihre Gefühle und Gedanken als „absolute Wirklichkeit" anerkennt und Sie somit freiwillig in dieser Ihrer „Realität" (Denkwirklichkeit) hält. Wie dieser Trick funktioniert, erfahren Sie später in Kapitel 7.

Wahre/bedingungslose Liebe, die Seins-Liebe, ist tatsächlich absolute *Wirklichkeit*, während innerhalb der Polarität immer zwei Pole existieren, welche entweder *das Gefühl* von Liebe oder *das Gefühl* von Angst erzeugen. Beides ist somit Illusion. Die Seins-Liebe löst die Angst auf, während *das Gefühl* von Liebe auch immer Angst beinhaltet und somit zu dessen Existenz beiträgt. Das Gefühl von Liebe und das Gefühl von Angst können ohne den anderen Pol nicht existieren, bedingen sich gegenseitig und sind der Grund, warum wir unaufhörlich von einem Pol und wieder zurück pendeln.

Allerdings ermöglichen Ihnen beide Pole eine Wahl, welche Ihnen auf Ihrer unbewussten Schöpferebene unbedingt gegeben werden muss, da Sie, ohne eine Wahl zu haben, keine Erfahrung machen können. Daher war die Polarität die Voraussetzung dafür, überhaupt eine Erfahrung zu machen.

Wenn sich Bewusstsein in die Polarität begibt, dann ist es auch den Gesetzen der Polarität unterworfen und damit unbewusst.

Jedoch ist ihm die Möglichkeit zur Schöpfung dadurch nicht genommen. Vermutlich wird dies aber mit der „Realität" Ihrer Wahrnehmung nicht übereinstimmen, denn Sie haben sich sicher schon oft eine bestimmte Situation oder Ereignis vorgestellt, ohne dass dieses Ereignis dann eingetroffen wäre. Hat das Prinzip der Schöpfung hier versagt?

Die Tatsache, dass Ihr Bewusstsein auf einer unbewussten Schöpferebene limitiert ist, ist nachvollziehbar und hat unmittelbare Auswirkungen auf Ihre erschaffene „Realität". Denn während auf den bewussten Ebenen der Schöpfung gilt, dass *Bewusstsein* unmittelbar und ohne Einschränkungen erschafft, ist dies innerhalb Ihrer unbewussten Ebene der Polarität nicht möglich. Hier erschafft Bewusstsein nicht unmittelbar und nicht ohne Einschränkungen, da es zum einen der Zeit unterworfen ist und zum anderen der Trennung. Für Sie persönlich gilt daher: Das, worauf Sie sich fokussieren, erschaffen Sie mit zeitlicher Verzögerung.

Ihr Fokus bestimmt die Richtung, in welche sich Ihr Bewusstsein orientiert und wohin Ihre Energie geht. Worauf Sie sich fokussieren, bleibt Ihrer freien Wahl überlassen und wird von Ihrer Absicht bestimmt. Dies bedeutet aber nicht, dass es innerhalb der Polarität eine Einschränkung des Schöpfungsprozesses gibt. *Das Göttliche* ist Liebe und Liebe ist immerwährend. *Das Göttliche* will Ihnen somit alles geben, was Sie für sich wählen. Der limitierende Faktor innerhalb der Polarität sind Sie selbst hinsichtlich darauf, worauf Sie Ihren Fokus richten und welches Maß an Energie Sie Ihrem Fokus geben. Wenn Sie Ihren Fokus ständig ändern – was im Übrigen eine Lieblingsbeschäftigung Ihres Verstandes ist –, dann werden die gewünschten Resultate entsprechend auf sich warten lassen.

Wenn also das erfahrende Bewusstsein – das Sie sind – durch die Illusion der Polarität abgelenkt wird, dann entstehen bestimmte Effekte. Wenn diese Effekte sich wiederholen, dann nehmen Sie an, es handele sich um festgelegte Gesetze, die nicht verändert werden können. Es sind aber keine Gesetze, sondern nur Effekte, welche von Ihnen erschaffen werden und die sich innerhalb der Polarität gegenseitig bedingen.

Beide Pole erschaffen sich gegenseitig und halten sich so in Balance. Daraus ergibt sich ein weiterer wichtiger Effekt. Wären das Fließen und die Bewegung von Pol zu Pol unterbrochen, dann könnte alles kippen, da sich alle und alles zum positiven Pol begeben würde. Umgekehrt würde die gesamte Welt in relativ kurzer Zeit im Chaos versinken, wenn es keinen Weg aus dem negativen Pol gäbe. Daraus ergeben sich zwei wichtige Erkenntnisse:

Erstens: Für jedes Problem gibt es eine Lösung, da ansonsten nichts fließen könnte. Zweitens: Nichts kann wirklich aus dem Ruder laufen, da die Lösung ja immer Teil des Problems sein muss, obwohl man bei der Betrachtung unserer Welt manchmal einen anderen Eindruck bekommen könnte.

Das Ganze ist ein absolut ausgewogenes und harmonisches System, welches auf den universellen Gesetzen von Liebe, Harmonie, Schwingung und Rhythmus aufgebaut ist. Früher oder später muss daher alles wieder ins Gleichgewicht kommen. Die Polarität zwingt Sie, eine Lösung zu finden, da Sie ansonsten leiden. Sobald Sie die Lösung gefunden haben, machen Sie sich auf den Weg zum positiven Pol. Dort angekommen, versuchen Sie das Ergebnis festzuhalten, bekommen Angst, es zu verlieren, geben Ihrer Angst Ihre Energie – und schon sind Sie wieder auf dem Weg zum negativen Pol.

In Ihrer Denkwirklichkeit haben sich jetzt zwei Pole gebildet, wobei der positive Pol mit dem Gefühl der Liebe belegt ist und der negative Pol mit dem Gefühl der Angst. Der positive Pol wird Sie Ihr ganzes Leben lang anziehen, weil er sich gut anfühlt. Der negative Pol wird Sie abstoßen, weil er sich unangenehm anfühlt.

Zwischen den beiden Polen – dem Nichts, wenn Sie so wollen – ist Ihnen die Erfahrung aller möglichen Gefühle möglich.

Dass in der Polarität alles einen Gegenpol hat, in *Wirklichkeit* jedoch alles eins ist, bedeutet in Bezug auf das Schöpfungsprinzip Folgendes: „Alles, was Sie ablehnen, bleibt Ihnen" oder „Alles, wovor Sie sich fürchten, bleibt bestehen". Der Grund hierfür ist, dass das Universum das Wort „nicht" nicht versteht, da das Universum nicht „nichts" erschaffen kann. Wenn Sie daher etwas „nicht" erschaffen wollen, weil Sie es ablehnen oder sich davor fürchten, erreichen Sie das genaue Gegenteil: Sie geben diesem Etwas Ihre Energie und erschaffen es neu.

Dieses Prinzip wird dann wichtig, wenn es um das Loslassen der Illusionen geht. Es besagt einfach, dass alles, was Ihre Energie bekommt, erschaffen wird, beziehungsweise in Existenz gehalten wird. Alles Tun, alles Denken, jedes gesprochene Wort auf dieser Ebene ist schöpferisch, egal ob Sie *für* etwas oder *gegen* etwas sind. Anders ausgedrückt: Es ist auch Ihnen, wie dem Universum, unmöglich, *nicht(s)* zu erschaffen.

Zusammengefasst können wir sagen:

- In der Polarität ist der Pol des Gefühls der Liebe der Gegenpol des Gefühls der Angst.
- Beide Gefühle sind Illusionen und keine absolute *Wirklichkeit* wie die bedingungslose Liebe, die Seins-Liebe.
- Die Gefühle müssen so real erscheinen, dass kein Zweifel an deren Echtheit aufkommen kann; andernfalls blieben wir nicht in der Polarität gefangen.
- Ohne die negative Erfahrung ist die Erfahrung des positiven Pols nicht möglich.
- Innerhalb der Polarität haben Sie immer die Wahl, welchen Pol Sie wählen und somit welche Erfahrung Sie machen.
- Damit Sie ständig zwischen den Polen hin- und herpendeln, ist ein Trick notwendig. Dieser besteht darin, dass das Nega-

tive im Positiven bereits enthalten ist und umgekehrt. Dies bedingt, dass Sie es im positiven Pol nicht lange aushalten und zum negativen Pol gehen. Da Sie die Erfahrung von Liebe suchen, gehen Sie von dort aus wieder in den positiven Pol. Im Übrigen verhindert die Tatsache, dass im negativen Pol das Positive bereits enthalten ist, dass die ganze Sache kippt. Es wird daher immer eine Art von Balance automatisch hergestellt.

- Innerhalb der Polarität können Sie nicht „nicht(s)" erschaffen. Sie haben Angst, das Positive zu verlieren und stoßen das Negative von sich weg. Beides hält Sie im negativen Pol. Somit wird das Gefühl der Angst *der* dominierende Faktor in Ihrem Leben. Dies ist jedoch keine Bestrafung, sondern es soll Ihnen ermöglichen, durch die Erfahrung des negativen Pols alle Nuancen auch des positiven Pols, das Gefühl der Liebe, Großzügigkeit, Hilfsbereitschaft, Mitgefühl oder Spaß, zu erfahren, da beide Pole einander bedingen: ohne das Gefühl der Angst ist die Erfahrung des Gefühls von Liebe nicht möglich und umgekehrt.

Wie Sie noch erkennen werden, ist die Identifikation mit Ihrem Verstand, seinen Ausprägungen als Persönlichkeit und Ego und den dazugehörigen emotionalen und mentalen Verhaltensmustern die Hauptursache dafür, dass Sie in der Polarität gefangen bleiben. Das Paradoxe an dieser Tatsache ist, dass es eben Ihr Verstand ist, welcher Sie dauerhaft in der Unbewusstheit hält und Sie von der *Wirklichkeit* trennt. Ausgerechnet Ihr Verstand, welcher Sie doch zur Krone der Schöpfung macht, auf den Sie so stolz sind, ohne den Sie nicht wüssten, wer Sie sind, und der es Ihnen ermöglicht, Ihr Leben und Ihre Welt nach Ihren Vorstellungen zu erschaffen und zu verändern.

5.5 Das Paradoxon Ihrer „Realität"

Das Paradoxon Ihrer „Realität" kann mit Einsteins Worten als optische Täuschung Ihres Bewusstseins bezeichnet werden.[5] Es liegt in der Tatsache begründet, dass Sie in einer doppelten „Realität" leben. Diese Denkwirklichkeit setzt sich aus den Ebenen des Seins – also der Ebene Ihres höheren Bewusstseins oder Seele – und der Ebene Ihres Verstandes und der Form, also der materiellen Ebene, zusammen. Gemeinsam bilden diese Ebenen die duale „Realität" Ihres Lebens innerhalb der absoluten *Wirklichkeit* des Universums.

Ein Paradoxon besagt, dass zwei widersprüchliche Dinge gleichzeitig im Raum existieren können. Es bedarf eines großen Wissens, um zu verstehen, dass beide Dinge tatsächlich wahr sein können. Auf der Ebene des Absoluten ist dies klar, da es dort keine Trennung von Zeit und Raum gibt. Im Bereich des Relativen, also unserer vierdimensionalen Welt, erscheint dies eben aufgrund der Trennung als Widerspruch.

Das göttliche Paradoxon

Es stellt sich die Frage: Warum erschuf *das Göttliche* überhaupt so etwas wie ein Paradoxon? Der gesamten Schöpfung wohnt Vollkommenheit inne, sowohl die Ebenen des Seins als auch die Ebene unserer vierdimensionalen „Realität" sind perfekt. Das bedeutet: Auch die Illusion ist perfekt. Genau an diesem Punkt

---

5 Im Jahr 1950 schrieb Albert Einstein einen Brief an einen Vater, der gerade seinen kleinen Sohn aufgrund von Kinderlähmung verloren hatte. Er begann mit diesen Worten: „Der Mensch ist ein Teil des Ganzen, von uns ‚Universum' genannt, ein in Zeit und Raum begrenzter Teil. Er erlebt sich selbst, seine Gedanken und Gefühle als etwas vom Rest Getrenntes – eine Art optische Täuschung seines Bewusstseins. Das Bemühen, sich von dieser Täuschung zu befreien, ist die einzige Frage der wahren Religion."

setzt das göttliche Paradoxon an, denn wie sollte das Bewusstsein in Form des Menschen sich so je selbst erkennen? Innerhalb einer *perfekten* und damit undurchschaubaren Illusion wäre ein Erkennen nicht möglich. Es musste daher eine Lösung gefunden werden, die der Illusion gerade so viel von der Perfektion nimmt, dass sie nicht zerstört wird, jedoch ein Erkennen ihres illusionären Wesens in den Bereich des Möglichen rückt.

Dies allein ist schon ein Widerspruch in sich und lässt sich nur so erklären, dass unsere vierdimensionale „Realität" ein Spiegelbild der *Wirklichkeit* ist. Das Spiegelbild gibt die von Ihnen erschaffene Realität absolut korrekt wieder, beinhaltet jedoch gleichzeitig einen Widerspruch in sich, den nur das Bewusstsein selbst – welches Sie sind – als Widerspruch erkennen kann. Ihrem Verstand ist dieser Zugang nicht möglich, da er Teil der Polarität und somit der Illusion ist. Er kann sich diesen Widerspruch einfach logisch nicht erklären.

Ein Beispiel: Sie denken an jemanden und diese Person ruft Sie ein paar Sekunden später an. Logisch ist dies nicht zu erklären, Ihr Bewusstsein versteht, dass alles mit allem zusammenhängt und die Schwingung, die Sie in Form Ihrer Gedanken ausgesandt haben, von der Person, an die Sie gedacht haben, empfangen wurde. Dies wiederum hat die Person – vermutlich unbewusst – dazu veranlasst, Sie anzurufen. Ihr Verstand kann sich das hingegen überhaupt nicht erklären und tut das Ereignis als Zufall ab oder als ein unerklärbares Phänomen. Das Paradoxon ist jedoch nichts dergleichen, sondern es handelt sich um eine „Tür", welche das Bewusstsein erschaffen hat, um sich trotz einer perfekten Illusion einen Platz in unserer „Realität" zu sichern und das Erkennen seiner Selbst – wenn auch meist nur für einen Moment – zu ermöglichen.

Aus Sicht des *Göttlichen* können wir ein anderes Beispiel heranziehen, um zu verstehen, dass *das Göttliche* ein Paradoxon erschaffen *musste*, um *Seine* Schöpfung zu verwirklichen, nämlich etwas zu erschaffen, das „weniger" göttlich ist als *Es* selbst. Dies ist an sich nicht möglich, da *das Göttliche*, wie wir gehört haben, alles ist, was ist.

Das Göttliche trachtet danach, sich selbst in der Erfahrung zu erkennen. Dazu teilte es sich, jedoch ergab sich daraus allein noch keine Wahlmöglichkeit: Solange alle Teile auf einer Bewusstseinsebene verblieben, konnte es keine Unterscheidung geben und somit keine Möglichkeit, etwas auszuwählen. Diese Unterscheidung geschah nun, indem *das Göttliche* sich nicht nur teilte, sondern mit jeder Teilung eine Ebene erschuf, die etwas weniger Bewusstsein hatte als die vorherige. Diesen Prozess haben wir bereits in Kapitel 5.3 „Das Dilemma *des Göttlichen*" beschrieben.

Durch diesen Prozess sah sich *das Göttliche* nunmehr in unendlicher Vielfalt, jedoch nach wie vor nur aus einer einzigen Perspektive, jener der allumfassenden, bedingungslosen Liebe. Um vollkommen zu erfahren, was *Es ist*, musste *Es* auch erkennen, was *Es nicht* ist. Zu diesem Zweck wurde die Polarität erschaffen. Die Polarität ist im Grunde ein einziges, riesiges Paradoxon. Obwohl es immer nur das Eine gibt, erscheint uns die Welt zweigeteilt. In *Wirklichkeit* existiert das Gute jedoch nur, weil es das Böse gibt und das Böse könnte ohne das Gute nicht sein und beides ist Illusion. Die Wahrheit lautet daher: Es gibt weder Gut noch Böse. Es gibt nur das *All-Eine*.

Innerhalb der Polarität ist die Existenz von Gut und Böse kein Widerspruch und zerstört somit auch die Illusion nicht, da sie logisch erscheint und von unserem Verstand begriffen werden kann. Die Perfektion innerhalb der Illusion bleibt somit erhalten. Das eigentliche Paradoxon ist jedoch die Polarität selbst, welche im Bewusstsein des *All-Einen* nicht existieren dürfte.

Das Göttliche ist Alles-was-Ist und daher ist *das Göttliche* auch das, was *das Göttliche nicht ist*. Hinter dieser etwas komplizierten, aber logischen Beschreibung verbirgt sich nichts anderes als der Begriff des Sowohl-als-auch. Kein Entweder-oder vermag *das Göttliche* zu beschreiben, denn *das Göttliche* ist sowohl *alles* als auch *nichts*. Wenn Sie das verstehen, haben Sie *das Göttliche* verstanden. Da Sie ein untrennbarer Teil *des Göttlichen* sind, haben Sie dann auch Ihr wahres Wesen verstanden, Ihr Sein, Ihr Schöpfertum.

Diese Erkenntnis Ihres Schöpfertums hat eine weitreichende Konsequenz. Damit *das Göttliche* sich durch Sie erfahren kann und Ihnen Ihr Schöpfertum ermöglicht, muss *Es* immer das wählen, wofür *Sie* sich entscheiden. Andernfalls würde *das Göttliche* Ihre Seele daran hindern, den freien Akt des Erschaffens zu vollbringen. Dies wiederum würde bedeuten, dass *das Göttliche* sich selbst nicht vollständig erfahren kann. Sie wiederum sind frei, etwas anderes zu wählen, als Ihre Seele möchte.

Der Plan Ihrer Seele

Sie haben in Form Ihrer Seele einen vorgeburtlichen Plan erarbeitet, welcher mit allen Seelen, die Sie in Ihrem Leben treffen werden, abgesprochen ist. Darin legen Sie zum Beispiel fest, wer Ihre Eltern sind und welche Erfahrungen Sie in diesem Leben machen wollen. Da Ihnen dieses Wissen jedoch bei Ihrer Geburt abhandengekommen ist, können Sie sich nicht an Ihren Lebensplan erinnern. Ihrer Seele ist dieser Plan jedoch bewusst und Ihre Seele führt Sie daher durch Ihr Leben, sodass Sie nicht blind von einer Erfahrung zur nächsten stolpern. Die Sprache, mit der Ihre Seele spricht, nennen wir Intuition und sie ist immer dann hörbar, wenn Sie vor einer wichtigen Entscheidung in Ihrem Leben stehen, die Sie vor Ihrer Geburt für sich selbst ausgesucht haben.

Wenn in Ihnen zum Beispiel der spontane Wunsch entsteht, für einen Monat nach Hawaii zu reisen, spricht Ihre Seele gemäß Ihrem Lebensplan zu Ihnen. Machen Sie es, folgen Sie dem Plan und Ihr Wunsch und der Ihrer Seele sind identisch. Negieren Sie diesen Wunsch jedoch aufgrund von Bedenken (zu teuer, habe ich das verdient ...), gehorchen Sie der Angst und weichen von

Ihrem Plan ab. *Das Göttliche* wird Ihnen in jedem Fall das geben, was, *Ihrer Entscheidung nach*, das Beste für Sie ist.

Dies hat dann zur Folge, dass Sie eine bestimmte Erfahrung, welche Sie ursprünglich machen wollten, in diesem Moment nicht machen. Man könnte sagen, dass Sie von Ihrem ursprünglichen, selbst gestellten Lebensplan abweichen, um auf einem Seitenweg über andere Erfahrungen die Voraussetzungen für einen neuen Versuch zu schaffen, sich Ihrer zentralen Aufgabe zu stellen. Wenn es so weit ist, wird Ihre Seele dann eine neue Situation erschaffen, welche es Ihnen ermöglicht, Ihre gewünschte Erfahrung nachzuholen. Natürlich gibt es keine Garantie, dass es beim zweiten Mal klappt ... und leider auch nicht beim dritten, vierten oder x-ten Mal. Das ist der Grund, warum sich so viele Menschen immer wieder vor ähnliche Situationen im Leben gestellt sehen. Es ist jedoch kein Weg umsonst und keine Wiederholung eine zu viel. Denn jedwede Wahl von Ihnen ist immer eine Wahl zu Ihrem höchsten Wohl, auch wenn Sie dies nicht immer erkennen und Ihre Wahl nicht dem Wunsch Ihrer Seele entspricht.

Das Paradoxon der Zeit

Für uns Menschen unvorstellbar, geschieht alles gleichzeitig. Vergangenheit und Zukunft existieren nebeneinander und sind nicht getrennt. Die Wirklichkeit besteht nur aus dem Jetzt. Es gibt nichts anderes als das Jetzt. *Das Göttliche* braucht keine Zeit, um etwas zu erschaffen. Schöpfer und Schöpfung sind eins.

Für unser Denken ist das nur äußerst schwer zu verstehen. Die Tatsache, dass es Zeit nicht gibt, ergibt sich aus dem Tatbestand, dass alles schon existiert. Als *das Göttliche* dieses Universum erschuf, hat *Es* alles auf einmal erschaffen. Mit der Erschaffung der Zeit ist ein Kunststück gelungen, das unvergleichlich ist. Die Zeit ermöglicht es, das Unteilbare voneinander zu trennen, um das Unteilbare besser verstehen und erfahren zu können. Um sich als Schöpfer:in zu erfahren, musste es auch die Möglichkeit geben, das Getrennte wieder zusammenzuführen. Dies geschieht, indem Sie immer mehr Bewusstheit erlangen und erkennen, dass nichts voneinander getrennt ist.

Sie können sich das so vorstellen, als würden Sie mit Ihrem physischen Körper durch die Zeit hindurchwandern wie durch einen Tunnel. Nicht die Zeit fließt, sondern Sie bewegen sich mit Ihren Entscheidungen durch die Zeit hindurch. Aus Ihrer Sicht aber bewegen sich die Dinge (der Tunnel) um Sie herum. Sie unterliegen dabei der gleichen optischen Täuschung wie beispielsweise bei der Betrachtung eines Sonnenauf- oder -untergangs.

Da Ihre Seele sich jedoch außerhalb der Zeit befindet, hat sie die Möglichkeit, das „Spiel des Lebens" auf allen Ebenen gleichzeitig zu spielen. Alle Erfahrungen, die alle Spielenden auf verschiedenen Ebenen machen, finden für Ihre Seele daher zur gleichen Zeit statt. So wie bei einem Computerspiel alle Möglichkeiten auf jeder Ebene schon vorab programmiert wurden, so sind auch in *Wirklichkeit* alle möglichen Ereignisse auf Ihrer Ebene schon erschaffen. Dies ermöglicht Ihnen, jede nur erdenkliche Entscheidung zu jedem beliebigen Zeitpunkt zu treffen, ganz wie Sie möchten.

Um eine Entscheidung zu treffen, benötigen Sie Zeit, die es gar nicht gibt, da in *Wirklichkeit* Ihre Entscheidung schon getroffen wurde und zwar von Ihnen. In letzter Konsequenz ändern Sie mit jeder Entscheidung, die Sie treffen, Ihre Erfahrungen und den Ausgang innerhalb des „Spiels des Lebens". Da aber alles schon vorhanden ist, hat dies keine Auswirkung auf das Spiel an sich. Sie betreten quasi mit jeder Entscheidung ein neues Universum. Das ist das Prinzip der Multiversen.

Das Paradoxon des freien Willens und der freien Wahl

Wenn sie einen freien Willen haben, dann müssen Sie immer und überall die Wahl haben, aus mindestens zwei Optionen wählen zu können. Wichtig ist auch, dass die Wahl frei ist, also nicht an

Bedingungen geknüpft ist. Ihre Wahl befreit Sie nicht von den Konsequenzen, aber sie darf Sie nie zu etwas verpflichten. Dies würde dem Prinzip der bedingungslosen Liebe widersprechen, die *das Göttliche* ist.

Die Liebe kann nicht anders, denn wenn *das Göttliche* Sie daran hindern würde, irgendetwas zu wählen, dann würde *das Göttliche* einen Teil seiner eigenen Schöpfung nicht erfahren können. Da dies unmöglich ist, ist alles, was Sie in Ihrem Leben tun, auch der Wille *des Göttlichen*.

Das, was Sie für sich wählen, ist jedoch nicht immer das, was Ihre Seele oder *das Göttliche* für Sie wählen würden. Darin liegt das Problem. Es spricht zwar absolut nichts dagegen, sich das höchste Ziel und das Beste für sich selbst auszuwählen und immer noch größere und schönere Erfahrungen zu sammeln. Das Problem ist, *dass Sie nicht wissen, was das Beste für Sie ist.* Das wiederum kommt daher, dass Sie nicht wissen, wer Sie in *Wirklichkeit* sind und auch nicht, wer oder was Sie sein möchten. Die Lösung für *das Göttliche* besteht darin, Ihnen zu geben, was *Ihrer* Meinung nach das Beste für Sie ist.

Jede Wahl, die Sie für sich treffen, repräsentiert *das Göttliche*. Durch Ihre Wahl verändert sich nicht nur Ihr Bewusstsein, sondern auch das ganze Universum wird in Bewegung gesetzt und somit „verändert" sich *das Göttliche*. Das heißt, dass *das Göttliche* aus seiner unendlichen Vielgestalt jene „Form" annimmt, welche Sie durch Ihre Entscheidungen erschaffen. In diesem Sinne ist *das Göttliche* ein ewiger Prozess, welcher durch Ihre Entscheidungen permanenter Veränderung unterliegt.

Sie könnten jetzt einwenden, dass der freie Wille gar nicht so frei ist, wenn es vorherbestimmt ist, dass Sie eine bestimmte Person in Ihrem Leben treffen und diese Person gar nicht anders kann, als auf eine bestimmte Art und Weise zu handeln. Die Wahrheit ist, dass Sie und alle anderen Personen Ihrem Lebensplan zugestimmt haben. Die Freiheit besteht daher darin, wie Sie auf eine bestimmte Situation oder Menschen reagieren, das heißt, inwieweit Sie Ihrem Lebensplan, sprich Ihrer Intuition, folgen. So können Sie eine bestimmte Situation oder eine Person jederzeit ablehnen. Ihre Seele wird Sie dann leiten und in eine ähnliche Situation führen, da es die Aufgabe der Seele ist, Ihnen dabei zu helfen, Ihren Lebensplan umzusetzen.

Dies bedeutet zum einen, dass alle Varianten von Interpretationen, Auswirkungen und Konsequenzen Ihres gewählten Lebens schon vorhanden sind und es Ihnen dennoch möglich ist, die in Ihrem Lebensplan vorgesehene Erfahrung zu verwirklichen. Dass alles bereits vorhanden ist, bedeutet aber auch, dass Sie nie eine Erfahrung außerhalb *des Göttlichen* machen können. Jede Erfahrung – mag sie auch als noch so negativ betrachtet werden –, ist somit vom *Göttlichen* ermöglicht worden. *Das Göttliche* weiß auch schon alles und kennt jede Ihrer Erfahrungen. Die Schöpfung ist vollständig und komplett.

Das Paradoxon Ihres Lebens

Als Schöpfer:in Ihrer „Realität" ist es jedoch wichtig, den Unterschied zwischen Wählen und Wünschen zu verstehen. Wir werden in einem späteren Kapitel nochmals auf diesen Punkt zurückkommen, daher sei im Moment nur so viel gesagt: Wenn Sie sich etwas wünschen, drücken Sie einen Mangel aus, da Sie etwas haben wollen, was Ihnen im Moment nicht zur Verfügung steht. Ob dies nun etwas Materielles ist, eine Beziehung oder generell gesagt der Wunsch nach Veränderung, ist egal. Das Prinzip ist immer das gleiche, da Sie in dem Moment, in dem Sie den Mangel gedanklich oder sprachlich ausdrücken und ihm so Ihre Energie geben, das Universum nicht anders kann, als Ihnen den Mangel zu bestätigen. Dieser wird dann Ihre Realität. Daher *wählen* Sie die Veränderung, die Sie erfahren möchten. Benutzen Sie Worte wie „ich wähle dieses oder jenes für mich", oder „ich entscheide mich, dieses oder jenes zu tun", um Ihre Wahl auszudrücken.

Das Leben hat ein inneres und ein äußeres Ziel. Das innere Ziel des Lebens besteht darin, zu erwachen. Das haben Sie mit allen anderen Menschen gemeinsam. Es entspricht dem kollektiven Ziel der Menschheit und steht im Einklang mit dem gesamten Universum. Das äußere Ziel im Zustand der Unbewusstheit ist das Haben und das Tun. Es ist von Mensch zu Mensch ganz verschieden und es kann sich auch verändern. Das innere Ziel ist immer vorrangig vor dem äußeren Ziel und daher Voraussetzung für das Erreichen des äußeren Ziels. Beide Ziele existieren jedoch gleichzeitig und bedingen sich gegenseitig.

Sie können auch ein äußeres Ziel verfolgen, ohne einem inneren Ziel zu folgen. Dies wird Ihnen jedoch keinen wirklichen Erfolg bringen und in irgendeiner Form zu Leid für Sie oder andere führen. Sie können also Ziele sowohl auf unbewusste als auch auf bewusste Art erreichen. Jedoch nur eine Art wird Ihnen wirklichen Erfolg bringen.

Daher sorgen Sie sich in erster Linie um sich selbst, um das, was Ihrer Seele guttut. Machen Sie nicht den Fehler, sich ständig darum zu sorgen, was die Menschen um Sie herum glücklich macht. Seien Sie glücklich und machen Sie auf diese Weise andere Menschen glücklich. Das scheint ebenfalls paradox zu sein, macht aber Sinn, wenn Sie verstehen, dass jede Wahl, die Ihre Seele glücklich macht, eine Wahl in Ihrem höchsten Sinn für Sie selbst und für alle anderen darstellt. Da die Seele erkennt, dass es niemand anderen gibt, dass wir alle eins sind, ist Ihre höchste Wahl für sich zugleich die höchste Wahl für alle anderen.

Was heißt das nun für Ihr Leben?

- Sie bekommen alles, was Sie für sich wählen, aber nicht das, was Sie sich wünschen.
- Was Sie fürchten, ziehen Sie an.
- Alles, dem Sie sich widersetzen, bleibt bestehen.

6 „Realität" und Wirklichkeit

„Das Leben ist kein Problem, das gelöst, sondern eine Wirklichkeit, die
erfahren werden muss."
Søren Kierkegaard

6.1 Körper, Geist und Seele

Ihre Körper

Ihr physischer Körper ist eine Miniaturausgabe unseres Universums, ein wahres Wunderwerk, welches Ihnen die Wahrnehmung dieser „Realität" und die Erfahrungen erst ermöglichen. Der größte Irrtum in Bezug auf Ihren Körper besteht in der Annahme, dass dieser der Behälter für das *Bewusstsein* ist und das Gehirn das *Bewusstsein* hervorbringt. In *Wirklichkeit* ist der Körper nicht der Behälter des *Bewusstseins*, sondern *dessen individueller Ausdruck*. Das *Bewusstsein* hat den Körper und das Gehirn – das komplexeste menschliche Organ – erschaffen, um sich ausdrücken zu können. Das *Bewusstsein* gibt sich diese Form, um „Realität" erfahren zu können, und hält sie in der Existenz.

Wie schon im Kapitel 5.1 ausgeführt, ist Ihr scheinbar aus fester Materie bestehender Körper in *Wirklichkeit* „langsam" schwingende Energie und besteht zu 99,9999 % aus leerem Raum. Da Ihre Sinneswerkzeuge als Teile Ihres Körpers ebenso aufgebaut sind, können Sie Materie nicht anders wahrnehmen als als singuläre, feste Masse. Tatsächlich ist die „Atomgalaxie", die Ihr Körper in *Wirklichkeit* ist, von weiteren Körpern umschlossen, welche Ihren Ursprung auf der unmanifestierten Ebene des Seins haben. Es sind dies Ihr Ätherkörper, Ihr Astralkörper und Ihr Kausalkörper (siehe Tabelle).

Ihre Körper	Beschreibung	Aufgabe
Physischer Körper	Besteht zu 99,999...% aus leerem Raum; wird als letzter aller Körper erschaffen und löst sich (im Tod) als erster wieder auf	Existenz im vierdimensionalen Universum
Ätherkörper Astralkörper Kausalkörper	feinstoffliche Körper auf zunehmend höheren Bewusstseinsebenen	Ätherk.: Übertragung von Gedankenschwingungen aus dem Bewusstseinsfeld von Erde und Seele ans Gehirn | Astralk.: Lebensenergie | Kausalk.: Sitz der Weisheit. Entscheidet darüber, welche Informationen Ihrer Seele zugänglich sind

Göttlicher Geist

Sie können sich Ihren Geist als ein von Gott „abgespaltetes" Stück vorstellen. Der Geist ist jedoch nicht in der Lage zu inkarnieren und erschafft zu diesem Zweck ein Gefährt. Dieses Gefährt ist Ihre Seele, welche die Aufgabe hat, sich in Ihrem Körper, mit dessen Hilfe sich Ihr Geist in unserer vierdimensionalen „Realität" auszudrücken vermag, zu inkarnieren. Geist und Seele werden oft als Synonym verstanden, denn Sie als Mensch sind beides, sowohl Geist als auch Seele. Ihre Seele ist im Grunde ein Werkzeug Ihres göttlichen Geistes, welche unterschiedlichste Erfahrungen sammelt, diese an Ihren göttlichen Geist weiterleitet, um einen „neuen Geist" zu erschaffen und zu einem „neuen Gott" zu werden.

In Ihrer Seele laufen alle aus dem Bewusstseinsfeld der Erde empfangenen Informationen und Botschaften zusammen und manifestieren sich dort als Wissen und Weisheit. Dieses Wissen und die Weisheit nehmen Sie als Intuition wahr.

Von dieser höchsten individuellen Bewusstseinsebene fließt (oder eher sickert) das Empfangene nach außen in die feinstofflichen Körper bis hinein in den physischen Körper. Dabei wird es mehr und mehr in die Materie und auf die Ebene der materiellen Sinneswahrnehmungen herabgezogen. Das ursprünglich reine und leuchtende *Bewusstsein* wird dadurch immer gröber und trüber, verliert die Bewusstheit für seine innewohnende Weisheit und damit die Macht zur Unterscheidung; bis Sie nur mehr den Eindrücken Ihrer Sinne folgen. Diese übernehmen ab diesem Moment im Zusammenspiel mit Ihrem Verstand das Kommando, Ihr Sinnesbewusstsein wird zum vorherrschenden Bewusstsein in Ihrem Leben.

Die schöpferische Kraft bleibt Ihnen jedoch erhalten und sie ist es, welche Sie in Verbindung mit Ihrem Verstand und Ihren Gedanken so mächtig macht. Diese Fähigkeit ermöglicht Ihnen, sich Dinge vorzustellen oder einzubilden. Dadurch erschaffen Sie Ihre eigene, persönliche Wirklichkeit. Da Sie Ihre Informationen jedoch von Ihren Sinnen bekommen anstatt vom *göttlichen Bewusstsein*, erschaffen Sie sich laufend eine Welt der Illusion und erhalten diese. Auch hier gilt, dass Bewusstsein erschafft, egal auf welcher Ebene es sich befindet. Somit sind Sie in der Lage, Gutes und Böses zu erschaffen. Die Illusion ist so perfekt, die Macht zu erschaffen so berauschend, dass Sie nicht davon ablassen wollen. Sie haben vermutlich schon einmal versucht, sich selbst ein „Laster" abzugewöhnen. Sie wissen daher, wie schwer oder gar unmöglich dies erscheinen kann. Dies ist natürlich auch eine Illusion, denn wenn Sie sich dieser Täuschung bewusst sind und den Willen entwickeln, sich von dieser Täuschung zu lösen und der *Wirklichkeit*, also Ihrem höheren Bewusstsein, näher zu kommen, dann haben Sie die besten Voraussetzungen für Ihr Erwachen und gleichzeitig zur Überwindung Ihres Lasters geschaffen.

Diese Täuschung Ihres in Ihrem Körper vorhandenen Bewusstseins ist die Ursache für allen Schmerz und alles Leid auf dieser Erde. Das Festhalten an dieser Täuschung verhindert die weitere Entwicklung Ihres Bewusstseins in Ihrem Körper. Dies äußert sich in der Bildung eines illusionären „Ich-Bewusstseins", welches wir als Ego und Persönlichkeit unterscheiden. Beides sind subjektiv existierende Wesenheiten. Oft werden Ego und Persönlichkeit mit dem Geist gleichgesetzt. Dies ist jedoch nicht richtig.

Ihr Geist wird ebenfalls auf den Bereich der Sinneswahrnehmungen herabgezogen, er verliert jedoch nicht das Bewusstsein darüber, welche Aufgabe ihm innerhalb der materiellen Form zugedacht ist. Während das Ihnen zur Verfügung stehende Bewusstsein auf das Außen gerichtet ist und seine Aufgabe darin besteht, sich in der Erfahrung zu erkennen, übernimmt Ihr Geist die Kontrolle über alle Ihre Körperfunktionen (wie zum Beispiel Atmung und Verdauung) selbstständig und ohne Ihr Zutun, um Ihnen diese Erfahrungen überhaupt erst zu ermöglichen.

Ihr göttlicher Geist entspringt der ursprünglichen Schöpferquelle und ist das, was allem Lebenden das Leben einhaucht, Blätter im Frühling sprießen lässt, die Natur zum Blühen bringt und den Tieren Ihre angeborenen Instinkte gibt. Diese Weisheit erhält der Geist aus dem Bewusstseinsfeld der Erde. Vielleicht ist es verständlicher, wenn wir sagen, dass auch die Erde eine Seele hat und dies dem Bewusstseinsfeld der Erde entspricht. So wie alle Tiere, Pflanzen und Mineralien alle Informationen von der Seele der Erde erhalten, so erhalten Sie alle notwendigen Informationen von Ihrer Seele. Der Geist hält alles am Leben, sodass alles scheinbar automatisch abläuft. Da Sie – als *Bewusstsein* – mit Ihrem Körper verbunden sind, haben Sie, wie alle anderen Lebewesen, Zugriff auf dieses Wissen in Form von Intuition. Intuition geht weit über die Körperfunktionen hinaus, es kann als die Sprache Ihres Geistes und Ihrer Seele bezeichnet werden.

Das illusionäre Ich-Bewusstsein trennt sich von dieser Weisheit und diesem Wissen durch Zuneigungen und Abneigungen, Identifikationen mit äußeren Erscheinungen und Begriffen wie „mir", „mich" oder „mein" ab. Daher können wir nicht spüren oder fühlen, was Tiere und Pflanzen sehr wohl spüren. Bei der Tsunamikatastrophe im Dezember 2004 kamen kaum Tiere ums Leben, da sie bereits spürten, dass Gefahr drohte. Durch Ihre Verbindung mit der Natur, sprich dem Geist, dem alles Lebendige innewohnt, konnten sie sich rechtzeitig in Sicherheit bringen. Uns Menschen ist diese Fähigkeit „dank" der Identifikation mit unserem Verstand und dem daraus entstandenen Ich-Bewusstsein abhandengekommen. Ihr Geist ist jedoch nichts von alledem, da er mit dem universellen Bewusstsein verbunden und nicht Teil der illusionären Welt ist.

Ihre Seele

Mithilfe Ihrer Seele ist Ihr Geist also in der Lage, in die Materie einzugehen. Ihre Seele ist der individuelle Ausdruck Ihres Bewusstseins in Ihnen, sie durchdringt Ihren physischen und Ihre nicht physischen Körper und erfüllt diese mit Leben. Diesen Vorgang bezeichnen wir als Inkarnation. Ihre Seele besteht aus ätherischer Energie, welche es ihr ermöglicht, sich mit der Materie zu verbinden und mit ihr zu interagieren. Ihre Seele ist unzerstörbar. Auch Ihr physischer Tod kann ihr nichts anhaben.

Wie Sie schon erfahren haben, erschafft der göttliche Geist Ihre Seele. Das Universum ist voll von ätherischer Energie, welche formlos und noch nicht programmiert ist. Der göttliche Geist ist der Funke, welcher die ätherische Energie „beseelt", indem er ihr eine Form gibt und sie entsprechend programmiert. Das ist Ihre Seele und sie schlüpft in jedes Kleid, in jeden Körper. Der Geist ist nun in der Lage, in die Materie einzugehen und sie zu nutzen.

Weil die Seele, also Ihr höheres Bewusstsein, mit allem, mithin auch Ihrem Körper, ständig verbunden ist, ist sie auch die Instanz, die alle Erfahrungen macht. Ihr Körper ist nicht das Subjekt der Erfahrung, sondern lediglich das Werkzeug, mit dessen Hilfe Sie erst in der Lage sind, eine Erfahrung zu machen. Ihre Seele wiederum ist nicht das Bewusstsein, welches unzählige Funktionen in Ihrem physischen Körper ausführt, obwohl die Seele gleichzeitig durch die unterschiedlichsten Energiekörper (wie Ätherkörper, Astralkörper, Kausalkörper) in ständiger Verbindung mit Ihrem physischen Körper steht. Diese Aufgabe ist wie bereits erwähnt Ihrem Geist zugesprochen.

Die Tatsache, dass Ihr Körper nicht das Speichermedium für alle Ihre Erfahrungen ist, macht absolut Sinn. Wäre Ihr physischer Körper der Ort, an dem Ihre gesamten Erfahrungen aufbewahrt werden, dann würden alle Ihre Erfahrungen und Gedanken mit Ihrem Tode verschwinden, da sich der physische Körper nach Ihrem Tode rasch aufzulösen beginnt. Dies ist aber nicht das Ziel der Schöpfung, denn was würde das Leben für einen Zweck haben, wenn alle Ihre Erfahrungen nach diesem relativ kurzen Leben in der physischen Existenz nicht mehr existierten? Das Leben wäre vollkommen sinnlos. Wie könnte eine Rückschau auf Ihre Leben nach dem Tode erfolgen, wenn es nichts mehr anzuschauen gäbe? Wie könnten Sie einen Lebensplan entwerfen, wenn Ihnen nicht alle Informationen aus Ihrem aktuellen und früheren Leben zur Verfügung stünden? Das Leben ist ewig. Sie *sind* Leben, daher können Sie Ihr Leben nicht verlieren und somit können auch die von Ihnen gesammelten Erfahrungen nicht verloren gehen. Nicht nur Ihre Erfahrungen werden daher aufbewahrt, sondern alle Erfahrungen, Gedanken, Worte und Handlungen der gesamten Menschheit.

Da Trennung eine Illusion ist, gibt es natürlich auch keine Trennung des Bewusstseins. Es gibt immer nur ein *Bewusstsein*, auch wenn dieses auf unterschiedlichen Ebenen existiert und je unterschiedliche Aufgaben zu erfüllen hat. Generell geht es darum, das gebundene, mit dem Körper identifizierte Bewusstsein langsam mit dem höheren *Bewusstsein* zu vereinen; das ist gemeint, wenn wir davon sprechen, das äußere Ziel mit dem inneren Ziel zu verschmelzen. Das höhere *Bewusstsein* – Ihre Seele, die Wesenheit, welche *Sie* in *Wirklichkeit* sind – ist die schöpferische Instanz „hinter" Ihrem Körper, genauso wie das *Bewusstsein*, welches Tiere, Pflanzen und Mineralien beseelt und diese erhält. Ihr Körper ist sowohl Teil der materiellen Welt als auch der geistigen Welt. Das Ziel der Seele, die ebenfalls mit beiden Welten verbunden ist, besteht darin, Körper und Geist zu vereinen. Dies ist wichtig zu verstehen, da es ein bedeutender Schlüssel zur Frage nach dem „Wer bin ich?" ist.

Dabei ist jedoch genau zu differenzieren zwischen einer Antwort auf die Frage, wer man wirklich ist, und einer nur scheinbaren Antwort, die uns in die Falle des Egoismus tappen lässt. Patanjali, ein Weiser Indiens, welchem unter anderem die Bhagavad Gita (der Gesang Gottes) zugeschrieben wird, beschreibt dies wie folgt: „Egoismus ist die Identifizierung des Sehenden mit den Werkzeugen des Sehens. Wenn die Seele – das heißt das Ebenbild *des Göttlichen* im Menschen – ihr wahres göttliches Selbst vergisst und sich mit den körperlichen und geistigen Kräften der Wahrnehmung und des Handelns identifiziert, so bezeichnen wir dies als Ego."

Die Seele ist die reinste, individuellste Daseinsform, die es gibt. Sie weiß um ihre Identität mit dem Geist *des Göttlichen* und gebraucht die Werkzeuge des Körpers und des Geistes – also Ihres Verstandes – nur, um sich in der vierdimensionalen Welt ausdrücken zu können und entsprechend zu handeln. Darin liegt auch die Absicht der Seele und dies ist der Grund für Ihre Inkarnation im menschlichen Körper. Ihre Seele hat nur einen Wunsch: Sie möchte das Wissen, das sie hat, und die Liebe, die sie ist, in die großartigste Erfahrung verwandeln, die sie sich vorstellen kann.

Solange aber das Wissen nicht zur Erfahrung wird, ist der Wunsch der Seele nicht erfüllt. Erst wenn das Wissen zur Erfahrung wird, ist das Sein verwirklicht. Die Seele möchte sich ausdrücken und die sein, die sie in *Wirklichkeit* ist: Liebe. Ihre Seele nährt sich von dem Gefühl, sie sucht stets die Emotion, die ihr entspricht. Wenn Sie sich daher bei einer Sache wohlfühlen oder etwas lieben, dann ist es immer die Seele, die Ihnen über dieses Gefühl vermittelt, dass Sie ihrem Wunsch entsprochen haben. Die Liebe, die Sie für etwas oder jemanden empfinden, entspringt nicht der Situation oder kommt von dem Menschen, den Sie lieben. Die Liebe ist die Liebe Ihrer Seele, eine universale, allumfassende Liebe, und fließt ein in das, was Sie tun, in das, worauf Sie Ihren Fokus richten, und durchströmt dadurch diese Welt.

Der Wunsch Ihrer Seele, dieses Gefühl der Liebe zu erfahren, ist der Nährboden für Ihre Sehnsucht nach der Liebe in Ihrem Leben. Das höchste Gefühl ist die Erfahrung der Einheit mit dem *Allem-was-Ist*. Dies entspricht dem Zustand vollkommener Liebe und ist das Ziel Ihrer Seele, denn es ist Ihr wahres Ich.

Wenn Sie sich jetzt die Frage stellen, wie Sie in diesen Zustand kommen, so ist die Antwort sehr einfach, die Umsetzung jedoch schwierig. Diesen Prozess zu verstehen und anzuwenden erfordert in der Regel viele Leben. Vergessen Sie bitte nicht, dass Ihre Seele ja alle Erfahrungen, die das Leben bietet, machen will. Dies ist in einem Leben nicht möglich. Wie funktioniert daher dieser Prozess?

Wie wir schon festgestellt haben, wird die dem Menschen innewohnende Weisheit verdunkelt, sobald sich das Ichgefühl mit den Sinnen und dem physischen Körper und der Welt identifiziert. Entwickelt es jedoch eine Identifizierung mit den feinstofflichen Schwingungen der Astralwelt, dann entwickelt es sich zum astralen Ich. Das astrale Ich kann immer noch von den Täuschungen der physischen Schwingungen beeinflusst werden, jedoch kann es sich auf die höheren Schwingungen des Kausalkörpers einstimmen und somit zu einem urteilsfähigeren Ich-Bewusstsein werden. Wenn sich das Ichgefühl nur noch durch die intuitive, reine Wahrheit ausdrückt, wird es zum Werkzeug des Kausalkörpers. Es wird zu einem reinen und vollumfänglich urteilsfähigen Ich-Bewusstsein, zu einer Ausdrucksform von höchster Reinheit; das heißt, es wird eins mit der Seele.

Für Ihre Praxis bedeutet das: Hören Sie auf Ihr Gefühl und benutzen Sie Ihren Verstand richtig, indem Sie ihm nicht hundert Prozent Ihrer Aufmerksamkeit geben. Bringen Sie Körper, Geist und Seele in Einklang. Wenn die Liebe in Ihr Leben einfließt, dann spüren Sie dies in Ihrem Herzen. Sie kann aber nur einfließen, wenn Sie sich ihr öffnen. Ihr Körper hat nicht die Möglichkeit, sich der Liebe zu öffnen, dies vermag nur Ihr Geist in Form des von diesem erschaffenen Verstandes. Wenn sich also Ihr Verstand der Liebe öffnet, dann fühlen Sie, wie die Liebe in ihr Herz strömt. Daher ist das Herz nicht wirklich der Ort, an dem die Liebe geboren wird, es ist aber der Ort, an dem die Güte Ihres Herzens entsteht. Der Verstand, der sich der Liebe öffnet, lässt Fairness und Gerechtigkeit entstehen. Nur wenn Ihr Geist in Form des Verstandes und Ihr Körper in Form Ihres Herzens Hand in Hand gehen, können Sie Ihre Seele erreichen und die Liebe in Ihre Welt einfließen lassen.

Ihre Seele	Beschreibung	Aufgabe
Individueller Ausdruck *des Göttlichen*	Die Quelle Ihres Bewusstseins in Ihrem Körper, ewig und unzerstörbar	ermöglicht *dem Göttlichen*, sich mit der Materie zu verbinden

Ihr Körper und Ihr illusionärer Geist (Verstand) als Diener der Seele

Ihr Körper wird, wie schon gezeigt wurde, durch Ihren Astralkörper am Leben erhalten. Sowohl Ihr physischer Körper als auch Ihr Astralkörper sind von einem höheren Bewusstsein erschaffen, das wir als Kausalkörper bezeichnen. Dieser Kausalkörper wiederum ist Teil des göttlichen Geistes und bildet eine Art feine Hülle, welche Ihrer Seele oder Ihrem höheren Bewusstsein Gestalt und ein individuelles Dasein verleiht. Aus diesem Grund kommen Menschen nie als unbeschriebenes, weißes Blatt auf die Erde und selbst Zwillinge unterscheiden sich in ihrem Wesen, obwohl sie äußerlich identisch sind. Der astrale Bereich des Menschen ist dann in weiterer Folge für die Entwicklung seines Charakters, seiner Gewohnheiten, Neigungen und Wünsche zuständig.

Das Ziel der Seele ist Ihre persönliche Entwicklung im menschlichen Körper. Ihre Seele kümmert sich nicht darum, ob Sie finanziell gut gestellt oder arm sind. Ihre geistige Entwicklung ist nicht von Belang und auch nicht, ob Sie einen leistungsfähigen oder kranken oder überhaupt einen physischen Körper haben: Für Ihre Seele ist der Tod nichts Schlimmes. Im Gegenteil, für Ihre Seele bedeutet der Tod die Befreiung aus einem engen und begrenzten Körper. Ihre Seele ist das Gefäß für die Liebe, die Sie sind. Daher gibt es auch keine Trennung zwischen dem, wer Sie in *Wirklichkeit* sind, und dem, was Ihre Seele ist. Ihre Seele beinhaltet die *absolute* Wahrheit unabhängig von Zeit und Raum. Ihr Körper gehört hingegen der *relativen* Wahrheit an und ist daher vergänglich.

Wenn Sie nur auf die Wünsche Ihrer Seele hören würden, wäre alles sehr einfach. Da Sie aber in der Polarität gefangen sind, haben Ihr Körper und der durch Ihren Verstand erschaffene illusionäre Geist unterschiedliche Wünsche, die sich von den Wünschen Ihrer Seele grundsätzlich unterscheiden. Der Schöpfungsprozess erfordert jedoch, dass Körper, illusionärer Geist und Seele geeint sein müssen, wenn der Schöpfungsprozess funktionieren soll.

Daher fällt es Ihnen so schwer, sich selbst als Schöpfer:in zu sehen, da Sie Ergebnisse anziehen, die mit Ihren aktuellen

Wünschen und Zielen nichts zu tun haben. Während Sie Ihre körperlichen Bedürfnisse noch gut kontrollieren können, sind Sie Ihrem illusionären Geist im Sinne Ihres Verstandes hilflos ausgeliefert. Da Ihnen das Bewusstsein fehlt, eine höhere Perspektive einzunehmen, haben Sie sich mit Ihrem Verstand identifiziert, ohne sich dessen bewusst zu sein. Damit sind Sie der Angst ausgeliefert, welche Sie nun von einem Pol zum anderen und wieder zurückschickt. Ein perfekter Kreislauf innerhalb der vierdimensionalen „Realität" ist entstanden.

Ihr Körper, welcher als Erscheinungsform der niederfrequentesten Ebene der illusionären „Realität" am unverrückbarsten unterworfen scheint, hat zwei Aufgaben. In allererster Linie ist er das Vehikel, welches Ihrer Seele ermöglicht, eine Erfahrung in der physischen „Realität" zu machen. Nur mithilfe Ihres Körpers können Sie fühlen, Dinge anfassen und die Eigenschaften einer physikalischen Welt erkunden. Die zweite Aufgabe Ihres Körpers ist, Sie von der *Wirklichkeit* zu trennen, sodass Sie sich der Illusion voll und ganz hingeben können bzw. müssen.

Ihr Geist hat Ihren Verstand erschaffen und Ihnen die Möglichkeit des Denkens gegeben. Das Denken ist nur innerhalb einer bestimmten Bewusstseinsfrequenz möglich, in welcher wir uns Menschen aktuell befinden. Je höher Ihr Bewusstsein, desto weniger werden Sie Ihr Denken benötigen. Ihr Denken ermöglicht Ihnen, logische Schlussfolgerungen zu ziehen, indem Ihr Verstand die Sinneseindrücke aufnimmt und analysiert. Dadurch können Sie Gefahren und Situationen erkennen und diese bewerten. Dieses Bewerten hat jedoch einen großen Nachteil: Es ist immer subjektiv und von Ihrem persönlichen Standpunkt abhängig. Ihr Denken und Ihr Verstand sind ja in der Polarität gefangen und halten Sie deshalb von der *Wirklichkeit* fern.

Ihr Verstand ist die Ursache dafür, dass Sie Ihren wahren Ursprung vergessen haben. Genauer gesagt ist es die *Identifika-*

tion mit Ihrem Verstand, welcher Sie in der Illusion der Polarität gefangen hält. Aber dies entspricht genau dem göttlichen Plan. Wüssten Sie bereits alles, was Ihrer Seele bewusst ist und somit auch, wer Sie in *Wirklichkeit* sind, dann wäre die Illusion aufgehoben und das Spiel vorbei. Damit dies nicht zu schnell geschieht, müssen Sie in der Illusion von Zeit und Raum, von Trennung und von Gut und Böse bleiben. Ihr Körper, Ihr illusionärer Geist und Ihre Seele bilden zusammen Schöpfungszentren, mit deren Hilfe Sie Ihr Leben nach Ihren Vorstellungen laufend erschaffen.

Göttlicher Geist	Beschreibung	Aufgabe
vom *Göttlichen* „abgespaltenes" göttliches *Bewusstsein*	Schöpfer der Seele, um inkarnieren und sich in der Materie ausdrücken zu können	Sammlung von Erfahrungen mittels der Seele; Weitergabe an das *göttliche Bewusstsein* -> „Neuerschaffung" des Göttlichen durch jede neue Erfahrung

Illusionärer Geist	Beschreibung	Aufgabe
Ihr Verstand	Persönlichkeit und Ego	Erschaffung Ihrer „Realität" und Festhalten in dieser

6.2 Das Zusammenspiel von physischem Körper und Bewusstsein

Ihre gesamte physische Existenz hängt von den Elementen Erde, Wasser, Feuer, Luft und Raum ab. Sie bilden den Rahmen für alle physischen Formen auf unserer Erde. Sie erhalten unseren Körper und wenn sie sich auflösen, sterben wir. Mit diesen Elementen sind Sie einigermaßen vertraut. Aber es ist spannend zu sehen, wie diese äußeren Elemente mit den inneren Elementen korrespondieren. Es ist auch kein Zufall, dass die Potenziale und Eigenschaften dieser fünf Elemente auch in unserem Bewusstsein – welches den Körper erschaffen hat – existieren. So ist die Fähigkeit des Bewusstseins, als Basis für alle Erfahrungen zu dienen, die Eigenschaft des Elements der Erde. Die Fähigkeit, seine Kontinuität und Anpassungsfähigkeit zu beweisen, entspricht der Qualität des Wassers. Klarheit und das Erkennen sind Fähigkeiten, die dem Element Feuer zugeordnet sind.

Die Tatsache, dass alles in Bewegung und permanenter Veränderung ist, entspricht dem Potenzial der Luft. Die unbegrenzte Leere des Bewusstseins schließlich findet ihre Entsprechung im Raum. Der leere Raum entspricht hierbei dem Element Äther, da der leere Raum ebenfalls als Medium für die darin enthaltenen Informationen dient. Der leere Raum ist ja nicht leer, er erscheint nur so.

Wenn Sie einen menschlichen Körper mit ausgestreckten Armen und Beinen als Ganzes betrachten, dann erinnert er an einen fünfzackigen Stern. Die Eckpunkte bilden die fünf Elemente, aus denen der Körper besteht. Der Kopf stellt das feinste Element dar, den Äther. Die beiden Arme entsprechen Luft und Feuer. Die beiden Füße entsprechen den gröberen Elementen Wasser und Erde.

Gehen wir noch tiefer, auf die Ebene der Physis und der Sinne, so sehen wir, dass auch hier Entsprechungen im Verständnis der fünf Elemente vorliegen. Das Fleisch und die Knochen sowie der Geruchssinn und alle Gerüche sind dem Element der Erde zugeordnet. Das Blut, der Geschmackssinn sowie alle Körperflüssigkeiten entsprechen dem Element des Wassers. Die Wärme, das Organ des Sehsinns sowie Farbe und Form verkörpern das Feuerelement. Der Atem, das Organ des Tastsinns sowie das Wahrnehmen von Schall und Wind entsprechen dem Element der Luft. Das Hören sowie die Hohlräume im Körper – welche das Hören ermöglichen – und auch die Töne hängen vom Element des Raumes ab.

Aus dem Bewusstsein in den Aspekten entsprechend den fünf Elementen entwickelt sich Ihr physischer Körper. Der physische Körper ist mit diesen Eigenschaften ausgestattet. Aufgrund dieses Bewusstsein-Körper-Zusammenhangs nehmen Sie die äußere Welt wahr, die ihrerseits aus den fünf elementaren Qualitäten von Erde, Wasser, Feuer, Wind und Raum besteht.

Dies ist eine fundamentale Einsicht und der einzige Grund, weshalb Sie und alle Menschen die Welt einheitlich wahrnehmen. Wir interpretieren die Welt unterschiedlich, aber wir alle nehmen unsere Welt auf der physischen Ebene in der gleichen Form wahr. Unser Körper ist sozusagen der gemeinsame Nenner innerhalb unserer „Realität". Jeder Mensch sieht die Welt aus einem anderen Blickwinkel und interpretiert sie anders, aber jeder Mensch sieht das Gleiche. Wenn Sie eine Blume in Ihrem Garten sehen, wird jeder Ihnen zustimmen. Ob jedem Menschen diese Blume gefällt oder ob er ihr den gleichen Namen gibt, ist eine andere Sache.

Dieses geniale Prinzip ist wiederum der Grund, weshalb Sie unsere Erde und das Universum als Realität wahrnehmen. Da Sie erstens keinen weiteren Vergleich zur Verfügung haben und Ihnen alle Menschen die Art Ihrer Wahrnehmung bestätigen, verwechseln Sie diese mit der *Wirklichkeit*, mit Ihrem Sein. Ihre Blume wird von einer Biene in ganz anderer Form wahrgenommen als von Ihnen. Die Biene hat auch eine andere Form von Bewusstsein, welches ihr eine spezielle Art der Wahrnehmung ermöglicht. Beide Standpunkte sind jedoch korrekt. Somit leben Sie und die Biene in unterschiedlichen Welten, die jedoch nicht voneinander getrennt sind. Die unterschiedliche Wahrnehmung ist nur auf das unterschiedliche Bewusstsein zurückzuführen, welches sich in unterschiedlicher Form ausdrückt.

Zu allem Überfluss kann Ihr Verstand nur das wahrnehmen, was ihm Ihre Sinne übermitteln. Selbst diese Informationen werden noch gefiltert, da die enorme Menge an Informationen, welche durch Ihre Sinne ständig an das Gehirn übertragen werden, Ihren Denkprozess derart verlangsamen würden, dass Sie nicht mehr überlebensfähig wären. So erklärt sich, dass Sie vieles nicht wahrnehmen, was in Ihrer unmittelbaren Umgebung geschieht. Das Bewusstsein, das Sie sind und welches sich durch Ihren Körper ausdrückt, hat daher eine sehr begrenzte Sichtweise auf die Realität Ihres Lebens.

6.3 Liebe erfahren und Angst fühlen

Bis jetzt haben wir nur die gesamten geistigen, materiellen, physischen und physikalischen Voraussetzungen besprochen, welche erfüllt sein müssen, damit sich *das Göttliche* innerhalb seiner Schöpfung durch Sie selbst erfahren kann. Die gesamte Schöpfung ist eine Illusion, welche von göttlichem *Bewusstsein* erschaffen und in Existenz gehalten wird, um sich in ihr auszudrücken. Dabei ist sich das göttliche *Bewusstsein* seiner Schöpfung voll bewusst.

Nun taucht jedoch ein weiteres göttliches Dilemma auf. Da *göttliches Bewusstsein* Liebe ist, kann Angst nicht existieren, wenn sie als Illusion erkannt wird. Sie würde sich dann sofort auflösen. Angst kann nur dann gefühlt werden, wenn sie als Wirklichkeit innerhalb der Illusion erscheint. Genau darin besteht das göttliche Dilemma. Die Angst musste nicht nur eine mögliche Realität sein, sondern zur absoluten Wirklichkeit werden. Auch hier hatte *das Göttliche* keine Wahl.

Die Liebe kann ohne einen bestimmten Grund erfahren werden, da die Liebe ein Seins-Zustand ist und nicht erst erschaffen werden muss. Demgegenüber muss die Angst immer erschaffen werden und in Bezug zu etwas stehen. Es braucht ein „Etwas", vor dem man sich fürchten kann. Dieses „Etwas" muss eine Bedrohung darstellen bzw. als solche wahrgenommen werden. Mit der Erschaffung von Raum und Zeit hat *das Göttliche* die Voraussetzungen dafür geschaffen, dass sich das Bewusstsein als getrennt von anderen wahrnehmen kann. Die Welt befindet sich außerhalb des wahrnehmenden Bewusstseins und ist so groß, dass sie als bedrohlich erlebt wird. Vor allem hat das Bewusstsein nun einen Körper, der verletzlich ist. Die Gefahr, verletzt zu werden, ist somit real, und ein erster Schritt hin zur Verwirklichung der Illusion von Angst als Wirklichkeit ist gemacht.

Die Limitierung Ihres Bewusstseins

Der nächste Schritt, damit die Angst gefühlt werden kann, besteht darin, dass sich Ihr Bewusstsein vollkommen in der Form verliert und somit unbewusst wird. Dies wird erreicht, indem Ihnen Ihre Schöpferkraft, das heißt Ihr *göttliches Bewusstsein*, fast vollständig abhandenkommt. In Ihrer vierdimensionalen Welt steht Ihnen daher nur mehr ein Bruchteil Ihres ursprünglichen Bewusstseins zur Verfügung. Die Limitierung erfolgt durch den Eintritt in das physische Universum. Spätestens bei Ihrer Geburt haben Sie sich von einem Großteil Ihres Potenzials abgekoppelt. Im Laufe Ihres Lebens verringert sich das Ihnen noch zur Verfügung stehende Bewusstsein weiter dadurch, dass Sie sich mit Ihrem Körper und Ihrem Verstand identifizieren. Während Ihr Geist sich um die Erhaltung Ihres Körpers kümmert, sammeln Sie unterschiedliche Erfahrungen und halten diese für die Wirklichkeit. Damit schränken Sie Ihr Bewusstsein weiter ein.

Vergessen

Das reicht aber immer noch nicht aus, um die Angst zu fühlen. *Bewusstsein* ist Wissen. Absolutes Wissen. Im Wissen gibt es keine Angst, da es Ihnen ein Leichtes wäre, Ihr göttliches und damit ursprüngliches *Bewusstsein* wiederherzustellen. Selbst wenn Ihre Schöpferkraft limitiert bliebe, würde die Angst im Zustand des vollständigen Wissens dessen, wer Sie in *Wirklichkeit* sind, von Ihnen abperlen. Die Verletzbarkeit Ihres Körpers würde Sie nicht mehr vor bestimmten Erfahrungen zurückhalten. Außerdem wüssten sie ja, dass Trennung und Zeit nur temporärer Natur sind, bis Sie Ihr volles Bewusstsein wiedererlangen. Ein weiteres Element besteht daher im Nicht-Wissen. Wenn Sie etwas nicht wissen, ist es so, als ob Sie dieses Etwas nicht haben. Worum auch immer es sich handelt: Ohne Ihr Wissen ist Ihnen keine einzige Eigenschaft dieses Etwas zugänglich.

Ihr Bewusstsein muss daher vollkommen vergessen, was es ist und wer es in *Wirklichkeit* ist. Es gibt keine andere Möglichkeit. Ohne das Vergessen kann die Erfahrung des Fühlens nicht erfolgen. So gesehen wurde Ihr Bewusstsein nicht wirklich limitiert, es wurde Ihnen nicht weggenommen und Sie haben es auch nicht verloren. Ihr göttliches Potenzial steht Ihnen weiterhin zur Verfügung, nur wissen Sie das nicht. Um Ihr Potenzial wiederzuerwecken, müssen Sie daher nichts tun, sondern sich nur tief innerlich daran erinnern, wer Sie in *Wirklichkeit* sind.

Liebe und Angst erfahren

Ab dem Moment, in dem Sie vergessen haben, wer Sie wirklich sind, suchen Sie Ersatz im Fühlen, weil Sie Ihre göttliche Essenz nicht mehr spüren können. Jede Form von Suche oder Ersatz ist niemals die *Wirklichkeit*, da *Wirklichkeit ist*. Somit ist es selbsterklärend, dass alles, was Sie denken oder tun nur ein – mehr oder minder verzerrtes, jedenfalls aber bruchstückhaftes – Abbild der *Wirklichkeit* ist, welches Sie immer tiefer in die Illusion hineinführt. Welche somit zu Ihrer persönlichen Denkwirklichkeit geworden ist.

Da das Bewusstsein sich jedoch innerhalb der Illusion selbst erfahren will, liefert es sich dieser Illusion freiwillig aus. Es unterwirft sich der Beschränkung und dem Vergessen und der Illusion von Trennung und Zeit. Somit erschafft *das göttliche Bewusstsein* selbst alle Voraussetzungen, die es ihm ermöglichen, die Angst zu spüren und dadurch zu erfahren.

Angst ist jedoch nur ein Gefühl. Und da es in der Polarität immer einen Gegenpol braucht, kann die Liebe innerhalb der Illusion ebenfalls nur als Gefühl entstehen. Dies ist essenziell, da es bedeutet, dass *alles*, was Sie in Ihrer vierdimensionalen „Realität" erfahren und spüren, eine Illusion ist. Ihr Denken und Ihr Fühlen gaukeln Ihnen eine „Realität" vor, die es so nicht gibt. Wahre Liebe können Sie nie *spüren*, sondern nur *sein*. Ihr Verstand kann das nicht begreifen, da er das Sein nicht versteht. Somit setzt Ihr Verstand das Fühlen mit dem Sein gleich und hält das Gefühl für die *Wirklichkeit*.

Bedeutet dies, dass Sie wahre Liebe nie erfahren haben oder gar nie erfahren können? Nein, denn die Liebe fließt durch Sie in diese Welt ein, indem Sie sich der Liebe durch Ihr Handeln oder Tun öffnen. Dies geschieht, wenn Sie das, was Sie gerade tun oder sagen, ohne Absicht tun. Sie handeln einfach aus der Freude am Tun, ohne damit individuelle Ziele erreichen zu wollen. Durch Ihr Tun erschaffen Sie im Außen, aber die wirkliche Schöpfung geschieht durch das, was in Ihr Tun oder Handeln einfließt.

Die Liebe zu erfahren ist die größte Sehnsucht der Menschen. Daher ist das Verliebtsein auch eine so wertvolle und hochgeschätzte Erfahrung. Verliebt zu sein bedeutet jedoch, in der Illusion gefangen zu sein, da es sich um ein Gefühl handelt. Verliebtsein hat nichts mit wahrer Liebe zu tun, weil das Subjekt oder Objekt Ihrer Liebe sich im Außen befindet und wie alles, was sich im Außen befindet, ständiger Veränderung unterliegt. Nichts im Außen ist beständig. Dies gilt auch für das Gefühl der Liebe. Dass Sie so gerne daran festhalten, ist in Wahrheit Ausdruck Ihrer Suche nach dem, was Sie in Ihrem Inneren nicht finden können. Daher klammern Sie, oder genauer gesagt Ihr Ich-Bewusstsein, sich mit aller Kraft daran. So entstehen Leiden und Schmerz: Lieber leiden Sie, als das Gefühl von Liebe aufzugeben. Die Illusion erscheint Ihnen wichtiger als die *Wirklichkeit*.

Angst gibt es nicht. Sie ist eine Erfindung Ihres Verstandes, welcher selbst Teil der Illusion ist und sich getrennt von allem fühlt. Nichtsdestotrotz erleben Sie sie als sehr real: Jedes Mal, wenn die Erfahrung von Verlust oder des Sich-nicht-mehr-geliebt-Fühlens sich nicht mehr verdrängen lässt, zum Beispiel, wenn Sie verlassen werden, dann stirbt Ihr Ich-Bewusstsein einen kleinen Tod. In *Wirklichkeit* stirbt nur die Illusion, an der sich Ihr Ich-Bewusstsein festgehalten hat, und mit ihr ein Teil Ihrer eigenen Illusion eines getrennten Ichs. Der Tod ist somit Ihr bester Freund, wenn es um die Auflösung der Illusion von Angst und Liebe geht. Der Tod nimmt alles weg, was nicht *Wirklichkeit* ist. Sie müssen sich daher vor dem Tod nicht fürchten, da er Ihnen jedes Mal, wenn Sie ihm begegnen, die *Wirklichkeit* ein Stück näherbringt. Heißen Sie den Tod daher in Ihrem Leben willkommen, denn er ist ein Weg aus der Illusion heraus. Jedoch ist er nicht der einzige Weg. Doch davon später mehr.

Lassen Sie uns zunächst mit dem Phänomen der Angst noch etwas näher beschäftigen. Die Angst ist eine so geniale Erfindung, dass es schwerfällt, sie nicht als Meisterwerk der Schöpfung zu bezeichnen, sobald man sie durchschaut hat. Mit der Erschaffung der Angst entsteht quasi ein neues Universum. Ihr ureigenes Universum, welches Sie laufend erschaffen und welches Ihnen durch die Kombination von Denken und Fühlen eine unendliche Zahl an Möglichkeiten bietet, wie Sie dieses Universum erschaffen, erleben und erfahren. In diesem Sinne sind Sie *dem Göttlichen* gleichgestellt, denn Sie erschaffen Ihr eigenes, individuelles Universum. Allerdings sind Sie eine Gottheit, die Angst vor ihrem eigenen Universum hat.

6.4 Der doppelte Trick mit der Angst

In diesem Kapitel beschäftigen wir uns mit einem weiteren Problem *des Göttlichen*. Es geht darum, Sie erstens möglichst lange in der Illusion der Polarität zu halten und Sie zweitens vor allem freiwillig darin zu halten. Wir haben das Thema schon bei der Erschaffung der Polarität angesprochen, aber noch nicht gelöst. Da *das Göttliche* Liebe ist, kann *Es* Sie nicht zu etwas zwingen oder Sie veranlassen, etwas gegen Ihren Willen zu tun. *Das Göttliche* musste daher einen Effekt erschaffen, bei dem alles auf Freiwilligkeit beruht.

Indem Sie Ihr noch freies Bewusstsein an die Erfahrung fesseln, erschaffen Sie Ihre „Realität" immer wieder neu, ohne dass diese jedoch als wirklich neu bezeichnet werden kann. Sie wiederholen einfach Ihre Erfahrungen und wundern sich, warum Sie immer wieder vor ähnlichen Aufgaben oder Problemen stehen. Dies erschwert die Erschaffung eines neuen Bewusstseins beziehungsweise einer neuen Perspektive sehr und erklärt, warum Sie so lange in der Illusion gefangen bleiben.

Dies ist aber nicht der ursächliche Grund, weshalb Sie Ihr ganzes Leben lang in der Illusion Ihrer selbst erschaffenen Realität bleiben. Der Schlüssel, warum Sie in dieser Illusion bleiben, liegt in Ihrer Angst verborgen. Um diesen Schlüssel zu finden, müssen Sie sich tief in die Illusion hineinbegeben und die Mechanismen verstehen, die Sie und alle Menschen seit Generationen in der Unbewusstheit halten. Nur dann sind Sie in der Lage, sich von Ihrer Illusion zu befreien. Machen Sie sich daher bereit, Ihren Ängsten ins Auge zu blicken, um zu erkennen, dass sie nichts weiter sind als Einbildungen Ihres Verstandes.

Um dieser Falle zu entkommen, benötigen Sie all Ihre Kraft und Ihren ganzen Mut und die Erfahrung vieler Leben. Es bedeutet einen radikalen Wandel weg vom Ich-Bewusstsein und über den Zwischenschritt eines Wir-Bewusstseins hin zu einem kosmischen Bewusstsein, welches Sie bereits besitzen und in Ihrer Essenz in Form Ihrer Seele bereits sind. Bedenken Sie jedoch: Womit wir uns nun beschäftigen, sind Phänomene, die Sie in Ihrer Welt der Illusion als real betrachten. In *Wirklichkeit* erschaffen Sie diese Phänomene selbst, indem Sie an sie glauben und dadurch erst real werden lassen. Sobald Sie daher aufhören, Ihre persönliche Realität weiter zu erschaffen, steht Ihnen der Weg in die *Wirklichkeit* frei.

Die ersten beiden Arten von Angst

Vielleicht ist Ihnen, während Sie die letzten Kapitel gelesen haben, ein kleiner, jedoch wichtiger logischer Widerspruch aufgefallen. Diese geniale Schöpfung würde so nicht funktionieren, weil es ohne den Effekt der Angst ein Problem mit der Polarität gäbe. Wenn Sie und alle Menschen den positiven Pol als anziehend empfinden und den negativen Pol als abstoßend, wer könnte Sie dann daran hindern, einfach im positiven Pol zu bleiben? Sie machen diese Erfahrung ja freiwillig und niemand würde gern freiwillig vom positiven Pol zum negativen Pol wechseln.

Der Trick, der dies verhindert, ist so einfach wie genial. Er ist sehr gut versteckt, sodass er auch bei genauerem Hinsehen oft übersehen wird. Eine Form der Angst – nennen wir sie die erste Angst – ist Ihnen nur allzu bekannt. Es ist die Angst, Opfer zu werden. Sie erscheint Ihnen in vielen Formen und Facetten Ihres Lebens, wie zum Beispiel als Angst vor dem Tod, vor Alter und Krankheit, Armut, dem Alleinsein, dem Nichtgeliebt-zu-Werden und so weiter. Wir alle fühlen uns, wenn schon nicht ständig, dann zumindest (allzu) häufig als Opfer, und das nur aus einem Grund: Ihr Verstand nimmt das So-Sein des Augenblicks, Ihre aktuelle Lebenssituation nicht an, da er sich für die (negativen) Ereignisse in Ihrem Leben nicht verantwortlich fühlt oder enttäuscht ist, wenn die von Ihnen gewünschten Ereignisse nicht sofort eintreten. Ihr Verstand ist mithin im Widerstand gegenüber dem, was ist. Dies lässt sich aus der Tatsache ableiten, dass Ihr Verstand ein Kind der Polarität ist, welches ohne einen Gegenpol nicht existieren kann. Dieser Gegenpol – das Andere oder das Gegenüber – werden laufend bewertet oder beurteilt. Dies entspricht der Natur Ihres Verstandes. Sofern das Resultat des Bewertens oder des Beurteilens nicht den Vorstellungen Ihres Verstandes entspricht – was so gut wie immer der Fall ist, da Denkwirklichkeiten miteinander verglichen werden, die nie identisch sein können – entsteht Widerstand zu dem, was ist.

Damit Ihr Verstand sich der Verantwortung entledigen kann, hat er einen Gegenpol erfunden, den Sie mit dem Begriff „Täter:in" bezeichnen. Beide Pole bedingen einander wechselseitig. Täter:in ist somit die Person, die die Verantwortung übernehmen soll, da jemand schuldig sein muss. In Wirklichkeit sind Täter:in und Opfer eins. Sie bilden nur die beiden Pole innerhalb der Polarität ab. Ohne Opfer gibt es keine Täter:innen und umgekehrt.

Nehmen wir an, Sie haben dieses Kapitel aufmerksam gelesen, diesen Opfer-Täter:in-Kreislauf durchschaut, und übernehmen ab jetzt die volle Verantwortung für Ihre Handlungen und Taten. Diese Erfahrung gibt Ihnen neue Kraft und Mut. Sie fühlen sich gut und befinden sich dank Ihrer Entscheidung im positiven Pol. Was könnte Sie jetzt dazu bewegen, sich *freiwillig* einer weiteren negativen Erfahrung auszusetzen – sagen wir einer ernsthaften Krankheit, welche Sie veranlasst, Ihr bisheriges Leben aufzugeben –, anstatt sich nicht mehr von Ihrem positiven Pol zu lösen, wodurch das ganze Spiel nicht mehr funktionieren würde? Das Fließen von Energie wäre dann ja unterbrochen, da es irgendwann nur mehr positive Energie geben würde. Doch damit etwas in der polaren, illusionären „Realität" existieren kann, muss es einen Gegenpol haben. Auch Zyklen könnten nicht mehr entstehen, wenn sich alles an einem Platz befände.

Die Antwort darauf besteht darin, dass es eine zweite Form der Angst gibt. Das wirklich Trickreiche an der Sache ist, dass die zweite Angst hinter dem positiven Pol versteckt ist, während die erste Angst sich hinter dem negativen Pol versteckt. Beide Ängste sind somit diametral entgegengesetzt und der Teufelskreis hat begonnen. Dazu kommt noch, dass die zweite Angst sich genauso anfühlt wie die Angst, Opfer zu werden, die Sie empfinden, wenn Sie im negativen Pol sind. Daher haben Sie keine Möglichkeit, zwischen den beiden Ängsten zu unterscheiden. Obwohl das Fühlen der Angst dem Denken vorausgeht, ist der zeitliche Abstand zwischen beidem so gering, dass das Denken Ihr Gefühl der zweiten Angst einfach überlagert und Sie sie deshalb als die erste Angst – Opfer zu werden – interpretieren.

Dies hat nicht nur zur Folge, dass Sie die zweite Angst nicht erkennen und Sie für die erste Angst halten, es macht es Ihnen auch unmöglich, sie zu entdecken, da Sie sie nicht hinter dem positiven Pol vermuten – dieser fühlt sich ja gut an und Sie verbinden ihn mit dem Gefühl der Liebe. Konsequenterweise suchen Sie daher immer nur im negativen Pol nach der zweiten Angst. Dort ist sie aber nicht zu finden, und wer käme schon auf die Idee, die Angst hinter der Liebe zu suchen? Bedenken Sie, dass auch Ihr positiver Pol nur eine Illusion innerhalb der Polarität ist. Daher ist auch Ihr Gefühl von Liebe nur eine Illusion. Die Illusion der zweiten Angst kann sich daher leicht hinter der Illusion Ihres Gefühls von Liebe verstecken. Die wirkliche Liebe ist ein Seins-Zustand, hinter welchem sich die Illusion egal welcher Angst nicht verstecken könnte.

Daher können Sie die Lösung zur Überwindung Ihrer zweiten Angst Ihr ganzes Leben lang nicht finden, da Ihnen dieser doppelte Trick der Illusion von Liebe und Angst nicht bewusst ist. Ihre Angst hinter dem positiven Pol ist die Kraft, welche Sie immer wieder in den negativen Pol zurückstößt. Da Sie Schöpfer:in Ihrer ersten als auch zweiten Angst sind, geschieht all dies freiwillig, ohne dass Sie jemand oder etwas dazu zwingen muss.

Das ist auch der Grund, weshalb Sie es, selbst wenn sich innerhalb des positiven Pols alles perfekt oder wunderbar anfühlt, dort nie lange aushalten. Kaum haben Sie das Gefühl von Liebe und Einheit erfahren, bekommen Sie Angst, es zu verlieren und wollen es daher festhalten. Sie können jedoch nichts festhalten, da alles fließt. Alles verschwindet. Dies gilt sowohl für positive als auch für negative Erfahrungen. Die negative Erfahrung verschwindet jedoch nicht wirklich, da die Ursache hierfür nicht erkannt wurde und somit weiterhin in Ihrem Unterbewusstsein vorhanden ist. Während Sie sich die positive Erfahrung ganz genau und gerne ansehen, besteht bei einer negativen Erfahrung das Risiko, dass Sie vor deren Ursache Ihre Augen verschließen. Das, was Sie nicht anschauen oder sehen wollen – damit ist an dieser Stelle Ihre Angst gemeint – bleibt bestehen: Solange Sie etwas ignorieren, können Sie die damit verbundene Erfahrung nicht machen und damit dem letztlichen Ziel, *alle* möglichen Erfahrungen zu machen, nicht näherkommen. Damit dieser Mechanismus noch etwas klarer wird, lohnt es sich, die beiden Ängste noch eingehender zu betrachten.

Opfer sein – Schöpfer:in sein

Die Angst, Opfer zu werden, ist relativ einfach zu verstehen. Wir alle haben sie schon erlebt. Wenn etwas geschieht, was Sie nicht möchten, haben Sie das Gefühl, Opfer zu sein. Durch die Annahme dessen, was ist, haben Sie die Möglichkeit, sich Ihres Opferbewusstseins zu entledigen und die Bindung daran aufzulösen. Auch wenn dies keine einfache Sache ist, wäre es, wenn es damit getan wäre, vermutlich einigen Menschen in relativ kurzer Zeit gelungen, die Illusion zu durchschauen, sich so von ihr zu lösen und die erste Angst aufzulösen. Irgendwann hätten immer mehr Menschen dies erkannt, das Prinzip des hundertsten

Affen (siehe nächstes Kapitel 6.5 „Die Macht der Erfahrung")
hätte gegriffen und das Spiel wäre vorbei gewesen.

Die Herausforderung liegt daher vielmehr in der Auflösung der
zweiten Angst. Auflösen können Sie die zweite Angst nur, wenn
Sie wissen, wovor Sie in *Wirklichkeit* Angst haben. Wenn Sie Ihre
größte Angst nicht erkennen, nutzt Ihnen auch das Erkennen dieses
doppelten Tricks nichts. Darin besteht die nächste Schwierigkeit.
Sie können nichts auflösen, von dem Sie nicht wissen, was es ist.

Schauen wir uns die Sache nochmals an. Sie sind Bewusstsein,
welches sich freiwillig in die Illusion von Trennung und Zeit begeben hat. Sie haben jedoch all dies vergessen und zusätzlich
wurde Ihre Schöpfungskraft reduziert. Da Ihr Bewusstsein die
Illusion für die Wirklichkeit hält, fühlen Sie sich vielleicht verlassen, klein, unwissend und irgendwie verloren in dieser Welt.
Dies ist aber alles nur eine Einbildung Ihres Verstandes, welcher
die Verbindung zu Ihrer Essenz, zu Ihrem göttlichen Bewusstsein nicht mehr spüren kann und sich deshalb dieses angstvolle
und unsichere Universum, das Sie Ihr Leben nennen, erschafft.

Die zweite Angst besteht also darin, dass Sie Angst vor der *Wirk-*
lichkeit im Positiven haben, vor dem, was Ihrer eigenen Größe,
Ihrem wahren Potenzial, Ihrer Essenz entspricht. Und was ist
Wirklichkeit und was entspricht Ihrer Essenz? Liebe. Bedingungslose Liebe. Dies zu sein, ist Ihre größte Angst, denn es bedeutet
den Tod Ihrer Persönlichkeit und Ihres Egos. Diese Angst ist
es, welche Sie immer wieder von Ihrem positiven Pol zu Ihrem
negativen Pol schwingen lässt. Von dort zieht es Sie wieder zu
Ihrem Pluspol. Dadurch erkennen Sie auch nicht, dass Sie *dem*
Göttlichen gleichgestellt sind, dass Sie Schöpfer:in sind. Ein un-
entwegter Kreislauf Ihres Lebens ist entstanden, welcher Sie
freiwillig in der Polarität hält.

Die zweite Angst zeigt sich besonders dann, wenn Sie Ihre wahre
Größe zum Vorschein bringen könnten. Im Kleinen sieht man

das, wenn Sie beispielsweise eine tolle Idee haben, welche Sie begeistert, Ihnen jedoch sofort Zweifel kommen, ob das auch wirklich funktioniert und ob Sie in der Lage sind, das umzusetzen. Als Nächstes denken Sie, dass Sie es gar nicht wert sind, so viel Erfolg zu haben, und lassen Ihre Idee versanden. Irgendwann lesen Sie dann, dass jemand anders die gleiche oder eine ähnliche Idee hatte, diese einfach umgesetzt hat und damit erfolgreich war.

Im Großen könnten Sie viel Schmerz heilen, vielen Menschen Freude bereiten, ja selbst Werke vollbringen, wie Jesus es getan hat! Das mag Ihnen jetzt völlig überzogen erscheinen und die Wahrscheinlichkeit, dass es gelingt, ist auch tatsächlich verschwindend gering; nichtsdestotrotz ist es schlicht die natürliche Konsequenz eines erwachten *Bewusstseins* innerhalb der Form: Im *Alles-was-Ist*, im *All-Eins* gibt es keine Grenzen. Der Weg ist freilich lang, denn selbst wenn es Ihnen gelingt, Ihr Opferdasein aufzulösen – was eine wirklich große Sache ist –, steht Ihnen immer noch die Angst vor Ihrer wahren Größe im Weg, da Sie sie – aus Angst – nicht sehen und akzeptieren. In Matthäus 17, Vers 20 äußert sich Jesus zur zweiten Angst mit diesen Worten: „Weil Ihr nicht (an eure wahre Größe) glaubt! Wenn Euer Glaube nur so groß wie ein Senfkorn ist, könnt ihr zu diesem Berge sagen: Rücke von hier nach dort! Und es wird geschehen. Nichts wird Euch dann unmöglich sein."

Warum ist es so schwer, diese zweite Angst zu überwinden? Zum einen liegt es daran, dass, wenn Sie nicht an Ihre eigene Größe oder Ihr Potenzial glauben, es tatsächlich so ist, als ob Sie es nicht hätten. Ihr Bewusstsein erschafft immer die „Realität", an die Sie tief in Ihrem Inneren glauben. Daher befinden Sie sich in Ihrer aktuellen Lebenssituation.

Der tieferliegende Grund ist jedoch der, dass der Ausgangspunkt für jede Erfahrung die zweite Angst ist. Sie ist das Drehbuch, nach dem sich alles richtet. Während die Angst, Opfer zu werden, eine mentale Angst ist, also eine Angst des Verstandes, ist die zweite Angst eine emotionale und damit körperliche Angst. Sie besetzt den Platz in Ihrem Körper und verhindert, dass Ihr gesamtes göttliches Bewusstsein in Ihren Körper einfließen kann. Dies ist jedoch gleichzeitig eine Schutzfunktion, welche verhindert, dass zu viel Bewusstsein zu schnell in Ihren Körper kommt. Ihr Körper würde auf eine zu plötzliche Bewusstwerdung wie ein elektrisches Gerät reagieren, welches eine Überspannung elektrischen Stroms bekommen hätte. Ein Kurzschluss wäre die Folge.

Die Angst, Schöpfer:in zu sein, ist ein Programm, welches in Ihren Körper eingeschrieben wurde; ein Körperprogramm wie zum Beispiel das Bedürfnis zu essen und zu trinken oder zu schlafen. Schon deshalb entzieht sie sich dem Verstand und dem Erkennen. Es ist die eigentliche Ur-Angst, von der alle anderen Ängste abgeleitet sind. Diese Angst hat die Polarität ursprünglich erschaffen und ist das, was Sie *in* der Polarität hält, während die Angst, Opfer zu sein, die Polarität selbst erhält, indem sie sie ständig neu erschafft in Form Ihrer Ängste vor Krankheit, Unfall oder Tod. Dies ist der doppelte Trick mit der Angst, welcher ein perfektes System geschaffen hat, aus welchem es ohne Bewusstheit kein Entkommen gibt.

Hier noch einmal eine tabellarische Gegenüberstellung der ersten beiden Ängste – sowie ein Vorgriff auf die dritte Angst, die in den Kapiteln 7 und 8 noch näher beleuchtet werden wird.

Art	Form	Sitz der Angst	Auswirkung
Die Angst, Opfer zu sein	mentale Angst (eine Vorstellung)	negativer Pol	Urimpuls für das Pendeln zwischen den Polen; hält Sie in der Polarität fest
Die Angst vor bedingungsloser Liebe und eigenem Schöpfertum; die **Ur-Angst**, von der sich alle anderen Formen der Angst ableiten	körperliche Angst (eine Empfindung); jedoch überlagert Ihr Denken die Empfindung, sodass sich Ihre Ur-Angst genauso anfühlt wie die Angst, Opfer zu sein	positiver Pol Wird dort jedoch nicht vermutet, weil sie mit der Angst, Opfer zu sein, verwechselt wird. Daher kann Sie von Ihnen nicht gefunden werden.	möglichst langes Verbleiben in der Illusion und der Polarität, um alle Erfahrungen zu machen
Die Angst vor der Angst	mentale Meta-Angst (ein im Lauf des Lebens selbst erschaffenes Gedankenkonstrukt durch die Ausbildung und letztlich Identifikation mit mentalen und emotionalen Verhaltensmustern)	hinter *Erinnerungen* an bereits gemachte Erfahrungen, die sich zu Mustern verfestigt haben	Entsteht in einer „doppelten Scheinrealität", in der keine neue Erfahrung – keine Schöpfung – mehr möglich ist, weil die Erinnerung an (traumatische) Erfahrungen bereits vor dem Erschaffen die Angst auslöst. Somit ist man zweifach in der Illusion gefangen.

6.5 Die Macht der Erfahrung

Wie Sie gesehen haben, ist die Angst neben der Liebe das Grundprinzip unserer „Realität". Die erste Angst drückt sich dadurch aus, Opfer zu werden. Genauer gesagt ist es die Angst Ihres Verstandes vor dem Tod innerhalb seiner eigenen Illusion, die er als Realität betrachtet. Noch genauer gesagt ist es die Angst Ihres Ich-Bewusstseins, welches durch Ihr Ego und Ihre Persönlichkeit innerhalb dieser „Realität" in Erscheinung tritt, sterben zu müssen. Der Tod Ihres Egos und Ihrer Persönlichkeit bedeutet, dass Sie Ihre wirkliche Größe erkennen, also auch die zweite Angst überwinden. Sie empfinden die Liebe und Freude, welcher der Schöpfung zugrunde liegt, als Ihren Seins-Zustand und begreifen sich somit als vollverantwortlich für die Schöpfung Ihrer eigenen „Realität". Der Tod Ihres Egos und Ihrer Persönlichkeit ermöglicht Ihnen den Zugriff auf Ihr gesamtes geistiges und spirituelles Potenzial. Sie erinnern sich, woher Sie kommen und was Ihre Aufgabe in diesem Leben ist. Indem Sie sich an Ihren Ursprung erinnern, wird Ihnen bewusst, dass Ihre Aufgabe darin besteht, Schöpfer:in Ihrer „Realität" zu sein und innerhalb dieser selbst erschaffenen „Realität" Erfahrungen zu machen, bis Sie in der Lage sind, innerhalb Ihres Körpers das Bewusstsein, das Sie sind, zur vollständigen Entfaltung zu bringen. Kurz gesagt, zu erwachen.

Der Grund, weshalb Sie auf dieser Erde sind, ist nicht Ihr Ego und auch nicht Ihre Persönlichkeit. Beides sind Einbildungen Ihres Verstandes und halten Sie vom Erwachen ab. Dieses Erwachen ist daher kein einfaches Unterfangen. Es wird Sie vor ungeahnte Herausforderungen stellen und Ihr Bewusstsein wird von Ihrem Ego und Ihrer Persönlichkeit zunächst tief in die Illusion hinabgezogen werden (siehe Kapitel 7.2 „Ein teuflischer Trick"), bevor Sie mittels Ihrer gemachten Erfahrungen sich langsam aus der Illusion befreien können. Solange dieser Prozess andauert, sind Sie der Macht der Erfahrung ausgeliefert. Konsequenterweise stellt sich daher die Frage: Wie können Sie Ihr Ego und Ihre Persönlichkeit überwinden und zugleich Erfahrungen machen? Die Antwort ist ebenso einfach wie – auf den ersten Blick – desillusionierend: Sie können es nicht. Sowohl Ihr Ego als auch Ihre Persönlichkeit werden benötigt, um Erfahrungen zu machen, da Sie ohne Ihre beiden Ausprägungen Ihres Ich-Bewusstseins Ihre Ängste bereits überwunden hätten. Ohne Angst aber löste sich die Polarität sofort auf und Sie wären im Sein. Im Zustand des Seins ist keine Erfahrung möglich, da Sein bedeutet, alles anzunehmen, was ist, womit auch das Prinzip der Polarität verschwände, dass von allem auch das Gegenteil existiert. Sie können auch nicht gegen Ihr Ego und Ihre Persönlichkeit kämpfen und gewinnen. Dies ergibt sich schon einfach aus der Tatsache heraus, dass alles, dem Sie Ihre Energie geben, sich verstärkt.

Ihre Seele weiß um ihre eigene Unsterblichkeit und ihre bedingungslose Liebe. Aber sie kann es nur durch Sie tatsächlich erleben und erfahren, indem Sie diese ihre Eigenschaften durch Ihr Handeln, Sprechen, Denken und Fühlen zum Ausdruck bringen – den Werkzeugen, die Ihrer Seele Erfahrungen ermöglichen. Im Idealfall gelingt dies in einem Zustand von Einheit, in welchem Ihr inneres Ziel – Ihr Erwachen – mit Ihrem äußeren Ziel – Ihren Handlungen – verschmilzt. Der Grund Ihres Handelns ist dann Liebe und nicht mehr Angst. Gesetz den Fall Ihres Erwachens, ist Ihnen aber auch keine Erfahrung mehr möglich, da Ihre Handlungen ja nun aus dem Seins-Zustand der Liebe heraus geschehen. Ihr Verstand wird Ihnen weiterhin helfen, sich in Ihrer Welt zu orientieren, aber er wird Diener Ihrer Seele. Ihr Ego und Ihre Persönlichkeit werden mit dem Verschmelzen Ihres inneren Zieles mit Ihrem äußeren Ziel nicht mehr benötigt und lösen sich mit zunehmender Bewusstheit langsam auf.

Da Ihnen all dies aber (noch) nicht bewusst ist, sind Sie der Macht Ihrer Erfahrungen voll und ganz ausgeliefert. Ihre Motivation zu handeln und somit Ihr Denken und Ihr Fühlen werden überwiegend von Angst geleitet. Zu allem Überfluss sieht Ihr Verstand es als seine wichtigste Aufgabe an, Sie vor den Gefahren

Ihres Lebens zu beschützen und Sie daher ununterbrochen aus diesem Zustand der Einheit herauszubringen. Dieser Zustand würde, wie gesagt, den Tod Ihres selbst erschaffenen illusionären Ichs in Form Ihrer Persönlichkeit und Ihres Egos bedeuten.

Während Ihr Denken das Mittel Ihres Verstandes ist, um auf Ihre Umwelt zu reagieren, nehmen Ihre Sinne mithilfe des Fühlens Ihre Umwelt wahr. Ihre Emotionen sind daher die Reaktion Ihres Körpers auf die von Ihren Sinnen an den Verstand übermittelten Informationen. Die dadurch entstehenden Gedanken verstärken Ihre ursprünglichen Gefühle, was wiederum das Senden neuer, intensiverer emotionaler „Informationen" an Ihren Verstand zur Folge hat. Getrennt voneinander sind Denken und Fühlen harmlos. Gemeinsam treten sie jedoch in einen Regelkreislauf mit positiver Rückkoppelung: Die Wirkung wird ungemein verstärkt, was dazu führt, dass Sie sich immer tiefer in die Illusion hineinbegeben.

Haben Sie sich schon einmal überlegt, wie es wäre, wenn Sie mit dem Denken aufhören würden? Dies entspräche dem Zustand tiefer Meditation. Ihr Verstand wird ruhig und Ihr Fühlen entspricht einer gesteigerten Aufmerksamkeit. Sie nehmen die Dinge so wahr, wie sie wirklich sind. Sie erkennen, dass alles perfekt ist, so wie es ist, und nichts verändert werden muss. Doch Ihr Verstand kann dies nicht zulassen und wird versuchen, sich bei jeder kleinsten Gelegenheit einzuschalten. Er versucht jede Situation zu analysieren. Dies entspricht auch seiner Aufgabe und daher ist innerhalb der Schöpfung nichts schiefgelaufen. Sie sollen ja eine Erfahrung in und mithilfe Ihres Körpers machen. Sie werden daher so lange auf Ihren Verstand hören, bis Sie erkennen, dass es im Außen nichts zu finden gibt, was Ihnen wirkliche Befriedigung bringt. Sie werden aus diesem Teufelskreis erst aussteigen, wenn Sie erkennen, dass Ihr gesamtes Streben im Außen im Grunde sinnlos ist, da sich alles ständig verändert und Sie sich auf der ewigen Reise innerhalb der Polarität befinden. Erst dann werden Sie bereit sein, sich langsam von Ihrem

Verstand zu lösen und die Mitte wieder suchen, welche Ihnen den Zustand von Einheit ermöglicht.

Warum ist es so schwer, sich dieser Mitte, nach der Sie und alle Menschen sich sehnen, bewusst zu werden? Die Antwort liegt in Ihrer Unbewusstheit hinsichtlich Ihres wahren Wesens und der Tatsache, dass Sie Ihre Reise innerhalb der Polarität als so aufregend, spannend, manchmal beängstigend und doch so schön erleben, dass Sie all dies unter keinen Umständen missen wollen. Sie sind in der Illusion Ihrer „Realität" gefangen wie ein Falter im Netz einer Spinne.

Um zu verstehen, was Erfahrung ist und wie sie funktioniert, ist es wichtig, zwischen Denken und Fühlen zu unterscheiden. Grundsätzlich geht das Fühlen dem Denken voraus; egal, was Sie gerade tun, Sie entwickeln immer ein Gefühl einer Situation oder einer Person gegenüber und entscheiden dann, wie Sie mit dieser Situation umgehen oder wie diese Person auf Sie wirkt. Das Denken entfremdet die Erfahrung durch die *Bewertung* der an sich neutralen Situation, indem Sie sie als gut oder schlecht, richtig oder falsch beurteilen. Das Fühlen verstärkt die gedankliche Erfahrung, was wiederum neue Gedanken auslöst: positive Rückkoppelung. Dies macht das Leben bunt und aufregend, gleichzeitig versperrt es Ihnen aber die Sicht auf die *Wirklichkeit* der Dinge, da Sie ab diesem Zeitpunkt die an sich neutralen Ereignisse persönlich nehmen.

Was ist Erfahrung und wie entsteht sie?

Es mag Sie verwundern, weshalb diesem Kapitel so viel Aufmerksamkeit geschenkt wird. Aber das Verständnis dessen, was Erfahrung ist und wie sie entsteht, ist fundamental wichtig. Alles, was Sie in Ihrem Leben sehen, hören, riechen, fühlen oder auch sagen und tun, lässt sich als Erfahrung beschreiben. Erfahrung ist für Sie so natürlich wie Schlafen. Daher denken Sie darüber nicht nach. Um aber zu Ihrer Mitte, zu Ihrem wahren Sein zu kommen, müssen Sie über die Erfahrung hinausgehen. Das ist mit dem Verstand nicht zu begreifen, denn es ist so, als würde jemand zu Ihnen sagen, Sie müssten aufhören, zu essen und zu trinken, um Ihr Bewusstsein zu erweitern; das Verhungern oder Verdursten lassen Sie dabei aber einfach aus. Deshalb nehmen Sie sich bitte die Zeit, sich dieser Thematik zu widmen, obwohl die Zeit eines Ihrer größten Hindernisse ist, um über die Erfahrung hinauszugehen. Denn ohne Zeit wäre Erfahrung ebenfalls unmöglich.

Denken und Fühlen werden Sie Ihr ganzes Leben begleiten. Selbst wenn Sie Erleuchtung erlangt haben, werden Sie weiterhin denken und fühlen, jedoch werden dann die Angst und das *Gefühl* von Liebe durch den Seins-Zustand der Liebe, in dem Sie sich dann befinden und die Sie dann überall wahrnehmen, ersetzt.

Erfahrung entsteht, weil Denken und Fühlen Zeit brauchen. Auch wenn dies blitzschnell geschieht, braucht es Zeit. Sie werden dies vermutlich nicht bemerken, da beides fast gleichzeitig geschieht. Denken und Fühlen sind immer Reaktionen auf etwas im Außen und können, weil es sich um zwei unterschiedliche Prozesse handelt, nicht gleichzeitig erfolgen. In der Regel ist das Gefühl zuerst vorhanden und erzeugt einen bestimmten Gedanken. Auf diesen Gedanken folgt ein weiteres, den Gedanken verstärkendes Gefühl, sodass immer mehr Gedanken entstehen.

Ohne die Zeit würden Sie weder denken noch fühlen. Sie wären im Sein und würden die Einheit aller Dinge erfahren, da Sie nicht mehr von ihnen getrennt sind. Solange Sie jedoch einen Körper haben und daher in der Illusion leben, werden Sie – auch im Zustand von Erleuchtung – weiterhin denken und fühlen. Das Denken tritt dann jedoch in den Hintergrund und wird nur zu bestimmten Zwecken, wie zum Planen einer Reise, verwendet. Das Bewerten und Beurteilen fällt weg. Was bleibt, ist das Fühlen einer neutralen Situation und dies ist die Einheit mit allen Dingen, die Sie dann spüren. Es ist ein dauerhafter innerer Friede gegenüber allem, was im Außen passiert. Diesen Zustand kann sich Ihr Denken aber nicht vorstellen, Sie können sich dieser Erfahrung nur über Ihr Fühlen nähern. Ihre Gedanken beschäftigen sich immer mit der Vergangenheit oder der Zukunft. Sie sind aber nie im Jetzt, da Sie im Jetzt Ihre Gedanken nicht brauchen.

Paradoxerweise ist das Jetzt jedoch der einzige Zeitpunkt, welcher Ihnen ermöglicht, eine Erfahrung zu machen. Daher bleibt Ihrem Verstand gar nichts anderes übrig, als Sie aus dem Jetzt herauszuholen, um sein eigenes Überleben zu sichern. Somit reagieren Sie immer auf Ereignisse, die in der Vergangenheit erfolgt sind oder erst in der Zukunft eintreten werden. Die Zeit und Ihre Identifikation mit Ihrem Denken sind daher die größten Hindernisse, denn egal, was Sie auch tun und welche Erfahrung Sie machen, Sie brauchen immer Zeit und denken immer nach. Dies führt zu einer reaktiven Haltung im Bezug auf Situationen im Außen, welche sofort von Ihrem Verstand bewertet werden. Eine aktive Haltung würde bedeuten, dass Sie nur auf das reagieren, was im Moment geschieht, es als Ihre Schöpfung anerkennen und es nicht bewerten.

Erfahrung entsteht, indem

- Ihr Bewusstsein eine von Ihnen gewählte „Realität" erschafft und somit ein Ereignis auslöst.
- Sie, also das sich erfahrende Bewusstsein, das Sie in Wirklichkeit sind, dieses Ereignis mittels Ihrer Sinne wahrnimmt.
- diese Wahrnehmung sofort Gefühle und, in der Regel in einem zweiten Schritt, Gedanken auslöst.

Die Erfahrung wird im Grunde nur über das Gefühl gemacht. Gedanken gehören nur indirekt zur Erfahrung, weil sie Ihnen die Möglichkeit geben, das Erfahrene zu interpretieren, das heißt eine Erkenntnis – welche natürlich nur subjektiver Art ist – über das Gefühl zu gewinnen. Jedoch sind Denken und Fühlen so eng miteinander verknüpft, dass beides nicht wirklich von der gemachten Erfahrung zu trennen ist.

Daher lässt sich sagen, dass eine Erfahrung zu machen heißt, etwas im Außen mit Ihren Sinnen wahrzunehmen, dieses als Gefühl in Ihnen zum Ausdruck zu bringen und mittels Ihrer Gedanken zu interpretieren.

Eine Unterscheidung ist jedoch wichtig: Das Wahrnehmen einer Situation oder eines Gegenstandes ist eine Funktion Ihrer fünf Körpersinne, die Übermittlung von Signalen an Ihr Gehirn. Ihr Verstand kann jedoch nur einen Bruchteil der gesamten, um Sie herum existierenden Informationen aufnehmen. Die mit Ihren Sinnen wahrgenommene Situation ist mit einem Blick durch ein Schlüsselloch vergleichbar, welches Ihnen nur einen sehr kleinen und begrenzten Einblick in das „Dahinter"liegende ermöglicht.

Das *Gewahrsein* einer Situation oder eines Gegenstandes ist jedoch eine Funktion Ihres Bewusstseins. Während Ihre Wahrnehmung das meiste an Informationen ausfiltert, öffnet sich im Gewahrsein quasi die Tür, durch deren Schlüsselloch Sie zuvor geblickt haben. Ihnen stehen somit für die Dauer, in der Sie in diesem Bewusstseinszustand sind, *alle* Informationen zur Verfügung. D. h., Sie erfassen diesen Gegenstand oder diese Situation als einen Mosaikstein im All-Einen, erkennen alle Ursachen und Konsequenzen, die damit in Zusammenhang stehen. Die Grenzen zwischen Betrachtendem und Betrachtetem werden aufgehoben, Betrachter:in und Betrachtetes werden eins.

Da Ihr Bewusstsein „hinter" allen Ihren Schöpfungen steht, kann es die von Ihnen erschaffene „Realität" und aller damit verbundenen Ereignisse und Konsequenzen unmittelbar wahrnehmen und fungiert als eine Art Beobachter Ihrer erschaffenen Realität.

Das Denken

Sie erinnern sich sicher, dass wir gesagt haben, dass alles schon existiert. Vergangenheit und Gegenwart und auch das ganze Universum sind schon erschaffen. Aus Ihrem Blickwinkel scheint es jedoch so, als ob es eine Entwicklung in der Zeit gäbe. Wir haben das anhand eines Computerspieles erklärt.

Dies gilt auch für die Gedanken: Wenn alles schon existiert, dann bedeutet das, dass auch alle Gedanken schon existieren. Sie sind vermutlich der Überzeugung, dass Sie Ihre Gedanken selbst produzieren und diese vielleicht einzigartig sind. Sie sind sich vermutlich auch sicher, dass Ihr Gehirn diese Gedanken erzeugt, da ja im Gehirn die Intelligenz zu Hause ist. Lassen Sie uns kurz dieses Thema beleuchten, um zu sehen, ob hier nicht eine weitere Täuschung Ihres Verstandes vorliegt.

Ihr Gehirn ist sicher intelligent, aber es kann nichts erschaffen, auch keine Gedanken. Ihr Gehirn gleicht eher einem Radioempfänger, welcher alle Gedanken, die je gedacht wurden, empfängt. So wie ein Radio das Potenzial hat, alle Sender zu empfangen, ist auch Ihr Gehirn grundsätzlich in der Lage, alle Gedanken aus einem bereits bestehenden Gedankenfeld zu empfangen. Gedanken sind daher etwas, was Ihnen bereits zur Verfügung steht, um eine Erfahrung zu machen. Damit ein Radio einen bestimmten Sender empfangen kann, muss es auf eine bestimmte Frequenz eingestellt werden. Genauso ist es mit Ihrem Gehirn. Den Regler, der Ihr Gehirn auf eine bestimmte Frequenz einstellt, nennt man Fokus. Ihr Fokus ist das einzige, womit Sie Ihre Gedanken kontrollieren können. Wenn Sie traurig sind, dann empfangen Sie traurige Gedanken, wenn Sie fröhlich sind, empfangen Sie schöne und angenehme Gedanken. Wenn Sie sich auf etwas fokussieren, dann erhalten Sie die Gedanken, auf die Ihr Fokus gerichtet ist.

Denken heißt daher, Gedanken zu empfangen. Gedanken sind nichts, was Sie selbst erschaffen, im Gegensatz zu Ihren Emotionen. Alle Gedanken stehen schon bereit, um von Ihnen genutzt zu werden.

Gedankenfelder werden auch als „morphogenetische Felder" bezeichnet. In diesen Feldern sind alle anderen je gedachten

Ideen enthalten. Da alles mit allem verbunden ist, beeinflussen diese Gedankenfelder nicht nur Ihr persönliches Denken, sondern das der ganzen Menschheit. Deswegen ist es so wichtig, dass jeder Einzelne von uns sich dieser Verantwortung bewusst ist. Jeder negative Gedanke hat einen kleinen, aber wahrnehmbaren Einfluss auf das negative Gedankenfeld aller Menschen. Bei positiven Gedanken ist es genauso. Wenn viele Menschen an Krieg denken, werden Leid und Schmerzen zunehmen und Krieg entstehen. Wenn viele Menschen liebevolle Gedanken hegen, kann Heilung einsetzen.

Sehr aufschlussreich in diesem Zusammenhang ist eine Studie, die als Geschichte vom hundertsten Affen bekannt wurde. Im Jahre 1952 wurde auf einer japanischen Insel ein Versuch durchgeführt, im Rahmen dessen den Affen Süßkartoffeln zum Essen angeboten wurden. Diese wurden von den Affen sofort angenommen, hatten aber den Nachteil, dass sie voller Sand waren, da man sie auf den Strand geworfen hatte. Irgendwann begann ein Weibchen, die Süßkartoffeln im Wasser zu waschen, damit der Sand beim Essen nicht mehr störte. Ein paar Jungaffen begannen das nachzumachen und mit der Zeit wurden es immer mehr. Als die Zahl der Affen groß genug war (man spricht hier vom hundertsten Affen), begannen praktisch alle Affen auf der Insel gleichzeitig, diese Methode anzuwenden. Viel erstaunlicher war jedoch die Tatsache, dass, nachdem die kritische Masse erreicht worden war, auch andere Affen auf anderen Inseln dieses Verhalten nachahmten, sobald ihnen Süßkartoffeln angeboten wurden – ohne dass eine Verbindung zu ersten Affengruppe bestanden hätte.

Diese Beobachtung hat einen großen Einfluss auf unsere Wahrnehmung und unser Lernen. Bisher dachte man, dass Lernen nur durch Nachahmung möglich ist und dass nur eine direkte Erfahrung einen Einfluss auf die persönliche Sicht der Dinge und unser Verhalten hat. Durch dieses Experiment wissen wir jetzt also, dass wir uns alle gegenseitig beeinflussen, auch wenn wir scheinbar keine direkte Verbindung miteinander haben. Jede Erfahrung, die jeder einzelne Mensch macht, ist allen zugänglich, was wiederum nahelegt, dass wir Menschen ein einziges großes Individuum sind.

Jedoch haben, wie alles in der Polarität, auch die Gedankenfelder eine Kehrseite: Sie enthalten leider auch viele negative Glaubenssätze; unser Denken ist voll davon. Es sind Gedanken, die Ihnen während Ihres Erwachsenwerdens von Ihren Eltern, Freunden, Ihrem kulturellen Umfeld und anderen Gegebenheiten übergestülpt werden. Über die Gedanken, die aus diesem Gedankenfeld zu Ihnen hereinkommen, haben Sie keinen Einfluss. Auch ein Radio kann nicht entscheiden, welche Musik gerade gespielt wird. Wenn Sie sich dessen also nicht bewusst sind und Ihren Fokus nicht bewusst ausrichten, können Sie den Inhalt Ihrer Gedanken nicht kontrollieren. Dies hat wiederum den Effekt, dass es Ihnen so vorkommt, als ob Sie von außen gesteuert werden. Sie *re*agieren auf das, was in Form von Gedanken in Ihr Leben tritt, anstatt zu agieren. Dann leben Sie das Leben der Anderen. Sie wundern sich, dass sich vieles in Ihrem Leben wiederholt, Sie immer wieder vor ähnlichen Situationen stehen und vermutlich nie für eine längere Zeit glücklich sind? Kurz gesagt, es kommt Ihnen nie in den Sinn, dass Sie Schöpfer:in Ihrer eigenen „Realität" sind. Sobald sich dieser Glaubenssatz in Ihnen verfestigt hat, sind Sie der Illusion voll ausgeliefert, da Sie diesen Gedanken immer wieder in Ihr Leben ziehen.

Bewusstes Denken geht daher nur, wenn Sie eine Absicht, eine Richtung hinter Ihren Fokus legen. So ähnlich wie ein Bergsteiger, der die Absicht hat, einen Berg zu besteigen, indem er seinen Fokus auf eine ganz bestimmte Route richtet, welche ihn gesund hinauf- und wieder herunterbringen soll. Ihre Absicht sollte daher immer darin bestehen, mit Ihrem höheren Bewusstsein in Verbindung zu sein, sich von ihm führen und leiten zu lassen und Ihr Handeln zum höchsten Wohl aller Wesen und Ihres eigenen auszurichten. Wenn Sie somit Gedanken aus einer höheren, göttlichen Quelle empfangen und nicht mehr aus dem überwiegend negativen Standarddenken der Menschheit, dann werden automatisch die vorher so störenden Gedanken und Gefühle nachlassen und Sie kommen mehr in Ihre Mitte und das Sein.

„Das Denken denkt, es muss ständig denken, weil wenn es nicht denkt, denkt es, dass es tot ist." Das hat zumindest der französische Philosoph René Descartes gedacht, als er nach der für ihn einzig gültigen Wahrheit suchte, indem er sagte: „Ich denke, also bin ich". Descartes hat damit das Sein mit dem Denken verwechselt, aber dabei die Wurzel seiner Persönlichkeit und seines Egos gefunden, welche im Denken liegt.

Das Fühlen

Das Fühlen ist das große Thema in unserer Welt, weil es alle Erfahrungen verstärkt. Wenn Sie sich bei einer Tätigkeit nicht gut fühlen, dann führen Sie diese nicht aus, selbst wenn Ihr Verstand es positiv bewertet. Sie müssen jedoch sehr achtsam sein, denn es könnte sein, dass Ihr Gefühl, an das Sie Ihr Bewusstsein gefesselt haben, aus einer früheren Erfahrung stammt. Dies könnte Sie von einer neuen Erfahrung abhalten, und in diesem Fall hätte Ihr Verstand sogar recht und es wäre doch anzuraten, die fragliche Tätigkeit auszuüben. Deshalb nehmen Sie sich Zeit, um Ihre Emotion genau zu prüfen.

In den meisten Fällen ist Ihr „Bauchgefühl" jedoch der bessere Ratgeber. Das Wissen, das Sie über Ihren „Bauch" erhalten, ist eine andere Form von Wissen, als es Ihnen Ihr Verstand ermöglicht. Sie wissen einfach. Punkt. An diesem Punkt wird jedoch Ihr Verstand auf Basis der ersten oder zweiten Angst dazwischenquatschen. Daher halten Sie in jedem Fall Ihren Fokus auf das gerichtet, was Ihnen wichtig erscheint, und nicht auf das, was Ihnen der Verstand sagen will. Wenn Sie Freude hinter Ihren Gedanken entdecken, dann folgen Sie nicht nur Ihrem Gefühl, sondern auch diesem Gedanken, denn Freude ist der Ausdruck von Liebe.

Fühlen wird im Gegensatz zum Denken von Ihnen selbst produziert. Fühlen ist unmittelbar. Sie können sich an ein Gefühl erinnern, aber dann sind es Ihre Gedanken, welche eine Erfahrung aus der Vergangenheit zum Leben erwecken. Sie können sich auch eine Situation in der Zukunft vorstellen, aber auch dann sind es Ihre Gedanken, die von Ihren Gefühlen nur verstärkt werden. Wenn Sie sich zum Beispiel mit einem Hammer auf den Finger hauen, dann kommt Ihr Gefühl nicht aus der Vergangenheit oder der Zukunft. Es ist Ihr eigenes Gefühl, das Sie jetzt spüren. Der Schmerz, den Sie jetzt fühlen, ist aber nicht Ihr Gefühl. Der Schmerz gehört zur Welt der Sinne. Ihr Gefühl ist ein Gefühl von Wut oder Frustration über das, was Ihnen gerade passiert ist. Vielleicht lachen Sie auch über Ihr eigenes Missgeschick und Ihr Gefühl erzeugt Heiterkeit.

Würden Sie einem Gefühl bis auf den Grund seines Entstehens nachgehen, würde es sich auflösen. Das muss es, weil es ja eine Illusion ist: Jede Illusion, die Sie von Grund auf erkennen, löst sich sofort auf und macht der *Wirklichkeit* Platz.

Um das Prinzip des Fühlens zu verstehen, müssen zwei Voraussetzungen gegeben sein. Erstens: Sie haben die Wahl, zwischen mindestens zwei Erfahrungen zu wählen. Ansonsten gäbe es ja keine Wahl.

Zweitens: Welche Erfahrung Sie auch immer wählen, sie bleibt an die Polarität gebunden und wird daher von Ihnen als positiv oder negativ wahrgenommen. Damit haben wir nun schon vier Möglichkeiten: Sie wählen entweder Erfahrung A oder Erfahrung B und Sie entscheiden, ob Ihre getroffene Erfahrung positiv oder negativ ist.

Die Quintessenz aus dieser Sache ist, dass Sie immer die freie Wahl haben, sowohl was Ihre Erfahrung als auch Ihr Gefühl betrifft. Daher sind Sie Schöpfer:in Ihrer eigenen „Realität". Dies erscheint Ihnen jedoch so natürlich, dass Sie im wahrsten

Sinne des Wortes nicht darüber nachdenken. Nehmen wir zum Beispiel ein Fußballspiel. Sie entscheiden sich für eine der beiden Mannschaften A oder B. Wenn ein Tor fällt, dann freuen Sie sich, wenn es für „Ihre" Mannschaft gefallen ist. Die Fans der anderen Mannschaft sehen das selbstverständlich ganz anders. Ein Tor ist aber weder eine positive noch eine negative Erfahrung. Es ist vollkommen neutral. Nur Ihr Gefühl sagt Ihnen ganz etwas anderes.

Selbst wenn Sie nur aus dem positivsten Gefühl heraus reagieren (zum Beispiel, wenn Sie sich in jemanden verliebt haben), bleibt dieses Prinzip bestehen. Es wird durch die Polarität am Leben gehalten, das allem Existierenden ein Gegenteil zuordnet. Mit anderen Worten: Indem Sie auf das Außen Ihres geliebten Menschen reagieren (Ihr Fokus ist voll und ganz auf Ihren Partner und sein Handeln gerichtet), kommen Sie irgendwann an den Punkt, an dem Sie es für möglich zu halten beginnen, dass dieser Mensch Sie nicht mehr lieben könnte, dass dieses Gefühl irgendwann vorübergeht.

Durch das Daran-Denken erhält diese Möglichkeit Ihre Energie und Sie erschaffen den negativen Pol, der nicht anders kann, als irgendwann in Ihr Leben zu treten.

Auch die positive Bewertung eines negativen Gefühls, wie zum Beispiel „je mehr Druck ich habe, desto besser bin ich", nimmt vielleicht die Angst vor dem Druck etwas weg, verstärkt aber energetisch den negativen Pol. Eine negative Bewertung des positiven Pols, wie zum Beispiel „zu viel des Guten ist schädlich", schneidet Sie von der absoluten *Wirklichkeit* ab, von dem, was wir *wirklich* sind.

Sie sehen, das Ganze ist reichlich kompliziert und es bedarf viel Aufmerksamkeit und Fokus, sich in Ihrem Sinne „richtig" zu entscheiden. Es geht aber noch komplizierter, indem Denken und Fühlen gemeinsam auftreten.

Bevor wir uns diesem Thema widmen, noch ein wichtiger Punkt. Fühlen ist wie Denken nur ein Werkzeug, das Ihnen eine Erfahrung ermöglicht. Was für das Denken gilt, gilt auch für das Fühlen: Sie *sind* nicht das, was Sie fühlen. Auch wenn Ihnen das Gefühl als wirklich erscheint, ist es nur eine Illusion. Denken und Fühlen bilden daher so etwas wie eine „doppelte Illusion".

Denken und Fühlen

Denken und Fühlen gehören zusammen. Würden Sie nur denken, dann wären Sie wie ein Roboter, der alles nur nach logischen Gesichtspunkten bewertet. Sie wären ohne jegliche Emotion und Leidenschaft. Würden Sie nur von Ihren Gefühlen gesteuert werden, so wären Sie vollkommen orientierungslos in dieser Welt. Sie könnten keine Entscheidungen treffen und nichts in Ihrem Leben planen, da Sie von Ihren Gefühlen ständig hin- und hergerissen wären. Sie sehen also, das Denken und das Fühlen gehören zusammen. Als Paar haben sie jedoch die fatale Eigenschaft, sich gegenseitig zu unterstützen und sich Ihres wahren Seins zu bemächtigen. Indem Denken und Fühlen immer mehr Besitz von Ihrem Bewusstsein ergreifen, bleibt Ihnen im Zustand Ihrer Unbewusstheit gar nichts anderes übrig, als sich an den Strohhalm zu klammern, den Ihnen Ihr Denken und Ihr Fühlen ständig anbieten.

Wären Sie in der Lage, Ihr Bewusstsein vollständig im „Hier und Jetzt" zu halten, dann wären Sie im vollen Bewusstsein dessen, was sich im Außen gerade abspielt. Mit anderen Worten, Sie würden weder Denken noch Fühlen, sondern wären sich der illusionären Natur Ihrer selbsterschaffenen „Realität" gewahr. Sie wären im Zustand des Seins. Sobald Sie jedoch abgelenkt werden und aus Ihrer Mitte fallen, befinden Sie sich im Zustand des Denkens und Fühlens. Sie haben damit wieder die Möglichkeit, Erfahrungen zu machen. Und da dies, wie wir schon mehrfach gehört haben, der eigentliche Existenzzweck der Schöpfung ist, *müssen* Sie aus Ihrer Mitte abgelenkt werden. Das Werkzeug für diese Ablenkung sind Ihre Gedanken.

Ihr Fokus, also das, worauf Sie Ihre Energie richten, folgt in der Regel Ihrer Aufmerksamkeit, die wiederum Ihren Körpersinnen folgt. In dem Moment, in dem daraus Gefühle und Gedanken entstehen, folgen Ihre Aufmerksamkeit und Ihr Fokus Ihren Körpersinnen. Wenn Sie daher Ihren Fokus nicht bewusst ausrichten, folgt er ständig Ihren Sinneseindrücken, Gefühlen und Gedanken. Um dies zu veranschaulichen, gehen wir ins Kino. Wenn der Film spannend genug ist, fallen Sie buchstäblich in die Handlung hinein und erleben diese wie Ihre eigene Welt. Sie nehmen Ihr Außen nicht oder nur mehr bedingt wahr, da alle Ihre Sinneseindrücke von der Handlung des Films gefesselt werden. Nichts anderes geschieht in Ihrem Leben, nur mit dem Unterschied, dass der Kinofilm für kurze Zeit zu Ihrer „Realität" wird, während das Leben ein lebenslanger Kinofilm ist. Das ist der Grund, warum Sie Ihr Denken und Ihr Fühlen nicht einfach abschalten können. Im Grunde denkt und fühlt *Ihr Körper Sie* ständig, während Sie glauben, die Kontrolle über das zu haben, was Sie fühlen und denken. Auch das ist eine Illusion.

Ihre selbst erschaffene „Realität" hat zu jedem Zeitpunkt nur ein Ziel: Ihnen eine Erfahrung zu ermöglichen. Alles, wirklich alles ist in Ihrer Denkwirklichkeit darauf ausgerichtet, Sie ständig abzulenken und ins Außen zu führen. Nur aus diesem einen Grund basiert die Erfahrung auf der Polarität. Ihre Schöpfungen müssen entweder so verführerisch oder so ängstigend auf Sie wirken, dass Sie freiwillig in diesem Spiel bleiben. Die Erfahrung kann das nicht, weil sie vollkommen neutral ist. Nur Ihr Denken und Ihr Fühlen ermöglicht Ihnen diese Form der Erfahrung.

Wenn Sie sich der Macht der Erfahrung und ihrer Funktionsweise nicht bewusst sind, dann „zwingt" Sie Ihre „Realität" zur

Erfahrung. Aus diesem göttlichen Teufelskreis gibt es ohne Bewusstheit kein Entrinnen.

Was jetzt beginnt, ist der langsame, aber unaufhaltbare Fall Ihres Bewusstseins in die Illusion. Mit anderen Worten, die wenigen Ausgänge aus diesem Irrgarten, die Ihrem Bewusstsein bis jetzt noch offenstanden, werden durch den tiefen Fall in die Unbewusstheit von Ihnen selbst verschlossen. Dies ist jedoch erforderlich und ermöglicht Ihnen letztlich „den Weg zurück" und das Durchschauen der Illusion. Gleichzeitig kommt mit jeder Erfahrung dessen, der Sie nicht sind, etwas mehr Bewusstsein zurück, welches Ihnen ermöglicht, Ihre Perspektive nach und nach zu verändern und so verschlossene Türen wieder zu öffnen oder neue Wege zu entdecken, bis Sie am Ende Ihrer Reise erkennen, dass Sie bereits im Paradies angekommen sind und immer schon dort waren.

7 Das Ich-Universum entsteht

Ein Mönch fragte den Zen-Lehrer: „Wo ist Tao?"
Der Lehrer antwortete: „Unmittelbar vor dir."
„Und weshalb sehe ich ihn nicht?"
„Wegen deiner Ichheit."
Hui-Neng

„Du siehst die Welt nicht so, wie sie ist,
Du siehst die Welt so, wie du bist."
Mooji

Wenn Sie sich die Art und Weise vor Augen führen, wie wir Menschen mit uns und unserem Planeten umgehen, dann werden Sie sich vermutlich fragen, wie es so weit kommen konnte, wie *das göttliche Bewusstsein* so tief fallen konnte. Wie ist es möglich, dass Leid und Schmerz überall auf dieser Welt zu finden sind? Wie kann es sein, dass wir in einer Welt leben, in der Krieg herrscht, in der Hungersnöte, Gewalt und Mord unsere Realität sind, wo wir uns doch alle nach Liebe sehnen und genug für alle da wäre?

Da dies schwierige Fragen sind und es komplexe Zusammenhänge gibt, widmen wir ein ganzes Kapitel dieses Buches dem Versuch, die Hintergründe zu verstehen und den Ursachen auf den Grund zu gehen. Dieses siebte Kapitel ist sehr herausfordernd, weil es das menschliche Verhalten klar und offen darlegt. Es ist der Teil des Buches, welcher Ihrem illusionären Selbst den Spiegel vorhält, indem er diesem zeigen wird, wie es sich verhält und weshalb es so unbewusst geworden ist.

7.1 Das unbewusste Bewusstsein

Es wird in diesem Kapitel auch gezeigt werden, dass das sich erfahrende Bewusstsein keine andere Wahl hatte, als sich vollständig von seinem Wissen, seiner Herkunft und seinen Fähigkeiten zu verabschieden, mit anderen Worten: unbewusst zu werden. Daher hat auch nie jemand etwas Falsches oder Unrichtiges getan, und Sie haben daher auch nie verloren oder versagt.

Dies soll nicht die Gewalt und die Grausamkeit, die wir Menschen uns gegenseitig und anderen Lebewesen antun, entschuldigen. Wenn Sie aber diesen Gedanken weiterverfolgen, dann kommen Sie zu der Schlussfolgerung, dass niemand böse oder schlecht ist. Vielmehr ist *alles* eine Frage der Bewusstheit. Alles Schlechte und Negative auf dieser Welt ist das Ergebnis des aktuellen (Un-)Bewusstheitszustandes aller Menschen. Daher sind Strafen nicht die Lösung des Problems, denn Unbewusstheit wird nicht durch Strafen vermindert, sondern indem jeder und jede Einzelne sich der Verantwortung für sich selbst und der Umwelt bewusst wird, indem alle ihren eigenen Lebensplan erkennen und sich ihrer Essenz bewusst werden. Die Unbewusstheit im anderen zu erkennen bedeutet, selbst bewusst zu sein, und ist der erste wichtige Schritt, um anderen ihr Handeln zu vergeben. Vergeben bedeutet, das Negative anzunehmen und es so aufzulösen. Das heißt jedoch nicht, dass Sie unbewusst handelnden Menschen kein klares „Nein" sagen können oder sich und Ihre Lieben nicht beschützen oder verteidigen dürfen. Die Liebe zu Ihnen selbst, Ihren Liebsten und zum unbewusst handelnden Menschen bedingen dies sogar. Doch davon später mehr.

Warum wird dies nicht erkannt? Nun, es wird erkannt, aber das kosmische Gesetz, welches besagt, dass alles, was Sie einem anderen antun, sich selbst antun, wird dennoch ignoriert. Dies ist keine Frage des Intellekts. Sie sind klug genug, um diese Worte zu verstehen, aber Sie sind nicht in der Lage, die Auswirkungen auf andere zu spüren, sofern Sie nicht selbst davon betroffen sind. Den oder die anderen gibt es jedoch nicht. Das ist die Illusion Ihres Verstandes, der immer das Gegenüber benötigt, um seine Existenz zu rechtfertigen. Selbst wenn Sie Bilder sehen, die Ihnen die Auswirkungen unbewussten Handelns zeigen, empfinden Sie vielleicht so etwas wie Mitgefühl, Trauer oder Scham, aber Sie können kein Gefühl dafür entwickeln, wie oder was der oder die andere, ein anderes Lebewesen in diesem Moment gefühlt haben.

Den anderen nicht spüren oder fühlen zu können, ist *der* Grund, warum intellektuell alle Fragen verstanden und beantwortet, aber dennoch keine weiteren Schritte unternommen werden, um den aktuellen Zustand zum Besseren zu ändern. Wie Sie noch sehen werden, sind Sie oft nicht in der Lage, Ihre Erfahrungen unmittelbar zu fühlen, weil alles vom Denken überlagert wird. Daher ist unsere Welt eine „Denkwelt", eine Welt, in der Ihr Verstand das Sagen hat und alles in Gut und Schlecht oder Richtig und Falsch einteilt, obwohl sich in *Wirklichkeit* alles in dieser Welt der Erfahrung um das *Fühlen* dreht. Sie empfinden dies aber nicht so, da Ihnen Ihre Gedanken ständig dazwischenfunken. Fühlen und Denken geschehen fast gleichzeitig, aber Ihr Gefühl wird sofort von einer mentalen Reaktion überlagert. Diese Gedanken verstärken nun wiederum Ihre emotionale Reaktion, welche wiederum neue Gedanken erzeugt. Wenn Sie Ihren Gedanken Glauben schenken, dann agieren Sie aus einer bewertenden und beurteilenden Sicht heraus. Um es klar zu sagen: *Ihr Denken verbaut Ihnen den Weg aus der Illusion.* Es ist die Aufgabe des Denkens, Sie von der Erkenntnis dessen, was wir soeben gesagt haben, fern- und stattdessen in der Illusion festzuhalten. Dies geschieht mittels einer Reihe von Tricks, namentlich Ihre Gefühle zu überlagern, Ihr Selbst in Form von Ego und Persönlichkeit zu erfinden und nach erfolgter Identifikation mit beiden Persönlichkeitsmerkmalen das Gefühl von Schuld zu erzeugen.

Gefühle und Gedanken sagen nichts über Sie selbst aus. Sie sagen Ihnen jedoch etwas über Ihre Verhaltensmuster und Ihre gemachten Erfahrungen. Sie teilen Ihnen mit, wo Ihr Fokus gerade ist, aber es gibt aus Ihren Gedanken und Gefühlen nichts für Sie zu lernen. Im Gegenteil, dadurch fallen *Sie* immer tiefer in die Illusion hinein. *Sie* sind jedoch das Bewusstsein hinter Ihren Gedanken und Gefühlen. Und der einzige Weg, wie *Sie*, also das Bewusstsein, das Sie sind, aus dieser Falle entkommen können, besteht darin, alle Gedanken und Gefühle zuzulassen.

Das ist nicht einfach und womöglich eine eher erschreckende Vorstellung, es wird Ihnen aber nicht erspart bleiben, der Wahrheit ins Auge zu sehen. Denn nur wenn Sie allen Gefühlen und Gedanken – insbesondere den unangenehmen und negativen – offen begegnen, können Sie deren wahre Natur erkennen und sie dadurch auflösen. Dies kann für Ihr illusorisches Selbst in Form Ihrer Persönlichkeit und Ihres Egos durchaus schmerzhaft sein, denn beide Persönlichkeitsanteile sind bestrebt, die *Wirklichkeit* zu verdrängen. Denn was würde mit dem illusorischen Ich geschehen ohne die Illusion? Es würde aufhören zu existieren, was innerhalb der Illusion nichts anderes wäre als dessen Tod.

Die Tatsache, dass Sie und jeder Mensch in einer vierdimensionalen Illusion leben und somit Ihr Ich-Bewusstsein ebenfalls eine Illusion ist, lässt sich leicht erklären. Wenn Ihr Ich-Bewusstsein wirklich von allem getrennt wäre, so wie es Ihnen Ihr Verstand ständig weismacht, dann müssten Sie auch von allen Menschen und Dingen, ja sogar vom Leben getrennt sein. Wie könnten Sie aber außerhalb des Lebens existieren? Das ist unmöglich. Nichts existiert außerhalb *des Göttlichen*. Sie und das Leben sind eins, denn *das Göttliche* ist Leben ohne Anfang und ohne Ende.

Es gilt daher vielmehr zu fragen: Wer oder was ist dieses illusorische Selbst, dieses Ich-Bewusstsein, welches sich in Ihnen so wie in jedem Menschen in Form Ihrer Persönlichkeit und Ihres Egos äußert? Wie ist es entstanden? Welche Funktion hat es? Sie sehen, vor Ihnen öffnet sich eine Unzahl von Fragen, wenn Sie tiefer gehen; ein eigenständiges Universum, wenn Sie so wollen.

Wie Sie noch erkennen werden, ist es in Wirklichkeit aber gar nicht so kompliziert, wie es zu sein scheint. Im Grunde ist sehr wenig nötig, um die Effekte Ihres illusorischen Ichs zu erzeugen. Nur durch eine geniale Verknüpfung der entstehenden Effekte ist es möglich, eine Illusion zu erzeugen, die so real erscheint, dass die *Wirklichkeit*, die hinter dieser Illusion verborgen ist, nicht erkannt werden kann – es sei denn, Sie wissen, wie Ihr illusorisches Ich aufgebaut ist und wie es funktioniert. Wenn Ihnen dies nicht klar ist, haben Sie keine Möglichkeit, dieser Illusion zu entkommen. Sie ist einfach perfekt, so wie die gesamte Schöpfung.

Um Sie nicht zu sehr auf die Folter zu spannen, lassen Sie uns einen kleinen Blick in dieses von Ihnen selbst erschaffene Universum werfen. Um zu verstehen, wie es aufgebaut ist, nehmen wir an, Sie haben – wie bei einem Kuchen – ein Rezept vor sich liegen, das Ihnen die wichtigsten Zutaten erläutert. Es ist ein sehr einfaches Rezept, denn es besteht aus nur zwei Grundzutaten: Die erste Zutat ist die ständige Ablenkung Ihres Geistes, welche verhindert, dass Sie in Ihrer Mitte sein bzw. bleiben können, wobei Ihnen Ihre Gedanken und Emotionen im Weg stehen, um die *Wirklichkeit*, welche hinter der Illusion steht, zu erkennen. Denn es sind diese beiden Funktionen Ihres Körpers – das Denken und Ihre Emotionen –, die Ihnen etwas vorspiegeln, was in *Wirklichkeit* nicht so ist. Im Laufe Ihres Lebens entwickeln sich daraus Verhaltensmuster und Glaubenssätze, die so stark sind, dass Sie diese für die Wahrheit selbst halten. Dabei sind sie nur individuelle Bewertungen und Beurteilungen Ihrer eigenen Vergangenheit. Der eigentliche Fall in die Unbewusstheit erfolgt, wenn Sie beginnen, Ihre Muster und Glaubenssätze zu verinnerlichen. Damit haben Sie sich mit Ihrem Ich-Bewusstsein identifiziert und in weiterer Folge ein Selbst erschaffen, welches in Form Ihrer Persönlichkeit und Ihrem Ego in Ihr Leben treten wird. Ab jetzt wird die ganze Angelegenheit persönlich und somit gefährlich für Sie. Während vorher eine neutrale Situation durch Ihr Denken und Ihre Emotionen zu einer individuellen Erfahrung wurde, wird das Ganze plötzlich zu etwas, was Ihr illusionäres Selbst direkt betrifft.

Damit etwas gefährlich für Sie werden kann, muss die zweite Zutat – in Form einer weiteren Illusion – Ihrem Kuchen hinzugefügt werden. Dieses Gefühl kennen Sie alle und wir nennen es Angst. Die Angst gibt es nicht. Sie ist eine reine Erfindung Ihres Verstandes. Aber diese Illusion erscheint so wirklich, dass wir uns nicht vorstellen können, dass dies nur eine Einbildung unseres Verstandes ist. Die Angst ist *der* Grund, weshalb Sie in der Illusion gefangen bleiben. Da es Ihre Angst ist, halten Sie sich somit selbst in der Illusion. Niemand zwingt Sie dazu.

Damit dies jedoch tatsächlich freiwillig erfolgt, sind noch ein paar weitere Tricks notwendig, auf die wir auf den folgenden Seiten genauer eingehen werden. Was jedoch schon verraten werden kann, ist die Tatsache, dass es mehrere Formen von Ängsten gibt. Genauer gesagt gibt es drei Arten von Ängsten, die unterschiedlich wirken und immer dann zum Einsatz kommen, wenn Sie eine bestimmte Angst hinter sich gelassen haben. Daneben sind diese Ängste so gut versteckt, dass sie selbst bei genauerer Betrachtung nur schwer erkannt werden können. Und weil das alles noch immer nicht genügt, nutzen Sie Ihren freien Willen dafür, Ihre Ängste aktiv am Leben zu erhalten: Denn würde die Angst sich auflösen, flösse die Liebe in Ihr Leben ein. Davor haben Ihre Persönlichkeit und Ihr Ego buchstäblich Todesangst, denn je mehr Liebe Sie in Ihr Leben lassen, desto weniger greifen Sie auf Ihre Persönlichkeit und Ihr Ego zurück. Wenn die Liebe in Ihr Leben einfließt, löst sich die Illusion mehr und mehr auf. Und damit Ihr illusionäres Selbst.

Die Angst soll Sie nicht nur in der Illusion halten, sie hat auch eine besondere Aufgabe. Sie sorgt dafür, dass Sie spezifische Erfahrungen machen, indem Sie die entsprechenden Reaktions- und Verhaltensmuster ausbildet. (Ohne diese Individualisierung hätten Sie vor allem Angst, würden gar nichts mehr machen und ergo auch keine Erfahrungen.) Durch diese Reaktions- und Verhaltensmuster spüren Sie immer wieder dieselben Ängste, da sich Ihre Erfahrungen, die diese Ihre individuellen Ängste auslösen, ja ebenfalls wiederholen. Somit wird Ihnen die Möglichkeit geboten, sich Ihren Ängsten, die Ihre besten Lehrmeister sind und die größten Erkenntnisgewinne ermöglichen, zu stellen, so oft es nötig ist, um diese zu erkennen und sich (langsam) von Ihnen zu lösen. Angst für Angst bewegen Sie sich gewissermaßen über Ihren Pfad der Erkenntnis.

Gleichzeitig hält Sie dieser Effekt jedoch in der Erfahrung (also der Illusion) gefangen, da Ihnen nicht bewusst ist, dass Sie Ihre Ängste so lange selbst erschaffen, bis Sie sie anschauen und auflösen.

Lassen Sie uns nun mit Ihrer Reise in die „Unterwelt" beginnen. Schnallen Sie sich an und ziehen Sie sich warm an, denn es könnte sein, dass wir zu Orten reisen, an denen es ungemütlich und ziemlich kalt wird, da das Licht der Liebe dort nur noch ganz schwach leuchtet.

7.2 Ein teuflischer Trick

In Ihrem individuellen und somit einzigartigen Universum gibt es einen absoluten Herrscher. Dies ist Ihr illusionäres Selbst, Ihr Ich-Bewusstseins-Duo aus Ego und Persönlichkeit. Es entstand in Ermangelung der Erkenntnis über Ihr wahres oder höheres Selbst und wurde durch die Illusion der Trennung erschaffen. Es bildet somit den Gegenpol zu Ihrem höheren Selbst, also dem, der Sie in *Wirklichkeit* sind. Für Ihr illusionäres Selbst gibt es nichts anderes als eben dieses Selbst, als sich selbst, da es die Illusion von Getrenntheit als Wirklichkeit wahrnimmt und sich ihrer somit nicht bewusst ist. Dies ist nicht weiter verwunderlich, da Sie bei Ihrer Geburt Ihre wahre Herkunft vergessen haben und Ihr Potenzial zur Schöpfung drastisch reduziert wurde. Somit blieb Ihnen nur mehr die Möglichkeit, sich auf das zu verlassen, was Ihre Sinne im Außen wahrnehmen.

Dies ist zuallererst ein Gefühl und wird von Ihnen im Jetzt erfahren und vollkommen neutral wahrgenommen. Da Ihnen neben dem Fühlen jedoch auch noch das Geschenk des Denkens gemacht wurde, machen Sie sich laufend Gedanken über die von Ihnen erfahrenen Gefühle. Sie sind damit nicht mehr im Jetzt, sondern in der Zukunft oder der Vergangenheit, und überlagern Ihr neutrales Gefühl mit nicht neutralen Gedanken. Dies verdichtet sich im Laufe Ihres Lebens zu mentalen Verhaltensmustern, die immer stärker werden und letzten Endes beginnen, sich zu verselbstständigen und alles zu dominieren. Die „großen Drei" dieser Muster sind das Bewerten, das Beurteilen und das Rechthaben. Das Ergebnis dieses Prozesses ist, dass sich die Welt von einer neutralen Realität in eine Gut-schlecht- oder Positiv-negativ-„Realität" verändert hat. In weiterer Folge entstanden daraus individuelle Interpretationen bestimmter Ereignisse, die mit der Zeit zu Denkmustern und Glaubenssätzen wurden. Diese bilden den Kern Ihres illusionären Ichs und sie sind die Lieblingsspielwiese Ihrer Persönlichkeit und Ihres Egos.

Es gibt unzählige Glaubenssätze. Die meisten sind negativer Art und scheinen oft so natürlich, dass sie überhaupt nicht mehr hinterfragt werden, wie zum Beispiel: „Ich verdiene keine Liebe.", „Es ist nie genug Geld da.", „Die anderen haben einfach mehr Glück als ich."

An diesem Punkt sind Sie „normal" unbewusst: Sie haben eine bestimmte Meinung von jemandem oder zu einer bestimmten Situation. Ihre Reaktion darauf ist emotional, aber nicht übertrieben stark. Irgendwann beginnt jedoch der Fall von der Unbewusstheit in die tiefe Unbewusstheit. Dies ist der entscheidende Schritt in diesem Spiel, denn auf einmal beginnt das Ganze eine Dimension anzunehmen, die Ihnen gefährlich werden könnte. Dies geschieht in dem Moment, in dem Sie sich mit Ihren Gedanken und den sich daraus ergebenden Denkmustern und Glaubenssätzen identifiziert haben. Auf einmal sind Sie wieder wer, und zwar jemand, der annimmt, seine Denkmuster und

Glaubenssätze seien er oder sie selbst. Das ist nämlich die Annahme, die Ihre Persönlichkeit und Ihr Ego getroffen haben, da beiden keine Alternative zur Verfügung stand, da sie ja unbewusst sind. Mit der Identifikation mit Ihren Denkmustern und Glaubenssätzen haben Sie sich somit auch mit Ihrer Persönlichkeit und Ihrem Ego identifiziert. Beide zusammen bilden das illusorische Ich oder Selbst und schaffen die Ausgangslage für alle weiteren Definitionen und Entscheidungen in Ihrem Leben. Glaubenssätze dieser Art hören sich dann so an: „Menschen, die einen anderen Glauben haben, gehören nicht in unsere Kultur.", „Mit dem, was du gesagt/getan/nicht gesagt/nicht getan hast, bist du schuld an meiner aktuellen Situation."

Sich aus dieser tiefen Unbewusstheit zu lösen, ist keine einfache Sache. Sie müssen Ihren Verstand, der Ihre Persönlichkeit und Ihr Ego als Ersatz für Ihr höheres Selbst erfunden hat, davon überzeugen, dass diese beiden Ich-Bewusstseins-Anteile eine Illusion sind. Dies gelingt Ihnen aber nur, wenn Sie sich als voll verantwortlich für die Erschaffung Ihrer „Realität" annehmen und sich somit Ihrer Opferrolle entledigen können.

Nehmen wir einmal an, dass Sie trotz dieses mehrstufigen „Sicherheitskonzeptes", welches Sie in der Illusion halten soll, irgendwann erkannt hätten, dass Sie doch kein Opfer der Umstände sind. Sie haben erkannt, dass Ihre Persönlichkeit und Ihr Ego nichts als Hochstapler sind und in dieser Rolle vorgeben, Sie zu sein. Damit hätten Sie die Türe geöffnet, um sich zu erinnern, wer Sie in *Wirklichkeit* sind und sich in die Lage versetzt, sich mit Ihrem höheren Selbst zu verbinden.

Damit das nicht zu schnell geschieht (und Sie deshalb zu wenige Erfahrungen machen), wurde ein geradezu „teuflischer" Trick erfunden. Jedes Mal, wenn Sie bereit sind, sich von Ihrer Angst, Opfer zu sein, zu befreien und sich zu Ihrer wahren Größe aufzumachen, begegnen Sie einer weiteren Angst. Es ist die Angst vor wirklicher, bedingungsloser Liebe und somit auch die Angst vor unmittelbarem Schöpfertum, welches ja bei Ihrer Geburt drastisch reduziert wurde. Die Angst, der Sie jetzt begegnen, äußert sich jedoch nicht als Angst vor Liebe und Ihrem Schöpfertum. Das wäre zu einfach und würde nicht funktionieren, denn wer hat schon Angst vor der Liebe? Damit dieser Trick nicht erkannt wird, wird diese emotionale Angst durch gedankliche Überlagerung wiederum als Angst empfunden, Opfer zu sein. Damit werden Sie nicht nur auf Ihren Ausgangspunkt zurückgeworfen, sondern Sie erkennen auch den wirklichen Grund Ihrer Angst nicht und können Sie so nicht lösen, da beide Ängste, obwohl grundverschieden, von Ihnen als die gleiche Angst interpretiert werden.

Ein Beispiel: Sie betreten abends ein Lokal und sind wie vom Donner gerührt, denn dort an der Bar, da sitzt der Mensch Ihrer Träume, ein Wahnsinn einfach, hingehen, in Kontakt treten, anbandeln, so eine Chance bekommt man im Leben kein zweites Mal ... Sie setzen gerade zu Ihrem ersten Schritt in diese Richtung an, als eine Zehntelsekunde nach dieser Gefühlsaufwallung Ihre emotionale, körperliche Aufregung, eine in unmittelbare Aktion umgesetzte „magische" Anziehung, von Ihrem Verstand beiseitegeschoben wird. Zweifel überfallen Sie, die Magie zerstiebt und schlagartig wird daraus die altbekannte Angst, Opfer zu sein. Ihre Gedanken drängen immer mehr in Ihr Bewusstsein und klingen vielleicht so: Diese Frau will doch sowieso nichts von mir wissen, dieser Mann wird mich für einen unseriösen Menschen halten, wenn ich ihn einfach so anspreche ... Oder Sie fangen gleich zu projizieren an: Eine Frau allein in einer Bar, da muss es ja wohl einen Haken geben ... ein Mann allein in einer Bar, der kann ja nur auf das eine aus sein ...

Wie auch immer die konkrete Form auch aussieht: Die mentale Angst sorgt dafür, dass Ihr ursprünglicher Gedanke – jemanden anzusprechen, den Sie nicht kennen, aber sehr sympathisch finden, um sich von Ihrem Opferdasein zu lösen und sich zu einer viel größeren und herrlicheren Wirklichkeit aufzumachen – Ihnen nun doch nicht mehr so toll erscheint.

Sie bringt Sie dazu, dieses positive Gefühl und den dazugehörigen ursprünglichen Gedanken wieder fallen zu lassen. Mit diesem Trick werden zwei Mechanismen in Gang gesetzt, welche Sie unentwegt in der Polarität halten. Zum einen wird eben dieses positive Gefühl, das Sie hatten, als Sie sich entschlossen haben, sich zu Ihrer wahren Größe aufzumachen, durch ein negatives Gefühl abgelöst. Dies bringt Sie in Folge dazu, sich aus dem positiven Pol Ihrer „Realität" wieder freiwillig zum negativen Pol zu begeben und sich von dort aus wieder auf die Suche nach Ihrer wahren Größe, sprich einem positiven Gefühl, aufzumachen.

Der zweite Mechanismus wird angetrieben durch die Angst, Schöpfer:in zu sein. Tatsächlich ist dies die Angst vor bedingungsloser Liebe, und sie hat sich im positiven Pol Ihrer „Realität" versteckt. Da Sie Ihre Angst nie hinter dem positiven Pol der Liebe vermuten würden, werden Sie dort auch nicht suchen und sie somit auch nie entdecken. Diese Angst kommt als Wolf im Schafspelz daher. Das, was Ihnen Ihre Gedanken einreden, stimmt nicht. Wenn Sie sich auf die Suche machen, können Sie sie nicht finden. Versuchen Sie daher nicht, diese Angst zu verstehen. Es ist unmöglich, diese Form der Angst mit dem Verstand zu erfassen. Sie können Sie nur mithilfe der Liebe transzendieren.

Für den weiteren Verlauf, insbesondere wenn wir uns mit möglichen Wegen zur Überwindung der tiefen Unbewusstheit beschäftigen, mag es hilfreich sein, schon jetzt einen kleinen Widerspruch aufzulösen. Dazu müssen wir noch eine Stufe tiefer gehen. Selbst jetzt, da Ihnen bewusst ist, dass Ihre größte Angst sich hinter dem positiven Pol versteckt und diese Angst, obwohl sie eine emotionale ist, nicht von Ihnen gefühlt werden kann, da das Gefühl von Ihrem Denken überlagert wird, werden Sie, wenn ihnen jemand die Frage stellt, ob Sie Angst vor wirklicher Liebe haben, vermutlich mit einem zutiefst überzeugten Nein antworten. Das macht Sinn, denn die eigentliche Angst Ihres illusorischen Ichs besteht nicht darin, Liebe zu sein, sondern es ist die Angst vor dem Nichts. Da es für Ihr illusorisches Ich nichts anderes außer sich selbst gibt, ist es die Angst vor abgrundtiefer Langeweile, Einsamkeit und Nichtexistenz, die es daran hindert, sich der Liebe zu öffnen. Das Bewusstsein und die Liebe, die hinter der Illusion der Angst stehen, sind für Ihr illusorisches Selbst nicht greifbar; „dort" ist für Ihr illusorisches Selbst genau das, wovor es sich am meisten fürchtet: nichts.

Der Teufelskreis ist nun fast geschlossen. Was noch fehlt, ist quasi die Tollkirsche auf Ihrer Torte: die dritte Form der Angst. Durch das ständige Pendeln zwischen den Polen bleiben Sie in Ihrer Opferrolle gefangen. Irgendwann geben Sie dann Ihre bewusste Macht zur Schöpfung vollständig an das Außen ab. Sie fühlen sich als hilfloser, kleiner Mensch, dessen Sein ständig bedroht ist und der keinen oder nur einen sehr geringen Einfluss auf sein Leben hat.

Aus diesem Bewusstsein heraus erschaffen Sie Ihre Denkwirklichkeit immer als Reaktion auf ein bestimmtes Ereignis im Außen. Dadurch können nur wenige neue Impulse in Ihr Leben treten und Sie haben das Gefühl, immer wieder in ähnliche Situationen zu geraten. Da jede *Reaktion* passiver Natur ist, also aus dem Gefühl der Opferrolle entspringt, versuchen Sie diese bedrohlichen Situationen zu vermeiden, bevor sie zu Ihrer Realität werden und wiederholt in Ihr Leben eintreten. Dieses Verhalten erzeugt die „Angst vor der Angst", die Angst vor einem Ereignis, welches noch in der Zukunft liegt.

Dies ist die dritte Form der Angst und sie verhindert, dass Sie irgendwann überhaupt den Versuch unternehmen, aus der Illusion zu entkommen.

Wie Sie nun unschwer erkennen können, sind es nur zwei Prinzipien innerhalb der Illusion, welche Ihr illusorisches Ich unbewusst halten: Ablenkung und Angst. Sie sind der Grund dafür, dass ein Entkommen aus diesem Kreislauf fast unmöglich ist. Sich davon zu befreien ist vermutlich die schwierigste Aufgabe, die Sie in Ihrem Leben zu lösen haben beim Versuch, das Licht des Bewusstseins zu erfahren. Sie selbst werden mit aller Macht versuchen, die Illusion Ihres Ich-Bewusstseins aufrechtzuerhalten, weil die Angst vor dem Paradies größer ist als die Angst vor Ihrer „Realität". Sie werden buchstäblich um Ihr illusionäres Leben kämpfen und es verteidigen, nur um die *Wirklichkeit*, nach der Sie und Ihre Seele sich eigentlich sehnen, nicht erfahren zu müssen.

Auch wenn es mühsam und kompliziert erscheint, bitte bedenken Sie, dass *das Göttliche* diesbezüglich absolut keine Wahl hatte, denn ohne diese Mechanismen würde die gesamte Schöpfung innerhalb unserer vierdimensionalen „Realität" nicht funktionieren. Letztlich ist alles eine Erfahrung des Fühlens und einer entsprechenden mentalen Interpretation dieser Erfahrung. Sich selbst am Ende in der Erfahrung zu erkennen, ist der Grund, weshalb das Bewusstsein so tief fallen musste.

Im nächsten Abschnitt gehen wir nun noch eine Stufe tiefer. Wir beleuchten die Struktur Ihrer Persönlichkeit und Ihres Egos, indem wir uns anschauen, wie diese aufgebaut sind und wie sie sich verhalten. Auf die Persönlichkeitsmerkmale gehen wir dabei nicht ein, da diese individuell sind und allgemeine Aussagen darüber kaum gemacht werden können.

7.3 Die Struktur Ihres Ich-Bewusstseins

Sie sind einzigartig und somit ist auch Ihr erschaffenes Universum einzigartig. Der Inhalt Ihres Universums – für das wir in diesem Sinn auch die Begriffe „Realität" (in Anführung) oder Denkwirklichkeit verwendet haben – hängt von Ihren gemachten Erfahrungen und den Gedanken ab, die Sie aus dem Gedankenfeld erhalten. Zweiteres geschieht überwiegend durch Ihren Verstand, welcher mithilfe Ihres Fokus die entsprechenden Gedanken aus dem Gedankenfeld empfängt. Da Ihr Verstand jedoch Teil der Illusion ist und Sie sich mit Ihrem Verstand identifiziert haben, ist es Ihnen deshalb nicht möglich, die *Wirklichkeit* zu erfahren.

Ihr Ich-Bewusstsein teilt sich in sich nochmals auf und zwar in Ihre Persönlichkeit und Ihr Ego. Darüber wurde inhaltlich schon sehr viel in anderen Büchern geschrieben, wir werden uns daher hier auf die Struktur dieser Teile Ihres Ich-Bewusstseins konzentrieren, um die Komplexität dieses Themas nicht noch weiter zu erhöhen.

In ihrer Grundstruktur gleichen einander Persönlichkeit und Ego. Dennoch gibt es einen kleinen, aber wichtigen Unterschied zwischen den beiden. Sie stellen nämlich die beiden Pole Ihres Identitätsgefühles dar, wobei die Persönlichkeit den positiven Pol und das Ego den negativen Pol bildet. Wir werden später noch genauer auf dieses Phänomen zu sprechen kommen. Seien Sie sich fürs Erste nur einmal bewusst, dass es „zwei" von Ihnen gibt und Sie somit nicht ganz alleine sind. ☺

Da Ihre Persönlichkeit und Ihr Ego Einbildungen Ihres Verstandes sind, bestehen sie zur Gänze aus dem Inhalt Ihrer Gedanken. Gedanken sind unsichtbar, da sie auf einer höheren Frequenz schwingen als Materie, aber auch sie sind Form und damit Teil der Denkwirklichkeit. Folglich verlieren sich auch Ihre Gedankenprodukte Persönlichkeit und Ego in der Form. Negative Gedanken bilden das untere Spektrum der Schwingungen, während positive Gedanken höher schwingen. Mit beiden Gedankenformen sind Ihre Persönlichkeit und Ihr Ego vollkommen identifiziert und daher ist jede Persönlichkeit und jedes Ego per definitionem unbewusst.

Ihr Ich-Bewusstsein entsteht, wenn Sie Ihr Gefühl des Seins, Ihr wahres Ich, mit Form verwechseln. Ihr Sein zu vergessen ist der Ursprung des Ganzen, wodurch die Einheit sich in viele

Teile aufspaltet. Die Stärke Ihres Ich-Bewusstseins hängt davon ab, wie stark Sie – Ihr *Bewusstsein* – sich mit Ihrem Denken und Ihrem Fühlen identifizieren. Denken ist nur ein winziger Bruchteil des *Bewusstseins*, das Sie sind. Der Grad der Identifikation ist bei jedem Menschen unterschiedlich. Manche Menschen sind vollständig in Ihrem Ich-Bewusstsein gefangen. Sie sind ständig mit dem Denken beschäftigt, hören anderen nicht zu und nehmen ihre Umgebung nicht wahr. Sie sehen nur sich selbst und erkennen das Wesen des anderen nicht (an).

Die Entstehung Ihres Ich-Bewusstseins

Eines der meistgebrauchten Wörter unserer Sprache ist „ich". „Ich" beschreibt entweder die Illusion oder die absolute tiefste Wahrheit, je nachdem, wie es verwendet wird. In den meisten Fällen dient das Ich dazu, Merkmale wie Name und Geschlecht oder auch Vorlieben und Abneigungen zu beschreiben, mit denen sich Ihr illusorisches Ich identifiziert hat. Dieses „Ich" bezeichnet dann nicht Ihr wahres Ich, sondern Ihre Persönlichkeit und Ihr Ego, die Illusion. „Ich" im Sinne eines „ich bin Essenz", „ich bin Bewusstsein" beschreibt hingegen die *Wirklichkeit*.

Dieses illusorische Ich muss nun als Basis für alle Ihre Entscheidungen in diesem Leben dienen, ob es um Beziehungen geht oder welche Ereignisse auch immer. Die Wahrheit wird durch einen Filter wahrgenommen, der jedoch nicht als solcher erkannt wird. Durch die Identifikation mit Ihrem illusorischen Ich haben Sie etwas im Außen mit Ihrem wahren Selbst gleichgesetzt und als Konsequenz dieser Identifikation zum ersten Mal eine Identität außerhalb von sich selbst erschaffen. Wenn Sie die Illusion jedoch erkennen, beginnt sie sich aufzulösen, denn ihre Existenz hängt davon ab, inwieweit Sie sie als Ihre „Realität" anerkennen bzw. als die Denkwirklichkeit durchschauen, die sie ist.

Nachdem Sie als kleines Kind das Wörtchen „ich" kennengelernt hatten, kamen mit der Zeit weitere Begriffe hinzu: „mir, mich, mein(es) ...". Damit haben sich Ihre Persönlichkeit und Ihr Ego stark ausgeweitet: Sie haben den Besitz eines Gegenstandes mit Ihrem Ich gleichgesetzt. Vorher war das Spielzeug, mit dem Sie gespielt haben, einfach nur ein Spielzeug, jetzt gehörte es Ihnen. Während Sie früher, wenn man Ihnen Ihr Spielzeug weggenommen hat, einfach mit etwas anderem weitergespielt hatten, spürten Sie nun so etwas wie Verlust oder Schmerz. Nicht, weil das Spielzeug besonders wertvoll gewesen wäre, sondern weil Ihnen etwas weggenommen wurde, mit dem Sie sich vorher identifiziert hatten. (Im Buddhismus spricht man in diesem Zusammenhang von Anhaftung.)

Ihre Persönlichkeit hat auf den Verlust mit einem negativen Gefühl reagiert, das nur dadurch ausgeglichen werden konnte, indem Sie entweder Ihr Spielzeug wiederbekommen haben oder ein für Ihre Persönlichkeit gleichwertiges Spielzeug den Verlust ersetzt hat. Mit der Identifikation mit Ihrem illusorischen Ich sind Sie erneut in die Welt der Polarität eingetreten und noch unbewusster geworden.

Glaubenssätze und Verhaltensmuster

Ein weiterer Kreislauf ist entstanden, der ohne entsprechendes Bewusstsein nicht zu durchbrechen ist. Ihre Muster, mit denen Sie sich identifiziert haben und die sich im Laufe der Jahre immer mehr verfestigt haben, sind jene Glaubenssätze, mit denen Ihre Persönlichkeit und Ihr Ego sich am stärksten identifizieren. Diese Muster sind das, was Sie irrtümlich als „Ich" bezeichnen und aufgrund dessen Sie von anderen Mitmenschen bewertet und beurteilt werden. Sie bewerten natürlich andere Menschen ebenfalls nach deren Verhaltensmustern. Somit beurteilen Ihre Persönlichkeit und Ihr Ego die Persönlichkeit und das Ego der anderen Menschen. Das Spiegelbild ist erneut zur Grundlage Ihrer Realität geworden. Anders gesagt, beurteilen Sie aufgrund Ihrer Unbewusstheit alle anderen Menschen auf Basis deren Unbewusstheit. Tiefer in die Illusion kann man kaum fallen. Hier findet sich auch die Basis für alle Vorurteile und klischeehaften Einschätzungen, die für so viel Leid und Ungerechtigkeit auf unserer Welt verantwortlich sind.

Ihre Glaubenssätze und Verhaltensmuster, von denen Sie annehmen, dass sie richtig sind, sind deshalb so schwer für Sie zu erkennen, da Sie mit ihnen aufgewachsen sind. Ihre Familie, Ihre Freunde, Ihre Umwelt haben Sie geprägt und Ihnen ihre „Realitäten" als Wirklichkeit verkauft. Da auch Ihre Bezugspersonen unbewusst waren, geschah dies entsprechend dem zum damaligen Zeitpunkt vorherrschenden Bewusstseinszustand. Ohne weitere Bezugspunkte hatten Sie keine andere Möglichkeit, als diese fremden Realitäten als Ihre eigene zu akzeptieren. Bis zu einem gewissen Grad sind Sie also in Form Ihrer Persönlichkeit und Ihres Egos das Produkt Ihrer Eltern, Ihrer Umwelt und so weiter. Da Sie deren Wahrheiten als Ihre eigene akzeptierten, ist es für Sie so schwer, Ihre eigenen Muster zu erkennen. Die Muster und Verhaltensweisen anderer zu erkennen, fällt Ihrer Persönlichkeit und Ihrem Ego hingegen sehr leicht. Jesus hat dies in einem Gleichnis sehr schön erklärt, indem er Folgendes sagte: „Warum siehst du den Splitter im Auge deines Bruders, aber den Balken in deinem Auge bemerkst du nicht?" (Mt 7,3)

Ihre Persönlichkeit und Ihr Ego haben sich nicht nur mit Ihrem falschen Ich-Gefühl und Ihren Glaubenssätzen und Verhaltensmustern auseinanderzusetzen, sondern sie müssen sich auch mit den Mechanismen innerhalb der Schöpfung befassen. Werden nun Gefühle verletzt, schaltet sich sofort das Denken ein und überlagert die Emotion. Es genügt Ihnen nun vielleicht nicht mehr, wenn Ihnen Ihr Spielzeug zurückgegeben wird, sondern Ihr Ego will mehr. Es sinnt auf Rache. Ihr Ego ist tief verletzt. Die Verletzung steht vielleicht in keinem Zusammenhang mit dem Schaden oder dem vorliegenden Ereignis. Aber Ihr Ego ist vielleicht schon viele Male verletzt worden, ohne dass es das Gefühl der Angst oder Erniedrigung kompensieren konnte. Wenn es jetzt die Möglichkeit dazu hat, wird es diese vermutlich wahrnehmen, um das wiederherzustellen, was seinem rein subjektiven Gefühl nach Gerechtigkeit ist.

Ihr Ego und auch Ihre Persönlichkeit sind nicht mehr in der Lage, die aktuelle Situation objektiv, das heißt im Zustand des Jetzt, zu beurteilen. Der Blick ist verschwommen, da beiden nichts anderes zur Verfügung steht als die Erfahrungen, die sie irgendwann gemacht haben. Daraus leiten beide die Konsequenzen für Ihr zukünftiges Handeln ab.

Beide, Persönlichkeit und Ego, sind in der Regel sehr unsicher, auch wenn sie im Außen als sehr selbstbewusst erscheinen. Beide spielen eine Rolle, da sie von einem unbewussten Gedanken ausgehen, wie: „Ich bin nicht gut genug". Diesem Gedanken folgen weitere unbewusste Gedanken, wie „ich muss besser sein als andere, um zu bekommen, was ich benötige" oder „ich muss mehr besitzen, um mehr zu sein". Sie können aber nicht mehr sein, als Sie schon sind. Ihr Körper wird anderen entweder überlegen oder unterlegen sein. Aber das sind nicht Sie. Im Sein gibt es diesen Gedanken nicht.

Ihr Ich-Bewusstsein fühlt sich nicht nur vom Jetzt bedroht, sondern hat auch immer das Gefühl, dass es da draußen irgendetwas gibt, was ihm schaden oder gefährlich werden könnte. Dieses Eigenleben Ihres Ich-Bewusstseins zwingt Sie ständig, die gleichen Gedanken immer wieder durchzuspielen. Das ist Karma. Da die Gefahr, die Bedrohung oder das Problem ja im Außen entstanden sind, muss, entsprechend der Logik Ihres Verstandes, auch die Lösung im Außen zu finden sein. Als Folge ist Ihr Fokus ständig im Außen. Das ist der Trick, wie sich Ihr Ich-Bewusstsein am Leben erhält. Nur wenn es ihm gelingt, Sie aus Ihrer Mitte zu holen und abzulenken, kann es weiter existieren. Um das zu erreichen, erschafft es Probleme, wo gar keine sind, weil Sie nur in Ihren Gedanken existieren. Dies nennt man, sich Sorgen machen (sprich: erschaffen). Wenn Sie wüssten, dass sich zu sorgen unnötig ist, würden Sie sich dann noch welche machen?

Ihre Persönlichkeit und Ihr Ego wissen jedenfalls nicht, dass es gar kein Problem gibt. (Genauer gesagt, gibt es kein Problem, ohne dass die Lösung schon Teil des Problems wäre. Anders wäre es in der Polarität nicht möglich, da ein Pol ohne den anderen nicht existieren kann.) Ihre beiden unbewussten Konstrukte Ihres Verstandes machen das Einzige, was sie können: Sie suchen im Außen nach den Problemen, die es gar nicht gibt. Beide sind so die ganze Zeit mit sich selbst beschäftigt, abgelenkt durch Ereignisse, denen sie eine Bedeutung zu geben versuchen oder deren Bedeutung sie für ihre Existenz als wichtig erachten.

Ziemlich beste Feinde

Zu allem Überfluss kommt auch noch die Angst als Grundlage Ihrer Entscheidungen hinzu. Mit dem Gefühl der Angst möchte sich Ihre Persönlichkeit nicht beschäftigen. Alles Negative wird dem Ego zugesprochen. Das Ziel Ihrer Persönlichkeit ist es, so schnell wie möglich in den positiven Pol zu kommen und eine möglichst gute Figur abzugeben. Ihre Persönlichkeit mag Ihr Ego nicht und umgekehrt. Deswegen verdrängen Sie die Angst und schieben sie in Ihr Unterbewusstsein. Da aber alles, auch Ihr Ego, eine Form von Bewusstsein ist, erschaffen auch diese verdrängten Gefühle Ihre Realität, ohne dass Sie die Ursache für ein bestimmtes Ereignis oder eine Situation verstehen. Dies wiederum verärgert Ihre Persönlichkeit, weil sie dadurch nicht so gut dastehen kann, wie sie es möchte. Verdrängte Gefühle und Erinnerungen können weit in Ihr Leben zurückreichen, sodass Erfahrungen aus Ihrer Kindheit oder Jugend Einfluss auf Ihr ganzes weiteres Leben haben.

Diese von Ihrer Persönlichkeit und Ihrem Ego erschaffene Denkwirklichkeit erscheint Ihnen trotz dieser offensichtlichen Widersprüche so natürlich und echt, dass Sie sie nicht mehr hinterfragen. Ihre „Realität" wird von Ihnen nicht als selbst erschaffen erkannt und Sie fühlen sich daher als Opfer von etwas anderem. Diese Haltung ist geradezu typisch für Ihr Ego. Das

Ego benötigt Feinde, um die Trennung aufrechtzuerhalten. Wen sich Ihr Ego als Feind aussucht, ist dem Ego ziemlich egal. Ob es sich um das Wetter handelt, den Kollegen in der Arbeit, eine gegnerische Mannschaft, eine andere Religion oder Gottheit, ist nicht wichtig. Hauptsache, es gibt etwas, womit der Widerstand zu rechtfertigen ist.

Ist dieses Verhalten Ihrer Persönlichkeit und Ihres Egos nun schlecht? Nein, das ist es nicht. Es gibt weder das Gute noch das Schlechte. Ihre Persönlichkeit und Ihr Ego sind, wie schon gesagt, einfach unbewusst. Beide sind so tief im Spiel der Illusion gefangen, dass sie keine andere Möglichkeit sehen, als so zu handeln, wie sie handeln. Auch wenn Ihr Verstand dies nicht verstehen kann, ist es so. Es ist daher wichtig, dass Sie Ihre Rolle als Schöpfer:in anerkennen. Solange Sie unbewusst bleiben, sind Sie Opfer und Täter:in zugleich. Aber bereits diese Erkenntnis ist ein Schritt in Richtung Bewusstheit, da sie viel Platz für Vergebung schafft. Durch Vergebung erfolgt Heilung und Sie erkennen, dass es zwischen dem, was Sie als Ich bezeichnen, und dem da draußen keine Trennung gibt.

Dies erlaubt Ihnen, Bewusstsein von Ihrem Verstand zurückzugewinnen und diesem göttlichen Teufelskreis der Illusion ein Stück weit zu entkommen.

7.4 Über den Körper ins Ich-Bewusstsein

Ihr Körper ist der Einstieg in die gesamte Erfahrung. Ohne Ihren Körper könnten Sie die Erfahrung des Fühlens nicht machen. Ihr Körper führt Sie über seine Sinne und seine Bedürfnisse ins Außen. Ihr Körper ist die Ursache dafür, dass Sie sich selbst als Individuum wahrnehmen und sich getrennt von allem anderen empfinden. Da Ihr Körper auch verletzlich ist, erscheint das Außen noch dazu als Bedrohung. Dies erzeugt Angst und somit ist eine Erfahrung möglich. Wie der Verstand lenkt Sie auch der Körper unablässig von Ihrer Mitte ab und trägt seinen Teil dazu bei, dass Sie im Außen landen und damit in der Illusion von Zeit und Getrenntheit. Damit werden folgende Faktoren für Ihre Lebensumstände entscheidend:

Trennung: Sie sind von allem getrennt, auch vom *Göttlichen*. Da das Außen gefährlich erscheint, sind alle anderen im Außen potenziell eine Gefahr für Sie.

Bedürfnisse: Da sich Ihr Bewusstsein vollständig mit Ihrem Körper identifiziert hat, benötigen Sie etwas, was Sie nur im Außen bekommen können.

Angst: Sie befürchten, das, was Sie benötigen, nicht zu bekommen und somit Opfer dieser gefährlichen Welt im Außen zu werden.

Die Angst, Opfer zu werden, ist die Grundlage für das Fühlen. Zunächst stehen die notwendigsten Körperbedürfnisse wie Essen, Trinken, Kleidung und ein „Dach über dem Kopf zu haben" im Zentrum Ihrer Bedürfnisse. Die Menschheit hat es leider im Laufe der Jahrtausende immer noch nicht geschafft, allen Menschen die Befriedigung dieser Bedürfnisse zu ermöglichen. In der sogenannten „westlichen Welt" ist dies jedoch zu einem Großteil gelungen, sodass das körperliche Überleben in den wohlhabenden Teilen der Welt nicht länger als ständig bedroht erlebt wird.

Damit wurde die Grundlage geschaffen für die Verlagerung des Spiels auf die nächsthöhere, die emotionale Ebene. Während es immer weniger darum ging, nicht zu verhungern, zu erfrieren oder körperlich verletzt zu werden, wurde es immer wichtiger, nicht unglücklich oder unzufrieden zu sein, nicht abgelehnt zu werden und so weiter. Diese grundlegenden Gefühle wurden mit der Zeit weiter verfeinert, sodass es heute darum geht, glücklich und zufrieden zu sein, Spaß zu haben, Begeisterung zu spüren und Freude bei dem zu haben, was man macht.

Sie wollen also ein positives Gefühl haben und ein negatives Gefühl nicht spüren. Dies hat Auswirkungen auf Ihr Handeln und Tun: Um nicht Opfer Ihrer eigenen Angst zu werden, versuchen Sie, Ihr Außen zu verändern.

Da Ihre körperlichen Bedürfnisse so gut wie befriedigt sind, geht es dabei im Grunde immer nur um Ihr Gefühl, um das Decken Ihrer emotionalen Bedürfnisse. Wenn Sie glauben, dafür im Außen etwas tun zu müssen, sind Sie vollständig im Spiel. Sie werden versuchen, Situationen zu erschaffen, die Ihnen ein positives Gefühl geben, und solche zu vermeiden, die in Ihnen negative Gefühle verursachen. Dies wird nun zur Hauptmotivation Ihres Handelns, bis es zur Gänze darauf hinausläuft, Ihnen ein gutes Gefühl zu geben – im Pluspol zu sein – und negative Gefühle zu vermeiden, also nicht im negativen Pol zu sein. Daraus ergeben sich sowohl emotionale als auch mentale Verhaltensmuster.

Diese können problematische Formen annehmen und sich zum Beispiel als Suchtverhalten äußern. Dabei hat die Aussage jedoch Bestand, dass der Störung immer ein emotionales Problem zugrunde liegt, auch wenn vordergründig eine substanzbezogene Abhängigkeit besteht.

7.5 Emotionale und mentale Verhaltensmuster

Die Angst bildet die Basis dafür, dass sich mit fortschreitender Entstehung Ihres Ich-Bewusstseins ganz individuelle Verhaltensmuster bilden können. Je nach Erfahrung können diese Verhaltensmuster positiver oder negativer Art sein. Ihr Ich-Bewusstsein leitet alle grundsätzlichen Entscheidungen in Ihrem Leben aus diesem verzerrten Spiegelbild ab, das es Ihnen unmöglich macht, neutrale Situationen so zu sehen, wie sie sind. Auf dieser Grundlage getroffene Entscheidungen tragen dieselbe Verzerrung in sich und verhindern, dass Sie die *Wirklichkeit* erkennen. Einmal darin gefangen, gibt es ohne die Zuhilfenahme von Bewusstsein kein Entkommen, ja nicht einmal die Wahrnehmung, gefangen zu sein. Denn Sie, in Form Ihrer Persönlichkeit und Ihres Egos, halten dies für normal, da es fast allen Menschen so geht. „So ist das Leben eben", werden Sie sagen und erliegen damit der Einsteinschen „optischen Täuschung des Bewusstseins".

Bei dieser optischen Täuschung Ihres Ich-Bewusstseins geht es immer nur um Ihr Gefühl, egal ob emotionale oder mentale Verhaltensmuster das Thema sind. Auch mentalen Verhaltensmustern ist somit immer ein Gefühl unterlegt, obwohl dies auf den ersten Blick nicht der Fall zu sein scheint. Das Verständnis über das Wirken dieser Verhaltensmuster ist aus zwei Gründen wichtig: Erstens können Sie die Mechanismen, wenn Sie diese nicht kennen, nicht durchschauen. Dann überlisten sie Sie, sodass Sie sich immer wieder damit identifizieren. Der zweite Grund ist, dass durch das Erkennen Ihr Erwachen eingeleitet beziehungsweise beschleunigt wird.

Sie können jedoch nicht gegen die Verhaltensmuster Ihrer Persönlichkeit und Ihres Egos ankämpfen und gewinnen. Das ist unmöglich und auch gar nicht nötig. Es genügt, wenn Ihr Bewusstsein die Zusammenhänge erkennt und Ihre Identifikation somit auflöst. Ihre Persönlichkeit und Ihr Ego ziehen sich dann an die für sie vorgesehene Stelle innerhalb Ihres erwachten Bewusstseins zurück und unterstützen Sie in Ihrem Leben, indem sie weiterhin das tun, was sie auch jetzt schon machen. Der Unterschied ist lediglich, dass Ihr Ich-Bewusstsein nicht mehr die Kontrolle über Sie hat, sondern seine Aufgaben aus dem höheren Bewusstsein, das Sie sind, erhält.

Ihr Ich-Bewusstsein kann also nur überleben, solange sie die Illusion der Trennung aufrechterhalten und Sie sich mit ihr identifizieren. In der Trennung sind Sie angreifbar und durch die Identifikation wird sie zu etwas Persönlichem. Diese Identifikation hält Ihr Ich-Bewusstsein an seinem Platz und ist der Grund, weshalb Sie ständig immer vor neuen Problemen und Herausforderungen stehen, die Ihr Leben beeinflussen. Ihr Ich-Bewusstsein braucht diese Herausforderungen. Es liebt geradezu, mittels Ihres Verstandes immer wieder neue Lösungen im Außen zu suchen, Probleme zu analysieren und sich dann dem positiven Gefühl hinzugeben, wenn es eine Lösung gefunden hat. Deshalb sind Sie ständig im Tun gefangen. Es fällt Ihnen daher so schwer, nichts zu tun oder die Ruhe für längere Zeit zu genießen. In Wirklichkeit darf Ihr Verstand die Lösung gar nicht finden, denn eine Welt ohne Probleme wäre das Ende Ihres Verstandes. Ihr Verstand kann sich daher auch eine Welt ohne Probleme nicht vorstellen. Ein spiritueller Lehrer unserer Zeit hat das Problem Ihres Ich-Bewusstseins einmal sehr treffend zusammengefasst: „Stellen Sie sich vor, Sie sind ein Polizeichef und auf der Suche nach einem Einbrecher, wobei der Einbrecher der Polizeichef ist."

Das Energiespiel – ein emotionales Verhaltensmuster

Das Energiespiel ist eine sehr beliebte Beschäftigung Ihres Ich-Bewusstseins. Es ist ganz einfach und kann auf drei Arten gespielt werden. Erstens solitär, indem Sie sich auf der Suche nach einem guten Gefühl im Außen ablenken. Das ist nicht besonders schwierig, denn es geschieht ständig, indem Sie zum Beispiel auf visuelle Reize reagieren, Düfte wahrnehmen oder wie auch immer versuchen, angenehme Gefühle zu erzeugen: Indem Sie Zeitschriften lesen, ins Kino gehen, Fernsehen und so weiter. Dabei ist es wichtig, sich immer wieder mit neuen Reizen zu versorgen, da die gleichen Reize mit der Zeit langweilig werden. All das vermeidet, sich der Leere zu stellen, die als negativ empfunden wird; das Nichts, vor dem sich unser Ich-Bewusstsein so fürchtet.

Noch „schlauer" ist es, wenn Sie es schaffen, eine Person aus Ihrer Mitte abzulenken. Dann fließt Ihnen die Energie dieser Person zu. Der Effekt ist, dass Sie sich gut fühlen. Dabei ist es nicht wichtig, ob Sie die andere Person in den positiven Pol ziehen oder zum negativen Pol stoßen, das heißt, ob Sie sie loben oder kleinmachen. Das Anziehen ist die positive Variante und das Abstoßen ist die negative Variante dieses Spiels.

Die Anziehung kann dabei auf zwei Arten erfolgen. Der erste Weg besteht darin, von jemandem Anerkennung zu erhalten. Sagen wir, Ihr Energielevel ist neutral und Ihr Chef kommt zu Ihnen und lobt Sie für etwas. Sofort steigt Ihr Energielevel an und Sie fühlen sich gut. Das funktioniert aber nur, wenn Sie vorher etwas getan haben, was interessant, erfolgreich, anerkannt ... war. Deshalb sind Sie ständig bestrebt, etwas zu tun oder etwas zu verbessern. Weitere Muster dieser Form der Anziehung sind gutes Aussehen, jede Form von Starkult oder auch körperliche oder sexuelle Verführung. Letzteres ist im negativen Sinn gemeint, denn eine sexuelle Vereinigung, der alle Beteiligten zustimmen, ist das genaue Gegenteil davon, jemand ins Negative zu stoßen und so die Energie abzuziehen. Guter (ehrlicher, liebevoller, konsensueller) Sex ist auch ein „Energiespiel", es fließt ebenfalls Energie, jedoch im Sinne eines Gebens und Nehmens, eines Austausches in der Vereinigung. Dabei steigen die Energieniveaus der Vereinigten ständig an und man erreicht den Zustand des Eins-Seins, soweit dies in der Körperlichkeit möglich ist. Mit dem Erreichen des Höhepunkts endet dieses erleuchtungsähnliche Erlebnis und man fällt wieder in die Getrenntheit zurück.

Ein zweiter Weg, sich auf Kosten anderer besser zu fühlen, besteht darin, Mitleid von jemandem zu bekommen. In diesem Fall ist Ihr Wohlfühlfaktor im Minus und Sie versuchen, ins Plus zu kommen, indem Ihnen die andere Person ihre Energie gibt. Dies passiert, indem Sie sie in Ihr Lebensdrama ziehen oder dazu bringen, Ihnen ihre Hilfe zu geben. Je mehr Sie andere in Ihr negatives Feld führen, desto mehr Energie bekommen Sie von ihnen. Dies kann jedoch für den anderen zur Folge haben, dass er sich nach dem Treffen ausgelaugt und müde fühlt, obwohl er Ihnen ja helfen wollte.

Die Abstoßung ist der härteste Weg, an Energie zu kommen. Auch hiervon gibt es zwei Varianten. Bei der ersten geht es meistens um das Gewinnen oder Verlieren oder allgemeiner gesagt das Bessersein als andere. Dies wird sehr häufig im Sport angewandt beziehungsweise überall dort, wo es Konkurrenz gibt. Zu Beginn des Wettkampfs sind alle auf dem gleichen Energielevel. Am Ende bekommt jedoch der Gewinner die Energie der anderen und vielleicht auch noch die Gunst des Publikums.

Der zweite Weg, durch Abstoßung an die Energie anderer zu kommen, besteht darin, sich für die eigenen negativen Gefühle nicht verantwortlich zu zeigen und die Schuld jemand anderem zu geben. Durch das Übergeben des eigenen negativen Gefühls auf den anderen verschaffen Sie sich so etwas wie Erleichterung. Dieses Spiel ist das Opfer-Täter:in-Spiel. Jede Form von Schuldzuweisung, Manipulation oder wenn Sie dem Gegenüber ein schlechtes Gewissen verursachen, gehört zu diesem Mechanismus. Es ist genau dieses Verhaltensmuster, das auf globaler Ebene in den Jahrtausenden der Menschheitsgeschichte zu Kriegen, Elend, Zerstörung und millionenfachem Tod geführt hat.

Bewerten – ein mentales Verhaltensmuster

Emotionale Verhaltensmuster sind leicht zu erkennen, da sie einem unmittelbar das Gefühl geben, etwas zu brauchen. Mentale Verhaltensmuster sind nicht so offensichtlich und daher vielen Menschen nicht bewusst. Sie erwecken den Anschein, dass es um Objektivität und Sachlichkeit gehe. In Wirklichkeit täuschen sie diese Neutralität nur vor. Auch in diesem Fall gilt: Mentale Verhaltensmuster werden vollständig von den darunter liegenden Gefühlen bestimmt.

Der Prozess läuft in etwa folgendermaßen ab: Sie fühlen etwas – das ist für sich genommen neutral. Nahezu im selben Augenblick schaltet sich aber Ihr Verstand ein und misst dem Gefühl einen Wert zu. Somit erlangen Dinge Bedeutung und Wichtigkeit. Dies wiederum hat Auswirkungen auf Ihr Handeln. Durch das Bewerten der Dinge geht es in Ihrem Leben jetzt darum, etwas Wichtiges zu erschaffen, etwas Bedeutungsvolles zu tun, scheinbar Wertvolles anzuhäufen. Am Ende glauben die Menschen, ohne diese Werte nicht mehr existieren zu können, da sie sich durch das Bewerten mit ihnen identifiziert haben.

In Bezug auf Ihre Angst bedeutet dies, dass die Angst erst durch das Bewerten Ihrer Gefühle Bedeutung bekommt. Je größer diese Bedeutung ist, desto stärker fühlen Sie die Angst – zu versagen, etwas zu verlieren, etwas nicht zu bekommen. Daher ist das Bewerten *das* Grundmuster innerhalb Ihrer Polarität. Ob reich oder arm, ob schön oder hässlich, allem wird ein Wert zugemessen. Je höher Sie etwas bewerten, desto wichtiger ist es für Sie und desto größer ist die damit verbundene Angst.

Beurteilen – ein weiteres mentales Verhaltensmuster

Ohne die Erfahrung des Fühlens könnten Sie gar nicht sagen, ob eine Sache für Sie gut oder schlecht ist. Gut und schlecht sind jedoch keine Bewertungen einer Sache oder eines Umstandes, sondern es entspricht der *Beurteilung* dessen, was Sie bewertet haben. Die Tatsache, dass etwas sehr wichtig für Sie ist, sagt nichts darüber aus, ob es gut oder schlecht für Sie ist. Nur durch eine in der Vergangenheit gemachte Erfahrung können Sie beurteilen, ob etwas gut oder schlecht (für Sie) ist. Um es auf einen einfachen Nenner zu bringen, kann man sagen, dass alles, was Ihnen ein gutes Gefühl gibt, gut für Sie ist, und alles, was Ihnen ein negatives Gefühl gibt, schlecht für Sie ist. Dieses Beurteilen in Gut und Schlecht nennen wir Dualität. Es entspringt dem Gefühl.

Interessant wird es deshalb, weil nun bestimmte Zustände, die Ihnen ein positives Gefühl gegeben haben, mental auf ähnliche Situationen übertragen werden und somit wieder positive Gefühle auslösen. Dies gilt natürlich auch im negativen Fall. In Wirklichkeit funktioniert es bei Ihnen jedoch umgekehrt. Nicht die Situation im Außen ist für Ihr positives oder negatives Gefühl verantwortlich – diese ist ja immer neutral –, sondern Ihre gedankliche Beurteilung der Situation steht hinter dem Auslösen bestimmter Gefühle in Ihnen.

In unserer Welt gibt es nichts Gutes oder Schlechtes. Die Dinge sind, wie sie sind. Begriffe wie gut und schlecht sind vollständig subjektiv. Die Intensität der damit verbundenen Gefühle ergibt sich erst aus einer entsprechenden gedanklichen Bewertung der Dinge oder einer Situation. Die so gemachte Erfahrung wird abgespeichert und führt im Wiederholungsfall zur Ausbildung eines Verhaltensmusters. Dieses Verhaltensmuster kann dazu führen, dass eine neue Erfahrung nicht mehr gemacht wird, da das gedankliche Muster sich „vor" das Gefühl schiebt und Ihnen den Zugang zu dieser Erfahrung versperrt. Angenommen, Sie hassen Fußball, müssen aber Ihrem Chef zuliebe oder aus welchem Grund auch immer zu einem Match gehen. In der festen Überzeugung, einen miesen Abend zu haben, wird es mit sehr hoher Wahrscheinlichkeit auch tatsächlich ein überaus mieser Abend werden: Sie könnten sich zwar mitreißen lassen, in die Begeisterung eintauchen und lauthals in die Fangesänge einstimmen, aber da das alles Ihrer vorab gefassten Beurteilung zufolge schrecklich ist, werden Sie nur unter dem Lärm leiden und Gott und die Welt verfluchen, weil Sie auf die Ohrstöpsel vergessen haben.

Aus der grundsätzlich neutralen äußeren Realität wird dadurch eine Gut-schlecht- oder Richtig-falsch-Welt. Was als gut/schlecht oder richtig/falsch empfunden wird, hat sich somit auf die mentale Ebene verlagert und nimmt die Erfahrung vorweg. Der Verstand hat die Herrschaft übernommen und den Gedanken über das Gefühl gestellt. Da es allen Menschen so geht, besteht in unserer Gesellschaft die übereinstimmende Meinung, dass es Situationen oder Dinge gibt, die objektiv gut oder schlecht sind.

Die Tatsache, dass der Gedanke dem Gefühl vorausgeht in einer Umkehrung der „natürlichen" Verhältnisse, hat eine weitreichende Bedeutung. Anstatt sich auf die neutrale Situation einzulassen und diesen Augenblick zu fühlen, nimmt der Verstand schon vorab eine Bewertung/Beurteilung vor, welche jedoch aus der Vergangenheit stammt oder sogar einem bloßen Vorurteil entspringt. Sie nehmen sich dadurch selbst die Möglichkeit zu wirklicher Schöpfung einer neuen Realität, da das „Alte" als Maßstab für die nun folgende Entscheidung dient.

Wahre Schöpfung, das heißt eine wirklich neue Erfahrung zu machen, gelingt erst dann, wenn Sie sich einer neuen Situation gegenübersehen und sich auf diese offen und vorurteilsfrei einlassen. Da Ihr Verstand jedoch die Leitung übernommen hat, stülpt er die bereits gemachte Erfahrung/das bereits gefasste Vorurteil der aktuellen Situation über. Da Denken und Fühlen so gut wie gleichzeitig erfolgen, haben Sie fast keine Möglichkeit, diese Umkehrung des Prinzips zu erkennen. Die Bewertung und Beurteilung einer neutralen Situation wird somit zum beherrschenden Element Ihrer Wahrnehmung. Durch diesen entscheidenden Schritt beginnt nun ein weiterer Prozess zu greifen, der Sie noch weiter aus Ihrer Mitte heraus- und in die Illusion hineinführt.

Es gibt für uns fast nichts Schlimmeres, als sich zu langweilen oder das Gefühl der Leere zu empfinden. Wenn die Welt jedoch eine Gut-schlecht-Welt ist, dann ergibt sich daraus ein sehr „angenehmer" Nebeneffekt: Sie haben auf einmal ganz viel damit zu tun, die Dinge im Außen zu verbessern und sich Ziele zu setzen. Durch diese rein mentale, illusionäre Vorstellung, etwas im Außen verbessern zu können, geben Sie Ihrem Handeln einen „tieferen Sinn". Bedeutung und Wichtigkeit Ihres Handelns nehmen zu und geben Ihnen ein Gefühl von Befriedigung und Zufriedenheit. Allerdings erhalten Sie gerade dadurch die Illusion am Leben.

Im Laufe Ihres Lebens fallen Sie immer wieder in dieses Verhaltensmuster. Damit gewinnt das Spiel an Dramatik. Es entstehen

Erwartungen. Sie sind nicht mehr zufrieden, wenn Sie etwas zu tun haben, um den aktuellen Ist-Zustand zu verändern, sondern Sie sind enttäuscht, wenn Sie den gewünschten Soll-Zustand nicht erreicht haben. Damit haben Sie sich emotional mit einem Zustand in der Zukunft verbunden, welcher vielleicht von Ihnen gar nicht beeinflusst werden kann. Je größer die Erwartungen an diesen Zustand sind, desto größer ist die Enttäuschung, wenn dieser Zustand nicht erreicht wird und umgekehrt. Im Wirtschaftsleben ist dieser Effekt sogar mit Zahlen zu belegen: Nehmen wir zwei Manager. Der eine kündigt an, im nächsten Jahr 2,6 % mehr Gewinn einzufahren, der andere legt die Latte auf +1,2 %. Der erste schafft schlussendlich 2,3 %, der zweite bringt es auf 1,4 %. Und ist damit Manager des Jahres, während der andere als Verlierer dasteht, obwohl er doch rein rechnerisch klar überlegen war.

Der Prozess, der jetzt eingesetzt hat und der Grund dafür ist, dass Sie sich immer weiter aus Ihrer Mitte entfernen, kann wie folgt beschrieben werden: Sie bewerten nun Ihr eigenes Tun unter dem Gesichtspunkt von richtig und falsch und verknüpfen dies mit einer Erwartung an ein bestimmtes Ereignis in der Zukunft. Ab diesem Punkt beginnen Ihre Gefühlserfahrungen noch intensiver zu werden. Die Dramatik steigert sich zu einem Drama. Erfahrungen, Situationen oder Umstände werden abgelehnt, wenn sie nicht Ihren Erwartungen entsprechen. Sie beginnen sich zu beklagen und zu beschweren. Auch andere können jetzt aufgrund scheinbar objektiver Maßstäbe gemessen und bewertet werden. Hier beginnt das Leiden einzusetzen und aus dem Drama wird mehr und mehr eine Tragödie. Da dies aber nur in Ihrem Kopf stattfindet, ist es Ihnen nicht bewusst. Mit dem neutralen Außen hat Ihre Wahrnehmung nichts mehr zu tun. Dies entspricht dem aktuellen Bewusstseinszustand der meisten Menschen auf der Erde.

Recht haben

Ein weiteres sehr beliebtes Spiel ist das des Rechthabens. Es lässt sich aus dem vorher Gesagten ableiten. Gut und schlecht sind mentale Beurteilungen, welche subjektiver Art sind und daher nicht eindeutig. Richtig und falsch sind logische Begriffe, die versuchen sollen, mehr Objektivität in eine subjektiv empfundene Realität zu bringen. Rechthaben ist im Laufe der Zeit zu *dem* entscheidenden Verhaltensmuster geworden, da es Ihnen ermöglicht, diese Gut-schlecht-Welt zu verbessern – natürlich wiederum rein subjektiv, aber unter dem Mantel der Objektivität. Recht haben bedeutet, dass Sie über eine subjektive Wahrnehmung diskutieren unter dem Vorwand, diese entspräche objektiven Richtig-falsch-Kriterien.

Der Versuch, ein mentales Verhaltensmuster ins Spiel zu bringen, kann auch als der Versuch angesehen werden, sich von den starken emotionalen und daher eher subjektiven Verhaltensmustern zu lösen. Die Idee an sich ist sehr gut, denn wenn die Gefühle bei Entscheidungen keine so große Rolle mehr spielen, dann ist auch die Gefahr für Missverständnisse oder emotionale Verletzungen geringer, da die Entscheidungen ja auf einer mehr sachlichen Ebene getroffen werden. Leider hat dieser Versuch nicht funktioniert. Anstatt Gefühle, welcher Art auch immer, in Liebe anzunehmen, hat der Versuch, einen mentalen Zugang zu finden, dazu geführt, dass Gefühle kontrolliert oder unterdrückt werden. Gefühle können aber nicht dauerhaft kontrolliert oder unterdrückt werden. Deshalb wird das Prinzip des Rechthabens immer von tieferliegenden verdrängten Gefühlen gesteuert.

Rechthaben ist ein mentales Verhaltensmuster. Dass es so etwas wie Objektivität in Ihrer illusionären Welt nicht gibt, ist Ihrem Verstand nicht bewusst. Die „Objektivität" hilft jedoch enorm, wenn es darum geht, den eigenen Standpunkt zu verteidigen, da dies mithilfe von rationalen Argumenten sehr viel einfacher ist als mit emotionalen Motiven. Das Spiel des Rechthabens ist so etwas wie die Königsdisziplin, die subtilste und zugleich fundamentalste Form des Energiespiels, weil Sie den anderen nicht nur gefühlsmäßig die Möglichkeit nehmen, sich gut zu fühlen, sondern die Tür auch noch mental zumachen. Die Logik wird dabei über das Gefühl gestellt und was jemand spürt, ist von vornherein weniger wichtig und findet daher weniger Beachtung – obgleich das gefühlte Wissen in aller Regel deutlich näher an der *Wirklichkeit* ist.

Damit wurde der Boden für das letzte und auch wichtigste Verhaltensmuster unseres Verstandes geschaffen. Unsere ganze Gesellschaft ist durchdrungen von dem Gedanken, recht zu haben und dem anderen zu zeigen, dass er im Unrecht ist. In der Politik und Wirtschaft, im Rechtswesen, ja sogar in der „neutralen" Wissenschaft wird ständig versucht, die Aussage des einen durch die Aussage des anderen zu widerlegen.

Das soll nicht heißen, dass es keine eindeutig richtigen oder falschen Aussagen gibt: Auf der Basis einer gültigen Definition gibt es die sehr wohl. Wenn Sie z. B. sagen, dass der Blitz schneller ist als der Schall, dann haben Sie recht. Das Gleiche gilt für die Mathematik. $1 + 1 = 2$. Darauf haben wir uns alle geeinigt. Wenn Sie etwas anderes behaupten, dann ist Ihre Aussage nicht richtig.

Ist nun in einer dieser Aussagen Ihre Persönlichkeit oder Ihr Ego enthalten oder nicht? Das kommt darauf an. Wenn Sie die Aussage als reinen Fakt darstellen, ist vermutlich keines von beiden enthalten. Wenn Sie aber sagen: „Glauben Sie mir, der Blitz ist schneller als der Schall", dann hat Ihr Ich-Bewusstsein seine Hände im Spiel. Es versteckt sich in dem Wort „mir". Damit wird eine Identifikation mit der an sich neutralen Aussage und Ihrem Ich-Bewusstsein hergestellt, da es Ihrer Persönlichkeit oder Ihrem Ego wichtig ist, dass ihm geglaubt wird, damit Sie – bzw. Ihr Ego – sich durch die erhaltene Energie besser fühlen.

Man kritisiert die anderen nicht mehr nur oder bezeichnet sie als unfähig oder inkompetent, sondern versucht sie mittels scheinbar objektiver Argumente von ihrem scheinbar falschen Standpunkt wegzubringen oder „missbraucht" gewissermaßen unumstößliche Tatsachen für diesen Zweck. Dadurch, dass die anderen somit ins Minus, also in den negativen Pol kommen, fließt Ihnen deren Energie zu und Sie gelangen dadurch zum positiven Pol. Das Rechthaben stärkt somit Ihr Ich-Bewusstsein in Form Ihres Egos oder Ihrer Persönlichkeit. Das Bedürfnis, recht zu haben, kann bei extremen Verhaltensmustern so weit gehen, dass Sie lieber selbst leiden oder anderen Leid zufügen, als eine bestimmte Meinung oder Standpunkt aufzugeben.

Die Aussage: „Ich weiß, dass ich recht habe", ist emotionaler Art und ein weiterer Beleg dafür, dass Ihr Ich-Bewusstsein am Energiespiel teilnimmt. Es liegt in dem Wörtchen „Ich" verborgen. Bloßes Wissen ist immer neutral. Was Sie jedoch glauben zu wissen, ist nie neutral, da Sie es bewertet und beurteilt haben und somit in den Verstand gekommen sind. Damit haben Sie sich Ihre eigene „Realität" geschaffen, auf deren Grundlage Sie Schlussfolgerungen für die Zukunft ziehen. Diese können durchaus logisch sein, aber die Basis Ihrer Entscheidung ist Ihre persönliche Erfahrung, Ihre – vollkommen subjektive – „Wahrheit". Diese existiert in *Wirklichkeit* nicht, wie wir schon gesehen haben, dafür umso mehr für Sie: Je stärker Ihr Gefühl in Bezug auf Ihre Wahrheit ist, desto vehementer werden Sie sie vertreten. Somit sind Missverständnisse und Konflikte vorprogrammiert, da auch alle anderen Ihre je eigene „Wahrheit" haben. Ein neuer Kreislauf von Trennung, Abstoßung und Anziehung ist entstanden.

Ihr illusionäres Ich fühlt sich berechtigt, das So-Sein des Augenblicks zu kritisieren und sich moralisch über die Situation zu erheben. Oft existiert der Fehler, den Sie im anderen sehen oder in einer bestimmten Situation zu erkennen glauben, gar nicht. Es handelt sich um eine totale Fehleinschätzung Ihrerseits, welche aufgrund Ihrer eingeschränkten Perspektive entsteht. Anstatt sich über die Fehler anderer hinwegzusetzen, konzentrieren Sie sich darauf und verstärken diese nur. Meistens ist das, was Sie in anderen sehen, in Ihnen – und nur in Ihnen. Sie projizieren Ihre eigene Schwäche auf andere, nur um im Recht zu sein.

Gefühle können sehr stark sein. Der Versuch, sie zu kontrollieren oder zu verdrängen, ist der Hauptgrund für die Entstehung der mentalen Ebene. Das Problem ist, dass sich Gefühle nicht kontrollieren oder verdrängen lassen. Durch diesen zwar gut gemeinten Ansatz werden die Macht und die Wirkung, die diese Gefühle auf Sie haben, nur verstärkt. Daher zielen Rechthaberei und das Ausdrücken der eigenen „Wahrheit" immer darauf ab, ein positives Gefühl zu haben und Energie von außen zu bekommen.

Sich nicht in Rechthaberei zu verfangen und damit nicht auf die Unbewusstheit anderer zu reagieren, ist daher das beste Mittel, um die Bewusstheit in Ihnen und in anderen zu erhöhen. Dies gelingt Ihnen jedoch nur, wenn Sie erkennen, dass es nichts Persönliches ist. Da Ihr Ego jedoch alles persönlich nimmt, kann das Nicht-Reagieren nur aus Ihrem Bewusstsein heraus erfolgen. So verhelfen Sie sich und anderen zu mehr Bewusstheit und der Möglichkeit, sich aus Ihrer Identifikation mit Ihrem Ich-Bewusstsein zu lösen.

Wenn jemand beispielsweise unbedingt auf seiner Meinung besteht und es dabei um mentale oder emotionale Verhaltensmuster geht – sprich z. B. Bestätigung des Egos oder der Persönlichkeit –, versuchen Sie nicht auf dieser Ebene „einzusteigen". Lassen Sie dem Jemand seine oder ihre Sicht der Dinge. Erkennen Sie die Unbewusstheit im anderen, das Bedürfnis seines Egos oder Persönlichkeit nach Anerkennung. Derlei wird für Sie vermutlich unangenehm sein, es bedeutet aber keineswegs, dass Sie sich alles gefallen lassen müssen: Wenn Sie jemand beispielsweise beleidigt oder anbrüllt, rechthaberisch ist, Ihnen andauernd ins Wort fällt usw.: Werden Sie sich Ihrer eigenen Emotionen bewusst, antworten Sie wenn nötig mit einem klaren Nein, aber bauen Sie keinen innerlichen Widerstand gegen die Situation oder Reaktion des anderen auf. Lassen Sie das unangenehme Ereignis „durch sich hindurchfließen". Indem Sie keinen Widerstand aufbauen, muss der andere seine Position nicht verteidigen und kann sich so Ihrer „Nichtreaktion" öffnen. Um dies zu bewerkstelligen, benötigen Sie ein Mehr an Bewusstheit. Die gute Nachricht in diesem Zusammenhang ist: sich darin zu üben, Ereignisse durch sich hindurchfließen zu lassen und einfach sein zu lassen, anstatt sie persönlich zu nehmen, verhilft Ihnen zu mehr Bewusstheit. Und die noch bessere Nachricht, auf die wir in weiterer Folge noch näher eingehen werden, ist die Tatsache, dass Ihr gelebtes Mehr an Bewusstheit auch zur Vermehrung von Bewusstheit im anderen beiträgt. So wird echte Veränderung der Welt in ihrer Essenz möglich.

7.6 Das Tun-haben-sein-Spiel – das umgekehrte Prinzip

Hinter den beschriebenen Verhaltensmustern steht ein einziges Grundprinzip. Jenes, dem wir alle folgen, solange wir die Illusion nicht durchschauen: das Prinzip des Tuns. Alle tun etwas, um etwas zu bekommen oder zu verändern, um etwas zu *haben*. Es ist *das* Grundprinzip innerhalb der Erfahrung. Allerdings verdreht es dabei vollkommen das Prinzip, welches dem Sein unterliegt. (Dieses Prinzip besagt, dass Sie vom Sein zum Haben ins Tun kommen. Damit werden wir uns jedoch später beschäftigen.)

Das Tun-haben-sein-Prinzip sagt aus, dass Sie zuerst etwas tun müssen, damit Sie etwas haben können, damit Sie etwas sind. Im Tun-haben-sein-Spiel besteht das Problem darin, dass Sie etwas sein wollen (z. B. glücklich), was Sie in diesem Moment nicht sind. Ihr Verstand gibt Ihnen ein, dass Sie nur glücklich sein können, wenn Sie etwas haben (z. B. ein Haus, ein Auto, eine Familie). Um das Gewünschte zu bekommen, müssen Sie etwas dafür tun (z. B. arbeiten, Sport treiben, Karriere machen). Dahinter steckt wie immer – und dieses Mal haben Sie es vielleicht schon erraten – die Angst, Opfer zu sein. Sie handeln oder tun etwas aus Angst, etwas nicht zu bekommen oder zu haben, von dem Sie denken, dass Sie es brauchen, um etwas sein zu können, damit Sie sich gut fühlen. Die Angst ist der Antrieb für all Ihr Tun. Es ist das umgekehrte Prinzip der *Wirklichkeit*.

Sie beschäftigen sich mit einem Problem, um eine Lösung zu finden. Da sich aber alles ständig verändert und nichts von Dauer ist, ist dieses Tun aus Angst ein unentwegtes Verändern, Aufbauen, Erhalten, Zerstören und Neumachen von bereits bestehenden Situationen oder Dingen. Es ist ein Spiel ohne Ende. Damit steht es in komplettem Gegensatz zu den Ebenen des Seins. Auf den Ebenen des Seins müssen Sie nicht etwas tun, um etwas zu werden oder zu verändern, Sie sind es bereits in dem Moment, in dem Sie es erschaffen. Die Illusion hat es geschafft, Ihr Verhalten um 180 Grad von dem, was die *Wirklichkeit* ist, zu drehen. Das heißt nicht, dass Sie mit Ihrem Tun etwas falsch machen. Es bedeutet nur, dass Sie sich mit Ihrem ständigen Tun weiter und weiter von der *Wirklichkeit* entfernen und so immer tiefer in die Illusion eintauchen. Kommt Ihr Tun jedoch aus dem Sein, dann haben Sie das Prinzip umgedreht. Aus dem Sein kommt es dann, wenn Ihre Motive nicht dem Haben zugeordnet werden können, sondern der Liebe und der Freude, die Ihrem Tun in dem Maß entspringen, in dem Sie es mit Liebe machen.

Wenn Sie Ihr Tun verwenden, um die Liebe in Ihr Handeln einfließen zu lassen, wird es zu einem Mittel, den Wunsch Ihrer Seele nach Wachstum und Liebe zum Ausdruck zu bringen. Setzen Sie Ihr Tun hingegen nur als Mittel zum Zweck ein, also um z. B. Ruhm, Ansehen oder Geld zu erlangen, so handeln Sie gemäß Ihrem Ich-Bewusstsein, welches per definitionem unbewusst ist.

Das Problem des Tuns liegt in der Vorstellung, dass die Dinge, die Sie brauchen oder sich wünschen, *verdient* werden müssen. Diese einfach anzuziehen oder einfach so zu bekommen, können Sie sich nicht vorstellen. Dies kommt daher, dass Ihre Persönlichkeit und Ihr Ego äußerst unsicher sind und sich nicht als gut genug empfinden. Die Tatsache, dass Sie ungeachtet all Ihrer Stärken und Schwächen perfekt sind, dass alles, was Sie sich wünschen, im Nichts bereits vorhanden ist und dass es Ihnen ohne Vorbedingung zur Verfügung steht, weil die Liebe bedingungslos ist, das können Sie nicht akzeptieren. Sie müssen nichts tun, um ins Paradies zu kommen, weil Sie dort schon angekommen sind. Solange Sie dies aber nicht erkennen und annehmen können, werden die Dinge nicht sofort auf Sie zukommen. Der Grund, weshalb Sie diese bedingungslose Liebe nicht annehmen können, ist, weil Sie umgekehrt auch nicht in der Lage sind, bedingungslos zu geben. Im Tun-haben-sein-Spiel geben Sie mit der Absicht, etwas dafür zu bekommen.

Da Ihr Gegenüber dieselben Absichten hegt, ist der Ausgang dieses Spiels ungewiss. Wenn Sie hingegen lernen, bedingungslos zu geben, werden Sie bedingungslos empfangen. Dies ist so, weil das Leben so erschaffen wurde: Sie haben mit *dem Göttlichen* eine Vereinbarung getroffen, dass Ihnen das gegeben wird, was Sie für sich wählen. Diese Vereinbarung funktioniert, weil das Geben und das Nehmen darin bedingungslos sind.

Bedingungslosigkeit ist ein Konzept, mit welchem Ihr Ich-Bewusstsein nur schwer etwas anfangen kann. Selbst die Personen, die Sie in Ihrem Leben am meisten geliebt haben – Ihre Eltern in der Regel – haben Ihnen als Gegenleistung für ihre Liebe Bedingungen gestellt. Bedingungslos bedeutet, dass Sie, selbst wenn Sie Ihr ganzes Leben auf der faulen Haut gelegen sind, dabei aber niemandem absichtlich geschadet haben und wenigstens einmal in Ihrem Leben etwas aus dem Herzen heraus gemacht haben, anderen durch ein Lächeln, ein Lied oder ein Gedicht Freude bereitet haben, alles „richtig" gemacht haben. Selbst wenn Sie jahrelang betrogen und gelogen haben, andere manipuliert und Menschen geschadet haben und durch diese Handlungen zur Einsicht gekommen sind, dass Sie diesen Weg nicht mehr gehen wollen und damit ein neues Verständnis von sich selbst erschaffen haben, so sind Sie dem Wunsch des Universums nach geistigem Wachstum gefolgt. Es liegt nicht an

Ihnen, andere Menschen nach ihrem Handeln zu beurteilen, da Sie nicht wissen, welche Aufgabe diese Seele in diesem Leben hat. Sie müssen nur entscheiden, wer Sie in diesem Augenblick sind und nicht, wer oder was ein anderer tun sollte oder was er oder sie ist oder nicht ist.

7.7 Der tiefe Fall Ihres Ich-Bewusstseins

Mit dem vorher Gesagten haben wir nun alle Zutaten zusammen, die benötigt werden, um Ihr Bewusstsein fast gänzlich an Ihre selbst erschaffene Illusion zu fesseln. Die Basis für die Polarität wurde zum einen mit der Ablenkung durch die Sinne und der damit verbundenen Fokussierung auf das Außen gelegt, zum anderen mit der Erschaffung der Angst vor eben diesem Außen. Alles Weitere, wie das Verstecken der zweiten Angst hinter dem positiven Pol – die Ursache für die ständige, aber erfolglose Suche nach Liebe – oder das Entstehen eines Ich-Bewusstseins sind lediglich Effekte oder Ableitungen der beiden Grundlagen.

Es ist nun der Augenblick gekommen, an dem wir uns dem tiefen Fall Ihres Bewusstseins widmen können, denn alle diese Effekte beginnen nun, sich zu vermischen und zu wirken. Ihr Leben ist nun mit einer Achterbahnfahrt vergleichbar. Es geht im rasenden Tempo bergauf und danach noch schneller wieder bergab. Sie haben das Gefühl, dass Ihnen das Steuer aus der Hand genommen wurde und Sie den Kräften, die nun auf Sie einwirken, hilflos ausgesetzt sind. Um Ihnen zu verdeutlichen, wo Sie sich aktuell auf Ihrer Achterbahnfahrt befinden, stellen Sie sich Folgendes vor: Sie wähnen sich bereits an einem tiefen Punkt, aber zu Ihrer Überraschung stellen Sie fest, dass diese Achterbahn ein Untergeschoß hat und der Zug nun fast senkrecht vor Ihnen in die Tiefe stürzt. Schnallen Sie sich daher gut an, es könnte wild werden.

Wie schon erwähnt, gab es aufgrund der Tatsachen, dass Sie Ihren Ursprung vergessen haben, Ihr Bewusstsein reduziert wurde und Ihnen die Illusionen von Trennung und Zeit nicht bewusst waren, keine andere Möglichkeit für Sie, als sich an das Außen zu halten und somit die Entwicklung Ihres Ich-Bewusstseins einzuleiten. Ihr Verstand, mit dem Sie sich im Laufe Ihrer Entwicklung identifiziert haben, hat dieses illusionäre Selbst erschaffen in Unkenntnis Ihrer wahren Herkunft.

Ihr Ich-Bewusstsein, ein Produkt Ihres Verstandes, kann als ein halbintelligentes Lebewesen bezeichnet werden. Der Verstand hält sich selbst durch die Funktion des Denkens am Leben und betrachtet das Denken – d.h. sich selbst – als seinen größten Schatz. Ihr Ich-Bewusstsein ist durch die Identifikation mit Ihrem Verstand, seinem Schöpfer, in der Lage, diesen zu beeinflussen, und erhält somit seine halbintelligente Eigenschaft, ohne jedoch zu wissen, dass es nur ein Produkt Ihres Verstandes ist. Durch Worte wie ich, mir oder mein stellt es einen Bezug zu den Dingen her, den es in Wirklichkeit nicht gibt. Es nimmt somit alles persönlich. Damit ist Ihr Ich-Bewusstsein vollkommen unbewusst.

Durch den Bezug zum Außen bestätigt es seine Getrenntheit von den Dingen und somit seine Existenz. Es steuert den Großteil Ihres Lebens, es hat Bedürfnisse und es gibt vor, Sie zu sein. Ihr Ich-Bewusstsein hat zwei Wesenheiten erschaffen, die es ihm erlauben, auf die von außen kommenden Informationen entsprechend zu reagieren. Dies sind Ihre Persönlichkeit und Ihr Ego. Ihre Persönlichkeit möchte sich gerne gut darstellen und unternimmt alles, damit sie möglichst viel Energie, Aufmerksamkeit, Liebe und Zuwendung im Außen bekommt. Die Persönlichkeit identifiziert sich nicht nur mit Dingen wie Geschlecht, Alter, gutem Aussehen, Status, finanziellem und beruflichem Erfolg usw., sondern auch mit Ihren Gedanken und ist daher fest in Vergangenheit und Zukunft verankert.

Den Teil, mit dem sich Ihr Ich-Bewusstsein nicht so gerne identifiziert, nennen wir Ego. Das Ego ist in dieser Kombination für alles zuständig, was Ihrer Persönlichkeit nicht gefällt, sie verletzt oder kleiner macht. Ihr Ich-Bewusstsein schiebt dem Ego zusätzlich noch alles zu, was über Ihr Vorstellungsvermögen hinausgeht, also alles, was nicht sein darf, weil es das Weltbild Ihres Ich-Bewusstseins gefährden würde. Ihre beiden Wesenheiten sind jedoch nicht getrennt voneinander, wie es die Persönlichkeit gerne hätte. Beide bilden nur die Pole der Unbewusstheit in Ihnen und sind daher eins.

Die Bildung dieser Pole hat zur Folge, dass Sie das Gefühl haben, es würden sich mehrere Persönlichkeiten in Ihrem Verstand befinden. Je nachdem, welche Ereignisse aus dem Außen auf Sie einströmen, wechseln Ihre Stimmung und Ihr Verhalten, ständig verändert sich Ihre Befindlichkeit. Die Redewendung „mit dem falschen Fuß aufzustehen" beschreibt treffend, welch nichtiger Anlässe es bedarf, um Sie aus dem emotionalen Gleichgewicht zu bringen. Bestens gelaunt beginnen Sie den Tag, dann schiebt sich eine Wolke vor die Sonne und schon sind Ihre Aussichten getrübt.

Bisher hatten Sie nur Angst, aufgrund bestimmter Ereignisse zum Opfer zu werden, sprich Positives nicht mehr fühlen zu können oder Negatives fühlen zu müssen. Aus diesem Grund haben Sie versucht, Ihr Außen durch Ihr Tun zu kontrollieren. Durch Ihre Identifikation mit der Angst, zum Opfer zu werden, und die vermeintlich „objektive" Einteilung Ihrer Welt in richtig und falsch verstärken und vervielfältigen Sie diese Emotion. Die Ängste, die nun neu entstanden sind, wenden sich nun aber direkt gegen „Sie selbst" (also Ihr Ich-Bewusstsein) und lassen sich wie folgt beschreiben:

- die Angst, nicht/nie gut genug zu sein (gut/schlecht sind Begriffe aus der Dualität und gehören zur Gefühlsebene)
- die Angst, etwas falsch zu machen (richtig/falsch sind Begriffe aus der Logik und gehören zur Verstandesebene, jedoch spielen auch hier Gefühle im Hintergrund eine Rolle)

Ab diesem Moment wird Ihre Existenz noch angreifbarer. Sie haben nicht nur Angst vor einem bestimmten Ereignis im Außen, sondern Sie stellen sich selbst auch noch permanent infrage, was dazu führt, noch stärkere Gefühle auszulösen. Dieser Effekt erschafft die dritte und letzte Angst Ihres Ich-Bewusstseins innerhalb der Angst, Opfer zu werden:

• die Angst, emotional verletzt zu werden (entspricht dem Prinzip des Nicht-Rechthabens)

Mit den beiden ersten Ängsten wird Ihr Selbstwert zerstört. Sie reagieren äußerst sensibel auf alles, was in Ihnen das Gefühl auslöst oder verstärkt, nicht gut genug zu sein, indem Sie sich nicht nur als Opfer fühlen, sondern Ihre ganze Existenz infrage stellen. Dadurch haben Sie das Gefühl, immer mehr Sachen falsch zu machen. In Kombination mit der Angst, emotional verletzt zu werden, werden Sie nicht nur zu einem Opfer, das im Außen existiert, sondern auch zum Opfer Ihrer eigenen Gefühle. Schließlich werden Sie bereit sein, Dinge zu tun, die Sie unter normalen Umständen nie tun würden, und dies nur auf Basis verletzter Gefühle. Ab diesem Moment haben Sie nicht nur das Außen für Ihre Erfahrungen verantwortlich gemacht, sondern sind selbst Teil dieses Spiels geworden. Ein typisches Beispiel für eine solche Situation wäre etwa eine Beziehung, von der Sie fühlend wissen, dass Sie Ihnen nicht guttut, aus der Sie aber dennoch nicht aussteigen – weil Sie aufgrund mangelnden Selbstwerts davon ausgehen, dass Sie es nicht besser verdient haben, dass die Alternative „keine Beziehung" noch viel schlechter wäre, dass ohnehin nie etwas Besseres nachkommt ... Was aufgrund der Gesetzmäßigkeiten des Universums im Zuge einer selbsterfüllenden Prophezeiung auch eintritt.

Wenn Sie in diese Welt kommen, dann *müssen* Sie sich der Angst stellen, zum Opfer zu werden. Sie haben *keine* Wahl. Sie werden diese Angst fühlen, genauso, wie alle Menschen diese Angst fühlen. Sie haben jedoch die Wahl, wie Sie mit dieser Angst umgehen.

Die eine Möglichkeit ist, sich mit diesen Gefühlen und Gedanken zu identifizieren; dann werden diese Ängste real. Sie werden tatsächlich zu Opfern anderer Menschen und Umstände. Da Sie auf diese Gefühle dann keinen Einfluss mehr haben, werden Sie beginnen, andere für Ihre Gefühlslage schuldig zu sprechen. Sie werden beginnen, andere als Täter:innen zu sehen, und das ist der Punkt, an dem Sie Ihre Verantwortung für Ihr Handeln und Tun, für Ihre Gefühle und Gedanken endgültig abgeben.

Dies ist der tiefste Punkt der Unbewusstheit. Sie sind nun – wenn Sie wollen – buchstäblich in der Hölle gelandet. Hier ist es wirklich dunkel und kalt. Es gibt kaum Licht und wenig Wärme. Dabei haben Sie doch genau das Gegenteil gesucht. Eigentlich.

Ihre eigenen Verhaltensmuster oder die Verhaltensmuster der anderen wirken nun mit voller Wucht auf Sie ein. Sie sind energetisch fast ständig im Minus, also im negativen Pol. Die anderen spüren das und machen sich lustig über Sie, versuchen Sie weiter kleinzuhalten, bezeichnen Sie als inkompetent oder unfähig, beschimpfen Sie, um somit noch den letzten Rest von Energie von Ihnen zu bekommen. Irgendwann steht Ihre ganze Existenz auf dem Spiel. Große Ängste des Egos werden zutage treten. Als unbewusste Reaktion darauf werden Sie versuchen, sich zu verteidigen, zu rechtfertigen, zu lügen und so weiter und so fort. Je tiefer Sie sich in Ihrer Unbewusstheit befinden, desto persönlicher werden Sie alles nehmen. Je persönlicher Sie alles nehmen, desto mehr werden Sie eine eigene „Persönlichkeit" entwickeln. Sie haben sich mit etwas identifiziert, *was Sie nicht sind*. Die ursprüngliche Absicht, durch die Erfahrung dessen, wer oder was Sie *nicht* sind, zu erkennen, wer Sie in *Wirklichkeit* sind, ist nun nicht mehr möglich, da Sie sich ja mit dem identifizieren, wer oder was Sie *nicht* sind und somit Ihr *Nicht-Sein zu Ihrer Realität* gemacht haben.

Ihr Nicht-Sein zu Ihrer Realität zu machen bedeutet, vollkommen unbewusst zu sein. Dies ist der Punkt, an dem es nur mehr ein kleiner Schritt zu Gewalt, Mord und Krieg ist. Wird dieser Punkt überschritten, sind die Folgen verheerend. All dies bringt nur weitere Gewalt zum Vorschein. Es beginnt ein nur sehr schwer zu stoppender Kreislauf, in dem Opfer zu Täter:innen und Täter:innen zu Opfern werden. In einigen Fällen kann dieser Kreislauf jahrzehntelang andauern und unsägliches Leid verursachen. Dies gilt sowohl für Sie persönlich als auch für ganze Völker. Der aufgestaute Schmerz lässt jedoch nicht zu, diesen Kreislauf zu durchbrechen, und verlangt nach Rache und Vergeltung. Der Schmerz ernährt sich von den negativen Gefühlen anderer und sorgt dafür, dass Sie sich selbst besser fühlen, indem Sie dem Unrecht, das Ihnen angetan wurde, mit Unrecht begegnen. Dies hat aber nichts mit einem guten Gefühl im Sinne von Freude und Liebe gemein. Diese positive Erfahrung ist für den Schmerz nicht zu verdauen. Schmerz muss sich von Schmerz ernähren. Jeder Mensch hat Schmerzen in sich und jede Nation hat ebenfalls ihre ganz eigene schmerzliche Erfahrung, die zu dem persönlichen Schmerz hinzukommt. Der Schmerz, den Sie fühlen, kommt aus Ihrer Vergangenheit und hat mit dem Jetzt nichts zu tun.

Je größer der Schmerz wird, desto realer wird die Bedrohung für Ihre Existenz. Die Lösung liegt aber nicht darin, den Schmerz zu verdrängen. Sie brauchen nicht noch mehr Kontrolle. Je mehr Sie Ihre Gefühle im Inneren kontrollieren wollen, desto mehr Kontrolle übertragen Sie auch auf das Außen. Die Schaffung von Militär, Polizei oder Geheimdiensten sind Ausdruck dieser Angst, im Inneren die Kontrolle über das Äußere zu verlieren.

Was Sie brauchen, ist mehr Bewusstheit. Das ist nun die zweite Möglichkeit, mit Ihren Ängsten umzugehen: Sie müssen verstehen und lernen, alles, was ist, anzunehmen, und zwar genauso, wie es ist, weil es genau so für Ihre aktuelle Entwicklung das Beste ist. Auch wenn Sie nicht verstehen, warum es so ist. Finden Sie das Vertrauen in sich und *das Göttliche*. Die Menschen sind nicht schlecht. Sie haben Angst, sie fühlen sich als Opfer äußerer Umstände, auf die sie wenig oder keinen Einfluss haben, und sie sind vor allem unbewusst. Sie sind ein Teil *des Göttlichen*, das wunderschön und perfekt und Liebe ist.

Lassen Sie sich nichts anderes einreden. Wenn Sie das akzeptieren können, dann werden Sie und die gesamte Menschheit in der Lage sein, den Schmerz anzunehmen und ihn in Liebe loszulassen, sodass Sie, für die Menschheit und für den ganzen Planeten, in Heilung gehen können.

Es gibt daher nichts für uns zu tun. Im Tun können wir immer nur einen Aspekt des Ganzen abbilden. Wenn Sie gegen Krieg kämpfen, geben Sie dem Krieg Ihre Energie und erhalten ihn dadurch. Wenn Sie in den Krieg ziehen, dann erschaffen Sie ihn. Das Ergebnis ist das Gleiche. Der Schlüssel liegt im Sein. Auch wenn Sie gegen etwas sind, bekommt dieses etwas Ihre Energie. Sie müssen, anstatt etwas zu tun, um etwas zu bekommen oder zu werden, dieses Etwas *sein*. Seien Sie der Friede, seien Sie die Liebe, die Sie sich wünschen. Das Prinzip ist immer das Gleiche: Ist die innere Verwandlung vollzogen, folgt das Außen immer Ihrem inneren Zustand.

Dies soll nicht heißen, dass Sie niemals aktiv werden sollten. Es gibt innerhalb der Polarität Situationen, in denen es notwendig ist, aktiv zu sein und, etwa zur Verteidigung Ihrer Lieben, sogar in den Krieg zu ziehen. Wenn Sie Ihre Liebe dafür einsetzen, andere Lebewesen, die schwächer sind als Sie, zu schützen und dafür körperliche Gewalt notwendig ist, so bringt Sie Ihr Tun näher zu Ihrem Sein, als wenn Sie wegschauen würden. Dies darf Sie nicht verwundern, denn innerhalb der Polarität hat auch die Liebe, beziehungsweise das, was Sie als Liebe empfinden, immer zwei Seiten. Daher kann die Liebe manchmal hart und grausam erscheinen. Sie verletzt aber nie absichtlich und hat immer den Schutz des Lebens im Sinn.

So wie die Liebe zwei Seiten hat, hat auch die Angst zwei Seiten. Sie knackt die Schale Ihrer Persönlichkeit und Ihres Egos. Sie werden aber erst an diesen Punkt kommen, wenn Sie von den daraus entstehenden Gefühlen und dem Leid und dem Schmerz, den die Angst durch Ihr Tun verursacht, die Nase wirklich voll haben. Wenn Ihnen glasklar vor Augen steht, dass es nicht mehr schlimmer werden kann und die Lösung keinesfalls in mehr desselben, in mehr Gewalt, Mord und Tod liegen kann. Dieser Moment entzieht sich der Interpretation durch Ihren Verstand. Es bleibt Ihnen daher gar nichts anderes übrig, als ihn so zu nehmen, wie er ist. Kein Kommentar ist mehr vorhanden, nichts, was Sie aus Ihrer Mitte bringt. Die Stille ist eingekehrt. Das Denken macht einer vollkommenen Aufmerksamkeit Platz. Sie erkennen die Perfektion des Augenblicks und befinden sich so in einem Zustand, den wir Erleuchtung nennen.

Er kann für ein paar Augenblicke eintreten, wenn Sie zum Beispiel im tiefsten Schmerz einfach loslassen oder wenn Ihnen etwas von solcher Schönheit begegnet, dass Ihr Verstand anhält. Er kann aber auch länger andauern, wenn Sie eine außerordentliche Leistung vollbringen, auf die Sie seit Jahren hinarbeiten. Oder er wird Ihr Dauerzustand, wenn Sie sich von Ihrer Angst lösen und damit die Identifizierung mit Ihrem Verstand aufgeben. Ihr Ich-Bewusstsein macht dann einer viel größeren Art der Wahrnehmung Platz. Die Grenzen Ihres Ichs lösen sich auf. Ihr Bewusstsein übernimmt die Leitung.

Gleichzeitig sterben Ihre Persönlichkeit und Ihr Ego. Davor haben Sie jedoch die größte Angst. Dies ist der Kern der zweiten Angst, die Sie davon abhält, Ihre wahre Größe zu erlangen.

Die größte Leistung der Menschheit liegt daher im Erkennen ihres wahren Seins. Diese Illusion zu durchschauen und dem Bewusstsein zur Entfaltung in dieser Welt zu verhelfen, ist die letztendliche Aufgabe Ihres Lebens und der aller Menschen. Um einen Weg aus dieser Illusion herauszufinden, müssen Sie tief in die Illusion eintauchen. Sie haben auch hier keine Wahl. Sie müssen bis zum tiefsten Grund dieser Illusion hinabsteigen und dort Ihr Licht des Bewusstseins entzünden. Der Weg führt durch Ihre Angst hindurch, denn hinter Ihrer Angst steht Ihr Bewusstsein. Sobald das Licht des Bewusstseins Ihre Unbewusstheit erleuchtet, verschwindet diese. Sie werden dann in diesem Licht die Großartigkeit und die Weite der Schöpfung erkennen, von der Sie ein Teil sind und immer waren.

8 Spirituelles Erwachen

„Erkenne dein Selbst! Dann weißt du!
Vorher ist Fragen nutzlos, nachher ist es unnötig!"
Sri Ramana Maharishi

„Die größte Entscheidung deines Lebens liegt darin,
dass du dein Leben ändern kannst,
indem du deine Geisteshaltung änderst."
Albert Schweitzer

Im gegenwärtigen Entwicklungsstadium befindet sich der Großteil der Menschheit auf einem tiefen Punkt der Unbewusstheit,
gefangen in der Illusion der eigenen „Realität" und unfähig, sich
selbst und das Wunder der Schöpfung, so allgegenwärtig und
allzeit präsent es auch ist, zu erkennen. Diese Unbewusstheit
findet ihren Ausdruck überall dort, wo der Mensch blind tötet,
das heißt auf Schlachtfeldern und in Schlachthöfen, überall dort,
wo wir die Natur ausbeuten und zerstören, überall dort, wo wir
unsere wunderschöne Erde vermüllen und vergiften, denn die
Umweltverschmutzung ist nur äußerer Ausdruck unseres inneren Bewusstseinszustandes.

Die Unbewusstheit darüber, wer Sie in *Wirklichkeit* sind, oder
anders ausgedrückt, der Verlust des Eins-Seins mit *Allem-was-
Ist*, ist der größte Verlust, der Sie treffen kann. Nur dadurch
lässt sich erklären, warum die Welt, in der wir leben, so ist, wie
sie ist. Das bedeutet aber auch: Wir haben nun das Schlimmste
überstanden. „Rock bottom" ist der amerikanische Ausdruck
für den Moment, an dem jemand aufgrund seines unbewussten
Verhaltens ganz unten angelangt ist. Und damit am idealen Ort,
um die Einzelteile zusammenzusuchen, neu zu ordnen und sich
auf den Weg zurück zu machen.

8.1 Von der Erfahrung zum Sein

Am tiefsten Punkt der Unbewusstheit ist Ihr illusionäres Selbst oder Ich-Bewusstsein, welches die Trennung im Menschen widerspiegelt, zur gelebten Wirklichkeit geworden. Sie haben sich vollkommen der Erfahrung hingegeben und mit dem identifiziert, was Sie *nicht* sind. Wie geht es von hier aus wieder „aufwärts", hin zu immer größerer Bewusstheit? Machen Sie sich dazu zunächst bewusst, dass jede Erfahrung – mag sie noch so schön oder schrecklich sein – nur eine individuelle, mental bewertete und emotional gefühlte Interpretation eines vollkommen neutralen Ereignisses ist. Jede Erfahrung erschafft Ihre neue „Realität", welche wiederum zu einer neuen Erfahrung wird. Machen Sie sich auch bewusst, dass *Sie* das Zentrum sind, aus dem jede Erfahrung entspringt, und nicht jemand, dem oder der eine Erfahrung zuteilwird, die dann bewertet wird; Sie sind Schöpfer:in Ihrer „Realität", nicht deren Kritiker:in.

Der tiefere Sinn einer jeden Erfahrung besteht darin, zu erkennen, wer Sie in diesem Moment sind oder nicht sind. Danach hat sich der Sinn einer jeden Erfahrung erledigt und Sie gehen zur nächsten Erfahrung. Vor diesem Hintergrund macht es keinen Sinn, Erfahrungen laufend zu wiederholen. Damit ist gemeint, dass Sie jede Art von Erfahrung, sobald sie einmal gemacht ist, als erledigt betrachten. Ob die Erfahrung nun positiver oder negativer Art war, ist dabei nicht wichtig. Genießen Sie die positive Erfahrung und seien Sie dankbar dafür. Verlassen Sie eine negative Erfahrung und lernen Sie daraus. In beiden Fällen lassen Sie die Erfahrung einfach sein und gehen Sie weiter zur nächsten.

Durch das Bewerten und Beurteilen einer Erfahrung wird dies jedoch wirkungsvoll verhindert. Damit drücken Sie einer neutralen Situation Ihren persönlichen Stempel auf, indem Sie sie als wichtig oder unwichtig, als gut oder schlecht bezeichnen. Somit wollen Sie eine Erfahrung entweder wiederholen oder vermeiden – beides zieht das gewünschte Ergebnis in Ihre Denkwirklichkeit. Das ist jedoch keine Erfahrung im Sinne einer Schöpfung, da die Erfahrung im Grunde nur vor einem anderen Hintergrund wiederholt wird.

Es ist auch nicht die Absicht *des Göttlichen*, Sie auf immer in dieser Welt der Erfahrung zu lassen. Alles verläuft in Zyklen. Auch der aktuelle Bewusstseinszustand der Menschen ist diesen Zyklen unterworfen. Das vor wenigen Jahren zu Ende gegangene Fischezeitalter hat uns ins Wassermannzeitalter geführt. Während das Fischezeitalter sich durch rigide Strukturen und Hierarchien auszeichnete, werden im Wassermannzeitalter diese Strukturen und Hierarchien allmählich verschwinden. Jedoch werden auch die Sicherheit und das Wissen, welche Aufgabe man in seiner Rolle als Frau oder Mann im Fischezeitalter hatte, zu Ende gehen. Das Wassermannzeitalter wird unendlich viele Möglichkeiten zur Entfaltung bieten, aber das Risiko, sich innerhalb dieser Möglichkeiten ohne inneren Kompass zu verlieren, ist groß. Dieser Zyklus wird nun die nächsten 2.166 Jahre das Bewusstsein der Erde und allem, was auf ihr und dank ihr existiert, beeinflussen. Diese Veränderungen werden die gesamte Erde und die Menschheit betreffen. Wir bekommen jedoch energetische Unterstützung und geistige Führung, mit deren Hilfe sich diese Transformation leichter vollziehen lassen wird. Gleichzeitig sind wir immer noch in der Polarität gefangen, das bedeutet, dass Trennung und Angst uns weiter begleiten werden, nur dass wir diese anders wahrnehmen oder spüren werden, als wir dies aktuell tun bzw. in der Vergangenheit getan haben.

Der Weg, der uns durch diese Entwicklung gezeigt wird, ist der Weg von der Erfahrung zum Sein. Das Sein ist jedoch nichts, was beschrieben werden kann. Sein ist ein Ist-Zustand. Sein bedeutet, von dem, was ist, nicht getrennt zu sein, also damit eins zu sein. Das Einzige, was daher beschrieben werden kann, ist der Weg von der Erfahrung zum Sein, jedoch nicht die Erfahrung des Seins selbst.

In unserer vierdimensionalen Welt kann Sein als die Verwirklichung von Bewusstsein innerhalb der Materie beschrieben werden. Das absolute Wissen Ihrer Seele verschmilzt mit der Erfahrung von Trennung und Materie und bewirkt somit das Entstehen eines „paradiesischen Zustandes" innerhalb der Materie. Der Bewusstseinszustand, welcher sich auf den Ebenen des Seins ausdrückt, manifestiert sich in der Seinswerdung eines jeden Menschen auf der Erde und erschafft somit das Reich *des Göttlichen* auf Erden.

Die Essenz von Erfahrung

Damit Sie verstehen können, wie wichtig die Erfahrung in unserer vierdimensionalen Welt ist, lassen Sie uns nochmals kurz zusammenfassen, was wir über die Erfahrung schon wissen, und einige Aspekte vertiefen, welche für das Werden des Seins in diesem Zusammenhang wichtig sind:

Sie werden in eine Welt geboren, die bereits so „manipuliert" wurde, dass es Ihnen schon von Beginn Ihres Lebens an fast unmöglich ist, die *Wirklichkeit* zu erkennen. Das ist die Schöpfung. Die Illusion, in welcher Sie sich befinden, hat nur ein Ziel: Sie von Ihrer Mitte abzulenken, um Sie vollständig in die Erfahrung zu bringen.

Dies gelingt ihr, indem Sie – *das göttliche Bewusstsein*, das Sie sind – freiwillig zustimmen, Ihren göttlichen Ursprung zu vergessen, Ihre Fähigkeit zur Schöpfung zu beschränken und Ihr Bewusstsein an die gemachte Erfahrung zu fesseln. Sobald Sie Ihr Bewusstsein beschränken und nicht mehr direkt erschaffen können, benötigen Sie einen Ersatz: Ihr Handeln und Tun. Das, was nun von Ihnen erschaffen wird, unterliegt keinem Zufall, da es von Ihren individuellen emotionalen und mentalen Verhaltensmustern erzeugt wird. Durch diese Bindung der Erfahrung an Ihr Unterbewusstsein sorgen Sie selbst dafür, dass Ihre Erfahrungen sich unaufhörlich wiederholen:

Indem positive Erfahrungen angestrebt und negative Erfahrungen vermieden werden, anstatt sowohl die einen wie die anderen einfach loszulassen, bewegen Sie sich quasi im Kreis. Was auch der Grund dafür ist, dass die Menschheit insgesamt aus der Geschichte nichts zu lernen scheint und sich extrem langsam weiterentwickelt.

Die Bindung des (Unter-)Bewusstseins an die Erfahrung geschieht, indem Sie die Ereignisse in Ihrem Leben bewerten und beurteilen. Dieses Bewerten und Beurteilen erfolgt mittels Ihres Verstandes, den Sie als Geschenk bekommen haben, um sich in dieser Welt zurechtzufinden und als Schöpfer:in zu erkennen. Allerdings ist Ihr Verstand Teil der Polarität, sodass auch er zwei Seiten hat: Einerseits hilft er Ihnen, Ihre Umwelt als bewusstes Wesen wahrzunehmen und sie nach Ihren Vorstellungen zu formen. Andererseits hat er die Aufgabe, Sie von Ihrem wahren Sein fern- und in der Illusion festzuhalten, indem er ein illusionäres Selbst erschafft, welches in allem einen Sinn sucht und damit die eigene Existenz rechtfertigt. Der Ausdruck dieser Sinnsuche ist Ihr Handeln und Tun, womit Sie in der Erfahrung gelandet sind.

Erfahrung gibt es nur im Außen. Daher benötigen Sie einen Körper, welcher Bedürfnisse hat und es Ihnen ermöglicht, das Außen durch den Filter Ihrer Sinne wahrzunehmen. Dadurch werden Sie quasi ständig ins Außen gezogen. Ihre Sinne sind ebenfalls beschränkt, sodass Sie nur einen Teil Ihrer Welt wahrnehmen. Ihr Blick auf diese Welt ist daher sehr subjektiv.

Ihr Körper und Ihr mit dem Körper identifiziertes Bewusstsein sind von der ersten Sekunde an der Illusion der Zeit unterworfen. Die Zeit ermöglicht Ihnen, das Außen zu untersuchen, indem Sie es fühlen und darüber nachdenken. Alles innerhalb der Zeit erscheint vergänglich. Dies fördert wiederum die Illusion von Trennung. Dinge entstehen und vergehen scheinbar unabhängig voneinander. Trennung ist jedoch innerhalb der Illusion notwendig, damit etwas im Außen existieren kann, um somit zu einer Bedrohung für Sie zu werden. Am Ende glauben Sie wirklich, dass es „den Anderen" im Außen gibt und dieser Andere durch sein Handeln oder Tun etwas macht, was Ihrem Handeln oder Tun entgegensteht.

Damit wurde die vierte und mächtigste Illusion erschaffen: die Angst. Ohne das Gefühl der Angst würde das Spiel der Polarität und somit der Erfahrung nicht funktionieren, da es den Gegenpol zum Gefühl der Liebe darstellt. *Das Göttliche* ist *Wirklichkeit* und *Liebe*. Die Illusion der Angst kann daher nur lauten: Sie haben Angst vor *dem Göttlichen*, der *Wirklichkeit* und der *Liebe*, d. h. allem, was Sie in Wirklichkeit sind.

Jedoch hat nicht Ihr wirkliches Selbst Angst, sondern Ihr illusionäres Selbst in Form Ihrer Persönlichkeit und Ihres Egos. Deren Angst ist es, die Ihnen vorgaukelt, Angst vor der *Wirklichkeit* zu haben. Wer sind denn Ihre Persönlichkeit und Ihr Ego, wenn es nur das *All-Eine* gibt? Das, was Sie Ihr ganzes Leben als Angst spüren, ist die Angst Ihrer Persönlichkeit und Ihres Egos. Beide sind nicht real und Einbildungen Ihres Verstandes. Leben Sie daher furchtlos. Tun Sie das, was Ihnen Freude macht. Angst ist eine Illusion.

Wäre Ihnen vollständig bewusst, dass Sie Schöpfer:in Ihrer Realität sind, könnte Sie nichts daran hindern, sofort aus der Erfahrung und der Illusion Ihrer vierdimensionalen Welt auszusteigen. Nur die Angst vor dem vollen Potenzial Ihres wahren Wesens und der Glaube an die Getrenntheit können Sie davon abhalten, Ihr gesamtes Schöpferpotenzial zu entfalten. Die Angst, Opfer zu werden, die eine mentale Angst ist und aus Ihrem Ich-Bewusstsein kommt, ist allein dazu nicht in der Lage, Sie in der Unbewusstheit zu halten. Gäbe es nur diese eine Form der Angst, würden Sie mit deren Überwindung die Fähigkeit zu vollem Schöpfertum erlangen, ohne jedoch bereits die Liebe zu sein. Daher kann dies als Schutzmechanismus verstanden werden, ohne den wir Gefahr liefen, uns selbst zu zerstören. Über Macht zu verfügen, ohne sie zu missbrauchen, bedarf eines hochentwickelten spirituellen Bewusstseins. Das momentane Problem der Menschheit rührt auch daher, dass unsere Macht in großen Teilen auf technologischem Fortschritt beruht, dem keine entsprechende geistige Entwicklung gegenübersteht.

Diese Angst vor Ihrem vollen Schöpfungspotenzial muss, damit sie nicht wie die mentale Angst „einfach" überwunden werden kann, eine emotionale Angst sein, damit sie gefühlt werden kann. Ein Gefühl entsteht nur im Körper. Die Angst, Schöpfer:in zu sein, muss daher in Ihrem Körper entstehen. Ab jetzt wird es spannend, denn die Angst, die in Ihrem Körper empfunden wird, äußert sich dennoch nicht als emotionale Angst (Schöpfer:in zu sein), sondern als mentale Angst (Opfer zu sein). Damit ist sie für Sie nicht mehr körperlich und emotional spürbar, sondern erscheint Ihnen identisch zu sein mit der Angst, Opfer zu sein. Dabei sind die Angst, Schöpfer:in zu sein, und die Angst, Opfer zu sein, bei genauerer Betrachtung das exakte Gegenteil voneinander; erstere Angst ist ja, wie wir schon gehört haben, im positiven Pol und die andere im negativen Pol angesiedelt. Wie können nun diese beiden Ängste gleichzeitig nebeneinander existieren? Es muss also auch hier einen Mechanismus geben, der dies alles perfekt steuert, um eine Erfahrung zu ermöglichen.

Ihr Körper	**Mental**	**Emotional**
Gefühl	Gedanke	Gefühl
Die Angst, Schöpfer:in zu sein = die Angst vor bedingungsloser Liebe = die Ursache aller Ängste und somit die größte und letztlich einzige Angst	die Angst, Schöpfer:in zu sein, wird mental überlagert -> die Angst wird versteckt und unkenntlich gemacht -> die Angst vor bedingungsloser Liebe kann nicht mehr gefühlt werden	erzeugt die Angst, Opfer zu sein = Gegenpol der Angst, Schöpfer:in zu sein -> Auch diese Angst ist eine Angst vor bedingungsloser Liebe, versteckt in ihrem Gegenteil.

Denken und Fühlen treten quasi zur gleichen Zeit in Ihrem Körper auf. Sie sind so eng miteinander verbunden, dass es Ihnen fast unmöglich ist, beide getrennt voneinander wahrzunehmen. Sobald Ihr Fokus durch irgendein Ereignis oder eine Situation abgelenkt wird, geschieht alles sehr, sehr schnell. Sie werden das Ereignis oder die Situation als Erstes in Ihrem Körper fühlen, woraufhin sich die Angst, Schöpfer:in zu sein, melden wird, da dieses Ereignis im Außen auftritt und Ihnen nicht bewusst ist, dass Sie es selbst erschaffen haben. Nahezu im selben Augenblick fügt Ihr Verstand eine mentale Interpretation hinzu, sodass es Ihnen so vorkommt, als wäre die Angst aus Ihrem Denken entstanden. Das bedeutet: Bevor Sie überhaupt in der Lage sind, Ihre Angst als Schöpfer:in eines Ereignisses zu fühlen und die Angst dadurch eventuell aufzulösen, hat der Gedanke das Gefühl, der Verstand die Emotion überlagert, sodass Ihnen das ursprüngliche Gefühl der Angst nicht mehr bewusst ist.

Als Folge davon werden Sie nun alle Ihre Ängste als mentale Ängste wahrnehmen, welche wiederum das Gefühl in Ihnen auslösen werden, Opfer zu sein. Durch diesen Trick wurde quasi eine neue Polarität der Ängste erschaffen, die jedoch nicht als solche erkannt werden kann: Die Angst, Schöpfer:in zu sein, und die Angst, Opfer zu sein, bilden zwei Pole, zwischen denen Sie ständig hin- und herpendeln. Gleichzeitig wird die Angst, Schöpfer:in Ihrer „Realität" zu sein, hinter der Angst, Opfer zu sein, versteckt. Aus diesem Grund ist die Angst, Opfer zu sein, so weit verbreitet, da es Ihnen nicht möglich ist, die beiden Ängste auseinanderzuhalten. Es ist so, als hätten Sie mitten in der Nacht Ihren Haustürschlüssel verloren, kehren um und gehen auf die Straße, um ihn zu finden.

Sie suchen jedoch nur an einem einzigen Ort, nämlich im Lichtkreis der Straßenlaterne. Dort haben Sie ihn zwar nicht verloren, aber woanders zu suchen hat ja mangels Beleuchtung ohnedies keinen Sinn ...

Alle Ängste haben Ihren Ursprung somit in der Angst, Schöpfer:in zu sein, und sind emotionaler Art. Die Angst vor Ihrem Schöpfertum ist so gesehen die einzige Angst, die es gibt, und die Angst, Opfer zu sein, eine Ableitung davon. Versuchen Sie aber bitte nicht, diese Ihre Ur-Angst verstehen zu wollen. Sie können Sie nicht verstehen, weil Sie in Ihrem Körper angelegt ist, genauso wie das Bedürfnis zu essen, zu trinken oder zu schlafen. Diese Angst muss in ihrer wirklichen Form wahrgenommen und gefühlt werden, um Sie überwinden zu können. Denken Sie an das Gefühl, hungrig zu sein: Es ist einfach da und Sie werden darauf reagieren, indem Sie etwas essen. Sie haben keine Angst vor dieser Empfindung. Jedoch schiebt sich sofort die abgeleitete, mentale Angst – zu verhungern – dazwischen und führt z. B. dazu, dass Sie viel mehr essen, als nötig wäre. In der rein emotionalen Wahrnehmung sind Sie im Sein, es ist keine Angst dazwischen, keine Interpretation, keine Beurteilung.

Damit ist jedoch noch nicht das ganze Geheimnis hinter diesem genialen Prinzip der Angst gelüftet. Es gibt noch einen weiteren, entscheidenden Punkt, den es zu verstehen gilt und über dessen Mechanismus wir bisher noch nicht gesprochen haben. Die Angst, Opfer zu sein, belegt den negativen Pol. Die Angst, Schöpfer:in zu sein, begegnet uns verkleidet als Angst, Opfer zu sein, dabei ist sie tatsächlich das genaue Gegenteil von der Opfer-Angst. Das macht es zum einen unmöglich, sie als das zu erkennen, was sie ist.

Zum anderen ist es klar, dass die gegensätzlichen Ängste nicht denselben Pol belegen können, und da die Opfer-Angst den negativen Pol belegt, muss die Angst, Schöpfer:in zu sein, im positiven Pol versteckt sein. Eine andere Möglichkeit gibt es nicht. Die Tatsache, dass sich Ihre größte Angst hinter dem positiven Pol versteckt, erklärt, warum Sie es im positiven Pol nicht lange aushalten und freiwillig wieder zum negativen Pol zurückkehren. Ohne diesen Mechanismus würde niemand freiwillig den positiven Pol verlassen, zum negativen Pol gehen und von dort eine neue Erfahrung machen. Das Problem ist nur, dass Sie Ihre größte Angst nie hinter dem positiven Pol vermuten würden. Somit hat sich eine Art Perpetuum mobile entwickelt. Dies wiederum ermöglicht Ihnen das Erleben von allem und damit eine vollkommene, d. h. alle Aspekte des Seins umfassende Erfahrung.

Gibt es ein Ziel?

Nein, es gibt kein Ziel in diesem Spiel. Das Leben verfolgt keinen spezifischen Zweck, es *ist* einfach. Alle Ereignisse und Situationen sind neutral. Nur Sie selbst geben Ihrem Leben Bedeutung und Sinn. Es ist das Salz in Ihrer Lebenssuppe, es macht das Leben lebenswert. Jedoch: Das Ganze ist eine perfekte Illusion.

Gibt es wenigstens etwas zu lernen? Diese Frage ist mit einen klaren „Jein" zu beantworten. Es gibt nichts zu lernen, es geht „nur" darum, sich zu erinnern, wer Sie in *Wirklichkeit* sind. Allein dadurch steht Ihnen das Wissen Ihrer Seele – und damit das gesamte Wissen des Universums, da Ihre Seele ja ein Teil *des Gött-*

lichen ist – zur Verfügung. Gleichzeitig – und das ist ein weiteres Paradoxon – gibt es sehr wohl etwas zu lernen. Sie lernen zu erfahren, wer Sie in diesem Moment sind, um zu werden, was *das Göttliche* schon ist: Liebe, Licht, Freude. In der Erfahrung geht es nur um die Erfahrung selbst. Sie erlaubt Ihnen, das zu fühlen, was Sie schon sind – *das Göttliche*, also ebenfalls Liebe, Licht, Freude. Erfahrung bietet nicht mehr, aber auch nicht weniger.

Die Erkenntnis, die Sie über sich selbst innerhalb jeder Situation erlangen können, besteht aus zwei Teilen: Die erste Erkenntnis lautet, dass Sie sich selbst als Liebe erfahren. Dies geschieht am leichtesten, wenn Sie zum Beispiel verliebt sind; in dieser glücklichen Lage kehren sich die Verhältnisse gewissermaßen um, von Wolke sieben aus verschwindet alles, was nicht Liebe ist, aus Ihrer Wahrnehmung. Jedoch ist es völlig unabhängig von Ihrer Situation und der Art Ihres Tuns immer möglich, sich selbst als Liebe zu erfahren: Wann immer Sie aus Hingabe und absichtsloser Freude heraus agieren, folgen Sie dem Ruf Ihrer Seele und damit dem Göttlichen, das Liebe ist. Die zweite Erkenntnis liegt darin, dass Sie sich als Schöpfer:in Ihrer „Realität" erkennen. Dies kann geschehen, wenn Sie ein (lang gehegtes) Ziel verwirklichen. Wenn Sie sehen, wie sich das Außen nach dem zu formen beginnt, was Sie in Ihrem Inneren festgelegt haben. Wenn Sie malen, zeichnen, schreiben, musizieren und dabei Ihr Denken still ist und Sein und Tun eins werden – und Sie am Ende dieses kreativen Fluges etwas erschaffen haben, von dem Sie vielleicht selbst nie gedacht hätten, zu so etwas in der Lage zu sein. Und es hat sich keinen Moment wie Arbeit angefühlt. Solche Flow-Erlebnisse, die auch z. B. im Sport zu Leistungen führen können, die mit allem Können und allem Trainingsfleiß allein so nicht möglich wären, sind nichts anderes als Erleuchtungserlebnisse.

Das, was es zu lernen gilt, ist, diesen beiden Erkenntnissen in Ihrem Leben zu trauen und das „Wagnis" einzugehen, sich vollständig auf sie zu verlassen. Wenn Sie bereit sind, diesen Schritt zu tun, werden Sie feststellen, dass Sie das Denken nicht mehr benötigen, dass Ihr Bewusstsein das Denken abgelöst hat. Da alles schon existiert, gibt es nichts zu erkennen und zu verstehen. Sondern nur zu erfahren und zu erinnern. Ihr Bewusstsein weiß das. Daher genügt es, sich in der Erfahrung als Schöpfer:in und Liebe zu erkennen. Alles, was erfahren werden kann, ist eine Schöpfung *des Göttlichen*. Nicht *das Göttliche* wählt die Erfahrung aus und Sie machen dann diese Erfahrung. Es ist genau umgekehrt. Sie bestimmen, welche Erfahrung Sie machen wollen, und auf diese Weise kann *das Göttliche* sich durch Sie erfahren.

8.2 Ihr Leben

In Ihrem Leben gibt es kein „müssen" und auch kein „sollen". Sie sind jederzeit frei, sich zu entscheiden, wer oder was Sie sein möchten und wie Sie dieses Sein zum Ausdruck bringen wollen. Sie entscheiden, was Sie erfahren möchten. Falls Sie dies nicht glauben können, liegt es daran, dass Sie sich über viele Leben hinweg nach den von religiösen Institutionen oder mächtigen Personen erfundenen Regeln und Gesetzen gerichtet haben und dies nach wie vor tun, ob bewusst oder unbewusst, gezwungen oder freiwillig. Diese Vorschriften wurden jedoch von Menschen erdacht und haben daher denselben illusionären Hintergrund wie alles in der Polarität – die Angst, Schöpfer:in der eigenen „Realität" zu sein. In der Konsequenz sind all diese Einschränkungen ebenso Illusion: Sie sind in *Wirklichkeit* frei! Die Frage, die es zu stellen gilt, lautet daher: Wie viel von dieser Freiheit nutzen Sie?

Auf Ihrer Reise von der Erfahrung zum Sein geht es darum, genau dies zu erkennen: die Tatsache bestätigt zu finden und mit Leben zu erfüllen, dass Sie stets eine Wahl haben. Denn Freiheit ist immer mit einer Wahlmöglichkeit verbunden, deren Form von Ihrem Grad an Bewusstheit im Moment der Entscheidung abhängt.

Ihre Welt ist eine Welt der Erfahrung. Alle Menschen tun nichts anderes, als sich selbst und diese Welt zu erfahren. Daran ist nichts Schlechtes, aber Erfahrung beruht auf Unbewusstheit und unterliegt damit nicht mehr Ihrer bewussten Wahl. Stattdessen wählt die Erfahrung Sie. D. h. Sie sind nichtsdestotrotz Schöpfer:in Ihrer „Realität", nur sind Sie sich des Schöpfungsaktes nicht bewusst. In diesem Sinne trifft „erschaffen" es nicht wirklich, auch wenn genau das passiert. Eher widerfahren Ihnen Ihre eigenen Schöpfungen. (Es ist das, was Sie irrtümlich als Ihr Leben bezeichnen. Was Sie meinen, sind jedoch Ihre Lebens*umstände*, nicht Ihr Leben. Ihre Lebensumstände verändern sich ständig, Ihr Leben ist unveränderlich und ewig.) Auch daran ist nichts falsch, es ist das Wesen unbewussten Schöpfertums. Diese Erfahrungen bringen Sie auf direktem Wege ins Tun-haben-sein-Spiel. Je mehr Sie sich darin verzetteln, desto stärker wird Ihre Reaktion auf das Außen und auf Ihre Bedürfnisse, Gefühle und Gedanken.

Im Tun können Sie deshalb nie bewusst Ihre Welt erschaffen. Sie „erschaffen" Ihre Lebensumstände, um die nächste unbewusste Erfahrung zu machen, um das nächste Gefühl zu spüren und den nächsten Gedanken denken zu können. Solange Sie daher nicht aufwachen, haben Sie keine Möglichkeit, von der Erfahrung ins Sein zu kommen; oder genauer gesagt: Sie wissen nichts von Ihren Möglichkeiten und daher existieren Sie subjektiv auch nicht. Sie wissen also nichts davon, dass Sie frei sind und eine Wahl haben; dazu ist es nötig, dass Sie aus dem Dickicht Ihrer Gefühle und Gedanken gewissermaßen heraustreten und in Liebe und mithilfe Ihres Bewusstseins einen Blick auf die Situation werfen. Dadurch wird diese in ihrem grundsätzlich neutralen Wesen für Sie erkennbar. Das hat zur Folge, dass Sie dieser Emotion oder diesem Gedanken keine Energie mehr geben und die Situation sich entspannt. Sich darin zu üben, ist in jedem einzelnen Fall ein Schritt hin zu mehr Bewusstheit in Ihrem Leben.

Wenn Sie auf diese Weise aus Ihrem *Sein* heraus handeln, dann handeln Sie aus Ihrer inneren Essenz heraus, jenseits von Fühlen und Denken. Das *Sein* ist Ihr natürlicher Zustand. *Sein* bedeutet immer zu sein, wer Sie schon sind. Sie sind dann in der Lage, Ihr Leben im Hier und Jetzt aus dem Nichts heraus zu erschaffen. Sie sind unabhängig von Bestehendem, da Sie erkannt haben, dass es nichts Bestehendes gibt, was wiederum die Voraussetzung dafür ist, eine freie Wahl zu haben. Wenn Sie daher für sich wählen, ein freier Mensch zu sein und Schöpfer:in Ihrer „Realität", kommen Sie nicht umhin, Ihre Erfahrung ins Sein zu transzendieren. Sie haben in diesem Sinne keine Wahl, denn Sie müssen aus der Polarität aussteigen, indem Sie Ihr Tun-haben-sein-Spiel aufgeben, und das vollständig.

Unsere Welt ist dabei, sich von einer Ebene der Erfahrung in eine Seinsebene zu verwandeln. Nur so kann der ewige Kreislauf, in dem sich die Menschheit seit vielen Generationen befindet, unterbrochen werden. Sie bekommen auf diesem Weg Unterstützung und Sie sind nicht allein. Viele Menschen machen sich jetzt auf diesen Weg. Jeder einzelne Mensch zählt, besonders Sie, denn Sie befinden sich bereits auf diesem Weg, da Sie sonst dieses Buch nicht lesen würden.

Wie gelingt es Ihnen nun, sich von diesem Tun-haben-sein-Spiel zu lösen? Natürlich muss jeder Mensch seinen eigenen Weg wählen, aber es gibt ein paar grundsätzliche Zugänge, die sehr hilfreich sind.

Ihr größter Gegner in diesem Spiel sind Sie selbst. Genauer gesagt Ihr illusionäres Selbst in Form Ihrer Persönlichkeit und Ihres Egos. Ihr illusionäres Selbst oder Ich-Bewusstsein ist vollkommen in der Polarität gefangen und in den Ängsten: vor dem eigenen Schöpfertum und davor, Opfer zu sein. Wobei Ihr Ich-Bewusstsein, wie wir schon gehört haben, die eigentliche Ur-Angst vor dem eigenen Schöpfertum nicht als solche erkennt, sondern ebenfalls für die Angst hält, Opfer zu sein. Als Folge davon hat Ihr illusionäres Selbst Angst vor Problemen, die ein solches Opferdasein mit sich bringen könnte. Noch mehr Angst macht ihm jedoch paradoxerweise die Vorstellung, dass es gar keine Probleme mehr gibt und es somit auch nichts mehr zu verändern gibt. Diese Angst ist gewissermaßen wohlbegründet, denn als Schöpfer:in im vollen Selbst-Bewusstsein passiert genau das: Sie haben mit der Welt tatsächlich keine Probleme mehr und wollen Sie auch nicht verändern. Ihre Absicht ist dann, die Welt von Unbewusstheit zu befreien und Schmerz und Leid zu heilen, aber sie nicht im Außen zu verändern. Sie heilen im vollbewussten Schöpfertum Ihre Realität auf der ursächlichen Ebene und nicht, indem Sie sie im Außen verändern. Mit dem Ende des Kreislaufs bestehend aus dem Erschaffen von Problemen, um sie zu lösen und mit dem nächsten erschaffenen Problem wieder von vorne zu beginnen, verliert Ihr illusionäres Selbst seine Existenzgrundlage.

Die Angst Ihres Ich-Bewusstseins ist die Angst vor totaler Langeweile, vor absoluter Einsamkeit, abgrundtiefer Leere und am Ende vor dem Tod. Ihr illusionäres Ich-Bewusstsein definiert sich daher über das Tun-haben-sein-Spiel, es gibt ihm Sinn und seine Existenzberechtigung. Der „Sinn" Ihres Lebens ist daher der Sinn Ihres illusionären Ichs, welches darin besteht, die Welt zu verbessern. Es gibt aber nichts zu verbessern!

Die Natur und das Leben sind perfekt und in absoluter Harmonie. Nicht zu verwechseln mit Ihren Lebensumständen.

Ein weiterer wichtiger Punkt ist, Ihre Vergangenheit loszulassen. Ihr Bewusstsein hat sich an bestimmte Ereignisse gefesselt und die besonders unangenehmen Erinnerungen in Ihr Unterbewusstsein geschoben. Ihre Vergangenheit ist vorbei. Sie können Sie nicht mehr ändern. Es gibt nichts zu sühnen, zu vergeben, auszugleichen oder rückgängig zu machen. Ihre Vergangenheit ist genauso perfekt, wie Sie es sind. Die meisten Erfahrungen, mit denen Sie noch emotional verbunden sind, stehen in Zusammenhang mit anderen Menschen. Was auch immer Sie getan oder nicht getan haben, es ist nicht wichtig. Es wird nur wichtig, wenn Sie diesen Ereignissen immer wieder Ihre Energie geben. Lassen Sie daher Ihre Vergangenheit los, lassen Sie sie in Frieden, lassen Sie sie sein. Es gibt keine Bestrafung für Ihr Handeln oder Tun. Es gibt keine Buße abzuleisten. Befreien Sie sich daher von Ihrer Opfer- oder Tätererfahrung. Machen Sie sich bewusst, dass Sie nie etwas außerhalb des Willens *des Göttlichen* tun können.

Neben der Vergangenheit ist auch die Zukunft ein beliebter Ort, um in der Polarität zu verharren. Die Zukunft existiert nicht. Sie ist bloß ein Gedanke in Ihrem Kopf. Wenn Sie in der Lage sind, Ihre Vergangenheit loszulassen, dann sind Sie bereit, in der Gegenwart zu leben. Sobald Ihre Gegenwart frei von der Vergangenheit ist, besteht auch keine Notwendigkeit mehr, die Zukunft verändern zu wollen. Ihre Zukunft ist direkt mit Ihrer Gegenwart verbunden. Wenn Sie die Gegenwart nicht annehmen, ist Ihr Schöpfungsprozess unbewusster Natur. Die so entstehende Zukunft beinhaltet Ihren Widerstand gegenüber dem Jetzt. Damit erschaffen Sie sich selbst eine Situation in der Zukunft, welche wiederum Ihren Widerstand hervorrufen wird. So projizieren Sie ein Bild aus Ihrer Vergangenheit in eine gedankliche Zukunft und schränken die Möglichkeit zu wahrer Schöpfung in der Zukunft massiv ein. Sie erschaffen nichts Neues, sondern nur eine Variante der Vergangenheit.

Um daher eine Wahl zu haben, was Sie in Zukunft erschaffen wollen, müssen Sie Ihre Gegenwart annehmen, so wie Sie ist, und lernen, sie zu lieben. Wenn in Ihrer Gegenwart nichts mehr verändert werden muss, entfällt auch der Wunsch, einen bestimmten Zustand in der Zukunft zu erschaffen. Damit können Sie aus dem Nichts unabhängig von etwas Bestehendem Ihre Zukunft erschaffen, welche dann zu Ihrer Gegenwart wird. Auch wenn es für Ihren Verstand nicht so scheint, aber Ihre Gegenwart *ist* bereits vollkommen. Sie wurde von Ihnen so erschaffen und Sie sind vollkommen. Das Ergebnis ist daher vollkommen.

Ihr Ich-Bewusstsein oder illusionäres Selbst hat permanent Angst, die Kontrolle zu verlieren. Das macht die ganze Sache so schwierig. Damit Sie Ihre Vergangenheit nicht ständig in die Zukunft projizieren, muss Ihr illusionäres Selbst die Vorstellung aufgeben, dass es irgendwas im Außen braucht und daher die Kontrolle über das Außen haben muss. Dies gelingt nur, wenn Sie Ihrem Ich-Bewusstsein etwas Größeres, Wichtigeres anbieten, als es das Außen zu bieten hat. Aber was könnte das sein?

Wenn Sie sich diese Frage ernsthaft stellen, dann haben Sie einen Wendepunkt in Ihrem Leben erreicht, welcher Ihnen ermöglicht, einen Fuß ins *Sein* zu stellen. Im Englischen wird dieser Punkt als „tipping point" bezeichnet. Es ist der Kipppunkt, der Umkehrpunkt, ab dem ein bestimmter Prozess an Fahrt gewinnt und nicht mehr aufzuhalten ist. Wenn Sie sich daher ernsthaft um die Beantwortung der Frage kümmern, was es Größeres und Wichtigeres als das Außen geben könnte, haben Sie jenen Punkt in Ihrem Leben erreicht, von dem aus Sie mit Gewissheit irgendwann aus der Polarität heraus und in Ihr *Sein* gelangen werden.

Die ganze Suche Ihres illusionären Selbst in Form Ihrer Persönlichkeit und Ihres Egos ist in ihrem Kern die Suche nach Liebe und Anerkennung. Jeder Moment des Alleinseins, der Einsamkeit, der Traurigkeit und des Verlorenseins, diese gesamte verzweifelte Suche im Außen nach Liebe und dem tieferen Sinn des Lebens – all das hat seinen Ursprung im scheinbaren Getrenntsein von Ihrem göttlichen Selbst, von Liebe.

Dieses Getrenntsein ist eine Illusion. Sie *sind* Ihre Seele und Sie *sind* göttliches Bewusstsein. Sie *sind* daher schon alles, aber Sie können dieses Alles aufgrund Ihres aktuell zu niedrigen Grades an Bewusstheit nicht wahrnehmen und daher noch nicht *sein*. Den Weg zu höherem Bewusstsein, den Weg ins Sein zu beschreiten bedeutet daher, dieses volle Bewusstsein in Ihrem Körper zu sein. Diese Rückverbindung mit Ihrer Liebe und Ihrem Bewusstsein, dieses Signal, eins zu sein, muss von Ihnen kommen. Sie bestimmen, ab wann es Zeit ist, die Erfahrung hinter sich zu lassen und sich ins Sein zu begeben. Wenn Sie sich dafür entscheiden, dann können Sie Ihrem Ich-Bewusstsein etwas anbieten, wonach es sein ganzes Leben gesucht hat: Liebe. Dies wird Ihrem illusionären Selbst helfen, sich langsam aus seiner gewohnten Position zurückzuziehen. Dies wird nicht sofort geschehen, aber je mehr Momente des Seins Sie erfahren, desto leichter wird es für Ihr illusionäres Selbst, Vergangenheit und Zukunft loszulassen.

Sobald dieses Signal von Ihnen kommt, wird Ihre Seele Sie bei diesem Vorgang unterstützen. Die in Ihren Körper eingeschriebenen Programme werden langsam aufgelöst. Dies ermöglicht Ihnen, sich sukzessive von den vorher besprochenen Ängsten zu lösen. Ohne Angst fällt die Illusion von Trennung zusammen. Der wichtigste Schritt ist daher, die Illusion der Angst hinter sich zu lassen.

Wie dieses Eins-Werden geschieht und wie diese Wiedervereinigung funktioniert, lässt sich nicht genau beschreiben. Jeder Mensch erfährt dies auf seine individuelle Art und Weise. Sie können diesen Prozess steuern, indem Sie Ihr Herz offenhalten und Ihre Absicht auf dieses Eins-Werden richten. Das bedeutet aber auch: Sie können für diesen Prozess im eigentlichen Sinne nichts *tun*. Wie werden Sie aber wissen, ob Sie diesen Prozess gerade erleben und ob Sie mit Ihrem höheren Selbst, Ihrer Seele, verbunden sind? Auch das lässt sich nicht genau beschreiben. Es geschieht außerhalb des Denkens. Dieses Wissen kommt aus Ihrem inneren Wissen, dem gefühlten Wissen: Wenn Sie es erleben, dann wissen Sie es. So einfach ist es.

Was machen Sie nun, wenn Sie die Illusion von Polarität durchschaut haben? Was tun Sie nun, wenn Ihr Leben und die Welt schon perfekt sind und es nichts zu verbessern gibt? Was machen Sie mit Ihrem Leben, wenn sich die Angst vor Trennung und sämtliche Bedürfnisse aufgelöst haben? Wie leben Sie Ihr Leben, wenn Sie im Außen nichts mehr brauchen, weil Sie im Inneren alles das bereits haben, was Sie benötigen? Was erschaffen Sie im Außen, wenn die Illusion Ihres illusionären Selbst zusammenbricht und Sie nichts mehr darstellen müssen?

Es ist egal. Es ist egal, was Sie als Nächstes tun oder nicht tun. Was es auch immer sein wird, es wird Ihnen Zugang zu drei Aspekten verschaffen, welche Ihnen bisher nur begrenzt oder gar nicht zur Verfügung standen: Freiheit, Wahl und Fülle.

Welche Wahl auch immer Sie treffen, sie ist absichtslos in Bezug auf äußere Ziele. Die Freiheit Ihrer Wahl besteht ja genau darin, dass Sie wissen, dass Sie im Außen nichts mehr benötigen. Andernfalls wäre es nur wieder eine Reaktion auf das Außen. Die Fülle kommt zu Ihnen, weil, was immer Sie auch tun oder entscheiden, die Freude am Tun oder Entscheiden Ihre einzige Maxime ist.

Dies ist ein Leben im Paradies. Dieses Paradies, welches Ihr zukünftiges Leben sein könnte, ist real, ist *Wirklichkeit*. Es ist wichtig, das Wesen dieses Paradieses zu verstehen, damit die Polarität Sie nicht wieder in die Illusion der Angst zurückholt.

Die Polarität ist der Grund dafür, dass Sie das Paradies, in welchem Sie sich zu jedem Zeitpunkt Ihres Lebens auf dieser Erde befinden, nicht erfahren können, weil sich alles in dieser Welt um Erfahrung dreht, die nur in der Polarität möglich ist. Das wirkliche Paradies ist Ihr Sein, Ihre Essenz. In der Polarität wird der trügerische Eindruck vermittelt, dass der positive Pol das Paradies ist und dass hinter der Polarität nichts mehr ist. Für den Verstand bedeutet dies Leere, Langeweile, Einsamkeit, also Nichtexistenz.

Nichts und alles sind jedoch dasselbe. Wenn Sie mit dem Nichts nicht umgehen können, können Sie auch mit allem nicht umgehen. Aus Sicht Ihres illusionären Selbst ist es eine Katastrophe, dass alles schon existiert. Alles ist Liebe, alles ist perfekt. Alles zu sein ist todlangweilig. Nein! Im Paradies hört die Existenz nicht auf. Nur die von Gefühlen und Gedanken bestimmte Existenz hört auf. Dieser Zustand der Nichtexistenz entspricht demjenigen nach Ihrem Leben auf der Erde. Sie befinden sich daher zu jedem Zeitpunkt Ihrer Existenz im Paradies. Keine schlechte Nachricht, sollte man meinen. Doch genau davor haben Sie die größte Angst.

8.3 Bewusstheit vergrößern

Auf Ihrer Reise ins Erwachen werden Sie vor einige Herausforderungen gestellt. Um diese zu meistern ist es unerlässlich, Ihre aktuell vorhandene Bewusstheit Schritt für Schritt zu vergrößern. Bewusster werden können Sie auf der mentalen Ebene, indem Sie die Mechanismen, die Sie in der Unbewusstheit halten, immer besser verstehen, sich im Zuge dessen langsam von ihnen lösen und mehr und mehr an Ihr wahres Sein erinnern. Auf emotionaler Ebene geschieht dies, indem Sie Ihr an die Erfahrung gebundenes Bewusstsein von den emotionalen Fesseln befreien, welche Sie durch die Wiederholung einer bereits gemachten Erfahrung in Ihrer Opferrolle gefangen halten. Ihr Bewusstsein zu erweitern und zu mehr Bewusstheit zu gelangen ist der letzte Schritt, der erforderlich ist, um Ihre Fähigkeit zur Schöpfung in Ihrem Körper zu integrieren. Dieser letzte Schritt ist die Überwindung der Angst vor Ihrer wahren Größe, um der zu sein, der Sie in *Wirklichkeit* sind.

Dazu müssen Sie sich Ihrer größten Angst stellen und mit deren Überwindung sich gänzlich von der Erfahrung lösen, indem Sie Fühlen und Denken transzendieren, sodass letztendlich Ihr illusionäres Selbst oder Ich-Bewusstsein stirbt. Transzendieren bedeutet jedoch nicht, nicht mehr zu denken oder zu fühlen. Sie werden Ihr ganzes Leben lang denken und fühlen. Es bedeutet nur, dass Denken und Fühlen nicht mehr die Bedeutung und die Macht haben, Ihr Leben zu steuern und zu bestimmen. Mit diesem Schritt überschreiten Sie die Schwelle zur *Wirklichkeit*. Dies werden wir im Kapitel 8.5 „Die Reise Ihres Lebens" genauer beleuchten. Zunächst müssen jedoch die mentale und die emotionale Angst überwunden werden, also die Angst, die Ihren Gedanken entspringt und die Angst, die auf Ihrem Gefühl beruht.

Gedanke und Gefühl gehören zusammen wie die zwei Seiten einer Medaille. Sie bilden ein Ganzes und können letztlich nicht voneinander getrennt werden. Ihre Körper – neben dem physischen haben Sie auch energetische Körper, und diese sind an dieser Stelle in erster Linie gemeint – dienen in diesem Zusammenhang als riesiges Speichermedium. Alle Gedanken, Gefühle und Informationen, selbst die, die Sie nicht bewusst wahrnehmen, werden von ihnen aufgezeichnet. Werden gespeicherte Gefühle durch ein Ereignis im Außen getriggert, reagieren Sie unmittelbar emotional, allerdings in Wahrheit nicht auf das aktuelle Ereignis bezogen. Stattdessen wiederholen Sie Ihre damalige mentale Interpretation des vergangenen, in den Körperspeichern hinterlegten Gefühls. Sie meinen, direkt zu empfinden, in Wirklichkeit werden Ihre Gefühle durch Ihre Gedanken erzeugt.

Da die gesamte Schöpfung schon existiert, also jedes Gefühl und jeder Gedanke schon erschaffen wurde, konnten bereits bestehende Aufzeichnungen in Ihren Körper einprogrammiert werden. Dies hilft Ihnen bei der Verwirklichung Ihres Lebensplans, welcher ja schon vor Ihrer Geburt von Ihnen entworfen wurde. Auf diese Art und Weise entwickeln sich bestimmte Vorlieben oder Talente, und diesen nachzugehen und sie zu entwickeln gibt Ihnen ein gutes Gefühl. Die Speicherung dieser Informationen geschieht über die mentale Komponente und erlaubt Ihnen, die *Illusion* bestimmter Situationen direkt fühlen zu können. Dies geschieht zum Beispiel, wenn Sie jemandem begegnen und diese Person, ohne Sie zu kennen, als anziehend oder abstoßend empfinden. Diese Programmierung erklärt auch, weshalb Babys nie als unbeschriebenes Blatt auf die Welt kommen und sich Zwillinge in Ihren Fähigkeiten und Neigungen voneinander unterscheiden.

Das einzige Gefühl, welches nie über das Denken erzeugt wird, ist die Angst vor Ihrer wahren Größe, Ihrem Schöpfertum. Sie ist, wie wir schon sagten, in Ihrem Körper programmiert und wird als die Angst gefühlt, Opfer zu sein. Das Denken alleine wäre zu schwach, um die Polarität dauerhaft bestehen zu lassen. Erst durch das Gefühl bekommt es die notwendige Stärke. Der Gedanke, welcher auf die Emotion reagiert und diese seinerseits wieder verstärkt in einem Prozess des sich gegenseitig Aufschaukelns, wird dabei wichtiger genommen, als dies nötig wäre. Dies ist in weiterer Folge wichtig, da das Denken – oder vielmehr die Überwindung der Identifikation damit – eine zentrale Rolle dabei spielt, wie Sie aus diesem „Irrgarten" entkommen können.

Das Wechselspiel hat noch einen weiteren Hintergrund neben der wechselseitigen Verstärkung von Gedanken und Gefühlen: Das Denken ist in der Lage, Gefühle zu kontrollieren. Dies bedeutet jedoch, dass Gefühle unterdrückt oder verdrängt werden. Diese mentale Kontrolle ist dafür verantwortlich, dass die unterdrückten Gefühle an eine Erfahrung oder Situation gefesselt werden und irgendwann verstärkt wieder auftreten. Dies wiederum erzeugt Angst vor den unterdrückten Gefühlen.

Wenn Sie zum Beispiel das Gefühl von Angst in der Vergangenheit erfahren haben, dann wird Ihr Verstand – in Form Ihres Egos – in diese Vergangenheit zurückkreisen und das gleiche Gefühl in die Zukunft projizieren. Da es hierfür kein Ventil gibt, beginnt Ihr Verstand nach Lösungen zu suchen, lenkt Ihren Fokus ab und verstärkt die Energie, mit denen Ihre ängstlichen Gedanken – unterstützt durch Ihre immer stärker werdenden negativen Gefühle – in Ihr Bewusstsein kommen. Dies kann sich bis zu einer Phobie steigern.

Die eigentliche Aufgabe des Denkens besteht jedoch darin, dass Sie Ihre Gefühle unterscheiden können, und nicht darin, sie zu kontrollieren. Fühlen produziert die Erfahrung, aber es ist das Denken, das der Erfahrung Bedeutung gibt und Sie somit darin festhält. Das Gefühl ist letztlich nur der Auslöser dafür.

Da auch alle Gedanken schon erschaffen sind, also nicht von Ihnen erzeugt werden, haben Sie keine wirkliche Kontrolle darüber, welche Gedanken in Ihr Bewusstsein treten. Da die Bewusstheit der meisten Menschen noch relativ gering ist, überwiegen meist negative Gedanken als Folge der Angst. Sobald Ihr Fokus abgelenkt ist, besteht daher die Möglichkeit, diese negativen Gedanken in Ihr Leben zu ziehen. Schon treten Sie in einen Teufelskreis, der damit beginnt, dass Ihre wertenden und verstärkten Gedanken in einer völligen Umkehrung der Verhältnisse und quasi gegen ihre Natur nun Gefühle erzeugen und Ihre beurteilenden Gedanken diesen ihre Bedeutung geben. Damit hat der Verstand die vollkommene Kontrolle über Ihre Lebensumstände erhalten.

Die Lage ist hoffnungslos, aber nicht aussichtslos

Alles, dem Sie Bedeutung geben, ziehen Sie in Ihre Existenz und lassen es somit zu Ihrer „Realität" werden. Etwas Bedeutung zu geben heißt, Ihre Energie darauf zu richten. Dies geschieht mittels Ihres Fokus und auf diese Weise erschafft Ihr Bewusstsein Ihre „Realität".

Die Tatsache, dass Ihr Schöpfertum beschränkt wurde, macht Sie glauben, dass Sie keinen Einfluss auf Ihre Schöpfung haben. Das stimmt jedoch nicht, denn es ist lediglich dafür verantwortlich, dass Ihre Schöpfung sich in der Regel nicht sofort manifestiert. Wenn Sie einer Situation lange genug Ihre Energie geben, also ihr Bedeutung verleihen, wird sich dieses Ereignis irgendwann in Ihrem Leben manifestieren. *Das Göttliche* kann nicht anders, als Ihrem Wunsch zu folgen. Dies gilt sowohl für positive als auch für negative Ereignisse. Es sind jedoch nie Ihre Handlungen, die Ihr Bewusstsein an Ihre Erfahrung fesseln. Es ist immer damit verbunden, *wie Sie mit der Erfahrung umgehen.* Sie können weder etwas Gutes noch etwas Schlechtes tun, weil es nichts Gutes und Schlechtes gibt. Es sind nur Ihre Gedanken von gut/schlecht oder richtig/falsch, die in der Lage sind, Ihr Bewusstsein zu fesseln. Daher müssen diese als illusorisch erkannt werden, um in weiterer Folge die mentale Angst vor einer Situation in der Zukunft aufzulösen.

Jedoch ist durch diese mentale Bewertung oder Beurteilung Ihrer Gefühle eine weitere Form der Angst erschaffen worden, die Ihr Bewusstsein regelrecht in der Illusion der Erfahrung zementiert: die Angst vor der Angst. Ein einfaches Beispiel hierfür könnte Ihr nächster Zahnarztbesuch sein. Nur bei dem Gedanken an Ihren Zahnarzt fühlen Sie sich schon so, als lägen Sie bereits auf dem Behandlungsstuhl, die Spritze vor Augen, das Geräusch des Bohrers in den Ohren und die Furcht vor den Schmerzen im Kopf. Sie haben nun Angst vor etwas, das es gar nicht gibt, sondern das sich durch Ihr Gefühl der Angst in der Zukunft manifestieren wird. Somit erschaffen Sie unbewusst ein von Ihnen nicht gewünschtes Ereignis. Sobald Ihre Gedanken nun Gefühle erzeugen – und nicht wie ursprünglich das Gefühl den Gedanken erzeugt – gibt es keinen Ausweg aus dieser Situation, da Sie sich ja mit Ihren Gedanken identifiziert haben. Das Werkzeug hat die Leitung in Ihrem Leben übernommen. Der Hammer schwingt den Schmied.

Wovon wir hier sprechen ist der Prozess, wie Unterbewusstsein entsteht. Jedes Mal, wenn Sie einer Situation oder einem Ereignis durch Ihre gedankliche Interpretation, Beurteilung und Bewertung Bedeutung geben, bleibt ein Stück Bewusstsein daran haften. Wenn Sie dies vergessen, erzeugen Sie jedes Mal Unterbewusstsein: Unterbewusstsein ist nichts anderes als „vergessenes" Bewusstsein. Es hat weiterhin die Fähigkeit zur Schöpfung, nur wissen Sie das nicht und haben keinerlei

Kontrolle darüber. Somit erzeugt Ihr Unterbewusstsein Ihre „Realität" zu einem Großteil mit, aber da Sie dies nicht wissen, lehnen Sie die Verantwortung für Ihr Schöpfertum ab. Damit bleiben Sie in der Illusion der Erfahrung gefangen und befinden sich wieder im Tun-haben-sein-Spiel.

Sie versuchen nun, das Außen zu kontrollieren, was nichts anderes bedeutet, als Ihre eigene Schöpfung zu kontrollieren. Dadurch können Sie sie nicht loslassen und Ihr Bewusstsein bleibt an ihr haften. Je mehr Bewusstheit Sie dadurch verlieren, desto mehr tun Sie aus Angst. Je mehr Sie aus Angst tun, desto mehr fühlen Sie sich als Opfer dieser Welt. Dies führt zwangsläufig dazu, dass immer heftigere Erfahrungen erschaffen werden und diese sich wiederholen. Womit der Teufelskreis geschlossen ist: Es steht Ihnen immer weniger freies Bewusstsein zur Verfügung. Die erschaffene „Realität" wird zum Alptraum. Dies gilt selbstredend für die gesamte Menschheit.

Wie es scheint, hat die Polarität damit schon wieder die Oberhand gewonnen und ein Entkommen aus dieser Falle der Unbewusstheit scheint hoffnungslos. Oder? Mit den Worten eines militärischen Befehlshabers gesagt, als er sich mit seiner Truppe von einer Überzahl an Gegnern umzingelt sah: „Meiner Einschätzung nach ist die Lage hoffnungslos, aber nicht aussichtslos." Wie die Geschichte geendet hat, ist nicht bekannt, aber da sie überliefert ist, kann das Ende nicht ganz so schlimm gewesen sein. Folgen wir also der Einschätzung unseres Kommandanten.

Schauen wir uns einmal an, was uns in der aktuellen Situation zur Verfügung steht. Wir haben ein Unterbewusstsein (Persönlichkeit und Ego), ein Bewusstsein (Geist) und ein Überbewusstsein (Seele). Wir wissen, dass Sie bei Ihrer Geburt Ihren Ursprung vergessen haben. Sie wurden in eine Welt der Erfahrungen geboren, an welche sich Ihr Bewusstsein Schritt für Schritt fesseln wird. Ihr Bewusstsein wurde zusätzlich noch beschränkt, sodass Sie sich der Erfahrung voll und ganz ausgeliefert haben.

Diese drei Effekte bilden die Basis für die Welt, in welche Sie hineingeboren wurden.

Um aus dieser „hoffnungslosen Lage" herauszukommen, müssen wir den Prozess der Unterbewusstseins-Werdung umkehren. Wie geschieht das? Das Vergessen ist eine mentale Angelegenheit. Es umzukehren und sich stattdessen zu erinnern ist relativ einfach, da das Vergessen nicht mit Ängsten und Gefühlen verknüpft ist. Genau für diesen ersten Schritt ist dieses Buch geschrieben worden, indem es Ihnen hilft, sich daran zu erinnern, wer Sie wirklich sind und wie diese vierdimensionale Realität funktioniert. Damit erhöhen Sie nach und nach den Grad Ihrer Bewusstheit und „erweitern" so Ihr Bewusstsein, denn es erhält Wissen zurück, das es vorher nicht hatte. (Tatsächlich lässt sich das Bewusstsein nicht erweitern, da es als Erscheinungsform *des Göttlichen* allumfassend und vollkommen ist. Mit höherer Bewusstheit haben Sie lediglich einen erweiterten Zugang und werden sich eines größeren Ausschnitts Ihres Bewusstseins gewahr.)

Die nächste Ebene wird schon deutlich schwieriger, weil Ihr Bewusstsein an die Erfahrung gebunden ist. Hier befinden wir uns auf einer emotionalen Ebene und wir begegnen der Angst, Opfer zu sein, und ihren Effekten. Jedes Mal, wenn Sie aus Angst etwas tun, erzeugt dies ein Opfergefühl und fesselt Ihr Bewusstsein an die Handlung bzw. genauer gesagt an Ihre Gedanken zu dieser Handlung. Gefesseltes Bewusstsein ist Unterbewusstsein. Indem Sie nicht auf die Angst reagieren, sondern sie nur wahrnehmen und in Liebe annehmen, befreien Sie sukzessive Ihr Bewusstsein und erhalten erweiterten Zugang zu bisher an die Erfahrung gebundenem Bewusstsein für Ihr spirituelles Erwachen zurück. Auf dieser zweiten Ebene geht es nicht mehr nur um das Erinnern, um bewusster zu werden, sondern es geht um die Überwindung der Polarität, und das bedeutet, Ihr gebundenes Bewusstsein zu befreien. Es ist ein Aufwachen aus dem Traum der Illusion, das einer 180-Grad-Kehrtwende

Ihres aktuellen Bewusstseinszustands entspricht. Dies ist in den meisten Fällen ein sehr langwieriger Prozess. Ihre Aufgabe wird es sein, die Dinge so anzunehmen, wie sie sind, und in allem die perfekte Schöpfung *des Göttlichen* zu erkennen.

Solange Sie auf der ersten und vor allem auf der zweiten Ebene „feststecken", benötigen Sie zwei Werkzeuge, die Ihnen jedoch zur Verfügung stehen. Zum einen ist das Ihre auf das allgemeine Wohl aller Wesen gerichtete (und eben gerade nicht egoistische) Absicht und zum anderen Ihr Fokus. Ihre freie Wahl, das zu erschaffen, was Sie wollen, basiert auf Ihrem erweiterten Wissen. Die Absicht ist die Energie hinter Ihrer Wahl und Ihr Fokus gibt Ihrer Energie die Richtung, mit welcher Sie in der Lage sind zu erschaffen. Denn worauf Sie sich fokussieren, erschaffen Sie. Auf dieser Ebene zählt vor allem, im Hier und Jetzt präsent zu sein und zu wissen, wo Ihr Fokus gerade ist, um ihn gegebenenfalls ändern zu können.

Allerdings ist es nicht ganz leicht, den Fokus über längere Zeit zu halten, weil bestimmte Persönlichkeitsanteile in Ihnen die Tendenz haben, sich sofort Ziele zu setzen und Erwartungen damit zu verknüpfen. Die Absicht hilft Ihnen aber auch, sich von diesen egoistischen Zielen und Erwartungen zu befreien und Ihre Energie auf eine höhere Ebene zum Wohle aller zu verlagern und somit bei Nichterfüllung nicht die Angst zu spüren, durch die Nichterreichung der Ziele und Erwartungen zum Opfer zu werden. Sobald Ihre Schöpfung genug Energie bekommen hat, um in Ihr Leben zu kommen, können Sie den Fokus weglassen. Ihr inneres Wissen wird Ihre Schöpfung in Ihre Realität ziehen. Wenn es jedoch anstrengend ist, den Fokus zu halten, dann ist dies ein untrügliches Zeichen dafür, dass Sie versuchen, Ihre Schöpfung geistig zu erzwingen.

Das Gegenteil davon, etwas zu erzwingen, ist, es loszulassen. Sie müssen Ihre negativen Erfahrungen ebenso loslassen wie Ihre positiven. Mit Ersterem werden Sie Ihre eigene Vergangenheit heilen. Sie müssen nicht mehr ständig an das denken, was Sie irgendwann einmal verletzt hat. Damit erschaffen Sie die Situation nicht wieder neu. Positive Erfahrungen aufzulösen bedeutet, bereits gemachte Erfahrungen nicht wiederholen zu wollen, sondern offen zu sein für Neues. Das heißt nicht, dass Sie sie vergessen sollen, nur dass Sie nicht von ihnen abhängig werden sollen. Auch positive Gefühle sind nur Gefühle und hindern Sie letztendlich daran, (bedingungslose und allumfassende) Liebe zu sein.

Wenn Sie auf der zweiten Ebene erschaffen wollen, müssen Sie klare und kraftvolle Absichten haben. Wenn Sie daher sagen, dass Sie etwas gerne „möchten" oder gerne etwas „hätten", dann geben Sie *dem Göttlichen* ein Zeichen, dass Sie etwas *nicht* haben. Derart agieren Sie aus dem Mangel heraus und unterlegen Ihre Energie mit Zweifeln. Sagen Sie daher klar, dass Sie etwas Bestimmtes „wählen" oder „erschaffen". Machen Sie sich eine möglichst klare Vorstellung von dem, was Sie in Ihr Leben ziehen wollen, und halten Sie diese Vorstellung so lange aufrecht wie nötig. Lassen Sie alle Überlegungen los, wie dieses Ereignis oder dieser Gegenstand in Ihr Leben treten wird oder gar könnte. Da alles schon erschaffen ist, existiert auch das, was Sie für sich wählen, egal, wie weit weg von Ihrer „Realität" es Ihnen zu sein scheint. Versuchen Sie Ihre Wahl so auszurichten, dass, was immer Sie wählen, zum höchsten Wohle von Ihnen und allen Wesen ist. So erschaffen Sie keine Gegensätze und Ihr Leben wird friedlich und freudvoll werden.

Gefangen im Denken

Wie ist es möglich, dass wir diese Illusion der Polarität und Dualität nicht durchschauen? Ganz einfach, weil Sie sich den einzigen Ausweg selbst verbaut haben und zwar über Ihr Denken. Das Denken hat die Aufgabe, Sie nie aus dieser Illusion herauszulassen und zusätzlich dafür zu sorgen, dass Sie Ihre Angst vor Ihrem Schöpfertum nie spüren können bzw. für die

Angst halten, Opfer zu sein. Damit ist Ihnen der Ausweg aus der Polarität und Dualität genommen und Sie haben auch keine Möglichkeit, an Ihre Schöpfermacht zu kommen.

Dieses ganze Spiel funktioniert aber nur, weil in der Polarität Mechanismen wirken, die ohne entsprechende Bewusstheit nicht zu erkennen sind. Zum einen das schon angesprochene, nicht wahrnehmbare Gefühl, vollumfänglich Schöpfer:in Ihrer Realität zu sein, und zum anderen die Erfindung Ihres Ich-Bewusstseins in Form Ihrer Persönlichkeit und Ihres Egos. Ihr Verstand, welcher Ihr Ich-Bewusstsein hervorgebracht hat, ist, wie Sie schon wissen, unbewusst. Dies hat zur Folge, dass Ihre Persönlichkeit und Ihr Ego sich für deren Schöpfungen nicht verantwortlich fühlen. Aus dieser Situation heraus wird ein letzter Trick erschaffen, welcher Sie zusätzlich fest in der Polarität verankern soll: die Erfindung der Schuld.

Schuld gibt es nicht, genauso wenig wie Angst. Schuld ist eine reine Erfindung Ihres Verstandes. Wovon wir hier sprechen, ist immer noch der Situation geschuldet, dass Ihr Denken – entgegen der ursprünglichen Wirkungsweise – Gefühle erzeugt. Der Gedanke der Schuld richtet sich dabei nach innen (im Gegensatz zur nach außen gerichteten Angst) und gibt Ihnen ein „schlechtes" Gefühl. Sie zerstören Ihren Selbstwert, indem Sie aufgrund dessen, was immer Sie getan oder nicht getan haben, Gedanken dieser Art produzieren: „Ich bin einfach nicht gut genug" oder „So etwas kann auch nur mir passieren!" oder „Ich bin einfach zu blöd, um es zu verstehen". D. h. Sie bewerten und beurteilen sich selbst auf negative Weise. Eine andere Form von Schuld ist, anderen die Verantwortung für Ihr Handeln und für Ihre Situation zu übertragen, um sich selbst besser zu fühlen. Dies äußert sich in Aussagen wie: „Wenn du dieses oder jenes gesagt oder getan oder nicht gesagt oder getan hättest, würde es mir jetzt besser gehen" oder „Du bist dafür verantwortlich, dass wir jetzt in dieser Situation stecken. Ich habe dir vertraut und du hast das Vertrauen missbraucht". Schuld ist so gesehen entweder ein Mechanismus, mit dem Sie sich selbst tiefer und tiefer in die Illusion treiben, oder alle anderen daran hindern, auf ihrem Entwicklungsweg voranzukommen, während Sie selbst auf Ihrer momentanen Ebene der Unbewusstheit stecken bleiben. Zweiteres machen Sie, um die Energie des anderen zu erhalten und sich selbst besser zu fühlen.

Um diesen Kreislauf zu durchbrechen, gibt es nur einen Ausweg: Bewusstheit dazugewinnen können Sie nur, wenn Sie sich als vollverantwortlicher Schöpfer Ihrer „Realität", als alleinverantwortliche Schöpferin Ihrer Denkwirklichkeit (an)erkennen und die gesamte Verantwortung für Ihr Handeln, Sprechen und Denken übernehmen, anstatt sie anderen zuzuschieben. Auch Ihre Selbstschuld können Sie nur durch Übernahme der Selbstverantwortung überwinden – jedoch ohne dabei ins Bewerten und Beurteilen Ihrer selbst zu verfallen und damit in die Schuldzuweisung.

Betrachten Sie es aus der Perspektive der Schöpfung. Die gesamte Schöpfung existiert bereits. Welchen Aspekt der Schöpfung Sie daher in Ihr Leben ziehen, ist aus Sicht der Schöpfung völlig egal. Daher ist es auch gleichgültig, was Sie denken oder tun, alles wird aus dem Blickwinkel der Vollkommenheit und der Liebe betrachtet. Wieso sollten Sie dann so etwas wie Schuld fühlen und sich nicht als Schöpfer:in fühlen? Die Essenz des hierin Gesagten liegt darin, dass Schuld eine mentale Erfindung ist, die im Körper gespürt wird. Erst wenn Sie den Mut haben, Ihre mentale Kontrolle, die auch hinter dieser Erfindung steht, restlos aufzugeben, wird sich die Illusion der Polarität und Dualität auflösen und Sie werden in die Lage versetzt, sich auf die *Wirklichkeit* zuzubewegen und Ihr Bewusstsein zu „erweitern". Dies befreit Sie selbstverständlich nicht davon, für Ihr Leben die uneingeschränkte Verantwortung zu übernehmen. Sie sind für alles in Ihrem Leben verantwortlich, da Sie alles selbst erschaffen haben; Sie tragen jedoch niemals Schuld daran. Wenn Ihnen das bewusst wird, dann werden Denken und Fühlen bedeutungslos für Sie. Das bedeutet nicht, dass Sie nicht mehr fühlen und denken. Es heißt nur, dass Sie alle Gefühle zulassen, so wie Sie sind, und sich selbst dafür lieben können. Die mentale Kontrolle aufzugeben bedeutet, Ihr Herz zu öffnen und Liebe zu sein.

8.4 Die Beziehung zu sich selbst aufgeben

Wie wir gesehen haben, vollzieht sich der Wandel zu spirituellem Erwachen in mehreren Schritten. Der erste besteht darin, bewusst zu werden, indem Sie sich an das erinnern, was Ihrem höheren Selbst oder Ihrer Seele schon immer bewusst ist. Dabei ist es nicht Ihr Verstand, der sich an alle diese Prozesse und Mechanismen der Schöpfung und das tiefe Wissen dessen erinnert, wer Sie wirklich sind. Es ist Ihr Bewusstsein, Ihr wahres Selbst, welches, sobald es die Illusion durchschaut und einen kleinen Teil der universellen Wahrheit erfassen kann, Ihnen unmissverständlich signalisiert: „Ja, genauso ist es." Dieses Signal des Erinnerns ist ein Wissen, welches über den Verstand hinausgeht, da es nicht erst erfahren werden muss. Sie wissen einfach. Der Impuls erfolgt daher auch auf der Gefühlsebene und gibt Ihnen das untrügliche Gefühl, dass es etwas Größeres gibt, etwas, das in Form von Gefühlen kommuniziert. Das ist wirkliches Erinnern.

Es ist daher nicht erstaunlich, dass es Ihnen nicht gelingen wird zu erwachen, selbst wenn Sie mental komplett verstanden haben, wer Sie wirklich sind und wie diese „Realität" funktioniert. Dies ist zwar ein äußerst positiver Schritt in Ihrer spirituellen Entwicklung, welcher Ihnen ermöglicht, sich auf die nächsthöheren Ebenen spiritueller Erfahrung zu begeben, aber wirkliches Wissen wird unmittelbar gefühlt. Daher ist das Gefühl der entscheidende Faktor bei Ihrer spirituellen Entwicklung. Umgekehrt ist es ja auch der Gedanke, welcher das Gefühl überlagert und dafür verantwortlich ist, dass Sie nicht wirklich an Ihr Gefühl herankommen. Er führt Sie somit auf die falsche Fährte, da Sie Ihrem Denken vertrauen und nicht verstehen, dass es erst der

Gedanke ist, der Ihr Gefühl auslöst, und dieses Gefühl den Gedanken wiederum verstärkt. Somit erklärt sich, dass die *Wirklichkeit* vom menschlichen Verstand nicht erfasst werden kann und die mentale Ebene nicht mehr als eben das ist: eine Ebene, die überwunden werden muss.

Die nächste Ebene, die es aufzulösen gilt, ist die emotionale Ebene. Im Laufe Ihres Lebens haben Sie unzählige emotionale Erfahrungen gedanklich bewertet und sie in Ihr Unterbewusstsein abgeschoben. Die Aufgabe auf der zweiten Ebene besteht daher darin, Ihr Unterbewusstsein aufzulösen, es aus seiner Bindung an Erfahrungen zu befreien und so Bewusstsein hinzuzugewinnen. Die Lösung hierfür hört sich äußerst einfach an: Sie befreien Ihr Bewusstsein, indem Sie *nicht tun*. Das bedeutet nicht, dass Sie sich ab jetzt nicht mehr bewegen dürfen und vielleicht sogar den Atem anhalten müssen. Es bedeutet, dass Sie nichts und niemandem eine Bedeutung geben, sich auch nicht aus Angst, Opfer zu werden, in das Tun stürzen oder versuchen, Ihre angeblich nicht selbst erschaffenen Ereignisse zu kontrollieren. Es gibt dort draußen auch nichts zu verändern.

Es ist nicht einfach. Im Gegenteil: Es gibt fast nichts Schwierigeres, als *nicht zu tun*. Es bedeutet, das anzunehmen, was ist. Nur Ihre innere Kraft ist in der Lage, angesichts der Angst nicht zu tun, sodass Sie Liebe sein können. Sie müssen weder etwas schützen noch verteidigen. Dies gilt in erster Linie für Ihre Persönlichkeit und Ihr Ego. Diese beiden Gestalten reagieren äußerst empfindlich auf Ihren Stolz, Ihre Ehre, Ihre Würde oder, und das ist der Kern des Ganzen, auf Ihre Gefühle. Letzten Endes geht es nicht darum, Ihre Gefühle auszuschalten. Das ist auch nicht möglich. Nicht zu tun, so wie es hier gemeint ist, bedeutet letzten Endes, dem Tod Ihrer Illusion ins Auge zu sehen und das, während Sie leben.

Der physische Tod ist das einzig Sichere in Ihrem Leben. Spätestens zum Zeitpunkt Ihres physischen Todes werden Sie keine andere Wahl haben als alles loszulassen, was nicht wahr ist. Dazu gehört auch die imaginäre Vorstellung von Ihrem illusionären Selbst in Form Ihrer Persönlichkeit und Ihres Egos. Der Tod nimmt alles weg, was nicht wirklich ist. Daher ist es nur zu verständlich, dass Ihre Persönlichkeit und Ihr Ego alles daransetzen zu überleben. Mit Ihrem physischen Ende ist aber auch der Tod der beiden unvermeidlich, da sich das Bewusstsein am Ende des Lebens aus dem Körper zurückzieht und die Illusion nicht ohne Bewusstsein existieren kann.

Dieses Kapitel trägt den Titel „Die Beziehung zu sich selbst aufgeben". Das bedeutet nicht, physisch zu sterben. Mit dem physischen Tod werden wir uns im nächsten Abschnitt beschäftigen. Damit ist vielmehr gemeint, sich von Ihrem illusionären Ich zu lösen, um Ihre emotionale und mentale Ebene zu überwinden und Ihr Bewusstsein zu befreien. Zu Ihren Lebzeiten.

Leider sind Ihre Persönlichkeit und Ihr Ego vollkommen unbewusst und beide leben daher in der Illusion, dass das Außen, welches Sie mit Ihren Körpersinnen wahrnehmen, die Wirklichkeit darstellt. Der Selbstwert der beiden ist sehr gering, weil beide sich in einer getrennten Welt als Individuum wahrnehmen, die ständig etwas tun müssen, um etwas zu haben, damit sie der Veränderung im Außen begegnen können. Ihre Persönlichkeit glaubt, dass irgendetwas mit ihr nicht stimmt, weil sie das, was sich im Außen ändert und was sie davon als negativ empfindet, persönlich nimmt. Sie ist somit ständig emotional verletzbar, fühlt sich oft angegriffen und versucht sich ständig zu rechtfertigen. Ihr Ego wiederum hat Angst, nicht gut genug zu sein oder etwas im Leben falsch zu machen. Das, was beiden im Inneren fehlt, versuchen beide im Außen zu kompensieren.

Haben Sie sich schon einmal gefragt, warum sich Ihr illusionäres Selbst in zwei Teile geteilt hat? Hätte es nicht genügt, nur die Persönlichkeit *oder* das Ego zu erschaffen? Da beide Erfindungen Ihres Verstandes sind und sich somit in der Polarität befinden, muss es auch hier zwei Teile geben. Die tieferliegende Ursache hierfür ist jedoch die vollkommene Unbewusstheit Ihres Verstandes. Kurz gesagt hat Ihre Persönlichkeit Ihr Ego erfunden, dem sie alles zuschiebt, was sie nicht versteht. Davon gibt es im Zustand der Unbewusstheit einiges. Durch den Prozess des Aufwachens wird Ihnen jedoch bewusst, dass das Außen eine Illusion ist, und somit bekommt das ganze Konstrukt auf einmal Risse. Durch Ihr Bewusstwerden wird dieses Gleichgewicht nun gestört und es geschieht etwas sehr Spannendes.

Die Flamme des Bewusstseins

Der Vorgang des Aufwachens führt dazu, dass sich Ihr illusionäres Selbst weiter spaltet. Es entwickelt eine *spirituelle* Persönlichkeit. Die spirituelle Persönlichkeit weiß nun, dass es Bewusstsein gibt, und möchte sich damit vereinigen, indem sie langsam ihre Identifikation mit den Gefühlen und Gedanken aufgibt. Sie möchte so schnell wie möglich das ganze Bewusstsein in ihrem Körper integrieren, ihre alten Muster aufgeben, sich ganz dem Licht zuwenden und ein Teil der Bewusstseinsebene werden. Dabei vergisst sie jedoch, dass sie auch nur ein Teil Ihres illusionären Selbst ist und genauso wie diese immer noch in der Illusion gefangen ist. Als Folge davon empfindet die spirituelle Persönlichkeit Ihr Ego als störend auf ihrem Weg zur Erleuchtung und möchte diesen Persönlichkeitsanteil so schnell wie möglich loswerden. Dies ist ein großer Stolperstein auf der zweiten Ebene des Weges zur Bewusstwerdung, bei dem viele „Suchende" stecken bleiben.

Ihre spirituelle Persönlichkeit hat genug von der Polarität und möchte so schnell wie möglich erleuchtet werden, schafft es aber nicht, die Gegensätze zu transformieren. Während die alte Persönlichkeit weiter am Tun-haben-sein-Spiel festhält und Angst hat, hier zu scheitern, das heißt, nicht erfolgreich zu sein oder nicht genügend zu besitzen, hat die spirituelle Persönlichkeit Angst, ihren Weg ins volle Bewusstsein nicht zu schaffen und somit unbewusst zu bleiben. Sie versucht daher ebenfalls weiterhin durch ihr Tun erfolgreich zu werden, indem sie spirituelle Kurse besucht, sich mit fernöstlichen Weisheitslehren beschäftigt, Bücher über Bewusstsein liest usw. All dies in der Hoffnung, durch ihr *Tun* schneller den gewünschten geistigen Zustand zu *haben* und nicht länger im alten Leben zu *sein*. Die spirituelle Persönlichkeit sieht sich als „höher entwickelt" oder „fortgeschrittener" als die beiden anderen Persönlichkeitsanteile und blickt abschätzend auf diese und unter Umständen auch auf jene anderer Menschen herab.

Wieso ist die spirituelle Persönlichkeit nicht bewusster als die alte Persönlichkeit? Das liegt daran, dass die spirituelle Persönlichkeit von ihrer Struktur her genauso angelegt ist wie Ihre alte Persönlichkeit. Beide sind noch Teil der Polarität und Dualität und Gegensätzen ausgeliefert wie gut und schlecht, positiv und negativ usw. Außerdem suchen beide die Lösung im Außen, auch wenn dies bei der spirituellen Persönlichkeit nicht immer erkennbar ist, da sie sich ja mit inneren Werten und höheren Zielen beschäftigt. Im Grunde wird hier ein spirituelles Mäntelchen um die Tätigkeiten Ihrer Persönlichkeiten gelegt. Beide sind aber weiterhin fest in der Angst verfangen, Opfer zu werden und zu Ihrer vollen Größe zu stehen. Die universelle Angst zu überwinden, vollumfänglich Schöpfer:in der eigenen Wirklichkeit zu werden, bedeutet, auch die spirituelle Persönlichkeit loszulassen. Vor der Auflösung ihrer Existenz fürchtet sich die spirituelle Persönlichkeit genauso wie Ihre alte Persönlichkeit. Daher unterscheiden sie sich in ihrer Struktur nicht, nur in ihrer Ausrichtung.

Ab diesem Moment sind Sie also dreifach persönlichkeitsgespalten. Dieser Zustand muss Ihnen bewusst werden, da Sie sonst aus der aktuellen Situation nicht aussteigen können. Viele spirituelle Menschen hängen auf dieser Ebene fest, weil sie denken, durch den Fokus auf ihre spirituelle Persönlichkeit und die Ablehnung ihrer alten Persönlichkeit Letztere irgendwann überwinden zu können. Dies bedeutet, dass Sie einer Falle entkommen sind, nur um prompt in eine neue zu tappen. Denn wie schon gesagt: Das Spiel mit den Persönlichkeiten kann nicht gewonnen werden. Sobald Sie irgendetwas von sich ablehnen und somit Ihre Energie darauf richten, wächst Ihr Widerstand gegen das, was ist. Ihr Verstand kann nur so überleben.

Aus Sicht des Bewusstseins gibt es weder das Ego noch Persönlichkeiten. Alle sind reine Erfindungen Ihres Verstandes. Jedoch sind beide Persönlichkeiten davon überzeugt, dass es ein Ego gibt. Diese Unterscheidung ist wichtig, daher lassen sie uns langsam vorgehen und einen Teil des bereits Gesagten wiederholen.

Die Persönlichkeit will immer gut dastehen und schiebt daher dem Ego alles in die Schuhe, was sie selbst als negativ betrachtet oder an sich selbst nicht leiden kann. Das ist aber noch nicht alles. Da Ihre Persönlichkeit unbewusst und mit der Welt der Illusion verbunden ist, nicht wissend, dass Bewusstsein existiert, schreibt sie auch alles, was sie sich selbst nicht zuordnen kann, dem Ego zu. Dies deshalb, weil sie glaubt, dass sie bereits alles ist, was ihr Wesen ausmacht, und es außer ihr nichts gibt. Alles, was die Vorstellungskraft der Persönlichkeit übersteigt, was nicht sein darf oder kann, was unlogisch ist oder nicht den Werten der Persönlichkeit entspricht, wird ebenfalls dem Ego zugeschrieben.

Dies ist auch der Grund, weshalb Ihre alte Persönlichkeit sofort auf den Plan tritt, wenn Ihr wirkliches Selbst im Begriff ist, gebundenes Bewusstsein zu befreien, sich Übernatürlichem öffnet und sich zu seiner wahren Größe aufmacht. Es kann leicht sein, dass dies von Ihrer alten Persönlichkeit als Egomanie oder Teufelswerk bezeichnet wird.

Aus Sicht der alten Persönlichkeit gibt es ja auch keine andere Erklärung. Die spirituelle Persönlichkeit jedoch versteht diese Zusammenhänge.

Wenn sich die spirituelle Persönlichkeit dieser Dinge bewusst wird, verändert sich diese Dreiteilung in eine andere. Mithilfe der spirituellen Persönlichkeit wird Ihnen klar, dass es das Ego nicht gibt. Dies hat zur Folge, dass auch die alte Persönlichkeit langsam erkennt, dass das Ego eine reine Erfindung ist. Das heißt, die alte Persönlichkeit wird langsam auch bewusster. Allerdings wird es Anteile in der alten Persönlichkeit geben, die sich weigern werden, Teile ihrer Identifikation oder Anhaftung aufzugeben. Außerdem möchte Ihre alte Persönlichkeit nicht von der spirituellen Persönlichkeit übernommen werden. Einige Anteile werden sich daher leichter aus der Illusion lösen und Teil der spirituellen Persönlichkeit werden, andere nicht.

Daraus ergibt sich jedoch eine nicht minder komplizierte Situation. Die spirituelle Persönlichkeit weiß nun, wer sie wirklich ist, und erkennt, dass ihr die alte Persönlichkeit wie ein Klotz am Bein hängt und verhindert, dass sie sich aus dieser Welt der Gegensätze verabschieden und in das Reich des Seins eintreten kann. Die spirituelle Persönlichkeit wird daher der alten Persönlichkeit die Schuld an der Situation geben, sie verurteilen und ein Drama veranstalten. Die Veränderung in der Dreiteilung liegt nun darin, dass Ihre spirituelle Persönlichkeit mit zunehmendem Bewusstsein nun nicht mehr Ihr Ego als die Ursache für Ihr Feststecken auf der zweiten Ebene sieht, sondern erkennt, dass Ihre alte Persönlichkeit – welche das Ego nur erfunden hat – die eigentliche Ursache für Ihre Unbewusstheit ist. Damit haben Sie jedoch gleichzeitig den Kern Ihres „Beziehungsproblems" erkannt. Das ist die Beziehung, die Sie zu sich selbst aufgeben müssen. Die negativen Seiten des illusionären Selbst aufzugeben, fällt Ihrer Persönlichkeit nicht sehr schwer, da sie Ihr Ego sowieso ablehnt. Aber die positiven Seiten, den Erfolg, Ihren Stolz auf das bisher Erreichte, Ihre Stellung in der Gesellschaft, einfach alles, womit sich Ihre in der Selbsteinschätzung unbedingt positive Persönlichkeit identifiziert, aufzugeben, ist eine wahre Herausforderung.

Alle Ihre Persönlichkeitsanteile, die im Grunde alle „Egos" sind, können sich selbst nicht lieben, da sie in der Illusion gefangen sind. Sie können einander nicht ausstehen und stehen in Konkurrenz. Gerade das macht es so schwierig für Sie, sich selbst zu lieben, weil Sie mit diesen Anteilen identifiziert sind. Ihr wahres Selbst brauchen Sie nicht zu lieben, da es Liebe selbst schon ist. Der einzige Weg, um aus dieser göttlichen Falle herauszukommen, ist, sich so oft wie möglich Ihrer Persönlichkeitsanteile liebevoll anzunehmen. Um dies zu tun, müssen Sie sich selbst lieben, so wie Sie sind, mit all ihren Stärken und Schwächen. „Die Beziehung zu sich selbst aufgeben" bedeutet, die Beziehung zu Ihren illusionären Persönlichkeitsanteilen aufzugeben, um den Weg zum Selbst freizumachen. „Liebe deinen Nächsten wie dich selbst", empfiehlt uns die Bibel. Was ist damit gemeint? Es bedeutet, dass Sie Ihren Nächsten nur so lieben können, wie Sie sich selbst lieben. Je mehr Sie sich selbst lieben, desto mehr können Sie Ihren Nächsten und das Außen lieben, nicht umgekehrt. Gerade die Teile in uns, die wir am meisten ablehnen, sehnen sich am meisten nach Liebe.

Geben Sie sich daher so viel Liebe, wie Sie können, stellen Sie sich an die erste Stelle, denn nur Sie allein sind dazu in der Lage.

Ihre Essenz ist Liebe. Daran müssen Sie nicht arbeiten. Sie *sind* Liebe. Alles andere ist nur der Versuch Ihrer Persönlichkeiten, verlorenen Selbstwert wiederzubekommen. Seien Sie freundlich zu anderen, auch wenn diese das nicht sind, gehen Sie mit einem Lächeln durch die Welt und helfen Sie bei Kleinigkeiten, wo Sie eben helfen können. Das genügt schon.

Durch das dadurch neu entstandene Bewusstsein sind Sie in der Lage, Ihre Persönlichkeit, Ihre spirituelle Persönlichkeit und Ihr Ego langsam zu heilen. Bitte bedenken Sie, dass Ihre Persönlichkeitsanteile ständig auf der Suche nach Liebe sind.

Es wird Ihnen mit ziemlicher Sicherheit nicht gelingen, Ihren Fokus immer in der Mitte zu halten. Es erfordert wirklich sehr

viel Geduld und Liebe, sich dieser Herausforderung jeden Tag
aufs Neue zu stellen. Versuchen Sie deshalb, Ihren Widerstand
anzunehmen, zu umarmen und in Liebe aufzulösen. Vielleicht
gelingt Ihnen auch dies nicht, weil Sie gerade traurig oder enttäuscht sind. Das macht aber nichts, wenn es Ihnen nicht sofort
gelingt. Nehmen Sie sich die Zeit dafür, die Sie brauchen, und
versuchen Sie es erneut, wenn Sie sich besser fühlen.

8.5 Die Reise Ihres Lebens

Ihrem aktuell zur Verfügung stehenden Bewusstsein zu mehr
Bewusstheit zu verhelfen, also die Menge an Bewusstsein zu vergrößern, zu dem Sie Zugang haben, ist eine der größten Herausforderungen, der Sie sich in Ihrem Leben stellen können. Bewusster
zu werden, indem Sie sich erinnern, wer Sie wirklich sind, und Ihr
Bewusstsein zu befreien, indem Sie dessen Bindung an die Erfahrungen lösen, sind auf Ihrer Reise zur Bewusstwerdung nur Stationen
Ihres Lebens, um das eigentliche Ziel, die Befreiung Ihres Geistes
durch die Loslösung von der Identifikation mit Ihrem Verstand, zu
erreichen. In Wirklichkeit gibt es diese Stationen gar nicht, denn
alles innerhalb der Schöpfung ist ein Prozess hin zur vollständigen Bewusstwerdung des Seins in der Materie. Alles fließt und
verändert sich ständig. Daher sind alle diese Schritte nur Punkte
auf Ihrem Weg. Der Prozess der Bewusstwerdung kann, sofern er
einmal in Ihnen begonnen hat, nicht mehr angehalten werden.
Am Ende dieses Prozesses steht die Erkenntnis, dass Liebe alles
ist, was es gibt und dass Sie nie vom *Göttlichen* getrennt waren.

Um unser Thema etwas greifbarer zu machen, lassen Sie uns
versuchen, das, wovon wir hier reden, mithilfe einer Analogie
zu beschreiben. Diese Analogie können wir als die Reise Ihres
Lebens bezeichnen.

Der Großteil Ihres Bewusstseins ist aktuell an Erfahrungen und
Situationen gebunden und existiert als Unterbewusstsein, auf

welches Sie keinen oder kaum Zugriff haben. Dies ist das Reich Ihrer Persönlichkeit und Ihres Egos, welche per definitionem unbewusst sind. Dadurch ist Ihr eigentlich unbegrenztes Bewusstsein auf einen winzigen Bruchteil seines Potenzials beschränkt, was wiederum in der Begrenztheit Ihres Verstandes begründet liegt. Das, was Sie wahrnehmen und als Ihr Leben bezeichnen, ist somit ebenfalls stark begrenzt. Den Rahmen, innerhalb dessen Dinge geschehen, auf die Sie scheinbar keinen Einfluss haben und deren Ursache Sie nicht verstehen, bilden Ihre Gedanken und Ihre Verhaltensmuster. Sie setzen sich im Außen Ziele und sind glücklich, wenn Sie sie erreichen, und unglücklich, wenn Ihnen dies nicht gelingt.

Das, was Sie als Ihr Leben bezeichnen, hat jedoch ein inneres und ein äußeres Ziel. Das äußere Ziel Ihrer Lebensreise ist, an Ihrem Bestimmungsort anzukommen und zu erreichen, was Ihnen wichtig erscheint und was Sie sich vorgenommen haben. Wenn Ihre in die Zukunft gerichteten und der Zielerreichung dienenden Schritte oder Handlungen jedoch so viel von Ihrer Aufmerksamkeit in Anspruch nehmen, dass sie für Sie wichtiger werden als der Schritt, den Sie gerade jetzt machen, dann verpassen Sie das *innere* Ziel Ihrer Reise vollkommen. Denn das einzig Wirkliche auf dieser Reise ist der Schritt in genau diesem Moment – im Jetzt. Das innere Ziel Ihrer Reise hat nichts damit zu tun, was Sie tun, sondern nur damit, *wie* Sie es tun.

Das äußere Ziel Ihres Lebens ist mit Raum und Zeit verbunden. Ihr inneres Ziel ist davon losgelöst und hat das Eins-Sein mit dem aktuellen Augenblick zum Ziel. Ihr äußeres Ziel kann ein ganzes Leben in Anspruch nehmen, während Ihr inneres Ziel nur einen einzigen Augenblick benötigt – den Schritt, den Sie gerade jetzt unternehmen. Was freilich längst nicht so einfach ist, wie es an dieser Stelle vielleicht klingen mag, denn dieser einzige Augenblick ist auch alles, was Ihnen dafür zur Verfügung steht. Es gibt ja nichts anderes als das Jetzt.

Wenn Sie sich dieses einen Schrittes vollständig bewusst werden, dann erkennen Sie, dass dieser Schritt bereits alle anderen Schritte enthält ebenso wie den Bestimmungsort. Mit anderen Worten: Sie sind bereits angekommen! Alles ist bereits vorhanden. Ihre Handlungen werden so zu einem Ausdruck von Vollendung, haben Kraft und sind von Schönheit begleitet. Dieser Schritt bringt Sie ins (Eins-)Sein, und das Licht und die Liebe, welche mit dem (Eins-)Sein einhergehen, werden durch Sie leuchten. Das ist der Zustand, wenn Sie Ihr Bewusstsein erweitern. Sie haben dann auf der Reise Ihres Lebens sich selbst gefunden. Ab diesem Zeitpunkt wird Ihr äußeres Ziel seine Bedeutung verlieren, da Sie erkennen, dass nichts im Außen Ihnen etwas bieten kann, was Sie in Ihrem Inneren nicht schon längst haben.

8.6 Bewusstheit erlangen

Nehmen wir einmal an, dass Sie auf der Reise Ihres Lebens schon weit gekommen sind. Sie haben sich erinnert, wer Sie in *Wirklichkeit* sind, Sie sind sich Ihres wahren Wesens bewusst und haben erfolgreich Ihr Unterbewusstsein befreit, indem Sie Ihre mentalen und emotionalen Verhaltensmuster gemeistert haben. Sie haben damit die ersten beiden Schritte auf dem Weg zur Bewusstwerdung hinter sich gebracht. Gleichzeitig sind Sie weiterhin ein denkendes und fühlendes Wesen. Sie sind bereit, Ihr Leben in Verbindung mit Ihrer Seele zu erschaffen, aber Sie sind immer noch zu einem Teil in der Polarität gefangen. Dies bedeutet auch, dass Sie weiterhin das Gefühl von Angst spüren.

Somit haben Sie viel erreicht, aber der wichtigste Schritt liegt immer noch vor Ihnen. Denn die Angst, genauer gesagt die Ur-Angst vor Ihrem Schöpfertum, ist die Hauptursache für dieses ganze Spiel. Nur wenn Sie sie vollständig auflösen, wird es Ihnen gelingen, aus dem Spiel der Erfahrung auszusteigen und sich nicht „nur" daran zu erinnern, sondern zu *sein*, wer Sie in *Wirklichkeit* sind.

Diese Angst kann Ihnen aber nicht bewusst werden, wie wir schon gehört haben, da sie sich hinter der Angst, Opfer zu sein, verbirgt. Wie können Sie sie dann erkennen? Es gibt dafür nur einen Weg, und zwar indem Sie sich ihrer indirekt bewusst werden. Ihr höheres Bewusstsein benötigt dazu einen Gegenpol und erhält diesen in Form des Ich-Bewusstseins. Indem dieses den Gegenpol zu Ihrem höheren Bewusstsein bildet, ist es sozusagen das, was *nicht* ist. Aber Achtung! Nun geschieht etwas geradezu „Teuflisches". Da sich Ihr Ich-Bewusstsein in Gestalt Ihrer Persönlichkeit und Ihres Egos mit Ihrem Fühlen *und* Denken identifiziert haben, bewegt es sich ständig innerhalb eines erfundenen Positiv-negativ-, Richtig-falsch- und Gut-schlecht-Kontextes. Deshalb haben Ihre Persönlichkeit und Ihr Ego zwei große mentale Ängste: nicht genug zu sein und etwas falsch zu machen. Alle Menschen haben diese Ängste und diese Ängste sind Ausdruck der Angst, Opfer zu werden. Diese Angst ist jedoch eine erfundene Angst, da sie ja in einem ebenso erfundenen Kontext entstanden ist. Die Angst, Opfer zu werden, ist nur eine Ableitung der einzigen wirklichen Angst: der vor Ihrem Schöpfertum und bedingungsloser Liebe. Wer hat Angst vor Liebe, fragen Sie sich jetzt. Genau das ist der Trick: Für Sie stellt sich die Angst vor Schöpfertum und bedingungsloser Liebe als Ihre Angst davor dar, Opfer zu sein.

In diesem Sinne lassen Sie uns festhalten, dass alle Ängste von Ihrer Angst vor Ihrem Schöpfertum herrühren, selbst wenn Sie dies im Augenblick noch nicht fühlen können. Es genügt im Moment, sich dieses Umstandes bewusst zu sein.

Denn leider ist der Weg zur Befreiung noch weit. Gerade jetzt sind Sie an dem Punkt, an dem Sie nicht den Fehler machen dürfen, sich von Ihrer Angst, Opfer zu sein, leiten zu lassen und sich ins Außen zu begeben, um dieses verändern zu wollen. Denn damit blieben Sie nur in Ihrer Opferrolle gefangen. Und selbst wenn es Ihnen gelänge, nicht ins Außen und ins Tun zu gehen, sehen Sie sich einer neuen Schwierigkeit gegenübergestellt. Ihr

Nicht-Tun erzeugte dann eine neue Form der Angst Ihres illusorischen Ich-Bewusstseins, nämlich dass ohne Ihr Handeln und Tun die Erfahrung aufhören würde. Noch genauer gesagt ist es die Angst, dass Denken und Fühlen aufhören. Dies wiederum erzeugt in Ihrem Ich-Bewusstsein in Form Ihrer Persönlichkeit und Ihres Egos die Angst vor seinem eigenen Tod.

Diese seine größte Angst erträgt Ihr Ich-Bewusstsein nicht. Es wird dadurch in den negativen Pol gezwungen und verfällt sofort wieder ins Tun-haben-sein-Spiel mit dem Ziel, über die Veränderung im Außen wieder zum positiven Pol zurückzukehren. Dies gelingt auch, jedoch versteckt sich dort ja, wie wir weiter oben gesehen haben, die eigentliche Ur-Angst, jene vor Ihrem Schöpfertum und bedingungsloser Liebe. Deshalb bekommen Sie auch im positiven Pol Angst; in diesem Fall ist es die Erkenntnis Ihrer Persönlichkeit und Ihres Egos, dass das Erkennen und Annehmen der Liebe deren Tod bedeuten würde, weil es dieses illusionäre Selbst dann einfach nicht mehr braucht. Ihr Denken interpretiert diese Angst jedoch irrtümlicherweise als die Angst, Opfer zu sein. Somit sind Sie wieder im negativen Pol gelandet, obwohl die Angst aus dem positiven Pol kommt.

Durch diesen Trick kommen Sie nie an den Kern Ihrer eigentlichen Angst und können Ihre Bewusstheit daher auch nicht vergrößern. Sie fallen quasi wieder eine Stufe zurück, wenn Sie sich dessen nicht bewusst sind, da sich Ihr Ich-Bewusstsein mit Denken und Fühlen identifiziert. Jetzt beginnt erneut die Welt der Erfahrung zu greifen, da Ihre Welt einmal mehr aus einer Gut-schlecht- oder Richtig-falsch-„Realität" besteht. Ihr Fokus wird abgelenkt und schon sind Sie wieder im Außen.

Die Angst, Opfer zu sein, führt dazu, aus der Angst heraus zu handeln und somit Ihr Bewusstsein an die Erfahrung zu binden. Die Angst, nicht gut genug zu sein, ist die Angst Ihrer Persönlichkeit. Diese beurteilt sich und andere und hat es sich zur Aufgabe gemacht, dieses unangenehme Gefühl ständig zu umgehen. Die

Angst, etwas falsch zu machen, ist die Angst Ihres Egos. Sie entsteht, indem Richtig-falsch-Gedanken erzeugt werden und somit etwas im Außen bewertet wird. Ihre spirituelle Persönlichkeit hat davor Angst, sich wegen Ihrer anderen Persönlichkeitsanteile nicht aus dem Kerker der Unbewusstheit befreien zu können.

Sobald Sie jedoch beginnen, sich mit diesen Gefühlen zu identifizieren, wird Ihr Ich-Bewusstsein und somit Ihre Existenz emotional angreifbar. Damit erschaffen Sie eine weitere Angst, nämlich die, emotional verletzt zu werden. Jeder Mensch kennt diese drei Ängste und sie sind die Triebfeder für unser gesamtes Handeln und Tun. Sie bilden sozusagen den Hintergrund für alle Ihre Ängste und sind die Ursache, weshalb Angst immer in Ihrem Leben präsent ist. Es ist eine perfekte Illusion, aus der Sie Ihr Bewusstsein befreien müssen, da Sie sonst nicht bewusst werden können. Alle diese Ängste haben jedoch nur eine einzige Ursache: Ihre Angst vor Ihrem Schöpfertum.

Daher dreht sich letztendlich alles nur um einen Begriff: den Ihres illusionären Ich-Bewusstseins, welches aus Angst vor der Leere, vor dem Nicht-Tun, ständig um sein Überleben kämpft. Diese Welt ist die Spielwiese Ihres erdachten Bewusstseins.

Die Überwindung der Angst

Entscheidend für Sie ist nun Folgendes: Solange Sie Ihre Gefühle gedanklich beurteilen, sind Sie im Denken und Fühlen gefangen. Es gibt nur eine Form der Beurteilung: Das positive Gefühl ist gut und das negative Gefühl ist schlecht. Die mentale Angst vor der Polarität (in Form unterschiedlichster Energiespiele, z. B. der Rechthaberei), die Macht der Angst vor Ihren Gefühlen (denken Sie an unseren Zahnarztbesuch), erzeugt eine Art Über-Angst: die Angst vor der Angst. Eine der Ausprägungen dieser Angst wurde bereits erwähnt, die Angst, emotional verletzt zu werden. Das Wesen der Angst vor der Angst ist dergestalt, dass sie Sie unter Umständen in die völlige Passivität treibt – Sie machen, aus Vor-Sorge, aus Angst vor möglichen negativen Konsequenzen, wortwörtlich nichts mehr. Diese drei Ängste schaffen es nun tatsächlich, Ihren Fokus ununterbrochen abzulenken und Sie im Fühlen und Denken und damit in der Illusion zu halten.

Im Grunde ist ganz wenig notwendig, um bewusst zu werden und dem ständigen Tun zu entkommen. Gleichzeitig ist es aber auch unglaublich schwierig, das Tun-haben-sein-Spiel aufzugeben. Das ist das Paradoxon dieser Realität.

Schwierig macht es der Mechanismus der Ängste. Die Angst, Schöpfer:in zu sein, und die Angst, Opfer zu sein, sind das Gegenteil voneinander. Wenn Sie die eine Angst auflösen, gelangen Sie zur anderen und von dort wieder zurück. Zu allem Unglück hindert Sie die Angst vor der Angst daran, Ihre Erfahrungen loszulassen und Ihr Bewusstsein zu befreien. Dabei ist diese Befreiung im Grunde einfach zu bewerkstelligen, denn hinter allem steckt nur ein einziges Gefühl und ein einziger Gedanke, eben die Angst vor Ihrer umfassenden Selbstverantwortung als Schöpfer:in Ihrer Erfahrungen.

Wenn Sie daher den Mut aufbringen, Denken und Fühlen loszulassen, fällt das gesamte Konstrukt wie ein Kartenhaus in sich zusammen. Wenn Sie Ihre volle Größe erfahren wollen, kommen Sie nicht umhin, allen drei Ängsten zu begegnen und Sie in Liebe anzunehmen. Da diese drei Ängste direkt in Verbindung mit Ihren drei Limitierungen stehen – die Beschränkung und Fesselung Ihres Bewusstseins und das Vergessen –, lösen Sie auch die drei getrennten Bewusstseinsebenen automatisch auf. Auf diese Weise wird aus „drei" eins, Getrenntes wird verbunden.

Um dieser „teuflischen" Falle zu entkommen, müssen Sie den Trick durchschauen, der Ihnen vorgaukelt, Sie hätten Angst vor Ihrem Schöpfertum und vor bedingungsloser Liebe – nämlich deren Verkleidung als die Angst, Opfer zu sein. Würden *Sie*, als das Bewusstsein, das Sie wirklich sind, erkennen, was sich wirklich hinter der Verkleidung verbirgt, würde sich Ihre Angst beginnen aufzulösen. Denn niemand hat in *Wirklichkeit* Angst vor seinem oder ihrem Schöpfertum. Tatsächlich ist es nicht *Ihre* Angst, sondern vielmehr die Angst Ihres Ich-Bewusstseins, Ihrer Persönlichkeit und Ihres Egos. Und dabei geht es nicht um Schöpfung oder Liebe, sondern darum, nichts mehr zu tun zu haben. Zu sterben.

Um einer Angst auf den Grund zu gehen und sie in der Folge aufzulösen, gibt es nur einen Weg: sich ihr zu stellen. Nehmen wir daher für einen Augenblick an, dass es nichts mehr zu tun gäbe. Es gäbe nichts zu denken, nichts zu tun, nichts zu verbessern und so weiter. Wären alle im Nicht-Tun, gäbe es auch keine Opfer und keine Täter:innen mehr. Sie könnten also nie mehr die Verantwortung auf andere schieben. Sie wären nie mehr im Recht oder im Unrecht, könnten nie mehr andere schuldig sprechen. Auf einmal gäbe es keine Juristen, keine Gefängnisse mehr, da Gesetze und Verbote sinnlos wären.

Ja, und was wäre mit Ihnen? Ah, Sie wüssten nicht mehr, wer Sie sind. Hervorragend, denn genau damit wäre das größte Hindernis aus dem Weg geräumt. Wenn Sie nicht mehr wüssten, wer oder was Sie sind, was bliebe dann noch übrig? Ein Feld unbegrenzter Möglichkeiten. Jemand, der nicht von alten Mustern, Verhaltensweisen, Glaubenssätzen oder Ängsten begrenzt ist. Stattdessen käme zum Vorschein, was Sie schon immer waren: Liebe, Bewusstsein. Mit anderen Worten: Wenn es nichts mehr gäbe, was Sie begrenzen könnte, wären Sie *Alles-was-Ist* und damit im Paradies.

Die Angst, Schöpfer:in zu sein, ist die Angst, *dem Göttlichen* gleichgestellt zu sein, ja, ein *Teil des Göttlichen* zu sein. Dies ist reinste Blasphemie, wird Ihr Verstand sagen, denn Sie haben seit Jahrtausenden nichts anderes gehört. Dahinter steckt die Angst vor wahrer Macht. Viele Menschen wollen andere Menschen kleinhalten und erfinden daher Möglichkeiten, dass Ihnen eine solche Aussage suspekt oder gar als teuflisch erscheint.

Die Angst, Schöpfer:in zu sein, führt zu zwei gegensätzlichen Glaubenssätzen, die Sie dazu bringen, entweder aufzugeben oder Ihre Schöpferkraft zu übertragen. Ersteres geschähe in der Annahme, dass es *das Göttliche* nicht gibt, Zweiteres beruhte auf dem (von den Religionen leidenschaftlich verbreiteten) Glaubenssatz, *das Göttliche* stünde über Ihnen. Dieser Vorstellung liegt die Annahme zugrunde, dass man über die Schöpfung nichts wissen kann, beziehungsweise über *das Göttliche* nur etwas glauben kann. Damit sind wir beim Thema der Religionen angekommen. Die meisten Weltreligionen berufen sich auf eine große Persönlichkeit und leben doch ziemlich genau das Gegenteil von dem, was diese Persönlichkeiten gesagt haben. Dabei machen sie sich die Angst vor Ihrem Schöpfertum zunutze, indem Sie Ihnen weismachen, dass Sie nicht mehr sind als ein kleines Wesen, dessen Existenz ständig bedroht ist und nur dann gerettet werden kann, wenn Sie den Regeln der jeweiligen Religion folgen. Damit ist auch schon alles gesagt.

Nachdem Sie nun erkannt haben, welche Effekte die Angst vor Ihrem Schöpfertum verursacht, lassen Sie uns nun mit der Auflösung der Angst beginnen. Ihre Angst muss groß sein. Denn wenn Sie Ihr gesamtes Bewusstsein und Ihre Schöpferkraft aktivieren, dann erschaffen Sie sofort alles, dem Sie Ihre Energie zuführen. Sie erhalten Ihre Schöpferkraft nur dann zurück, wenn Sie die *Wirklichkeit* von der Illusion unterscheiden können und die Illusion von Denken und Fühlen gemeistert haben. Diese Grenze, die sich vor Ihnen öffnet, ist selbst nur eine Illusion. Sie gibt es in *Wirklichkeit* gar nicht. Sie selbst sind es, der sie mit Hilfe Ihrer Angst erschafft, indem Sie ihr ständig Ihre Energie geben.

Mit anderen Worten: Sie hindern sich selbst daran, der zu sein, der Sie in *Wirklichkeit* sind. Illusionen können nicht aus sich selbst heraus bestehen. Nur Bewusstsein kann das. Deshalb benötigt die Illusion die Energie Ihres Bewusstseins. Sie muss sich daher auflösen, sobald Sie damit aufhören, sie zu erschaffen. Sie löst sich auf, wenn Sie aufhören, vor Ihrer größten Angst davonzulaufen.

Übernehmen Sie daher die Verantwortung für alles in Ihrem Leben und nehmen Sie Ihre wahre Größe an. Ihre wahre Größe anzunehmen heißt, alles anzunehmen, so wie es ist. Auch das Negative. Liebe zu sein bedeutet, das Negative in Liebe willkommen zu heißen, um es so aufzulösen. Sie müssen buchstäblich bereit sein, den Teufel zu umarmen, denn auch der Teufel ist nur eine Illusion. Sie sind ein Teil *des Göttlichen* und damit *das Göttliche* in seiner Gesamtheit selbst (Hologramm-Prinzip). Das ist Ihr Spiel. Sie haben es gemeinsam mit *dem Göttlichen* erdacht und geben ihm Ihre Energie. Solange Sie dies jedoch nicht erkennen und sich als Unbeteiligter in einem unfairen Spiel fühlen, können Sie die Angst vor Ihrem Schöpfertum nicht auflösen.

Wenn Sie beginnen, die Angst vor Ihrem Schöpfertum aufzulösen, dann wird Ihre Seele – Ihr höheres Selbst – immer mehr mit Ihrem Körper verschmelzen. Sobald Sie dies nur ansatzweise erlebt haben, werden Sie wahre Liebe erfahren, welche Ihnen erlaubt, Ihr Fühlen und Denken mit Freude hinter sich zu lassen. Liebe zu *sein* ist jenseits aller Worte. Ihr Verstand wird daher still werden und Sie werden *sein*.

8.7 Der Prozess der Transformation

Wenn Ihnen nun bewusst geworden ist, wie dieses geniale Prinzip der Angst funktioniert und wie wenig es im Grunde benötigt, um es zu durchschauen und es somit aufzulösen, dann setzt das in Ihnen einen Prozess in Gang, der ebenso unumkehrbar ist wie jener der Bewusstwerdung: die Transformation der Angst. Dieser Angst zu begegnen und zu sein, wer Sie in *Wirklichkeit* sind, also *das Göttliche*, Liebe, Licht, Einheit und Energie, gelingt Ihnen nur mithilfe der Liebe und Ihrer Kraft. Je mehr Liebe in Ihr Leben einfließt, desto leichter können Sie sich Ihrer Angst stellen und Ihr Bewusstsein dazu verwenden, sie zu transformieren – sprich die Angst (Illusion) in der dahinterliegenden Liebe (Bewusstsein, Wirklichkeit) aufzulösen.

Das Prinzip besagt, dass Illusion nur mithilfe von Bewusstsein entstehen kann, aber nicht umgekehrt. In Ihrer Existenz wird die Illusion durch die Energie gehalten, die Sie ihr aus Ihrer Unbewusstheit heraus geben. Das Einzige, was es daher „zu tun" gibt, ist, damit aufzuhören. Etwas nicht mehr Ihre Energie zu geben bedeutet, das, was ist, in Liebe anzunehmen. Wenn Sie das, was ist – auch Ihre Angst – in Liebe annehmen, dann muss sich dieser Teil Ihrer Unbewusstheit auflösen. Damit fällt das ganze Konstrukt in sich zusammen wie ein angestochener Luftballon. Dies erreichen Sie, indem Sie Ihre Kraft so oft wie möglich auf Ihre Mitte richten.

Der limitierende Faktor ist dabei nicht Ihr Verstand. Es ist auch nicht Ihre Kraft. Sie ist vorhanden, wenn Sie sie benötigen. Es ist auch nicht Ihr Körper, obwohl dieser einen ziemlichen Schock erleiden würde, wenn nach vielen Jahren der Trennung auf einmal das gesamte Überbewusstsein in ihn einfließen würde. Der limitierende Faktor sind Sie selbst. Sie selbst entscheiden, wo Sie Ihre Grenzen setzen möchten. Letztlich ist es nur die Ihr wahres Sein überlagernde Illusion, die Ihnen glauben macht, dass all dies nicht möglich sei. Es ist jedoch Ihr Geburtsrecht. Der Prozess der Transformation wird daher von Ihrem höheren Selbst überwacht, damit nichts schiefgehen kann.

Damit dieser Prozess auch sicher beginnen kann, lassen Sie uns das Allerwichtigste nochmals kurz zusammenfassen:

Angst ist eine Illusion

Sie ist nicht real und daher muss sie wie alles in der Illusion durch Bewusstsein am Leben gehalten werden. Der Trick, der hierbei angewandt wird, ist so genial, dass sie ihn ohne erweitertes Bewusstsein nicht durchschauen können. Im Unterschied zu unserem physischen Universum, welches ebenfalls eine Illusion ist und durch das göttliche *Bewusstsein* in seiner Existenz gehalten wird, wird die Angst von Ihrem eigenen Bewusstsein erschaffen und existiert daher nur durch Sie selbst.

Wie geschieht das?

Indem Ihnen schon vor Ihrer Geburt Ihre größte Angst, jene vor Ihrem Schöpfertum und bedingungsloser Liebe, als Körperprogramm – wie das Bedürfnis nach Nahrung, Schutz und Schlaf – mitgegeben wurde. Nichtsdestotrotz ist diese Angst eine Illusion. Da es nur Liebe gibt, muss diese darin bestehen, Angst vor der göttlichen Liebe zu haben beziehungsweise Liebe zu sein. Eigentlich sollte dies nicht funktionieren, denn niemand hat Angst vor der Liebe, schon gar nicht, wenn man selbst Liebe ist.

Wie also bringt man Sie dazu, Angst vor der Liebe zu haben?

Indem man Sie dazu bringt zu glauben, dass Sie vor etwas anderem Angst haben und den wahren Grund Ihrer Angst dort versteckt, wo Sie ihn nie suchen.

Wie funktioniert das?

Die Liebe kann sich wie alles in der Schöpfung nicht erkennen, wenn es keinen Gegenpol dazu gibt. Deshalb wurde die Angst erschaffen. Wenn es aber innerhalb unserer physischen Existenz nur die Angst gäbe, wäre Erfahrung nicht möglich, welche ja der Grund für unsere physische Existenz darstellt. Das Grundprinzip der Erfahrung besteht in der Möglichkeit, eine Wahl zu haben, denn ohne eine Wahlmöglichkeit könnten Sie keine Entscheidung treffen und ohne Entscheidung gäbe es keine Erfahrung, da alles eins ist. Außerdem wäre es unmöglich, Schöpfer:in Ihrer eigenen „Realität" zu werden.

Somit hat die Angst vor der Liebe gleich noch eine zweite Funktion. Sie hat die Polarität innerhalb unserer vierdimensionalen Welt erschaffen und hält sie am Leben. Nun haben Sie eine Wahl zwischen einem positiven und einem negativen Pol. Sie haben jedoch noch immer keine Angst vor der Liebe. Daher wird Ihr Körperprogramm von Ihrem Verstand sofort in ein mentales Muster umgewandelt. Sie können daher Ihre eigentliche Angst nicht mehr spüren und empfinden diese als Angst, Opfer zu werden.

Alle Ängste in Ihrem Leben sind Ableitungen Ihrer ursprünglichen Angst vor Ihrem Schöpfertum und vor bedingungsloser Liebe (nicht zu verwechseln mit dem Gefühl der Liebe). Daher kann Ihr Verstand die wirkliche Ursache nie erfassen und Ihre Angst nie auflösen. Die Angst, Opfer zu sein, bringt Sie immer ins Tun-haben-sein-Spiel und damit halten Sie sich selbst in der Polarität gefangen. Je mehr Angst Sie haben, desto mehr versuchen Sie das Außen zu kontrollieren und die Ursachen zu bekämpfen.

Die Angst, Opfer zu sein, besetzt den negativen Pol Ihrer Existenz. Da dieser als unangenehm empfunden wird, zieht es alle Menschen zum positiven Pol. Damit jedoch eine Erfahrung möglich ist, müssen Sie „freiwillig" wieder in den negativen Pol zurückkehren. (Da das Grundprinzip der Erfahrung Liebe ist, kann es hierbei keinen Zwang geben.) Erreicht wird das wiederum durch Angst, nämlich die vor Ihrem Schöpfertum und bedingungsloser Liebe. Nachdem der negative Pol schon besetzt ist, muss diese Ihre Ur-Angst zwangsläufig im positiven Pol angesiedelt sein. Dies ist Ihnen jedoch nicht bewusst, da die Angst vor Ihrem Schöpfertum mental in die Angst, Opfer zu sein, umgewandelt wird. Dies ist der zweite geniale Trick der Angst. Indem die Angst vor der Liebe und Ihrem Schöpfertum im positiven Pol versteckt ist, wird sie dort nie vermutet. Außerdem sorgt dieser Trick dafür, dass Sie es im positiven Pol nie lange aushalten und freiwillig wieder in den negativen Pol gehen.

Der Kreislauf ist geschlossen. Das Prinzip der Angst hält Sie nun „ewig" in der Polarität gefangen. Dies macht aber ebenfalls keinen Sinn, denn wozu sollte es gut sein, Erfahrungen ewig zu wiederholen? Daher muss es einen Ausweg geben, und diesen gibt es. Unsere vierdimensionale Welt ist quasi eine Spiegelung der Ebenen des Seins, ergo eine seitenverkehrte Darstellung.

Tun im Nicht-Tun

Da Ihnen das Prinzip der Angst bewusst ist und Sie wissen, dass Sie jede Form der Angst als die Angst empfinden, Opfer zu sein, bleibt Ihnen gar nichts anderes übrig, als sich der größten Angst anzunehmen, die Sie als Opfer empfinden könnten. Wie wir schon sagten, bringt Sie die Angst, Opfer zu werden, immer ins Tun. Die größte Angst besteht daher im Nicht-Tun. Nicht-Tun ist ein Synonym für Stille und Stille ist ein Synonym für leeren Raum. Stille und leerer Raum sind ebenfalls Synonyme für reines Bewusstsein. Reines Bewusstsein ist Bewusstsein ohne Gedankenformen. Dies ist jedoch eine Horrorvorstellung für Ihren Verstand, welcher im Denken und im Tun seine Existenz rechtfertigt.

Für Ihren Verstand sind Begriffe wie Stille und leerer Raum Synonyme für seinen Tod. Ihr Verstand kann nicht verstehen, dass „hinter" diesen Begriffen das (Eins-)Sein wartet, mithin das Gegenteil von Trennung und nichts anderes als Liebe. Da Sie in Wirklichkeit nie Angst vor der Liebe hatten, kann die Liebe nun buchstäblich in Ihren Körper einfließen, da Sie das größte Hindernis – die Identifikation mit Ihrem Verstand – aus dem Weg geräumt haben. Wenn Sie die Liebe, die Sie sind, innerlich spüren können, dann wird das Außen sich Ihrem inneren Zustand entsprechend anpassen. Ihre Handlungen und Ihr Tun werden somit immer mehr durch die Liebe inspiriert.

Wie gelingt das?

Indem Sie die Verantwortung für alles in Ihrem Leben übernehmen und Ihre wahre Größe annehmen. Sie haben dieses Spiel des Lebens, das wir als Erfahrung bezeichnen, gemeinsam mit *dem Göttlichen* erdacht und geben ihm Ihre Energie. Solange Sie dies jedoch nicht erkennen und sich als Unbeteiligter in einem unfairen Spiel fühlen, können Sie die Angst vor Ihrem Schöpfertum nicht auflösen. Der Schlüssel dazu liegt jedoch nicht darin, die Angst vor der Liebe zu überwinden. Diese Angst gibt es nicht. Sie müssen die Angst überwinden, Opfer zu sein, indem Sie sich aus Ihrer Identifikation mit Ihrem Verstand lösen und somit die Polarität überwinden.

Wenn Sie beginnen, die Angst, Opfer zu sein, aufzulösen, werden Sie das erste Mal bewusst in der Lage sein, zwischen Ihrer mentalen Angst (der einzigen Angst, die Sie bisher kennen) und der in Ihrem Körper einprogrammierten emotionalen Angst zu unterscheiden. Dies entspricht einem enormen Bewusstseinsschritt in Ihrer spirituellen Entwicklung, denn nur dadurch werden Sie in die Lage versetzt, Ihre Angst vor Ihrem Schöpfertum aufzulösen. Sie werden weiterhin noch Angst verspüren, aber Ihre Seele, welche diesen Prozess begleitet, wird immer mehr mit Ihrem Körper verschmelzen. Vielleicht haben Sie schon Momente erlebt, in denen die Zeit stillzustehen scheint, in denen alles perfekt ist. Es gibt nichts mehr zu tun und nichts mehr zu verändern. Sie sind im Sein. Sobald Sie dies nur ansatzweise erlebt haben, werden Sie wahre Liebe erfahren, welche Ihnen erlaubt, Ihr Fühlen und Denken mit Freude hinter sich zu lassen. Liebe zu *sein* ist jenseits aller Worte.

8.8 Beziehungen als Geschenk

Mit dem Abschluss des letzten Kapitels wurde Ihnen nun das Geheimnis, wie unsere Welt funktioniert und wie Sie mithilfe Ihres Bewusstseins diesen Trick erkennen können, offengelegt. Somit stehen Ihnen nun eine Landkarte und ein Kompass für Ihre spirituelle Reise zur Verfügung und Sie haben eine sehr gute Voraussetzung auf Ihrem Weg hin zu mehr Bewusstheit geschaffen. Unterwegs werden Ihnen viele Menschen begegnen, die sich ebenfalls auf diesen Weg begeben haben, aber auch solche, denen dieser Pfad Angst macht. Da es uns Menschen unmöglich ist, mit anderen keine Beziehungen aufzubauen, lohnt es sich, einen Blick auf die unterschiedlichen Beziehungsebenen zu werfen, auf denen wir Menschen einander begegnen können. Beziehungen sind ein hervorragendes Mittel, um die eigene

Unbewusstheit offenzulegen und somit den Prozess der Transformation zu beschleunigen, da Beziehungen wie ein Spiegel funktionieren. Denn oft, möglicherweise sogar (fast) immer, ist das, was Sie im anderen sehen, gar nicht in dieser Person vorhanden, sondern nur in Ihnen. (Dabei behalten wir im Blick, dass es „den Anderen" in *Wirklichkeit* gar nicht gibt).

In der Welt des Relativen können Sie gar nicht anders als mit allem, was ist, in Beziehung zu treten, bewusst oder unbewusst – sei es nun Ihr Bürosessel, Ihr Auto oder jemand, der neben Ihnen in der Straßenbahn sitzt. Dies liegt darin begründet, dass alles Bewusstsein hat. Auch ein Stein hat elementares Bewusstsein. Über dieses Bewusstsein, welches unsere Welt durchdringt, sind Sie mit allem verbunden, was existiert. Sie sind demnach ein Teil von allem, was (in Ihrer selbst erschaffenen „Realität") existiert und gleichzeitig ein Teil des *Alles-was-Ist*. In unserer Realität können wir diese Verbundenheit leider nicht spüren. Ob Sie Ihrem Lieblingsmenschen begegnen oder einfach nur jemandem gegenübersitzen, den Sie noch nie gesehen haben, die innere Verbindung ist objektiv dieselbe. Dies gilt selbstredend auch für alle anderen Aspekte Ihres Lebens, mit denen Sie in Verbindung stehen, wie die Natur, Tiere oder Pflanzen. Wenn Sie dies erkennen, erkennen Sie, dass das Leben heilig ist.

Der Wert, der aktuelle, spezifische Nutzen oder die Bedeutung, die das Objekt für Sie hat, bestimmt, welche Art der Beziehung Sie zu diesem haben. Die Beziehung ist in jedem Fall gegeben, aus der objektiv identischen Verbindung wird durch Ihre Bewertung jedoch eine subjektive Verbindung, die es so, wie Sie sie wahrnehmen, nur in Ihrer „Realität" gibt. Was Sie sind, sind Sie nur in Bezug zu allem anderen, was Sie nicht sind. Dies ist der Illusion der Trennung geschuldet, da Sie ansonsten mit allem anderen, was Sie nicht sind, eins wären.

Was wir hier über Objekte gesagt haben, gilt auch für Menschen. Sie sind mit jedem Menschen energetisch verbunden.

Ihr Verstand kann aber auch hier nur eine begrenzte Menge an Informationen aufnehmen. Ist jemand freundlich zu Ihnen, so haben Sie eine gute Beziehung zu diesem Menschen, ist dieser Mensch unfreundlich, so ist auch die Art Ihrer Beziehung abweisend oder gar feindselig. Aus diesem Grund sind fast alle Beziehungen zwischen Menschen Gedankenbeziehungen: Sie entspringen Ihrer Interpretation des Gefühls, das Ihnen entgegengebracht wird und das Sie dann widerspiegeln. Beziehungen basieren innerhalb Ihrer physischen Realität somit auf dem Prinzip von Anziehung und Abstoßung. Alles, was Ihnen angenehm ist, ziehen Sie an und versuchen es zu (be)halten, und was Ihnen als unangenehm erscheint, das stoßen sie weg und versuchen es zu vermeiden. Beziehungen halten Sie somit zutiefst in der Polarität gefangen.

Wie Sie sehen, sind Beziehungen eine äußerst komplexe Angelegenheit. Um Ihr Bewusstsein in diesem Kontext zu erweitern, müssen Sie nicht auf Details eingehen, aber es ist hilfreich, sich die Struktur und den Aufbau einzelner Beziehungssysteme anzusehen.

In unserer Welt der Erfahrung unterscheiden wir zunächst verschiedene Typen von Beziehungen. Ganz einfach ausgedrückt sind dies mentale Beziehungen, wie zum Beispiel im Geschäftsleben, bei der Ausübung von Hobbys oder etwa, wenn man im Bekanntenkreis über allgemeinen Themen redet, ohne eine direkte Verbindung zu diesen zu haben – das Wetter, Film, Fernsehen, Nachrichten usw.; tieferführende emotionale Beziehungen sind Familienbeziehungen. Dann gibt es noch körperliche Beziehungen in Partnerschaften, die sich vor allem auf der sexuellen Ebene abspielen.

Eine klare Trennung dieser Ebenen gibt es nicht. So kann es auch bei mentalen Beziehungen zu Handlungen auf sexueller Ebene kommen oder bei Gesprächen über allgemeine Themen sehr emotional werden. Im Allgemeinen unterscheiden sich Beziehungsebenen durch den Grad der Offenheit, der auf ihnen möglich ist: Wie viel körperliche Nähe, wie viel emotionale Intensität werden zugelassen?

Auf jedweder Beziehungsebene finden wir zudem zwei Formen der Beziehung vor. Verstandesbeziehungen sind durch das Anziehungs- und Abstoßungsprinzip geprägt. Generell überwiegt die Vorstellung, dass Glücklichsein und das Funktionieren einer Beziehung vom Anderen abhängt. Somit sind alle Verstandesbeziehungen in irgendeiner Form abhängige Beziehungen und schränken das Gegenüber ein, da dieses ja kontrolliert werden muss, um das Glücklichsein sicherzustellen. Seins-Beziehungen können nur dann entstehen, wenn diese Kontrollfunktion aufgehoben wird und keine Abhängigkeiten mehr zwischen den Beteiligten bestehen. Diese Form der Beziehung ist gekennzeichnet durch vollständige Annahme: Die andere Person wird akzeptiert, wie sie ist, und es gibt auch keinerlei Absicht, etwas an ihr zu ändern. Mit dieser Haltung wird das Abstoßungs- und Anziehungsspiel überwunden.

Bevor wir uns den Verstandesbeziehungen und den Seins-Beziehungen zuwenden, lassen sie uns noch eine wichtige Frage vorab klären: Wieso gibt es eigentlich Beziehungen und wie entstehen sie?

Das Wesen von Beziehungen

Eine Beziehung kann nur entstehen zwischen Subjekten oder Objekten, die sich als voneinander getrennt empfinden.

Natürlich gibt es den Anderen nicht. Wir sind alle eins. Aber es gibt eine Vielzahl an Ausdrucksformen dieses *All-Eins*. Diese Ausdrucksformen unterscheiden sich alle voneinander, sodass jede Ausdrucksform eine eigene Individualität besitzt. Diese Individualität verstärkt den Eindruck des Anders-Seins auf der materiellen Ebene unserer Realität. Diese Analogie mag der

Veranschaulichung dienen: Es ist egal, wo auf der Welt (oder im gesamten Kosmos) Sie Wasser vorfinden – es bleibt immer H_2O. Aber der Geschmack, die Farbe oder die Temperatur werden nirgends völlig identisch sein, vielmehr ganz individuell. So ist es auch bei uns Menschen. Wir sind alle individuell. Jeder Mensch ist ein ganz besonderer Ausdruck des *All-Einen*, und wenn diese Form vergeht, wird es nie wieder eine Form geben, die dieser exakt gleicht.

Die Wirklichkeit des Eins-Seins mit allen Menschen (und der ganzen Schöpfung) hat einen ganz entscheidenden Effekt. Was oder wen auch immer Sie ablehnen, lehnen Sie auch in sich selbst ab. Sobald Sie Ihre innere Wirklichkeit ablehnen, wird sich dies – früher oder später – auch im Außen manifestieren. Dies führt zum nahezu allgegenwärtigen Phänomen der gegenseitigen Ablehnung, ob wegen der Herkunft, der Hautfarbe, der politischen Überzeugung, der Genderidentität oder was auch immer „fremd" erscheint.

Somit lässt sich sagen, dass alles, was Sie im Anderen sehen, auch in Ihnen ist. Ob es sich dabei um positive oder negative Eigenschaften handelt, ist nicht wichtig. Es ist und bleibt immer eine Projektion Ihres Verstandes in Form Ihrer Persönlichkeit und Ihres Egos auf das Gegenüber.

Beziehungen sind nie die Ursache für Ihre Probleme. Sie bringen nur die Probleme, die in Ihnen sind, ans Tageslicht. Daher ist jede Form von Beziehung ein Geschenk. Im Außen zeigt sich, was im Inneren zu lösen ist. Werden Sie sich dieser Dinge in Ihrem Leben daher bewusst, indem Sie sie anschauen. Bewerten Sie sie nicht, denn das bringt Sie nur wieder zurück in Ihren Verstand und die Polarität. Indem sie die Dinge so akzeptieren, wie sie sind, geben Sie ihnen keine Energie mehr. Der Bann ist gebrochen.

Leider ist das nicht ganz so einfach. Ihre Persönlichkeit und Ihr Ego haben keine Lust, die Beziehung zu den Dingen im Außen und zu sich selbst aufzugeben. Dies würde ihre Existenz gefährden. Da Ihre Persönlichkeit und Ihr Ego die Eigenschaft haben, von sich selbst auf andere zu schließen, haben andere Menschen in der Regel die größte Macht, Sie aus Ihrer Mitte zu werfen. Dies gilt besonders in Familienbeziehungen und in Paarbeziehungen. Je tiefer Beziehungen emotionaler Art gehen, desto größer ist die Wahrscheinlichkeit, dass Punkte, die von Ihnen noch nicht erkannt oder verdrängt wurden, ans Tageslicht kommen. Dies ist in der Regel mit einigen Schmerzen verbunden und der Grund, weshalb Ihre Persönlichkeit und Ihr Ego dies mit Vehemenz ablehnen und/oder das Gegenüber für Ihre Gefühle verantwortlich machen. Dabei sind Beziehungen und gerade intime Beziehungen wie gesagt ein großes Geschenk: Wenn Sie es annehmen, hilft es Ihnen, sich all dessen bewusst zu werden und in Heilung zu gehen.

Familienbeziehungen

Familienbeziehungen sind geradezu eine unerschöpfliche Quelle der Freude wie auch des Leids. Sie bieten ein nachgerade „perfektes" Umfeld, um Sie ständig aus Ihrer Mitte zu werfen. Der große Unterschied zu partnerschaftlichen Beziehungen besteht jedoch darin, dass Sie in eine Familie hineingeboren werden, während Sie sich Ihre Partnerschaften mehr oder weniger bewusst aussuchen.

Das soll nicht heißen, dass Sie sich ihre Familie nicht ebenfalls bewusst ausgesucht haben. Sie können sich nur leider nicht mehr daran erinnern. Seien Sie sich aber gewiss, dass es auch hier keinen Zufall gibt. Nichts im Universum ist auf Zufall aufgebaut. Ihre Familie bietet Ihnen die besten Voraussetzungen, um die Ziele in Ihrem Leben zu erreichen, die Sie sich auf der Ebene des Seins ausgesucht haben und in Ihrer „Realität" zu verwirklichen suchen. Ihr Lebensplan, der von Ihnen entworfen und in Absprache mit vielen anderen Seelen vereinbart wurde, hat sie zu genau dieser Familie an genau diesem Ort zu genau dieser Uhrzeit in unsere Welt geführt. Auch wenn es manchmal schwierig zu verstehen ist, warum Sie gerade in dieses Umfeld hineingeboren wurden und der tiefere Sinn nicht immer ersichtlich ist: Vertrauen Sie darauf, dass es eine tiefere Bedeutung gibt.

Dieses Hineingeboren-Werden hat jedoch eine ganz entscheidende Konsequenz. Sie kommen als Baby zur Welt und sind vollkommen hilflos dieser Welt ausgeliefert. Ohne Ihre Familie sind Sie nicht überlebensfähig. Dies verstärkt natürlich die Bindungen und die Beziehungen zu Ihrem Umfeld und insbesondere zu Ihren Eltern enorm. Die Prägung, die Sie durch diese Bedingungen in den ersten Jahren erhalten, ist so stark, dass sie Sie Ihr ganzes weiteres Leben begleiten wird. Vieles von dem, was Ihre Familie oder Ihr Umfeld macht oder nicht macht, für gut oder schlecht befindet, wird von Ihnen übernommen.

Erst mit wachsendem Bewusstsein und auch Selbstbewusstsein werden Sie erkennen, dass es andere Wege gibt, wie man mit den Dingen im Außen und mit Mitmenschen umgehen kann. Sie werden beginnen, bestimmte Aspekte von Beziehungen in Ihrer Familie als positiv zu erachten und, nunmehr reflektiert und bewusst, beibehalten; manche werden Sie hingegen ablehnen.

Irgendwann in Ihrem Leben, wenn Sie erwachsen geworden sind und sich Ihr eigenes Leben aufgebaut haben, werden Sie eine tiefere Beziehung zu einem anderen Menschen eingehen und vielleicht selbst eine Familie gründen. In dieser Phase werden Paarbeziehungen zu den wichtigsten Beziehungen Ihres Lebens gehören.

Paarbeziehungen

Jede Form von Beziehung ist ein Ausdruck göttlichen Bewusstseins. Ähnlich wie Familienbeziehungen bergen auch Paarbeziehungen großes Konfliktpotenzial und bieten somit eine Vielzahl von Möglichkeiten zur Bewusstwerdung.

Niemand wird Sie so leicht aus Ihrer Mitte werfen können – und somit aus ihrem Eins-Sein heraus- und ins Denken und Fühlen hineinbringen – wie Ihre „andere Hälfte". Warum ist das so? Ganz einfach: Weil Sie es zulassen. Je stärker Sie sich jemandem verbunden fühlen, je enger die Beziehung ist, desto mehr erlauben Sie Ihrem Partner, Ihrer Partnerin, Gefühle und Gedanken in Ihnen auszulösen und von Ihnen Energie abzuziehen.

In der Regel wird jemand für eine Paarbeziehung ausgesucht, weil er oder sie besonders attraktiv, interessant, vermögend, gebildet … erscheint. Was auch immer es sein mag: Stets handelt es sich um Aspekte Ihrer eigenen Unvollständigkeit, die man auszugleichen versucht. Oder man hält sich selbst für besonders attraktiv, interessant, vermögend, gebildet … und möchte sich nicht verschlechtern. Somit ist jede Paarbeziehung von Anfang an dem Anziehungs- und Abstoßungsspiel unterworfen. Daraus ergibt sich dann die Bindung an die andere Hälfte. Je stärker der Plus-Pol des einen Magneten – im übertragenen Sinne die positiven Eigenschaften, die Sie der anderen Person zusprechen –, desto stärker ist auch der negative Pol des anderen Magneten, also jene Ihrer persönlichen Eigenschaften, die bei Ihnen nicht ausgeprägt genug sind und die Sie sich deshalb in höherem Maß für sich selbst wünschen würden.

Diese Bindung ist also schon da, bevor die Beziehung wirklich entsteht. Denn nur aufgrund dieser Ausgangslage war es Ihnen möglich, den oder die andere in Ihr Leben zu ziehen. Die innere Unvollständigkeit schafft somit vom ersten Augenblick an ein Umfeld, welches Ihr Gegenüber für Ihren inneren Zustand verantwortlich macht. Dies mag sich am Anfang einer Beziehung, in der ersten Verliebtheitsphase, ganz anders anfühlen, aber Gefühle sind eben ein Teil der Polarität und daher nichts Dauerhaftes. Und sobald dieses Gefühl nachlässt oder verschwindet, wird der oder die andere für diesen Verlust verantwortlich gemacht. Dies kann zu Vorwürfen über Rückzug bis zu körperlicher Gewalt führen. Aus Sicht des Egos kann niemand sonst schuld sein, weil das Ego nicht erkennt, dass ihm in Wirklichkeit die eigenen Ängste, Sorgen und scheinbaren Unzulänglichkeiten widergespiegelt werden.

Der Wunsch, diese Trennung zu überwinden, ist an seiner Wurzel spirituell. Der Wunsch, die eigene Unvollständigkeit zu überwinden, gepaart mit der mit sexueller Energie aufgeladenen Sehnsucht nach Einheit und Vollkommenheit, ergibt einen mächtigen Drang nach geschlechtlicher Vereinigung. Die Vorstellung, dass es da draußen jemanden gibt, der besonders gut zu Ihnen passt, führt dazu, dass Sie versuchen – sobald Sie glauben, ihn oder sie gefunden zu haben –, die Person noch stärker an Sie zu binden – bis hin zum Versprechen der Verbindung auf Lebenszeit. Dies hat jedoch nichts mit Liebe zu tun. Dahinter liegt vielmehr Ihre Angst, den anderen zu verlieren oder von ihm oder ihr verlassen zu werden. Das bedeutet nicht, dass jede Heirat aus diesen Beweggründen geschlossen wird, aber selbst wenn sie nur zu einem kleinen Teil als Motiv vorhanden waren, gilt es, dieses Thema in den späteren Jahren der Ehe anzunehmen und auszugleichen.

Die gute Nachricht ist: Jeder Mensch, der so in Ihr Leben tritt, macht Ihnen zwei Geschenke. Erstens lässt er Sie Ihre eigene Unvollkommenheit erfahren und hilft Ihnen, sich ihrer bewusst zu werden. Und zweitens hilft er Ihnen durch die Liebe und Wertschätzung, die Sie für Ihren Partner, Ihre Partnerin empfinden, den Mut aufzubringen, sich diese Teile in sich anzuschauen und anzunehmen. Die Liebe, die Sie für Ihren Lebensmenschen empfinden, wird Sie auf diesem schwierigen Weg begleiten, denn wenn Sie wirklich Liebe für den anderen empfinden, werden Sie Wege gehen, die Sie für sich alleine nie gegangen wären. Nicht weil Ihre „andere Hälfte" dieses oder jenes für Sie tut, sondern einfach, weil deren Sein Ihr Leben so bereichert, dass Sie dafür bereit sind, weiter und tiefer zu gehen, als Sie sich es jemals vorgestellt haben. Diese große Unterstützung ändert freilich etwas Grundlegendes nicht: Am Ende können Sie sich immer nur selbst erlösen.

Beziehungen, auch partnerschaftliche Beziehungen, sind nicht dazu da, um Sie glücklich zu machen. Kein Mensch und kein Ding auf dieser Welt kann das. Das können nur Sie selbst. Aber Ihr Partner, Ihre Partnerin hat ja die gleichen Geschenke von Ihnen bekommen, und wenn Sie beide erkennen, dass Sie auf dem gleichen Weg sind, wenn Sie beide durch Ihre Offenheit und Ihren Mut in der Lage sind, sich dem anderen so zu zeigen, wie Sie wirklich sind, dann haben Sie eine wunderbare Basis geschaffen, um sich gemeinsam aus der Unbewusstheit hin zu wirklicher Einheit, Vollständigkeit und Liebe zu entwickeln. Dieses Geschenk, welches Sie sich und Ihrer „anderen Hälfte" gleichzeitig machen, hat ein unglaubliches Potenzial, aber es ist auch ein schwieriger und herausfordernder Weg.

Sexuelle Beziehungen

Sexualität hat nichts mit Denken oder Fühlen im bisher besprochenen Sinn zu tun. Die Sexualität ist ein Körperprogramm, das darauf ausgerichtet ist, andere – die es in *Wirklichkeit* nicht gibt – als attraktiv oder anziehend zu empfinden. Sobald diese Körperprogramme anspringen, haben sie jedoch einen enormen Einfluss auf unser Denken und Fühlen.

Warum ist das so? Dieses Körperprogramm ist absolut notwendig, weil in der Illusion der Trennung Mann und Frau oder auch gleichgeschlechtliche Paare nie zusammenkommen würden. Hierbei geht es in erster Linie nicht um die Fortpflanzung. Diese ist aus unserer Perspektive nur ein Nebenaspekt der sexuellen Anziehung. Worüber wir sprechen, ist der spirituelle Aspekt der Sexualität.

Zunächst einmal sind Sie Mann oder Frau und damit die Hälfte eines Ganzen. Auf körperlicher Ebene werden Sie also nie ganz werden. Daher auch der geistige Wunsch nach Vereinigung. Wie in anderen Beziehungen auch, haben Sie bei sexuellen Beziehungen die Möglichkeit, sich zu erfahren, indem Sie sich anderen öffnen. In unserer Welt der Erfahrung reagieren Sie nicht nur auf das Programm, sondern verstärken es noch, indem Sie sich mittels sexueller Anziehung die Aufmerksamkeit und die Energie von anderen holen. Der fehlende Selbstwert, der jeder Persönlichkeit und jedem Ego zu eigen ist, ist der Grund dafür. Deshalb tun Sie alles, um für andere besonders anziehend zu sein. Aussehen, Status, Intelligenz sind nur einige Mittel, welche die Persönlichkeit hierfür einsetzt. Das Ego bevorzugt eher die Rolle des Bad Boys oder Bad Girls. Das Körperanziehungsprogramm wirkt immer, selbst wenn Sie nur ein Foto zu sehen bekommen. Daran ist nichts Schlechtes. Problematisch wird es erst, wenn die Sexualität von Ihrer Persönlichkeit oder Ihrem Ego in Besitz genommen wird. Das äußert sich darin, dass Sie andere für eigene Zwecke oder Bedürfnisse benutzen, indem Sie die Sexualität bewusst einsetzen (oder vorenthalten), um bestimmte Ziele zu erreichen. Dann beginnen Sie, andere Menschen zu manipulieren und ihnen etwas vorzuspielen, um sie zu beeinflussen.

Dies sind alles Formen von gebundenen Beziehungen, d.h. sie existieren aufgrund gegenseitiger Abhängigkeit. Eine Beziehung von solchen Dynamiken zu befreien, erreichen Sie auch nicht, wenn Sie versuchen, daran zu arbeiten und sie zu verbessern. All dies bringt Sie nur wieder oder noch tiefer ins Tun-haben-sein-Spiel. Sie können eine intime Beziehung nur befreien, wenn Sie Ihr Gegenüber in Liebe loslassen. Das bedeutet, dem Menschen die Freiheit zu geben, so zu sein, wie er ist. Sie machen keinen Versuch, diese Freiheit zu beschneiden, die Partnerin, den Partner zu ändern oder gar abhängig zu machen.

Alle Formen von Verstandesbeziehungen sind gebundene Beziehungen. Sie scheitern meistens daran, dass mehr darauf geachtet wird, was man aus ihnen herausholen kann, als darauf, was man in sie investieren könnte. Die Person hat z. B. die Aufgabe, Sie zu vervollständigen, aber das ist unmöglich. Der Sinn und Zweck jeder Beziehung besteht nicht darin, sich eine Person zu suchen, die Ihre Bedürfnisse oder Schwächen kompensiert, sondern darin, mit jemandem zu sein, mit dem Sie Ihre geistige und spirituelle Vollständigkeit teilen können. Gelingt Ihnen dies, dann können Sie von Seins-Beziehungen sprechen.

Seins-Beziehungen

Um Verstandesbeziehungen in Seins-Beziehungen umzuwandeln, braucht es Liebe und Kraft. Das Ziel ist, sich gegenseitig aus den Bindungen zu befreien. Es ist das größte Geschenk, dass Sie jemand anderem machen können. Indem Sie einander *zurückgeben*, lösen Sie sich von ihrem bisher gebundenen Bewusstsein. Das bedeutet nicht, dass Sie dann die Paarbeziehung auflösen.

Wenn Sie Verstandesbeziehungen in Seins-Beziehungen umwandeln wollen, müssen Sie erkennen, dass es in der Beziehung immer nur um Sie geht. Ihre „andere Hälfte" ist nicht für Sie verantwortlich, Sie hängen nicht von ihr ab und sie muss auch nicht verändert werden. Ihr Gegenüber ist nur der Spiegel Ihrer eigenen Unzulänglichkeiten. Das bedeutet gleichzeitig, dass Sie – im Außen – nichts *tun* können, um die Beziehung zu verbessern oder zu retten. Sie müssen daher nicht an der Beziehung arbeiten, Seminare besuchen oder sich eventuell jemand Neuen suchen. Kümmern Sie sich um Ihr eigenes Selbst. Ist die Partnerschaft Ausdruck dessen, der Sie sein wollen? Das ist Ihre wichtigste Frage. Daher kümmern Sie sich nicht in erster Linie um Ihren Spiegelmenschen, sondern um sich selbst, und geben Sie Ihrer Partnerin, Ihrem Partner die Freiheit, dies ebenfalls zu tun.

Das Prinzip der Polarität, welches immer einen Ausgleich im Außen sucht, ist dafür verantwortlich, dass Sie immer den idealen Partner bekommen. Sie können also gar niemand anders in Ihr Leben lassen als den für Ihren aktuellen Bewusstseinszustand quasi maßgeschneiderten Menschen. Das mag für Sie merkwürdig klingen, aber es ist dasselbe Prinzip wie bei Ihrer Familie: Nichts geschieht zufällig und alles hat seinen Sinn. Das bedeutet nicht, dass es nur die eine Partnerschaft in diesem Leben für Sie gibt. Alles verändert sich und ist im Fluss.

Dieses Erkennen, dass es nur um Sie geht, bedingt, die volle Verantwortung für sich zu übernehmen und das Opfer-Täter:in-Spiel hinter sich zu lassen. Dies wiederum hilft Ihnen, andere nicht mehr verändern zu wollen, da Sie deren Wert für Ihre Entwicklung nun sehen. Dies hat nichts mit Egoismus zu tun. Es geht rein um das Erkennen, was bei Ihnen in Balance gebracht werden muss. Egoismus hat immer etwas mit Tun zu tun. Ihre Aufgabe besteht aber eben genau darin, nicht zu tun.

Dieses Nicht-Tun bedeutet einerseits die umfassende Annahme des geliebten Menschen mit all seinen Stärken und Schwächen. Wenn Ihre Partnerin, Ihr Partner ein unbewusstes Verhalten an den Tag legt und Sie damit aus Ihrer Mitte zu werfen droht, dann müssen Sie mit Ihrer ganzen Kraft den mit Liebe geöffneten Raum halten. Mit anderen Worten, Sie sind gefordert, die Unbewusstheit Ihres Partners, Ihrer Partnerin auszuhalten. Im Unterschied zu Verstandesbeziehungen, in denen die Kraft dazu benutzt wird, sich zu schützen, nutzen Sie in bewussten Beziehungen Ihre Kraft, um offenzubleiben. Die Liebe wird Ihnen helfen, keine Energie von Ihrer Gefährtin, Ihrem Gefährten abzuziehen. Sobald Sie aber Ihre Liebe nicht mehr halten können, werden Sie automatisch – sprich unbewusst und auch wenn Sie das gar nicht wollen – versuchen, sich diese Energie zu eigen zu machen. Damit sind Sie dann wieder in einer Verstandesbeziehung gelandet. Dies ist ein Teufelskreis, aber auch der Teufel ist nur eine Illusion.

Viele Menschen haben ein falsches Verständnis von der Liebe zu sich selbst. Sie denken, wenn ich andere lieben kann, dann werden sie auch mich lieben. Und wenn sie mich lieben, dann bin ich auch in der Lage, mich selbst zu lieben. Das ist ein großer Irrtum, der dadurch entsteht, dass sich viele Menschen als gering oder nicht liebenswert empfinden.

Ihre Aufgabe ist es daher, sich zuerst selbst zu lieben, denn nur dann sind Sie in der Lage, auch andere zu lieben. Andernfalls riskieren Sie, Ihre Energie Ihrem Partner zu geben, der dieses Geschenk aber nicht annehmen kann oder will. Dann sind Sie enttäuscht und verlieren sich in Ihrer Beziehung.

In Seins-Beziehungen kommen Sie sich und dem Gegenüber so nahe, dass genug Liebe entsteht, um Ihre Ur-Angst zu überwinden. Es ist schwer, dieses Gefühl oder diesen Zustand zu beschreiben, aber Sie heben die Trennung auf und nehmen einander als Teile von sich selbst an. Sie geben sich so viel Raum, dass Sie einander Zugang zu Ihren Herzen verschaffen. Sie entfernen den Panzer, der Ihr Herz bisher vor Schmerzen beschützt hat oder durch Schmerzen entstanden ist, indem Sie Ihre Bindungen, Anhaftungen und Abhängigkeiten – welche nur in Ihnen sind – erkennen und in Liebe loslassen. Im Grunde brauchen Sie dazu niemand anderen, aber es ist auf jeden Fall hilfreich, wenn Sie ein liebender Spiegelmensch dabei unterstützt.

Das ist der Punkt, an dem Sie erkennen, dass Sie nur sich selbst zu lieben brauchen. Lernen Sie, sich selbst zu achten und zu schätzen. Wenn Sie sich nicht selbst würdigen, sich selbst als wertvoll betrachten und als gesegnet sehen, dann können Sie dies auch nicht in jemand anderem erkennen oder vom anderen erwarten.

Das Geschenk, dass Ihnen in der Partnerschaft gemacht wird, ist die Zerstörung Ihrer Illusion, dass es irgendwen oder irgendetwas da draußen gibt, der, die oder das Sie retten wird. Diese Enttäuschung ist das größte Geschenk, dass Ihnen in einer Beziehung gemacht werden kann. Das Rätsel löst sich auf, wenn Sie erkennen, dass die höchste Wahl für Sie selbst auch gleichzeitig die höchste Wahl für alle anderen ist.

Die Essenz von Beziehungen

Weil es so bedeutsam ist, lassen Sie es uns noch einmal betonen: Beziehungen, vor allem partnerschaftliche, sind nicht dazu da, um Sie glücklich zu machen. Sie sind dazu da, um Sie bewusst zu machen. Das liegt daran, dass Beziehungen die Unbewusstheit, also alle Negative, das Sie nicht anschauen wollen und daher in Ihr Unterbewusstsein verschoben haben, ans Tageslicht bringen. Wie geschieht das? Ganz einfach, indem Sie Ihrem Partner, Ihrer Partnerin erlauben, Ihnen so nahezukommen wie sonst niemand. Da Sie Ihr Herz gegenüber Ihrem Lieblingsmenschen öffnen, werden Sie verletzlich. Die negativen Seiten, welche bereits in Ihnen vorhanden sind, treten nun offener zutage und verursachen Konflikte und Störungen in diesen Beziehungen. Ihre Persönlichkeit und Ihr Ego erkennen Ihre eigenen Schwächen jedoch nicht als solche an und projizieren diese auf Ihr „lebendiges Spiegelbild". Dasselbe geschieht natürlich auch umgekehrt, das Ich-Bewusstsein Ihres Gegenübers projiziert seine selbstblinden Flecken auf Sie. Ein ständiges Auf und Ab innerhalb der Beziehungen ist die Folge, obwohl Sie doch in Liebe verbunden sind! Vor diesem Hintergrund gestalten sich auch Familienbeziehungen so kompliziert und konfliktgeladen.

Die Auflösung dieser für viele Menschen so schwierigen und mühevoll empfundenen Beziehungsproblematik geschieht in zwei Schritten:

Der erste Schritt besteht darin, sich des eigenen Schmerzes bewusst zu werden. Nicht der Mensch, der Ihnen am nächsten steht, ist die Ursache für Ihren Schmerz, sondern es ist der Schmerz in Ihnen, welcher durch dessen Handlungen zum Vorschein kommt. Wenn Sie erkennen, dass es *Ihr eigener Schmerz* ist, den Sie verspüren, dann lassen sie ihn zu; wenn Wut vorhanden ist, akzeptieren Sie die Wut, die in Ihnen ist, wenn Sie sich verletzt fühlen, dann nehmen Sie dieses Gefühl an, ohne Ihren Partner, Ihre Partnerin anzugreifen oder ihm oder ihr Vorwürfe zu machen. Akzeptieren Sie Ihr Sein in diesem Moment so, wie es ist, ohne sich selbst für das, was Sie gerade empfinden, Vorwürfe zu machen oder darauf zu reagieren. Lassen Sie zu, was ist, nehmen Sie es an – und dann *lassen Sie es los*.

Es gibt daher im eigentlichen Sinne nichts für Sie zu tun. Das Ziel besteht darin, Ihre Gefühle zuzulassen, sein zu lassen und nicht Ihre Verstandesmühle darüber zu legen. Ihr Verstand verstärkt durch Bewerten und Beurteilen Ihre Gefühle, „macht aus einer Mücke einen Elefanten", und diese quasi „künstlich" hochgepushten Emotionen lösen zweierlei aus: eine wiederum stärker emotionalisierte Reaktion Ihrer Partnerin, Ihres Partners und bei Ihnen selbst eine Rückkoppelung, weil die aufgedrehten („hochgedachten") Gefühle auch wieder zur Beute Ihres Verstandes werden – Eskalationsspirale.

Halt. Innehalten. Time out. Tief durchatmen, bis zehn zählen und wieder zurück ... was auch immer. Sie werden erkennen, dass Ihnen gerade geholfen wurde, Ihre Unbewusstheit ans Tageslicht zu bringen, wo Sie sie auflösen können. Wenn das kein Grund zur Freude ist! Diese scheinbar so unangenehme Situation beinhaltet einen unglaublichen Schatz, wenn es Ihnen gelingt, das unbewusste Muster in Ihnen zu erkennen und die damit verbundene Identifikation mit Ihrem Verstand zu lösen. Es befreit Sie von Ihrer Unbewusstheit.

Nun sind wir an dem Punkt, an dem es geradezu magisch wird. Für Ihr Gegenüber ergibt sich nämlich eine völlig neuartige Situation: Anstatt auf Widerstand bei Ihnen zu stoßen, wie es die Persönlichkeit und das Ego Ihres Partners, Ihrer Partnerin von Ihnen erwarten, geschieht das Gegenteil: Da Sie Ihren eigenen Prozess zur Auflösung von Unbewusstheit erkannt haben, reagieren Sie nicht mit Widerstand, sondern mit Annahme – und genau dadurch gelangt auch Ihr Gegenüber zur Erkenntnis. Ihr Ziel besteht nicht darin, Ihren Partner, Ihre Partnerin zu verändern oder von Ihrer Meinung zu überzeugen. So wenig Ihre andere Hälfte für Ihr eigenes Glück zuständig ist, so wenig sind Sie für deren Entwicklung zuständig. Sie können lediglich in sich selbst die Voraussetzungen schaffen und bewusst(er) werden, alles weitere ist Tun im Nicht-Tun; zulassen.

Dies ist der Punkt, an dem wirkliche Transformation in einer Beziehung geschieht. Diese besteht darin, dem Gegenüber den Raum zu geben, so zu sein, wie sie oder er in diesem Augenblick ist, ohne zu beschuldigen oder anzugreifen; genauso, wie Sie sich selbst zuvor diesen Raum gegeben haben.

Einen Automatismus stellt dies freilich nicht dar: Ihr Lieblingsmensch kann vielleicht anfangs mit dieser neuen Situation nicht umgehen, verhält sich noch wütender oder aufgebrachter, aber wenn Sie seiner negativen Energie keine Energie zurückgeben, dann kann dieser nicht anders, als sich irgendwann zu beruhigen. Diesen Raum zu schaffen, in dem sich der Schmerz, die Verletzung und die Wut Ihrer Partnerin, Ihres Partners zeigen dürfen, ist das Einzige, was Sie wirklich „tun" können (im Nicht-Tun).

Es ist der zweite Schritt hin zu einer bewussten Beziehung und es ist ein äußerst schwieriger. Denn einen Raum zu schaffen und zu halten, erfordert von Ihnen nicht nur Bewusstheit, sondern auch Kraft und die Fähigkeit, selbst fest in Ihrer Mitte zu ruhen. Wahrlich nicht einfach. So wird möglicherweise der Punkt erreicht werden, an dem Ihnen das nicht länger möglich ist – spätestens dann, wenn Ihre roten Linien überschritten werden oder Sie sich womöglich gar einer physischen oder psychischen Bedrohung ausgesetzt sehen. Aber auch dann sollte Ihr – berechtigtes, ja absolut notwendiges – Nein zu einer bestimmten Situation nicht einem Gefühl der eigenen Verletztheit oder dem Wunsch nach Rache entspringen, sondern vor allem ein Ja zu sich selbst sein. Entscheidend ist, auf eine Art und Weise zu reagieren, welche den Widerstand Ihres Partners, Ihrer Partnerin nicht noch weiter verstärkt – ohne dabei jedoch den Fokus auf das eigene Wohl zu verlieren.

Wenn Ihnen dies jetzt ausgesprochen herausfordernd zu sein scheint, haben Sie vollkommen recht; jedoch gibt es wenig Lohnenderes. Dies ist nämlich zugleich die Essenz von Beziehungen, und wenn es Ihnen gelingt, werden Sie am Ende eine Beziehung führen, welche Platz geschaffen hat für die wahre Liebe. Diese Liebe ist es, die Sie dann nicht nur mit jenen verbindet, die Ihnen nahestehen, sondern mit allen Menschen und Tieren, ja mit allem Existierenden. Wenn es Ihnen gelingt, diese Liebe mithilfe einer Partnerschaft zum Vorschein zu bringen, dann verändern Sie nicht nur die Beziehung zu sich selbst, sondern jede Art von Beziehung auf der ursächlichen Ebene.

8.9 Sein – Haben – Tun – das perfekte Prinzip

In Kapitel 7.5 haben wir uns mit dem Tun-haben-sein-Spiel beschäftigt und es als das umgekehrte Prinzip bezeichnet. Hinter diesem Prinzip steht die Annahme, dass Sie ständig etwas *tun* müssen, um etwas zu *haben*, damit Sie etwas *sein* können. Das kann ein bestimmtes Ziel sein, das Sie verfolgen, oder die Suche nach der Lösung eines Problems oder einfach nur Ihre tägliche Arbeit, der Sie nachgehen, um Geld zu verdienen. Daran ist nichts auszusetzen, jedoch ist allen diesen Dingen gemeinsam, dass sie in der Zukunft liegen und, da Zeit eine Illusion ist, Ihr Tun Sie aus dem Hier und Jetzt herausholt. Da Ihr Tun reaktiver Art ist – Sie reagieren damit auf einen Impuls im Außen – verfangen Sie sich immer mehr in der Illusion. Außerdem bringt Ihnen das Haben keine große Befriedigung. Sobald Ihr Ich-Bewusstsein das Ziel erreicht hat, verfolgt es ein neues Ziel, sodass das Verlangen, welches hinter dem Haben steht, dafür sorgt, dass Sie nie zur Ruhe kommen.

Da sich innerhalb der vierdimensionalen Realität alles ändert und nichts von Dauer ist, ist dies ein Spiel ohne Ende. Diesem Spiel liegt das Muster des „tun, um zu" zugrunde. Dieses Prinzip muss jedoch umgedreht werden, wenn Sie sich erfolgreich aus der Polarität lösen wollen. Durch diese 180-Grad-Drehung wenden Sie das Schöpfungsprinzip in seiner reinsten Form an und werden zu einem bewussten Schöpfer, zur alleinverantwortlichen Erschafferin Ihrer Realität. Der Unterschied liegt darin, dass Sie aus einem inneren Impuls heraus handeln, rein aus der Freude an Ihrem Tun, ohne sich um das Haben, das heißt den Erfolg, die Anerkennung oder was auch immer früher Ihr Ziel im Außen war, zu kümmern. Die Freude am Tun hält mehr Glück und Zufriedenheit für Sie bereit, als es irgendein Ziel im Außen je könnte. Die auf den ersten Blick vielleicht paradox anmutende, quasi erwünschte Nebenwirkung: Der Erfolg, der nicht länger Ihr primärer Antrieb ist, ist dadurch unvermeidbar, selbst wenn er sich nicht sofort einstellt.

Sie brauchen nicht zuerst etwas zu haben, um etwas zu sein. Seien Sie einfach das, was Sie zu sein wünschen, und dann handeln Sie entsprechend. Dann werden Sie die Erfahrung des Habens machen. Wenn Sie wollen, dass die Menschen freundlicher zu Ihnen sind, seien Sie freundlich zu anderen Menschen. Wenn Sie sich mehr Wohlstand wünschen, investieren Sie Ihr Geld, am besten in sich selbst, indem Sie etwas tun, was Ihnen Freude macht. Aber machen Sie es ohne Hintergedanken. Wenn Sie etwas mit einem Hintergedanken machen, dann sagen Sie dem Universum nur, dass Sie etwas nicht haben und es von jemand anderem haben wollen. Die Erfahrung, die Sie dann machen, wird nicht die des Habens sein. Was immer Sie sind, erschaffen Sie, egal ob Sie in ehrlicher oder unehrlicher Absicht handeln.

Wenn Sie dieses perfekte Prinzip ein paar Mal probiert haben und dadurch erkennen, dass Sie durch das umgekehrte Prinzip des Tun-haben-sein-Spiels keines Ihrer Probleme lösen konnten, sondern immer nur wieder neue erschufen, dann werden Sie wahren Erfolg erleben. Gleichzeitig haben Sie einen großen Schritt in Ihrer persönlichen Entwicklung vollzogen, denn so werden Sie frei von Ihren alten Mustern und Ängsten, die Sie Ihr ganzes Leben begleitet haben. Dadurch wird es Ihnen möglich, den ewigen Kreislauf der Erfahrung von Schmerz und Leid zu durchbrechen und Ihren inneren Frieden in die Welt zu tragen.

Das bedeutet nicht, dass das Haben und das Tun aus Ihrem Leben verschwinden. Es bedeutet nur, dass Ihr Haben und Tun aus Ihrem Sein kommen und nicht die Motivation zugrunde liegt, ein bestimmtes äußeres Ziel zu erreichen. Wenn Sie aus Ihrem Sein heraus handeln, dann tun Sie dies einfach, weil es Sie glücklich macht. Sie fragen dann nicht nach dem Sinn und dem Erfolg Ihrer Handlungen. So wie die Schöpfung aus reiner Freude an der Schöpfung sich unaufhörlich erneuert, so werden Sie aus Freude am Handeln Dinge tun, die Sie und andere glücklich machen. Wenn Sie aus Ihrem Sein heraus handeln, verändert sich alles. Alles kehrt sich um. Sie können nichts tun, um in diesem Zustand zu gelangen, denn in *Wirklichkeit* sind Sie schon dort.

Wenn Sie Ihr Fühlen und Denken loslassen, fallen die drei großen Illusionen – die Angst, die Trennung und die Zeit – auseinander. Wenn Sie auf Ihr Denken und Fühlen nicht mehr reagieren, sondern es einfach sein lassen, dann sind Sie frei zu erschaffen, was immer Sie möchten. Ihre Absicht wird darin bestehen, Ihre Schöpfung durch Ihr Tun zu Ihrem und dem höchsten Wohl aller zu verwirklichen und Ihre Freude daran zum Ausdruck zu bringen.

Dies ist ein Paradoxon, welches Ihr Verstand nicht akzeptieren kann. Hören Sie nicht auf ihn. Tun Sie einfach so, als ob Sie schon dort wären. Wenn Sie glücklich sein wollen, dann seien Sie glücklich. Oder wie es Buddha sagt: „Es gibt keinen Weg zum Glück. Glücklich sein ist der Weg."

9 Der Tod und das Unvergängliche

„Die Frage ist nicht, ob es ein Leben nach dem Tod gibt.
Die Frage ist, ob du vor dem Tod lebendig bist."
Osho

Über den Tod zu sprechen ist für die meisten Menschen etwas Unangenehmes. Er gehört jedoch zum Leben dazu und ist untrennbar damit verbunden. Der Tod ist ebenfalls eine Illusion, welche sich auflösen wird, sobald Sie Ihren Körper verlassen haben. Sie werden dann die Welt der Erfahrung hinter sich gelassen haben und in die Welt des Seins eingetreten sein. Viele Menschen haben Angst vor der Auflösung des physischen Körpers, den sie für sich selbst halten und mit dem sie sich identifiziert haben. Gleichzeitig fürchten sich viele Menschen vor dem Tod ihrer Persönlichkeit und ihres Egos, da sie sich auch mit diesen identifiziert haben. Es gibt mithin zwei Formen zu sterben, zwischen denen wir unterscheiden müssen; gemeinsam ist ihnen, dass die Furcht davor immer eine mentale Angst ist, also ein Produkt Ihres Verstandes. Gemeinsam ist ihnen auch die Gewissheit, dass sowohl die körperliche als auch die mentale Form eines Tages sterben werden. Es ist daher sinnvoll, sich mit dem Tod zu beschäftigen, bevor er eintritt.

9.1 Ihr Körper, Bindeglied zwischen Leben und Tod

In diesem und vor allem in den beiden nächsten Kapiteln geht es um die Auflösung Ihres Körpers. Viele Menschen machen sich Sorgen darüber, „was danach kommt", da der Verstand sich darunter nichts vorstellen kann. Der Tod ist jedoch nichts, wovor Sie sich fürchten müssen. Er ist eine Befreiung aus der Unbewusstheit und der Enge Ihres Körpers. Er ist die wichtigste Erfahrung, die Sie in Ihrem Leben machen.

Ganz allgemein gesagt, entsprechen die physischen Grund-bausteine Ihres Körpers dem des Kosmos und unserer Erde. Ihr Körper besteht sozusagen aus Sternenstaub. Die Elemente, aus denen unsere Erde besteht – Erde, Wasser, Feuer, Luft und Raum oder Protonen, Elektronen und Neutronen – sind eben-falls in Ihrem Körper enthalten. Auch was die Komplexität des Aufbaus betrifft, gibt es auffällige Parallelen. Die neueste Forschung schätzt die Anzahl von Zellen in einem mensch-lichen Gehirn auf 86 Milliarden plus einem Vielfachen davon an Kontaktpunkten. Dazu kommt eine Unzahl weiterer Ner-venzellen, man denke etwa an das Nervensystem im Darm, sozusagen unser Bauchgefühl, oder an das Rückenmark. Und selbstverständlich Milliarden an weiteren Zellen mit allerlei spezialisierten Funktionen. Was die Anzahl an Sternen in der Milchstraße betrifft, ist grob geschätzt zwar noch ein Euphe-mismus, aber mit 250 Milliarden ± 150 Milliarden plus einem Vielfachen davon an Planeten bewegen wir uns letztlich doch in einer vergleichbaren Größenordnung, sodass gesagt wer-den kann: Ihr Körper ist eine Mikroversion des Kosmos. Und so wie im Universum täglich neue Sterne geboren werden und sterben, so bildet auch Ihr Körper täglich neue Zellen und alte Zellen sterben ab.

Ihr Körper ist aber noch mehr. Er ist ein perfekt funktionie-rendes Werkzeug, welches Ihrem Bewusstsein überhaupt er-möglicht, in Ihrer Realität eine Erfahrung zu machen. Dabei erledigt Ihr Körper höchst komplexe Aufgaben ohne unser Zu-tun. Herzschlag, Atmung, Verdauung, all das regelt der Körper selbstständig, ohne dass Sie sich darum kümmern müssen. Er nimmt Ihnen tagtäglich all die Arbeiten ab, die mit seiner Funk-tionsweise und seiner Erhaltung im Zusammenhang stehen, sodass Sie sich voll und ganz auf Ihre Erfahrungen und Ihr Tun konzentrieren können.

Nach dem Tod geschieht – vereinfacht ausgedrückt – für die meisten Menschen Folgendes: Das Bewusstsein, das den Körper beseelt, durchläuft zunächst eine Reihe von Zuständen, die in der christlichen Welt als Fegefeuer bezeichnet werden. Dies ist jedoch keine Bestrafung, wie es in der christlichen Tradition überliefert ist. Es gibt keine Bestrafung und keinen Richter, der Sie verurteilt. Die Basis der Schöpfung ist Liebe. Daher wird dies Ihr unmittelbarer Bewusstseinszustand nach Ihrem Tode sein. Sie werden verstehen, dass Sie das Leben auf einer unbewussten Schöpferebene freiwillig gewählt haben. In diesem Bewusstseinszustand haben Sie nicht nur das Verständnis für Ihr letztes Leben auf dieser Erde, sondern es steht Ihnen auch das Wissen all der anderen, vorherigen Leben zur Verfügung, und Sie erkennen somit, wie sich Ihr Lebensplan, den Sie vor Ihrer Geburt gefasst haben, zusammensetzt. Sie erkennen auch, welche Verbindung Sie mit bestimmten Menschen, Ereignissen oder Orten hatten und woher diese Verbindungen stammen. All dies wird Ihnen offengelegt.

Dieses Offenlegen erfahren Sie in Form Ihres Ätherkörpers, in den sich Ihr Bewusstsein in dem Zustand der Bewusstwerdung zurückgezogen hat, den es zum Zeitpunkt Ihres körperlichen Todes erlangt hatte. Dies bedeutet, dass Sie weiterhin „persönliche" Erfahrungen machen. Das liegt an Ihrem Festhalten an Ihrem falschen Ich und damit verbunden der Unfähigkeit, die Illusion der physischen Welt loszulassen. Das Festhalten an dieser Illusion, die schon die Wurzel alles Leidens auf der Erde gewesen ist, sorgt auf diese Weise auch noch für Leiden nach dem Tode. Deshalb ist es so wichtig, zu Ihren Lebzeiten die vermeintliche Festigkeit und Realität Ihres Körpers als Illusion zu erkennen. Wenn Sie sich zum Zeitpunkt Ihres Todes Ihres wahren Seins nicht bewusst sind, dann werden Sie auch nach Ihrem physischen Ende zunächst in der Illusion Ihrer „Realität" verbleiben, bis Sie erkennen, dass Sie nun in der *Wirklichkeit* angekommen sind. Die Bedeutung dieser Aussage kann gar nicht stark genug hervorgehoben werden. Daher ist der Bewusstseinszustand zum Zeitpunkt Ihres Todes von äußerster Wichtigkeit für Ihr Leben nach dem Tode.

9.2 Der Tod Ihres Egos und Ihrer Persönlichkeit

Um Missverständnisse zu vermeiden, sei auch an dieser Stelle nochmals gesagt, dass es sinnlos ist, gegen Ihr Ego und Ihre Persönlichkeit anzukämpfen. Es ist unmöglich, diesen Kampf zu gewinnen. Beide Teile Ihres Ich-Bewusstseins sind Teil der Polarität und bleiben bestehen, solange Sie Ihr volles Bewusstsein nicht in Ihrem Körper integriert haben. Daher liegt der Schlüssel zur Befreiung im Überwinden Ihres Ich-Bewusstseins und im Erkennen, dass Sie voll und ganz Schöpfer:in Ihrer Realität sind; in der Erkenntnis, dass Sie Liebe sind. Diesen Prozess hin zu mehr Bewusstsein zu durchlaufen ist in der Regel ein mühsamer und langwieriger Weg. Sie sind jeden Tag gefordert, sich Ihre Muster, Verhaltensweisen und Reaktionen anzusehen und dieses Stück für Stück loszulassen. Es ist wie ein Reinigungsprozess, bei dem die dicken Schichten der Unbewusstheit mit jeder kleinen Erkenntnis mehr und mehr abgetragen werden, bis am Ende das strahlende Sein zum Vorschein kommt.

Um zu verstehen, wie stark diese Widerstände sein können und wie strahlend das Sein ist, sobald es in Ihrer Welt zum Vorschein kommt, lassen Sie uns an dieser Stelle eine kleine Geschichte anschauen. Sie erzählt von Sri Ramana Maharishi; der „große Weise", so die Bedeutung von Maharishi, lehrte bis 1950 in Südindien die Ergründung des Selbst. So hat es sich zugetragen:

Einige Wochen vor dem Verlassen der Schule, in seinem 17. Lebensjahr, führte ein Erlebnis die endgültige Wende in seinem Dasein herbei:

Als er eines Tages in seinem Zimmer saß, von Schulbüchern umgeben, überfiel ihn jäh eine unerklärliche Todesfurcht. Obwohl vollkommen gesund, hatte er das Gefühl, seine letzte Stunde sei gekommen. Aber er rief nicht um Hilfe, sondern legte sich auf den Boden, schloß die Augen,

hielt den Atem an und überließ sich willig dem Griff des
Todes, wobei er meditierte:

*„Nun, da der Tod gekommen ist – was bedeutet er? W a s ist
gestorben? Der materielle Körper. Nun gut, man wird kommen, ihn zur Verbrennungsstätte bringen und ihn in Asche
verwandeln. Aber bin i c h dann auch tot? Ist der Körper
das Ich? Er ist leblos – ich aber fühle mein Ich unabhängig von
ihm. So bin i c h also das todlose Geistige, das über den Körper
hinausreicht, der für sich allein lebt und stirbt.*

*Dies alles erhob sich eindringlich vor mir. Ich empfand es als
lebendige Wahrheit unmittelbar. Die Todesfurcht verschwand
gänzlich und für immer. Diese Gewißheit der unmittelbaren
Gegenwart des S e l b s t, das vom Körper unabhängig ist,
hat mich seitdem nie wieder verlassen."*[6]

Es gibt noch einen zweiten Teil von dieser Geschichte, den Sie
ebenfalls erfahren sollten. Es zeigt, was wahres Tun im Nicht-
Tun bedeutet und wie sich aus diesem Nicht-Tun letzten Endes
ein höheres Ziel entwickelte, welches Sri Ramana Maharishi
dazu veranlasste, sich von einem Einsiedler zu jemandem zu
entwickeln, der sich der gesamten Menschheit annahm und
dessen Tun sich heilend auf alle auswirkte, die ihm begegneten.

Nachdem er dieser Wahrheit innegeworden war, fiel er in
einen tiefen Dämmerschlaf, in dem er sein wahres Selbst,
das bisher tief in ihm verborgen war, als den Urquell allen Seins erkannte. Als er erwachte, war er ein anderer
Mensch, dem Schule und Heim, Sport und Freundschaf-
ten nichts mehr bedeuteten. Er wandte sich den heiligen
Schriften zu und verließ bald darauf Madura, wobei er die

---

6 Schmidt, S. 379. Hervorhebungen im Original.

Eltern auf einem Zettel bat, sich nicht um ihn zu sorgen, da er seiner Bestimmung folge.

Er (...) ging in den Tempel, von dem sein Onkel berichtet hatte, legte seine Brahmanengewänder (...) ab, ließ sich als Zeichen des Weltverzichts die Haare schneiden und saß nun tagein tagaus meditierend und nur von Almosen lebend in einer Ecke des Tempels. Sechs Monate lebte er so, in vollkommenes Schweigen versunken. Dann verließ er den Tempel und begab sich zu einem außerhalb des Städtchens gelegenen Altar, wo er weitere anderthalb Jahre verbrachte, von den Gaben lebend, die Wallfahrer am Altar niederlegten. Auch während dieser Zeit sprach er kein Wort. Erst als er, am Ende des zweiten Jahres, das Ziel der Versenkung, die *Selbstverwirklichung*, erreicht hatte, brach er sein Schweigen und wählte sich als Ashram eine Höhle am Fuß des Berges Arunachala, wo er seine Meditationen fortsetzte.

Inzwischen fanden ihn seine besorgten Angehörigen und baten ihn, heimzukehren. Er weigerte sich, nahm aber seine Mutter in den Ashram auf, eine Hütte am Fuß des heiligen Berges, die seine ersten Schüler ihm errichtet hatten. Auch sein jüngerer Bruder blieb als Schüler bei ihm und übernahm die Leitung der äußeren Angelegenheiten des Ashrams. Das wurde notwendig, weil die Zahl der Pilger, Besucher und Schüler des *Maharishi* (...) ständig wuchs. Die Antworten, die er von der Warte des Erleuchteten auf ihm gestellte Fragen gab, machten ihn in wenigen Jahren weit über Indien hinaus bekannt und kennzeichneten ihn in den Augen der Tieferblickenden als eine Inkarnation der großen Rishis der Vorzeit, in dem die Weisheit der Veden und Upanishaden aufs neue lebendig ward.[7]

---

7 ebd., S. 379 f.

Der Kern seiner Lehre war die beständige Suche nach dem Selbst. Das Selbst – Ihr innerster Wesenskern – ist unauslöschlich mit der Frage „Wer bin ich?" verbunden. Die ständige Frage führt am Ende zum „Ich bin". Wenn Sie dieses „Ich bin" entdecken, dann existiert Ihr altes Ich nicht mehr. Das „Ich bin" wird zu Ihrem wahren Selbst. Es ist vollkommen. Es ist die Abwesenheit aller Vorstellungen darüber, wer oder was Ihr altes Selbst ist oder nicht ist. Diese Abwesenheit ist vollkommene Freude.

Sri Ramana Maharishi kommt durch diese Frage zur gleichen Erkenntnis wie Buddha, der aufgrund der Schwierigkeit, das „Ich bin" mit Worten zu beschreiben, zu folgender Formulierung kommt:

> „Was ich entstehen und vergehen und infolge dieser seiner Vergänglichkeit mir Leiden bringen sehe, das kann nicht ich selbst sein. Nun sehe ich alles Erkennbare an mir und um mich entstehen und vergehen und mir damit Leid bringen. Also ist nichts Erkennbares mein Ich."[8]

Sie müssen weder Ihr Elternhaus verlassen noch einen Ashram gründen. Jeder Mensch ist einzigartig und jeder Weg daher individuell. Machen Sie Ihr Leben zu einem Geschenk. Seien Sie das Geschenk für jeden Menschen, der in Ihr Leben eintritt. Treten Sie nicht in das Leben eines anderen ein, wenn Sie kein Geschenk sein können. Tritt jemand in Ihr Leben ein, dann halten Sie Ausschau nach dem Geschenk, das die andere Person bereit ist, von Ihnen anzunehmen. Akzeptieren Sie jeden Umstand, der in Ihr Leben tritt. Fühlen Sie die Verbundenheit mit allen Dingen. Bringen Sie Frieden zu allen Menschen. Seien Sie Friede. Leben Sie die höchste Wahrheit von sich selbst und ermuntern Sie andere, es Ihnen gleichzutun. Lernen Sie mit dem Widerspruch zu leben und die größere Wahrheit hinter den Dingen zu begreifen, die da lautet: Nichts ist von Bedeutung.

---

8 ebd., S. 385

Das, was hier beschrieben wird, kann auch als der Prozess zur Aufgabe von mentaler Kontrolle Ihrer Gefühle beschrieben werden und das damit verbundene Erschaffen von Unterbewusstsein. Es bedeutet nichts anderes, als *alle* Gefühle zuzulassen. Ein anderes Wort dafür ist Hingabe an das, was ist. Mentale Kontrolle ist der Versuch, etwas im Außen Entstandenes zu kontrollieren. Hingabe bedeutet, das zu kontrollieren, was entsteht und das Entstandene zuzulassen. Damit haben Sie Ihre Persönlichkeit und Ihr Ego als das entlarvt, was sie schon immer waren: eine Erfindung Ihres Verstandes.

9.3 Sich auf den Tod vorbereiten

Viele Menschen fürchten sich vor dem physischen Tod – bis sie ihm wirklich begegnen. Denn der Tod ist nicht das Ende. Für die Seele ist der Tod sogar eine wunderschöne Erfahrung, da er sie aus dem engen und begrenzten Körper befreit. Für den Körper und den Verstand bedeutet er jedoch tatsächlich deren unwiderrufliche Vernichtung. Aus dieser Perspektive ist Ihre Angst davor gewissermaßen wohlbegründet und es ist verständlich, weshalb Sie versuchen, den Tod nicht anzuschauen, sondern ihn bestmöglich zu ignorieren, ja sogar der absurden Hoffnung Raum geben, ihm ausweichen zu können.

Wenn Sie aber erkennen, dass Sie *nicht* Ihr Körper und Ihr Verstand sind, wenn Sie diese Illusion als solche entlarven und Ihr göttliches Selbst erfahren, wovor fürchten Sie sich dann noch? Sich mit dem Tod zu beschäftigen, ist ein Bewusstwerdungsprozess. Sich ihn anzuschauen und ihn zu studieren ist daher weise. Denn dann durchschauen Sie auch die Illusion des Todes. Sie werden ihn erkennen, als das, was er ist. Nur die Tatsache, dass Sie den Tod irrtümlich für Wirklichkeit halten wie Ihren Verstand, Ihr Ego, Ihre Persönlichkeit und Ihren Körper, verursacht Ihnen Schmerzen. Alles, was Sie als Illusion erkennen, wird ihnen niemals Schmerzen verursachen. Wenn Sie hingegen weiterhin an den Tod glauben, verstärken Sie die Illusion, ja, Sie erschaffen sie in jedem Augenblick neu.

Der Tod ist nicht das Ende. Aus dem einfachen Grund, dass das Leben kein Ende hat, genauso wenig wie ein Kreis ein Ende oder einen Anfang kennt; lediglich das Markieren von Abschnitten ist möglich. Der Tod ist das Gegenteil von Geburt. Eine Tür schließt sich und eine andere Tür öffnet sich. Das ist der Tod. Der Tod ist, solange Sie an ihn glauben, nur ein weiterer Mechanismus, welcher Sie in der Illusion der vierdimensionalen Realität hält: Sie erschaffen ihn selbst durch Ihren Glauben daran. Diese mächtige, selbst erschaffene Illusion hat eine wichtige Funktion: Der Tod soll Ihnen zeigen, dass Leben die unvergängliche *Wirklichkeit* ist. Durch den Tod bekommt Ihr Leben eine viel größere Bedeutung und Intensität. Der Tod ist nicht irgendeine Illusion, sondern die letzte Barriere, die es zu überwinden gilt. Der Knackpunkt, sozusagen, anhand dessen das Durchschauen der gesamten Illusion möglich wird: Nichts hält Sie in dieser Ihrer „Realität" fester gefangen als die Angst vor dem Tod; die Angst, durch die sich die Illusion des Todes immer wieder selbst von Neuem erschafft.

Eines Tages – und niemand weiß, wann dieser Tag kommen wird – müssen Sie Ihren Körper verlassen. Er wird sich in seine Atome auflösen, so wie alles sich eines Tages auflösen wird, was in unserer physischen Realität existiert. Unser Universum eingeschlossen. Es kann gar nicht genug betont werden, wie wichtig es in Ihrem Leben ist, sich auf diesen Prozess vorzubereiten, sodass Sie in Ruhe und Frieden und hoffentlich bei vollem Bewusstsein Ihr Leben auf dieser Erde abschließen können.

Natürlich wissen Sie, dass Sie sterben müssen. Intellektuell ist Ihnen dies vollkommen klar. Das Problem ist, dass es in unserer westlichen Kultur am Verständnis für den Tod mangelt, sodass wir nur begrenzt über Einrichtungen und Strukturen verfügen, die Sterbenden einen würdevollen Tod ermöglichen. Wird der Tod in einer Gesellschaft nicht als das betrachtet, was er ist,

d. h. das Natürlichste auf der Welt, dann fehlt dieser Gesellschaft ihre Verbindung zu ihrem Ursprung als Teil allen Seins. Dann wird der Tod vor allem aus medizinischer Sicht als größtmöglicher Fehler, als das ultimative Scheitern betrachtet. Vor diesem Hintergrund entstehen natürlich Ängste und Missverständnisse, wenn es um das Thema Tod geht. Eine ganze Menge unterdrückter Gefühle können hervorbrechen, wie Wut, Ärger, Niedergeschlagenheit und buchstäblich Todesangst. Wenn Sie sich nicht zu Lebzeiten mit diesem Thema beschäftigt haben, dann kann es Ihnen passieren, dass Sie sich mit dem Verlust von allem, von Ihrer gesamten „Realität" konfrontiert sehen. Und diesen Verlust werden Sie akzeptieren müssen. Ihren gesamten Besitz, Ihren Körper, Ihre Familie und Freunde, ja sogar Ihren Verstand werden Sie verlieren. Und das vollständig.

Der Tod nimmt alles weg, was nicht wirklich ist, und als wäre das nicht schon schlimm genug, wäre nicht schon jeder einzelne Verlust eine Tragödie, nimmt der Tod *alles auf einmal* weg. Alles, womit Sie Ihr Leben im Außen mit „Sinn" erfüllt haben, Ihr Ansehen, Ihren Ruhm, Ihre Besitztümer, Ihr Aussehen ... (nicht aber Ihre Herzensverbindungen). Daher mag es nicht verwundern, wenn Sie dieser Tatsache so lange wie möglich nicht ins Auge sehen wollen. Aber Sie haben keine Chance. Entweder Sie beginnen schon während Ihres Lebens – Ihrem momentanen physischen Existenzabschnitt im ewigen Kreislauf – sich in kleinen Schritten auf diesen Prozess einzustimmen, oder Sie werden mit den unausweichlichen Tatsachen am Ende ihres Lebens unvorbereitet konfrontiert. Für einige mag dieser Prozess ein langwieriger und schwieriger Weg sein und manche kommen vielleicht überhaupt nicht an den Punkt, ihren Tod vollständig zu akzeptieren.

Der beste Platz, um in Frieden aus dieser Welt zu treten, ist Ihr Zuhause bzw. jeder Ort, an dem Sie sich besonders wohlfühlen. In Krankenhäusern und auf Intensivstationen ist dies nicht möglich. Da jedoch auch die familiären Strukturen in unserer Zeit fehlen, ist ein Platz in einem Hospiz eine gute Alternative hierfür.

Eine Möglichkeit, sich auf den Tod vorzubereiten, besteht darin, sich des Sterbeprozesses bewusst zu werden. In jedem Augenblick stirbt etwas um Sie herum. Dies können Teile Ihres Körpers sein, wie Haut oder Haare, eine Ihnen nahestehende Person oder die Zehntausende, die Tag für Tag von dieser Existenzebene verschwinden. Ihr Haustier, die Fliege auf dem Fensterbrett, das Schwein, bevor es als Schnitzel auf Ihrem Teller gelandet ist, die Blätter, die im Herbst von den Bäumen fallen. Selbst Gewohnheiten können „sterben", und wer schon einmal das Ende einer intensiven Beziehung erlebt hat, ist durch einen emotionalen Prozess gegangen, der viele Parallelen zur Trauerarbeit aufweist. Der Tod ist in unser aller Leben allgegenwärtig. Und in jedem Fall erfolgt er am Ende eines Sterbeprozesses.

Den Sterbeprozess anderer Menschen begleiten

Wie sollten Sie sich verhalten, wenn Sie zum Beispiel als Erster von der unheilbaren Krankheit eines Ihrer Lieben erfahren? Sollten Sie der- oder demjenigen die Wahrheit sagen? Wie schon gesagt, bietet der Tod auch eine unvergleichliche Möglichkeit, das bisherige Leben zu verändern und der eigenen inneren Wahrheit, Ihrer Essenz, näherzukommen oder diese gar zu erfahren. Indem Sie Ihrem Angehörigen, Freund oder Familienmitglied so einfühlsam wie möglich die Tatsache des baldigen Todes zum frühestmöglichen Zeitpunkt mitteilen, geben Sie dieser Person die Chance, sich darauf vorzubereiten und den Sinn des Lebens zu entdecken.

Wenn Sie Kinder haben, denen Sie eine Todesnachricht überbringen müssen, weil der Opa oder die Oma oder ein anderer liebgewonnener Mensch gestorben ist, sollten Sie dies ebenfalls zu einem günstigen Zeitpunkt tun. Es hat keinen Sinn, das Kind vor etwas schützen zu wollen, was in Wirklichkeit eine Illusion ist und wovor Sie persönlich Angst haben. Wenn ein Kind begreift, dass es Leben *und* Tod gibt, geben Sie ihm damit die Möglichkeit, sich auf *seine* ganz spezielle Art mit dieser Tatsache auseinanderzusetzen. Sie sollten Ihrem Kind dies in einer Sprache mitteilen, die es verstehen kann. Erzählen Sie ihm ruhig davon, dass es den Großvater zwar nun nicht mehr sehen wird können, aber dass er trotzdem bei ihm ist und es, wenn es will, auch mit ihm sprechen kann. Dies entspricht nicht nur der Wahrheit, sondern ist auch ein Trost für den Verlust, den das Kind erleiden muss. Beantworten Sie so gut Sie können aufrichtig all seine Fragen. Die Unschuld und Unbekümmertheit Ihres Kindes können auch ihnen eine Hilfe in diesen schwierigen Momenten sein.

Wenn es aber um Sie persönlich geht, wenn Sie mit dem oder der Sterbenden am engsten verbunden sind oder etwas ganz Wichtiges klären müssen, was ist dann zu tun?

Zuerst müssen sie ihm die „Erlaubnis" geben zu sterben, und dann müssen sie ihm versichern, dass sie zurechtkommen werden, wenn er gegangen ist, und dass er sich keine Sorgen um sie machen soll.

Auf die Frage, wie man dabei am besten vorgeht, rate ich, sich vorzustellen, man würde am Bett des betreffenden Menschen stehen und mit tiefer, aufrichtiger Zärtlichkeit sagen:
„Ich bin hier bei dir, und ich liebe dich. Du liegst im Sterben, aber das ist etwas ganz Natürliches; es geschieht jedem. Ich wünschte, du könntest noch länger bei mir bleiben, aber ich möchte nicht, dass du noch weiter leidest. Die Zeit, die wir miteinander verbracht haben, war schön und intensiv, und ich werde sie immer zu schätzen wissen. Bitte halte jetzt nicht länger am Leben fest. Lass los! Ich gebe dir von ganzem Herzen mein Einverständnis zu sterben. Du bist nicht allein, weder jetzt, noch in Zukunft. Du hast meine ganze Liebe."[9]

---

9 Sogyal Rinpoche, S. 265

Wenn Sie mit dem Tod eines geliebten Menschen konfrontiert werden, dann besteht Ihre große Chance darin, dem oder der Sterbenden Trost und Beistand in den letzten Tagen oder Stunden zu sein. Es ist ein Privileg, in diesen Stunden bei einem Menschen zu sein. Auch wenn er vielleicht wütend oder traurig ist, weil er denkt, er habe sein Leben nicht richtig gelebt, seien Sie ihm ein Freund in dieser schwierigen Zeit. Das Zauberwort lautet hier Mitgefühl. Mitgefühl, wie es hier gemeint ist, geht weit über Sympathie oder Verständnis hinaus. Sie werden wahres Mitgefühl jedoch nur empfinden können, wenn Sie sich mit ihrem eigenen Tod und den möglichen Ängsten und Sorgen im Zusammenhang mit dem Abschied von dieser Existenzebene selbst vorher schon auseinandergesetzt haben. Wahres Mitgefühl zeigt sich, wenn Sie einerseits die Trauer über den Verlust des geliebten Menschen wahrnehmen, zulassen und annehmen, andererseits aber auch tief in Ihrem Inneren die Freude am ewigen Leben spüren. Diese beiden so gegensätzlich scheinenden Emotionen von Trauer und Freude verschmelzen zu einem Gefühl. Das ist Mitgefühl.

Sich auf den eigenen Tod vorbereiten

Wenn Sie selbst sich dem Tod nähern, dann ist da keine Freude zu spüren, vielleicht ein Gefühl der Erleichterung, aber Sie können so etwas wie tiefen Frieden empfinden. Der Tod bietet eine letzte und unvergleichliche Chance in Ihrem Leben zu spirituellem Wachstum. Wenn Sie sich dessen bewusst sind, dann werden Sie diese Chance annehmen und alles wird leichter für Sie und alle anderen Menschen, die Ihnen nahestehen.

Regeln Sie daher noch alles, was unerledigt geblieben ist. Machen Sie ein Testament und bestimmen Sie, wer Ihren weltlichen Besitz bekommen soll. Wenn es darum geht, einem Menschen zum Abschied noch etwas Wichtiges zu sagen, jemandem zu vergeben oder ein Geheimnis, das Sie Ihr ganzes Leben mit sich getragen haben, jemandem anzuvertrauen, dann tun Sie das. Legen Sie all

Ihr Gepäck ab und werden Sie so leicht wie eine Feder. Denken Sie nie, dass es zu spät ist. Selbst wenn Sie dies mit Ihrem letzten Atemzug tun, haben Sie es geschafft. Solange Sie am Leben sind, haben Sie die Möglichkeit, alles, aber auch wirklich alles wieder in Ordnung zu bringen. *Das Göttliche* hat Ihnen schon längst vergeben. Vergeben Sie sich Ihre Unbewusstheit und den anderen deren Reaktion auf Ihre Unbewusstheit. Die anderen werden die Ernsthaftigkeit und die Tiefe Ihres Wunsches spüren und somit befinden Sie sich auf dem Weg zu gegenseitiger Vergebung. Dann wird alles gut.

Dieses Loslassen-Müssen am Ende Ihres Lebens bietet eine unglaubliche Möglichkeit. Jeder Mensch hat das Potenzial zur vollständigen Erleuchtung, unabhängig davon, ob Sie sich dieser Tatsache bewusst sind oder nicht. Dieses Loslassen alles Materiellen ermöglicht Ihrem Bewusstsein, den Platz einzunehmen, den bisher Ihr Ego und Ihre Persönlichkeit belegten. Nutzen Sie die Möglichkeit, alles noch einmal neu zu regeln, sodass Ihr Leben, mögen es auch Ihre letzten Minuten sein, zu fließen beginnt.

Ein weiterer Schlüssel ist Vergebung. Was immer Sie getan oder nicht getan haben, vergeben Sie sich. Was immer Ihnen Ihrer Meinung nach angetan wurde, vergeben Sie allen anderen. *Es ist im Augenblick des Todes vollkommen unwichtig.* Dies ist ein höchst entscheidender Augenblick in Ihrem Leben und hoffentlich erkennen Sie ihn. In diesem Moment entscheidet sich, ob Sie ihr göttliches Potenzial noch in diesem Leben verwirklichen oder eine neue Runde im Kreislauf von Geburt und Tod antreten.

Übrigens: Niemand stirbt alleine. Es gibt viele geistige Helfer, die Ihnen beim Übergang beistehen. Wenn Sie möchten, dass Ihre Eltern oder Ihre Verwandten, die schon vor Ihnen gegangen sind, Ihnen beim Übergang helfen, dann werden diese da sein. Aus einem sehr einfachen Grund: Da es immer nur das *All-Eine* gibt, ist Ihr Wunsch auch der Wunsch Ihrer verstorbenen Vorfahren. Rufen Sie also Ihre Lieben herbei. *Das Göttliche* wird Ihnen immer das geben, wonach Sie verlangen.

Wir alle sehnen uns in Wirklichkeit nach dem Himmel und dem Einssein mit *dem Göttlichen*. In dem Moment, in dem Sie sich und allen anderen vergeben, werden Sie die Liebe spüren, die Sie immer gesucht haben und die sich Ihnen immer wieder entzogen hat. Sie werden erkennen, dass Sie nie von dieser Liebe getrennt waren und Sie werden sich nun wieder mit dieser Liebe vereinen. Es gibt nichts und niemanden, der Ihnen dies verweigern könnte. Wenn Sie dies erkannt haben, dann ist der Zeitpunkt gekommen, an dem Sie Ihren Körper der Erde zurückgeben können.

10 Frei sein

„Weil ich Mensch bin, ist Liebe meine Religion,
Wahrheit mein Leben und Freiheit mein Recht."
Christina von Dreien

„Die Freiheit beginnt dort, wo du aufhörst, Menschen gefallen zu wollen
und das zum Preis deiner Wahrheit und wahren Größe. Das Geheimnis
des Glücks ist die Freiheit, und das Geheimnis der Freiheit ist der Mut."
Perikles

„Wer sich nicht bewegt, spürt seine Fesseln nicht", hat Rosa von Luxemburg einmal gesagt. Und auch wenn sie dies in einem ganz anderen, sozialpolitischen Kontext erwähnte, passt es doch gut zu dem Punkt, an dem wir uns befinden – in diesem Buch, aber vor allem als Menschheit. Um frei zu werden, wie es die Kapitelüberschrift verspricht, ist es wichtig, sich bewusst zu machen, wo genau man sich auf dem Weg der Bewusstwerdung gerade befindet. Deshalb soll hier, bevor es an die „Ersten Schritte" (10.1) geht, versucht werden, diesen Status der Menschheit darzustellen – oder anders gesagt: wo sie sich auf der Leiter des Bewusstseins gerade befindet.

Die Leiter des Bewusstseins

Der Verstand, welcher Ihnen in diesem Moment als Basis für Ihr Leben dient und aufgrund dessen Beurteilungen und Bewertungen Sie so gut wie jede Entscheidung Ihres Lebens treffen, ist nichts anderes als ein Zwischenstadium innerhalb der Evolution des menschlichen Bewusstseins.

Das *(göttliche) Bewusstsein* selbst ist keiner Evolution oder Entwicklung unterworfen. Es ist das All-Eine, das die gesamte Schöpfung durchdringende *Bewusstsein*. Es wurde nie geboren und kann daher nie sterben. Wenn sich dieses *Bewusstsein* jedoch nach außen richtet, entsteht Form. Das gesamte Universum, Ihr Körper, alles Existierende ist Form.

In dem Moment, in dem das *Bewusstsein* Form annimmt, scheint es der Zeit und der Trennung und somit der Evolution unterworfen zu sein. Kein Menschenverstand kann die wirkliche Bedeutung dieses Ereignisses verstehen, aber wir können einen kleinen Einblick in dieses Wunder erhaschen.

Das *Bewusstsein* kann als die Intelligenz bezeichnet werden, die hinter jeder Form steckt und durch die es sich ausdrückt. Ein Beispiel für diese Intelligenz ist die Natur, welche sich in unzähligen Formen zeigt und scheinbar alles wie von selbst regelt. Wie geschieht dies? Es geschieht in jedem Augenblick, in dem *Bewusstsein* Form annimmt. Somit ist alles lebendig, alles ist beseelt von *Bewusstsein* und der ihm eigenen innewohnenden Intelligenz.

Das *Bewusstsein* vergisst jedoch, sobald es Form annimmt, seinen Ursprung und wird unbewusst. Die Intelligenz bleibt erhalten, jedoch identifiziert sich das sich nicht länger selbst wahrnehmende Bewusstsein vollständig mit seiner Form. Es ist eine Form der Einswerdung mit der Materie und der Hintergrund der Wahrheit, dass *das Göttliche* in allem ist. Jedoch hat diese Form der Einswerdung mit der Materie einen großen Nachteil insbesondere auf der Ebene der Mineralien, Pflanzen und Tiere: In diesem Stadium des Bewusstseins ist es dem Bewusstsein nicht möglich, sich selbst zu erkennen. So bliebe es auf ewig unbewusst innerhalb der Form und eine Entwicklung wäre nicht möglich.

Zu diesem Zweck wurde die Menschheit erschaffen, welche die Aufgabe hat, bewusst zu werden, aufzuwachen aus dem Traum der Unbewusstheit und Form. Dies ist es, was in den Tafelgesprächen des Sufi-Meisters Rumi in der Einleitung geschrieben steht:

„Die Meister sagen, dass man eines auf der Welt niemals vergessen darf. Würdest du auch sonst alles vergessen, bis auf dieses eine, gäbe es keinerlei Grund zur Sorge; wenn du jedoch alles andere im Sinn behieltest und dich danach richtetest, dies eine jedoch vergäßest, hättest du nichts erreicht. Es ist, als hätte der König dich in ein fremdes Land geschickt, um eine ganz bestimmte Aufgabe zu erledigen. Du gehst und erfüllst hundert wichtiger Aufgaben, wenn du jedoch die eine Angelegenheit, derentwegen du geschickt wurdest, unerledigt lässt, ist es, als hättest du gar nichts erreicht. Genauso kommt der Mensch auf die Welt, um eine ganz bestimmte Aufgabe zu erfüllen, das ist sein Lebenswerk. Erfüllt er sie nicht, hat er versagt."[10]

Nur in Gestalt des Menschen kann das Bewusstsein, welches nicht von der Form getrennt ist, in die Form einfließen und sich somit erkennen.

Dieser Entwicklungsprozess der Menschheit geschieht in Schritten. Daher ist unser aktueller Bewusstseinszustand nur ein Zwischenschritt auf der Leiter des Bewusstseins und unserer Entwicklung. Vor Tausenden von Jahren war die Menschheit viel mehr Teil der Natur als heute. Sie richtete sich nach den Jahreszeiten, dem Rhythmus von Tag und Nacht und dem Einfluss der Sterne. Mit wachsender Komplexität der vom Menschen erschaffenen Umwelt, welche ihren Ausdruck in Form von Kunst, Technik und geistigem Wissen fand, ging dieses Eins-Sein mit der Natur zunehmend verloren. Stattdessen verstärkte sich die Identifikation mit der Form und gab somit unserem Verstand die entscheidende Rolle, die er heute spielt. Im Zuge dieser Entwicklung verstärkten sich auch Persönlichkeit und Ego. Die heutige Zeit ist daher ein Abbild innerer Ego- und Persönlichkeitsstrukturen im Außen. Einen Weg zurück gibt es jedoch nicht.

---

10 Sogyal Rinpoche, Seite 163

Daher muss die Menschheit das Denken überwinden und sich an das ihr innewohnende Bewusstsein erinnern. Das Denken ist sozusagen die letzte Stufe auf der Leiter des Bewusstseins, welche die Menschheit in Unbewusstheit hält. Die nächstfolgende Stufe ist der Zustand der Erleuchtung. Wir sind davon also nur noch einen Schritt entfernt.

Sie haben ausnahmslos alle in Ihrem Leben schon häufiger Zustände von Erleuchtung erlebt, dies vielleicht gar nicht bemerkt, auf jeden Fall aber nicht halten können. Momente des perfekten Flows, in denen alles einfach gelingt, wie von selbst, und Sie eins sind mit sich und Ihrem Tun und Ihrer Umwelt. Sie enden meist in der Sekunde, in der Sie sich dieses Zustands „bewusst werden". Das steht hier unter Anführungszeichen, weil in Wirklichkeit etwas ganz anderes geschieht: Ihr Verstand setzt ein, Sie wundern sich über sich selbst, hinterfragen, wie das, was Sie gerade erlebten, überhaupt möglich sein kann. Mit einem Wort: Sie „zerdenken" den Moment der Erleuchtung und kippen im selben Augenblick in die Unbewusstheit zurück.

Weil solche Erfahrungen grenzenlosen Seins ausgesprochen rar sind, betrachten Sie sie als „zufällige, besondere Glücksmomente" oder „seltene Ausnahmen". Dabei ist dieser Zustand Ihr Geburtsrecht, es ist der Weg, welcher der gesamten Menschheit vorgegeben ist, sofern sich die Menschheit mehrheitlich für diesen nächsten Schritt bewusst entschließt.

Sie könnten einer dieser Menschen sein. Im Zustand der Erleuchtung wird sich unsere gesamte Welt verändern. Arbeit, wie wir sie heute kennen, wird es in dieser Form nicht mehr geben. Sie werden Ihr Geld nicht mehr „verdienen müssen", um in dieser Welt zu überleben, denn Sie werden das tun, was Ihnen am meisten Freude bereitet. Völker werden sich nicht mehr bekriegen, sondern sich gegenseitig unterstützen, sofern dies als notwendig erachtet wird. Krankheiten, welche die Menschheit über Generationen gepeinigt haben, werden verschwinden, da die

Schwingung in dem Zustand der Erleuchtung zu hochfrequent ist, als dass das Negative anders könnte, als sich mehr und mehr zurückzuziehen. Die Natur wird wieder den Platz erhalten, der ihr zusteht, da die Menschen erkennen, dass Sie nicht von der Natur getrennt, sondern eins mit ihr sind.

Natürlich ist auch dies ein Prozess, welcher davon abhängig ist, wie rasch sich das menschliche Bewusstsein in der Form bewusst wird. Je mehr Menschen sich ihrer selbst bewusst werden, umso leichter wird es für alle anderen. Bis der Kipppunkt erreicht ist, ab dem ein so großer Teil der Menschheit Bewusstheit erlangt hat, dass der Schritt aus der Unbewusstheit für alle zum Mainstream wird. Das Bewusstsein fließt dann mehr und mehr in das Handeln und Tun der Menschen ein und ermöglicht ganz neue Strukturen. Am Ende dieses Prozesses wird das innere Sein sich im Außen widerspiegeln und dieses Außen werden wir als das Paradies bezeichnen. Sie müssen, um dorthin zu gelangen, nicht einmal mehr sterben.

Damit ist der Prozess nicht abgeschlossen. Auf der Leiter des Bewusstseins gibt es noch weitere Stufen. Die nächste Stufe ist die Stufe der Einswerdung. Darüber gibt es jedoch nicht viel zu berichten, weil hierfür einfach die Vorstellungen und somit auch die Worte fehlen. Was wir jedoch sagen können, ist, dass weder Materie noch Form auf dieser Entwicklungsstufe noch von Bedeutung sind. Sie werden Sie verwenden können, wenn Sie dies für nützlich halten, aber der Großteil Ihres Seins wird in geistiger und immaterieller Form bestehen. Die Form, die einst das Leben bestimmt hat, wird Diener des Bewusstseins und erfüllt alle seine Aufgaben. Die Einswerdung ist damit der Abschluss der Evolution auf materieller Ebene. Wovon wir hier sprechen, ist die Evolution vom Ich-Bewusstsein zu einem Wir-Bewusstsein, welches dann in weiterer Folge sich zu einem kosmischen Bewusstsein entwickelt.

Es gibt und gab immer wieder Menschen, die diese Entwicklungsstufe erreicht haben. Auch wenn dieser Weg für Sie unerreichbar erscheint, lassen Sie sich nicht von Ihrem Verstand davon abbringen. In Ihrer Essenz ist Ihnen dies bewusst und ja noch mehr: Sie sind es bereits.

10.1 Erste Schritte

Der Tod, mit dem das Kapitel 9.3 endete, hat sich zurückgezogen. Seine Zeit ist noch nicht gekommen, obwohl wir uns dem Ende Ihrer Reise nähern. Das Ende ist diesmal jedoch nicht der Tod, sondern etwas ganz anderes. Das, was nun in Ihr Leben tritt, kann mit einem Wort beschrieben werden: Freiheit.

Dabei sprechen wir von wirklicher Freiheit. Der Tod macht Ihnen übrigens auch dieses Geschenk, nur können die meisten Menschen das Geschenk absoluter Freiheit nicht annehmen, sie fürchten sich sogar davor. Daher lassen Sie uns erst klären, was mit absoluter Freiheit gemeint ist, bevor wir Sie in diese entlassen.

Frei zu sein bedeutet, das Sein spüren zu können. Es zu sein. Ihr Verstand mag diesen Begriff nicht, weil er sich darunter nichts vorstellen kann. Es ist der Ursprung, das eine, aus dem alles stammt und zu dem Sie nach Ihrem Leben auf dieser Erde wieder zurückkehren. Das Sein kann nicht direkt beschrieben werden, jedoch kann man sich ihm umschreibend annähern. Das Sein ist das allgegenwärtige „Ich bin" jenseits von Zeit und Raum. Dieses Eins-Sein fühlen zu können und zu wissen, dass Sie dieses Eins-Sein sind, ist Erleuchtung. Das ist die einzige Wahrheit, die es gibt, und diese Wahrheit wird Sie befreien.

Befreien wovon? Von der Illusion, dass Sie nichts anderes wären als Ihr physischer Körper und Ihr Verstand. Dieses illusorische Selbst ist das größte Missverständnis Ihres Lebens und die Ursache für alle Ihre Probleme. Sie werden frei sein von Angst, welche eine Konsequenz dieser Illusion ist. Diese Angst ist der Grund für Ihr Leiden und Ihre Schmerzen, solange Sie Ihre Identität von dieser kurzlebigen Form ableiten. Frei von Unbewusstheit, welche darin besteht, dass Sie nicht nur sich selbst, sondern auch allen anderen Lebewesen Schmerzen und Leid zufügen, solange Sie das Gefühl des Eins-Seins mit allem, was *ist*, nicht zulassen.

Dieses illusorische Selbst bestimmt Ihr ganzes Leben, was Sie sagen, was Sie denken, was Sie tun. Dabei verlieren Sie sich tiefer und tiefer in der Illusion, weil Sie ganz im Tun-haben-sein-Spiel gefangen sind. Drehen Sie dieses Spiel um, dann fließt Ihr Bewusstsein in Ihr Handeln und Denken ein und verleiht ihm Freude und Kraft. Nicht mehr das, *was* Sie tun, steht im Zentrum Ihres Handelns, sondern *wie* Sie es tun. Ihr äußeres Ziel wird mit Ihrem inneren Ziel vereint. Wir sprechen hier von einer totalen Umkehrung Ihrer Prioritäten. Sie erkennen, dass „Erfolg" im allgemeinen Verständnis als das Erreichen von Geld, Ruhm, Anerkennung ... in Wirklichkeit nicht im Vordergrund steht, sondern tatsächlich darin besteht, zu mehr Bewusstheit zu gelangen und in weiterer Folge aus Ihrem Sein heraus zu handeln.

Wenn Sie auf diese Weise handeln und denken, ist der Weg aus der Illusion kein unerreichbares Ziel mehr. Stattdessen wird das Einschlagen dieser Richtung zu einem kontinuierlichen Prozess, es wird Ihr Lebensweg. Dann kommt Ihnen auch das Universum zu Hilfe. Das Universum – *das Göttliche* – kann sich Ihrem Wunsch, als Schöpfer:in die *Wirklichkeit* zu erfahren, nicht entziehen. Wenn Sie sich daher der Illusion bewusst werden und die Wahl treffen, der zu sein, der Sie in *Wirklichkeit* sind, dann *muss* sich die Illusion auflösen.

Es gibt noch einen zweiten Punkt, der für Ihr Freisein spricht. Wir haben diesen Punkt schon früher erwähnt, aber er sei der Vollständigkeit halber hier nochmals angeführt. Gäbe es keinen Ausweg aus dieser Illusion, wären Sie und somit Ihr Bewusstsein auf ewig in diesem Kreislauf gefangen. Irgendwann hätten Sie alle Erfahrungen gemacht. Als Folge davon müssten Sie alle Erfahrungen wieder und wieder machen. Es macht aber keinen Sinn, die gleichen Erfahrungen – selbst wenn es sich um die schönste Erfahrung handelt, die Sie sich vorstellen können – über viele Leben hinweg immer und immer wieder zu machen. Im Gegensatz zu Ihnen (als Ihr illusionäres, unbewusstes Selbst) vergisst Ihr Bewusstsein keine Ihrer gemachten Erfahrungen. Bereits gemachte Erfahrungen zu wiederholen, hält Sie somit in der Unbewusstheit, verhindert jede mögliche Entwicklung und der Sinn der Schöpfung wäre verfehlt.

Jede Erfahrung soll Ihnen Erkenntnis bringen und Sie nicht um ihrer selbst willen in der Illusion festhalten. Sobald Sie verstanden haben, wozu Ihnen eine Erfahrung dient, müssen Sie diese nicht mehr wiederholen. (Wobei eine Wiederholung weder negativ noch positiv wäre. Es bedeutet lediglich, dass diese Erfahrung Sie noch nicht an den Punkt gebracht hat, an dem Sie erkennen, dass sie keinen weiteren Wert für Ihre zukünftige geistige Entwicklung bereithält.) Im Grunde genommen gewinnen Sie nicht durch (erneut gemachte) Erfahrungen an Bewusstheit, sondern es ist ein Prozess der Erinnerung. Dies ist eine Entwicklung, die nicht nur jeden Einzelnen betrifft, sondern die gesamte Menschheit. Es ist jedoch kein Erinnern, wie es Ihr Verstand macht, wenn er sich eines Gedichtes entsinnt, das Sie irgendwann auswendig gelernt haben. Ihr Verstand kann sich nicht an das Sein erinnern. Das können nur Sie als Ihr wahres Selbst. Wenn Sie offen sind für das, was Ihnen Ihre Seele mitteilen will – es ist das, was Sie bereits wissen, jedoch ohne zu wissen, dass Sie es wissen –, dann werden Sie die Wahrheit erkennen, wenn Sie sie wahrnehmen. Was auch immer Ihnen in diesem Augenblick bewusst geworden ist: Ihre Wahrnehmung wird von dem intensiven Gefühl begleitet sein, dass es gar nicht anders sein kann als genau so, wie es ist. Sie wissen, ohne das begründen oder argumentieren zu können, fern der illusionären Verstandesebene; Sie wissen intuitiv.

Sie sind Bewusstsein und daher mit dem universellen Bewusstsein in jedem Augenblick verbunden. Daher werden Sie sich der Wahrheit dessen, wer Sie wirklich sind, eher über das Fühlen nähern als über das Denken.

Erfahrenes Wissen ist Sein. Ihre Seele besitzt das ganze Wissen des Universums, aber Ihr fehlt die Erfahrung, dieses Wissen zum Ausdruck gebracht zu haben. Aus diesem Grund gibt es Sie. Weil es Ihnen selbst so ungemein wichtig war, Ihr Seelenwissen mit den Erfahrungen hier auf der Erde zu verschmelzen, haben Sie sich entschieden, hierherzukommen und die Reise Ihres Lebens anzutreten.

Alle Erfahrungen, die Sie auf dieser Erde in Ihrem Leben machen, helfen Ihrer Seele, diese vierdimensionale Realität und die Interaktionen aller Ihrer Schöpfungen besser zu verstehen. Ihre Erfahrungen können einem anderen Selbst Ihrer multidimensionalen Seele – einer „früheren" oder „nachfolgenden" Inkarnation, Zeit ist ja, wie wir gehört haben, ebenfalls eine Illusion – wichtige Informationen geben, ob Sie eine bestimmte Erfahrung unterlassen oder sie machen sollen. Dabei spielt es keine Rolle, ob sich diese andere Manifestation Ihrer Seele von Ihnen aus gesehen in der Zukunft oder in der Vergangenheit befindet. Auch Sie erhalten auf diese Weise Informationen von Ihrer Seele. Dies bezeichnen wir als Intuition. Je mehr Bewusstheit Sie in diesem Leben zur Verfügung haben, desto weniger Erfahrungen benötigen Sie, um zu verstehen. Bewusstheit ist unmittelbares, direktes Erkennen und Wissen im jeweiligen Moment. Im Jetzt.

Durch dieses unmittelbare Wissen, welches Sie sich selbst ermöglichen und welches Ihnen über Ihre Seele laufend zur Verfügung gestellt wird, beginnt der Weg in die Freiheit.

10.2 Tun im Nicht-Tun

Das „Tun im Nicht-Tun", welches schon von den alten Chinesen als eine der höchsten Fähigkeiten erkannt wurde, ist als Begriff sehr modern geworden, jedoch verstehen nur wenige, was damit gemeint ist. Das liegt daran, dass es nicht zu verstehen ist. Ihr rastloser Verstand kann mit Nicht-Tun nichts anfangen, da ja seine Existenz davon abhängt, ständig im Tun zu sein, sprich pausenlos zu denken. Er interpretiert Nicht-Tun daher als Nichtstun. In diesem Moment wird Ihnen Ihr Verstand möglicherweise sagen, dass ein paar Seiten zuvor, im Abschnitt 8.6, „Der Prozess der Transformation", geschrieben stand, dass Sie auch tatsächlich nichts tun können, um auf Ihrem Weg zur Bewusstheit voranzukommen. Ist Nicht-Tun also doch Nichtstun? Und wenn es doch ein Tun ist, wie es hier steht, wenn auch im „Nicht-Tun", dann ist das doch ein totaler Widerspruch, oder?

Wie so oft, hat Ihr Verstand recht. Recht haben ist aber eine Funktion innerhalb der Polarität. Daher müssen wir darüber hinausgehen, wenn wir verstehen wollen, was damit gemeint ist. Tun im Nicht-Tun heißt, dass Sie tatsächlich nichts aktiv tun können. Wenn Sie schlafen gehen, dann können Sie auch nichts tun, um einzuschlafen. Es gibt keinen Prozess, den Sie vorher machen müssen, damit Sie einschlafen. Es geschieht ohne Ihr Zutun. Im Gegenteil, wenn Sie etwas tun, und sei es nur an etwas zu denken, werden Sie nicht einschlafen.

Was ist also zu „nicht-tun"? Ihr Inneres spüren. Sich nach innen begeben heißt, nichts wahrzunehmen außer der Leere und der Stille. Ab diesem Punkt sind Sie mit Dingen konfrontiert, die Ihr Verstand nicht mehr erfassen kann. Diese Stufe zu meistern stellt eine sehr hohe Herausforderung dar. Dennoch ist es möglich, ja sogar nötig. Was hilft: Sie haben das schon geschafft. Irgendwann in Ihrem Leben haben sie „es" einfach gewusst. Ob Sie Mr. oder Mrs. Right begegnet sind, sich eine Lösung für ein schwieriges Problem „wie von selbst" gefunden hat oder Ihr

Tag mit einer kreativen Eingebung unmittelbar nach dem Aufwachen beginnt: Sie waren, Sie sind sich einfach sicher, dass es passt. Das ist das Wesen von Bewusstsein. Bewusstsein ist Wissen. Wenn Sie also über das Denken hinausgehen, werden Sie ins Bewusstsein kommen und dann – *wissen* Sie. Alles ist vollkommen klar.

Bewusstsein weiß, was der Verstand nicht weiß. Der Verstand versucht daher, das Bewusstsein zu verstehen. Das ist aber unmöglich, weil das Bewusstsein den Verstand erschaffen hat und der Verstand nur Erfahrungen aus der Vergangenheit zur Verfügung hat. Das ist aber kein Wissen. Das ist Erinnern und Analysieren vergangener Ereignisse. Es wäre so, als würde eine Kerze versuchen, die Erde zu beleuchten, oder ein Wassertropfen sich als Ozean bezeichnen. Der Verstand ist intelligent, das Bewusstsein ist jedoch schöpferisch. Die Intelligenz, die in jeder Schöpfung enthalten ist – nehmen Sie als Beispiel die Natur –, ist somit eine Funktion oder Ableitung des Bewusstseins.

Wenn Sie jetzt weiterlesen, dann lassen Sie Ihr Bewusstsein lesen und spüren Sie einfach, ob das Gesagte mit Ihnen in Resonanz tritt.

Konfliktvermeidung und Gewaltlosigkeit

Ein Großteil Ihres Bewusstseins ist in Ihrem Unterbewusstsein gebunden. Das Unterbewusstsein aufzulösen ist daher wichtig, weil es zu einem großen Teil Ihre Realität unbewusst und immer wieder neu erschafft. Dies geschieht, indem Sie negative Erfahrungen verdrängen oder ablehnen und positive Erfahrungen zu wiederholen versuchen.

„Über das Denken hinauszugehen" bedeutet nicht, noch intelligenter zu werden, sondern sich mit Ihren tiefsten Ängsten und Ihren verletzten Gefühlen auseinanderzusetzen. Ihr Verstand in Form Ihres Egos und Ihrer Persönlichkeit wird alles daransetzen, diese von ihm als unangenehm erlebte, nicht zu akzeptierende oder verletzende Realität zu leugnen, um Sie vor diesem Schmerz zu schützen. Bildlich gesprochen legt sich Ihr Unterbewusstsein wie eine Trennschicht über Ihr wahres Sein. Wenn Sie z. B. meditieren, nach innen gehen und zunächst Ruhe und Leere empfinden, kann es deshalb sehr leicht geschehen, dass Sie auf diese Schicht aus Unterbewusstsein stoßen und alle unangenehmen Gedanken in Ihr Bewusstsein treten.

Jetzt wegzulaufen wäre die falsche Entscheidung. Sie müssen sich Ihrer selbst geschaffenen Situation stellen und das, was jetzt in Form von Gefühlen hochkommt, anschauen. Indem Sie eine Situation betrachten und akzeptieren, löst sie sich auf. So wie bei einer Lüge, welche weiter existiert, wenn Sie sich ihr nicht stellen, bleiben auch Ihre Ängste bestehen. Befreien können Sie Ihr Bewusstsein nur, wenn Sie sich nicht als Opfer sehen und deshalb auch nicht in ein negatives Reaktionsmuster verfallen (Schuldgefühl, Rechthaberei, Schuldzuweisung …).

Noch komplizierter wird es, wenn es sich um Gedankenmuster handelt, die nie hinterfragt wurden, da sie nicht von Ihnen erschaffen wurden. Sie wurden Ihnen einfach von Ihrer Familie, Ihren Freunden oder Ihrer Kultur übergestülpt. Einige dieser Glaubenssätze könnten in etwa so lauten: „Ich bin einfach nicht gut genug, um mehr Erfolg im Leben zu haben" oder „ich habe einfach nicht so viel Glück wie die anderen" oder „die Welt ist einfach ungerecht und das Leben ist nicht fair". Geschichten werden so von Generation zu Generation weitergegeben. Auch dies muss angeschaut und im Lichte des Bewusstseins aufgelöst werden, da dies nie der *Wirklichkeit* entspricht und Sie somit an die Illusion bindet.

Das Gefühl, Opfer zu sein, entsteht nur in Ihrem Verstand. Ihr Gefühl der Angst ist nichts als Ihre ganz persönliche Schöpfung. Ihre innere Stärke hilft Ihnen, sich Ihrer Angst zu stellen und nicht auf sie zu reagieren. Dieses Tun im Nicht-Tun unterscheidet sich stark vom Nichtstun, das die meisten als Faulheit oder die Unfähigkeit, eine Entscheidung zu treffen, verstehen. Wahres Tun im Nicht-Tun entspringt Widerstandslosigkeit und Offenheit der aktuellen Situation gegenüber. Während die Widerstandslosigkeit Ihnen die Möglichkeit bietet, alte Muster loszulassen, gibt Ihnen die Offenheit die Möglichkeit, in der jeweiligen Situation angemessen zu handeln. Wenn Sie den Mut haben, Ihrer eigenen Schöpfung offen und ohne Angst zu begegnen, dann ermöglicht Ihnen das, Liebe *zu sein. Und nur* Liebe *kann Angst auflösen.*

Ein Beispiel, was es heißt, in Liebe und ohne Angst zu handeln: Wenn Sie jemand beleidigt haben, können Sie im „Nicht-Tun" sehr wohl antworten, indem Sie zum Beispiel sagen: „Es tut mir leid, dass ich Ihre Situation nicht richtig eingeschätzt habe und deshalb die falschen Schlüsse gezogen habe. Bitte verzeihen Sie." Im umgekehrten Fall, wenn Sie beleidigt werden, können Sie Ihrem Gegenüber ein klares Signal geben, dass eine bestimmte Aussage oder Handlung Sie verletzt hat. Dabei geben Sie dem anderen kein schlechtes Gefühl oder Schuld für seine Handlung, sondern erkennen und akzeptieren das, was geschehen ist, als ein unbewusstes Verhalten Ihres Gegenübers. Es geht hierbei in erster Linie um Konfliktvermeidung und Gewaltlosigkeit. Unsere Welt ist leider eine gewalttätige Welt. Daher ist dieses Konzept so wichtig.

Ein anderes Wort für Tun im Nicht-Tun ist Absichtslosigkeit. Es ist Ihnen im Alltag praktisch unmöglich, nicht zu handeln; jedoch unterscheidet sich dieses Tun vom Tun im Nicht-Tun dadurch, dass Zweiterem keine Absicht im Sinne einer egoistischen Agenda innewohnt. Sie handeln, ohne ein bestimmtes Ziel zu verfolgen, einfach aus dem Sein heraus und im Wissen, dass Ihr Tun anderen Menschen hilft oder Freude bereitet. Dies kann eine Einladung sein, die Sie gegenüber jemandem aussprechen, der alleine ist oder den Sie schon lange nicht mehr gesehen haben. Dies wird dazu führen, dass auch Sie irgendwann eingeladen werden, ohne etwas dafür tun zu müssen. Sie wirken durch Ihre Präsenz, da Ihre Mitmenschen Ihr Dasein und Ihre Gesellschaft als angenehm empfinden. Wenn Sie nach Rat gefragt werden, geben Sie diesen, ohne eigene Ziele zu verfolgen oder Partei zu ergreifen. Ihr Rat sieht das große Ganze und nicht den schnellen Gewinn oder den kurzfristigen Erfolg. (Letzteres wäre dann der Fall, wenn Sie unaufgefordert Rat*schläge* erteilen.) Ihre Aussagen werden so von vielen Menschen geschätzt werden und man wird Ihnen dankbar dafür sein, dass Sie Ihr inneres Wissen mit anderen teilen. Für die Dankbarkeit der anderen Menschen müssen Sie daher nichts weiter tun als „nur" zu sein, wer Sie in *Wirklichkeit* sind ...

Ihre Gedanken und Ihr Handeln auf Ihr höchstes Ziel ausrichten

Die Absicht Ihrer Gedanken und den daraus folgenden Handlungen auf Ihr höchstes Ziel auszurichten, ist neben der Gewaltlosigkeit und Konfliktvermeidung eine weitere Form des Tuns im Nicht-Tun. Dies geschieht einfach, indem Sie sich fragen: „Was würde die Liebe jetzt tun?" Ihr Fokus richtet sich immer nach Ihrer Absicht aus und die Handlungen folgen dann automatisch. Da Liebe von Bewusstsein nicht zu trennen ist, muss bei der Beantwortung dieser Frage automatisch auch Bewusstsein Teil dieser Antwort sein.

Sollten negative Gedanken aus dem Gedankenfeld in Ihr Bewusstsein kommen, so können Sie mithilfe der Liebe diese Gedanken annehmen und wieder auflösen. Damit wird auch Ihr Fokus wieder neu ausgerichtet. Verurteilen Sie sich daher bitte nicht, egal welche Gedanken Sie aus dem Gedankenfeld anziehen. Damit gehen Sie nur tiefer in das Unbewusste. Selbst wenn Sie jemandem übelwollen, geben Sie sich nicht die Schuld dafür. Nehmen Sie alle Ihre Gedanken an und bewerten Sie diese nicht. Bewerten ist eine Funktion Ihres Verstandes und Ihr Verstand ist Widerstand. Geben Sie Ihnen Raum und lassen Sie sie ziehen, ohne sich an ihnen festzuhalten. Sie werden sehen, dass Sie sich genauso schnell wieder auflösen, wie sie gekommen sind.

Loslassen

Wenn es Ihnen gelingt, mit Ihrer Kraft in Ihrer Essenz zu bleiben, dann können Sie nicht nur alle negativen Gedanken loslassen, es hilft Ihnen auch dabei, Ihr Unterbewusstsein aufzulösen. Das Loslassen ist eine der schwierigsten Übungen, die Ihnen im Tun im Nicht-Tun begegnen wird, denn es bedeutet, sowohl die Vergangenheit als auch die Zukunft loszulassen. Damit haben Sie sich Ihres illusorischen Ich-Bewusstseins beraubt. Die gute Nachricht ist: Je öfter Sie dies bewusst praktizieren, desto leichter wird das Spiel.

Ab dem Moment, in dem das Spiel leichter wird, stellt sich eine ganz erstaunliche Erfahrung ein. Ihre Gefühle und Gedanken, die bis vor Kurzem noch der Maßstab für alle Ihre Handlungen waren, verlieren zunehmend an Bedeutung. Was Ihnen vor nicht allzu langer Zeit noch unheimlich wichtig war, bekommt nun einen anderen Platz in Ihrer Wertigkeit oder verliert die Wichtigkeit zur Gänze. Oder Sie kommen langsam zu der Erkenntnis, dass es nun an der Zeit ist, aus alten Mustern auszubrechen und Ihrem Leben eine neue Richtung geben.

Allerdings wartet auch auf dieser Stufe eine nicht zu unterschätzende Herausforderung auf Sie. Loszulassen bedeutet nicht nur, sich von unangenehmen Gefühlen und altem Ballast zu trennen, sondern es heißt auch, sich von positiven Gefühlen zu trennen.

Positive Gefühle loslassen

Der erste Stolperstein liegt darin, dass Ihr Verstand – in Form Ihrer spirituellen Persönlichkeit – all diesen Dingen zustimmen wird. „Klar, alles loslassen, das macht Sinn, ich muss das schaffen, um frei zu werden", wird er sagen. Aber es ist nur ein weiterer Versuch Ihrer spirituellen Persönlichkeit, eine Form von Identifikation mit Ihrem Verstand zu erschaffen, da dieses „Erschaffen" eine Tätigkeit und ein Ziel beinhaltet, wobei es eben genau nichts zu tun gibt und Sie absichtslos, also ohne Ziel sein sollen. Loslassen ist kein Ziel, das in der Zukunft liegt, es geschieht im Hier und Jetzt.

Positive Gefühle loszulassen kann schwieriger sein, als negative loszulassen, weil sie uns ja das Gefühl der Liebe vermitteln. In Wirklichkeit wollen Sie Ihre positiven Gefühle gar nicht loslassen. Sie wollen sie um jeden Preis behalten, weil das Leben ja ohnehin schon schwierig genug ist. Jetzt auch noch die paar schönen Erinnerungen loslassen, die Sie im Gedächtnis haben, das ist wirklich zu viel verlangt, wird Ihnen Ihr Verstand sagen. Loslassen bedeutet in diesem Zusammenhang aber nicht, dass Sie das Gewesene praktisch verdrängen sollen. Seien Sie dankbar, dass Sie die positive Erfahrung machen konnten, nur versuchen Sie nicht, sie erneut zu erschaffen. Bleiben Sie nicht daran hängen, oder anders ausgedrückt, binden Sie Ihr Bewusstsein nicht daran. Erschaffen bedeutet nie Kopieren. Erschaffen ist immer die Kreation von etwas Neuem. Und es gibt in der Liebe immer etwas Neues, noch Größeres zu erfahren, wenn Sie es für sich zulassen: Liebe ist alles, auch für Sie, wenn Sie dieser Fülle erlauben, in Ihr Leben zu treten.

Besonders in Beziehungen ist das Anhaften am Positiven oft zu beobachten. Während am Beginn einer Romanze, in der rauschhaften Phase des Verliebtseins, das Gefühl von Liebe alles andere überlagert, ändert sich dies im Laufe der Zeit. Die emotionalen Sturmfluten beruhigen sich ein wenig, ein gewisses Maß an Nüchternheit glättet die Wogen. Daran ist nichts Schlimmes, denn das Wesen von Gefühlen ist ihre Vergänglichkeit. Viele halten aber an der ursprünglichen Erfahrung fest und wollen diese durch ihr Tun immer wieder aufs Neue erfahren. Dabei wird jedoch übersehen, dass nichts, was Sie im Außen tun, dieses Gefühl im Inneren wiederherstellen kann. Somit leben die Beziehungspartner:innen nicht mehr im Jetzt, sondern zu einem Teil in der Vergangenheit und zu einem anderen in der Zukunft, in der sie diese Vergangenheit wiederhaben wollen. Das Jetzt wird nicht anerkannt. Der Grund ist immer Angst. In diesem Fall ist es die Angst, nicht mehr geliebt zu werden und sich im anderen getäuscht zu haben. Das haben Sie aber nicht. Der Rausch des Verliebtseins hat eine sehr spezielle Denkwirklichkeit erschaffen, der Sie sich nur zu gern hingegeben haben. Ihre neue „Realität" erscheint Ihnen weniger attraktiv, sie ist deshalb aber nicht schlechter und schon gar nicht trifft Sie irgendeine Schuld am Nachlassen des wildesten Liebesfeuers. Nehmen Sie die neue Situation einfach an und bleiben Sie herzoffen für die neuen Erfahrungen, die Sie machen (bzw. erschaffen) werden – das Entstehen einer tieferen, spirituellen Bindung zu Ihrem Lieblingsmenschen, gemeinsame Entdeckungen und Erkundungen ...

Negative Gefühle loslassen

Negative Gefühle entstehen, wenn Sie sich als Opfer einer Erfahrung fühlen. Darüber haben wir schon ausführlich gesprochen. Es gibt weder Opfer noch Täter:innen, kein Richtig/Falsch oder Gut/Schlecht in dieser Welt. Alles sind Interpretationen oder Erfindungen Ihres eingeschränkten Verstandes, der nicht verstehen kann, dass er Teil eines illusionären Ichs ist, welches ständig um sein Überleben kämpft.

Angenommen, Sie haben eine schlechte Erfahrung im Kontakt mit jemandem, eine Begegnung, aus der sie wütend, traurig oder enttäuscht herausgegangen sind; der Mensch ist jedenfalls für Sie „gestorben". Sie haben ein Trauma erlitten, würde man in der Psychologie sagen, und dieses hängt jetzt an Ihnen, vermutlich verschoben ins Unbewusste. Was Sie benötigen, ist die innere Stärke, um sich in Gedanken erneut dieser Situation zu stellen – dieses Mal, um sie anzusehen, anzunehmen und damit aufzulösen. Das bedeutet, dass Sie nicht wieder weglaufen oder andere dafür verantwortlich machen. Sie können ruhig wütend oder traurig werden, je nachdem, welche Situation Sie gerade auflösen. Aber lassen Sie diese Gefühle zu, gehen Sie durch sie hindurch.

Es gibt jedoch einen wichtigen Unterschied im Vergleich zu Ihren positiven Gefühlen, den Sie kennen müssen, wenn Sie es sich zur Aufgabe machen, Ihre negativen Gefühle anzunehmen: Um dies zu bewerkstelligen, müssen Sie, bevor Sie diesen in Ihrem Inneren begegnen können, zuerst vergeben haben. Vergeben bedeutet, dass Sie den Personen oder Umständen, die Ihrer Meinung nach für Ihre negativen Erfahrungen verantwortlich waren oder noch sein sollen, von jeglicher Schuld freisprechen. Ihre Persönlichkeit und Ihr Ego werden die Schuld an und die Verantwortung für negativ empfundene Situationen immer im Außen suchen. Dies ist so, weil Ihre Persönlichkeit und Ihr Ego nur überleben können, wenn es da draußen etwas gibt, mit dem sie in Widerstand treten können. Ihr Verstand ist, wie gesagt, Widerstand. Liebe ermöglicht Ihnen, diese Gefühle nochmals anzunehmen und somit aufzulösen. Wenn Ihnen das bereits im Moment des Ereignisses, im Jetzt, gelingt, haben Sie das Tun im Nicht-Tun gemeistert. Andernfalls braucht es den Rückgriff wie oben beschrieben.

Was hier beschrieben wird, ist ein Prozess. Er kann sich über mehrere Leben erstrecken. Entscheidend sind Ihre Absicht und Ihr Fokus. In diesem Zustand, in dem Sie mit einem Bein im unmanifestierten Sein und mit dem anderen in der materiellen Welt stehen, kann es zu Schwankungen und Unsicherheit kommen. Das ist völlig normal und Teil dieses Prozesses. Vertrauen Sie Ihrem höheren Bewusstsein und lassen Sie sich von ihm führen, auch wenn der Weg manchmal sehr schwierig und steinig erscheint.

Sie können die Freuden der materiellen Welt weiterhin genießen, aber sie werden ihre Bedeutung verlieren. Gleichzeitig verschwinden die Angst vor Verlust und der Wunsch, diese Welt und ihre unterschiedlichen Manifestationen festzuhalten. Auch das Bedürfnis nach Bestätigung und Anerkennung wird sich Schritt für Schritt verringern, da Ihr illusionäres Selbst mit jedem Schritt einen kleinen Tod erleidet und Ihrem Bewusstsein Platz macht. Sie spüren, dass Sie mit etwas Großem verbunden sind, etwas, das immer da ist und nie vergeht.

Irgendwann können Sie die Welt dann so akzeptieren, wie sie *wirklich* ist. Sie *wollen* sie nicht mehr verändern. Und gerade das ermöglicht Ihnen, durch Ihr Tun im Nicht-Tun die Welt *von Grund auf* zu verändern: Sie wirken dann durch Ihr Sein.

10.3 Liebe sein

Liebe ist immer der Ausgangspunkt allen Seins. Bedingungslose Liebe erwartet nichts und fordert nichts. In diesem Sinne Liebe zu sein bedeutet, frei zu sein. Frei zu sein bedeutet, offen zu sein. Offen zu sein bedeutet, das anzunehmen, was ist, ihm keinen Widerstand entgegenzusetzen und dementsprechend zu denken und zu handeln.

Fast alle menschlichen Handlungen werden jedoch von unserem Verstand beeinflusst oder gesteuert. Dieser legt sich, wie wir gesehen haben, in unmerklich kurzer Zeit über das ursprüngliche, neutrale Gefühl zu einer Situation. Daher beruht Ihr Handeln auf Ihren *Gedanken* zu diesem Gefühl. Das *Gefühl* von Angst oder Liebe ist jedoch quasi das Gegenteil von Liebe und niemals bedingungslos; es ist ein Produkt Ihrer Gedanken. Dies entspricht der Polarität unserer Welt und steht somit im Gegensatz zur Freiheit. Die Existenz dieses Gegensatzes erklärt sich dadurch, dass innerhalb der Polarität das Eine nur existieren kann, wenn auch das Gegenteil davon existiert. Alle Gegensätzlichkeiten in der Polarität speisen sich aus dem eigentlichen Gegensatz der Liebe: Angst. Was also ist zu tun?

Die Gegensätze überwinden

Das Höhere (Positive) kann ohne das Niedrige (Negative) nicht existieren. Wenn Sie zu Höherem gelangen wollen, müssen Sie vom Niedrigen aus beginnen und das Höhere anstreben. Da sich innerhalb der Polarität alles verändert, können Sie das Höhere aber nicht halten und kehren deshalb wieder zum Niedrigeren zurück. Dieses liegt jedoch quasi um die gemachte Erfahrung höher als Ihr Ausgangspunkt. Ausgehend davon haben Sie die Möglichkeit, eine noch schönere, wertvollere oder größere neue Erfahrung im positiven Pol zu erschaffen, wo das Spiel von Neuem beginnt. Dieses Prinzip des sich „Hochschaukelns" ist der heilige Rhythmus des Lebens: Alles strebt dem Licht, der höheren Daseinsform entgegen.

Wird dieses Prinzip nicht gelebt, indem man Erfahrungen wiederholt, anstatt neue zu erschaffen, beginnt das Leben sich im Kreis zu drehen und es findet keine Entwicklung statt. Der Mensch hat den Eindruck, dass alles sich wiederholt – und er hat recht damit.

Dieses Prinzip durchdringt das gesamte Universum und ist die Triebkraft, die dafür verantwortlich ist, dass alles immer im Fluss ist. Daraus lassen sich Zyklen ableiten, welche charakteristisch für Ihr Leben sind. Es ist also völlig normal, wenn Sie sich zum Beispiel in Beziehungen lieben, sich später wieder trennen, sich neu verlieben und auch das wieder vergeht. Das muss so sein, denn ohne seinen Gegenpol würde der ganze Prozess zum Stehen kommen. Nichts würde mehr fließen.

Dies hat jedoch einen ganz tiefgreifenden Einfluss auf Ihre Erfahrung in Bezug auf das Gefühl der Liebe innerhalb der Polarität. Ihrer Erfahrung nach ist die Liebe immer mit der Angst verbunden, sie wieder zu verlieren – was dann auch eintritt. Wieder in der Angst zu sein veranlasst Sie, sich erneut auf die Suche nach der Liebe zu machen, wo Ihnen alsbald die schon bekannte Verlustangst begegnet … So erklären sich Wiederholungserfahrungen, welche sich nicht nur in Partnerschaften, sondern in Ihrem ganzen Leben zeigen, solange Sie unbewusst sind. Die eigentliche Konsequenz der Erfahrung im Unbewussten, dass Liebe Angst macht, ist jedoch ein fatales Missverständnis: Denn wenn *das Göttliche* Liebe ist und Liebe Angst macht, wie können Sie dann *dem Göttlichen* vertrauen? Wenn Sie jedoch auf *das Göttliche* nicht vertrauen können, wenn auf *seine* Liebe kein Verlass ist, worauf dann? Dann kann *das Göttliche* auch nicht allmächtig sein. Damit ziehen Sie letzten Endes alles in Zweifel.

Ihr fehlendes Vertrauen in die bedingungslose Liebe *des Göttlichen* nimmt Ihnen auch die Möglichkeit, an Ihr unbegrenztes Potenzial zu glauben. Dass es Ihnen an Vertrauen mangelt, ist nur allzu verständlich, denn Sie haben, wie wir alle, andere, der Entwicklung von Vertrauen nicht zuträgliche Erfahrungen gemacht. Sie haben es so erlebt, dass Ihnen Liebe nur unter Bedingungen gegeben wird. Damit entstand auch nach und nach die Angst vor Ihrer eigenen Größe und Sie begannen, sich als kleines, unwichtiges Rädchen zu sehen, welches getrennt von allem in die göttliche Schöpfung geraten ist. Das ist der Kardinalfehler. Es ist, als ob der Schlussstein einer Kuppel herausgenommen worden wäre und dieser eine fehlende Stein, dieses eine kleine, alles entscheidende Detail bringt das gesamte Gewölbe zum Einsturz; diese eine Fehlvorstellung zerstört Ihre ganze Welt. Ihre Angst besteht darin, die Liebe, die Sie spüren, die Ihnen entgegengebracht wird, zu verlieren. Ihr Handeln wird zu einer Reaktion oder Verteidigung.

Hätten Sie bedingungsloses Vertrauen in *das Göttliche* und sich selbst, würde die Liebe Angst als Motivation für Ihre Schöpfung ablösen. Das Ergebnis wäre fundamental entgegengesetzt zu dem, was Sie jetzt erschaffen. Aber solange Sie dies nicht tief in sich spüren, bleibt es ein unrealisierbares Konzept. Wählen Sie daher auf dem Weg zu Ihrer persönlichen Bewusstwerdung den höchsten und erhabensten Gedanken, den Sie für sich selbst finden können. Liebe ist Ihre Essenz. Sie müssen nur mehr wählen, wie Sie Ihrer Essenz Ausdruck verleihen können.

Wenn Sie Liebe sein wollen, dann müssen Sie nur eines tun: Ihr Herz öffnen und offenhalten. Ihr Verstand ist dazu nicht in der Lage. Das können Sie nur anhand Ihrer Absicht. Die gute Nachricht lautet: Es ist keine spezielle Technik dazu notwendig. Allein die Absicht, Ihr Herz gegenüber etwas oder jemandem zu öffnen, bewirkt die Öffnung. Allerdings schließt es sich auch genauso schnell wieder und der Verstand mischt sich wieder ein. Dann ist die Angst wieder Ihr beherrschendes Gefühl. Daher ist es das Wichtigste, sich des Gefühls eines offenen Herzens bewusst zu werden. Den meisten Menschen ist diese Fähigkeit in unserer hektischen Zeit verloren gegangen. Versuchen Sie daher zu spüren, ob Ihr Herz gerade offen ist oder nicht.

Wenn Sie verliebt sind, dann haben Sie Ihr Herz weit geöffnet. Sind Sie dann auch bedingungslose Liebe? Oder zumindest in Verbindung mit dieser Liebe? Ja, das sind Sie – und zwar so lange, bis sich Ihr Verstand einschaltet und aus der bedingungslosen Liebe das Gefühl von Liebe macht. Ihr Verstand hat in *Wirklichkeit* aber nichts mit der Liebe zu tun. Ihr Herz ist der Sitz der Liebe. Ihr Herz – wenn es geöffnet ist – kommuniziert mit Ihrer Seele, die ja im Zustand der Liebe ist.

Diese *wirkliche* Liebe ist das Einzige, das in der Lage ist, Ihre Angst aufzulösen, weil Sie kein Gegenteil kennt. Liebe ist *Wirklichkeit* und Angst Illusion. Nur, wie schafft Sie das?

Im Grunde ist es einfacher, als Sie denken und – Sie haben es vermutlich schon erraten – auch gleichzeitig viel schwieriger, als Sie vermuten. Innerhalb der Polarität können Sie Bewusstsein nur direkt erleben, wenn Sie in Meditation und in Stille, also ohne Gedanken sind. Ihre Liebe können Sie spüren, wenn Sie Ihr Herz öffnen. Innere Stärke erlaubt Ihnen, Ihren Fokus in Ihrer Mitte zu halten. Das bedeutet, sich Ihrer Angst zu stellen, anstatt aus dieser Angst heraus zu reagieren – und Ihr Herz offenzuhalten.

Auf unserer Ebene der Unbewusstheit besteht dabei die Aufgabe nicht darin, alles zu lieben. Wenn Sie etwas in Ihrem Leben haben, das Sie nicht lieben, dann lieben Sie die Tatsache, dass Sie es nicht lieben können. Das bedeutet, dass Sie sich selbst lieben können, auch wenn es Aspekte in Ihnen gibt, die Sie ablehnen.

Liebe zu sein bedeutet nicht, passiv und regungslos in einer Meditationshaltung zu bleiben, kein Wort mehr zu sprechen und nicht zu handeln. Es bedeutet vielmehr, in Ihren Handlungen nicht mehr einem reaktiven Muster zu folgen, sondern bewusst und klar vorzugehen. Das kann auch bedeuten, Grenzen zu setzen oder etwa Ihre Lieben, auch physisch, zu beschützen. Liebe zu sein bedeutet, zu sein, wer Sie sind: Liebe, Kraft, Bewusstsein. Aus diesem Sein heraus agieren Sie dann in der Welt – vollständig präsent.

10.4 Der Sinn des Lebens

Für die meisten Menschen liegt der Sinn ihres Lebens in ihren individuellen Zielen, Wünschen und Hoffnungen bzw. in deren Erreichung/Erfüllung. Handelt es sich dabei um ein Ziel im Außen, in der Polarität, das nicht aus dem Herzen kommt, sondern ein Produkt Ihres Egos oder Ihrer Persönlichkeit ist, befinden wir uns damit jedoch wieder mitten im schon sattsam bekannten Tun-haben-sein-Spiel. Ein Ziel zu definieren bedeutet dann lediglich festzulegen, was Sie in der Zukunft zu tun gedenken, um dieses Ziel zu erreichen. Sobald Sie ein Ziel erreicht haben – eine Prüfung bestanden, eine Familie gegründet, ja selbst wenn Sie eine olympische Goldmedaille gewonnen haben oder alle Achttausender bestiegen – und es somit von Ihrer To-do-Liste streichen können, tritt sofort ein neues Ziel an seine Stelle. Sie sind ja im Tun-haben-sein-Spiel, im Außen, und nichts zu tun/

zu ändern/zu (be)denken ist keine Option. Der Grund dafür ist einfach zu verstehen, wenn Sie erkennen, dass jedes derartige Ziel, jede solche Erfahrung und jedes Ereignis von sich aus neutral ist; die Bewertung übernimmt Ihr Ich-Bewusstsein.

Ziele, die Sie sich innerhalb der Polarität setzen, sind daher im Grunde bedeutungslos, weil sie rein auf Ihren persönlichen Wunsch ausgerichtet sind. Der einzige Sinn Ihres Lebens besteht darin aufzuwachen. Das Leben hat somit einen tieferen Sinn, der sich in der Welt der Illusion jedoch nicht zeigt. Daher verleiht jede Ihrer Handlungen, die diesem tieferen Sinn des Lebens entspricht, Ihrem Leben Bedeutung. Dies ist dann der Fall, wenn Ihre Handlungen dem bereits besprochenen perfekten Prinzip des Sein-haben-Tuns folgen. Jedoch müssen Sie, um an diesen Punkt zu gelangen, zuerst Ihre Erfahrungen mit dem umgekehrten Prinzip machen, dem oben erwähnten Tun-haben-Sein-Spiel, da Sie nur in der Erfahrung des Handelns den tieferen Sinn allen Lebens zu verstehen lernen. Es ist ein wahrlich trickreiches Dilemma: Um auf Ihrer Reise zum bewussten Sein voranzukommen, sind Sie gezwungen, im Unbewussten Handlungen zu setzen und damit illusionäre Erfahrungen zu machen. Deshalb ist das Vorankommen so schwierig und langwierig. Die gute Nachricht ist: Dies entspricht dem göttlichen Plan, nach dem Sie so lange wie möglich in der Illusion der Erfahrung bleiben sollen, damit *das Göttliche* möglichst viele Aspekte seiner Schöpfung durch Sie erfährt.

Der Sinn des Lebens aller Menschen auf dieser Erde besteht also darin, Erfahrungen zu machen. Welche, bleibt Ihnen überlassen. Sie haben immer die freie Wahl.

Gibt es Erfahrungen, die wichtiger sind als andere? Da jede Erfahrung neutral ist, kann diese Frage ruhigen Gewissens mit einem Nein beantwortet werden. Ihre Persönlichkeit und Ihr Ego werden dieser Aussage natürlich widersprechen, aber bedenken Sie, dass jede Ihrer Erfahrungen den persönlichen Filter aus Bewerten, Beurteilen und emotionalen Verhaltensmustern durchlaufen und somit eine individuelle Note bekommen hat.

Fragen Sie einen Schachspieler, welcher Zug der Wichtigste ist. Sie werden darauf keine klare Antwort erhalten, da dies von der aktuellen Spielsituation, dem Gegenüber, der Taktik und diversen weiteren Überlegungen abhängig ist. Genauso verhält es sich auch mit Ihrem Leben. Alles ist gleich wichtig und unwichtig.

Wie Sie bereits erfahren haben, sind nicht Sie es, der die Erfahrung macht, also Ihr illusionäres Ich-Bewusstsein, sondern Ihr *höheres* Selbst beziehungsweise Ihre Seele. Das ist auch der Grund, warum der Prozess des Aufwachens durch Erfahrungen in der Illusion und im Unbewussten Sie überhaupt schrittchenweise voranbringt. Das Bewusstsein „sammelt" alle Erfahrungen und auch die Bedeutung, die Sie einer bestimmten Situation oder einem Ereignis geben. *Das göttliche Bewusstsein* sammelt jedoch nicht nur Ihre Erfahrungen, sondern alle Erfahrungen und Eindrücke aller Menschen zu allen Zeiten. Diese universelle Bibliothek wird oft als Akasha-Chronik bezeichnet. Darin ist das gesamte Wissen der Menschheit enthalten. Da Zeit nur eine Illusion ist, sind dort nicht nur Informationen aus unserer Vergangenheit gespeichert, sondern auch das Wissen, welches die Menschheit zukünftig erwerben wird. Diese Informationen sind grundsätzlich allen Menschen zugänglich.

Anders ausgedrückt, erfährt *das göttliche Bewusstsein* so durch Sie und alle anderen Menschen, wie die Schöpfung auf der Erde „funktioniert" und welche Erfahrungen jeder einzelne Mensch und die gesamte Menschheit aus den unendlichen Möglichkeiten gerade wählt.

Ihr höheres Selbst beziehungsweise Ihre Seele stellt die von Ihnen gemachten Erfahrungen Ihren anderen, subjektiv vergangenen oder zukünftigen Inkarnationen zur Verfügung; Zeit ist ja, wie wir gehört haben, ebenfalls eine Illusion. Dies geschieht natürlich auch auf umgekehrte Weise, sodass Sie potenziell von den in Ihrer Vergangenheit gemachten oder in Ihrer Zukunft liegenden Erfahrungen profitieren können. Die Kommunikation erfolgt meistens auf dem Weg der Intuition. Dies geschieht z. B. dann, wenn Sie vor einer Entscheidung stehen und nicht wissen, wie Sie sich entschließen sollen: Eine andere Inkarnation von Ihnen hat diese Erfahrung bereits gemacht oder wird sie machen und vermittelt Ihnen die Lösung. Diese Form des Informationsaustausches ist nur möglich, weil Ihr höheres Selbst multidimensional ist und nicht der Trennung von Zeit und Raum unterliegt. Im All-Einen ist alles vorhanden, also auch alles Wissen, und keine Information geht jemals verloren.

Mit jeder Erfahrung, die Sie machen, entscheiden Sie sich für die genauere Betrachtung eines Steinchens in diesem kosmischen Mosaik. Damit ist der Sinn des Lebens aus Sicht der Schöpfung erklärt: Er besteht darin, Erfahrungen zu machen, um bewusst zu werden. Dabei bewegen Sie sich in einem vollständigen Kreis: Sie erfahren, wie es sich anfühlt, von einem voll bewussten Wesen sich in eine Welt des Vergessens und der Trennung zu begeben und somit unbewusst zu werden. Aus diesem Zustand der Unbewusstheit lösen Sie sich, sobald Sie beginnen, sich zu erinnern, wer Sie in Wirklichkeit sind. Ab diesem Moment beginnt Ihre Heimreise innerhalb Ihres physischen Körpers zurück in das Einheitsbewusstsein, aus dem Sie stammen.

Wie verhält es sich nun aber mit dem Sinn *Ihres* Lebens vor dem Hintergrund von Trennung und Zeit, welcher ja *Ihre* „Realität" bildet? Stellen Sie sich vor, Sie hätten unbegrenzt Zeit. Jede Entscheidung, die Sie treffen, und jede Erfahrung, die Sie machen, könnten Sie auf ewig in die Zukunft verschieben, ohne dass dies zu weiteren Konsequenzen führen würde, da Sie ja alles irgendwann nachholen könnten. Damit würde Ihr ganzes Dasein belanglos werden, weil Ihnen mit dem Wegfall der Begrenztheit die entscheidende Motivation fehlte, Erfahrungen zu machen und Entscheidungen zu treffen und somit dem übergeordneten

Sinn des Lebens zu folgen. Den paar wenigen Erfahrungen, die Sie dann vielleicht doch im Laufe von Jahrhunderten machen würden, fehlte es an Tiefe. Es braucht daher die Illusion von Getrenntheit und von Zeit, um Ihrem Leben die „Würze" zu geben, mit der Sie ihm Sinn verleihen, indem Sie den Erfahrungen Bedeutung zumessen.

Doch worin besteht die Würze des Lebens? Diese liegt im Leid und im Schmerz, in der Freude und dem Glück, das Sie täglich erfahren. Ohne Leiden entsteht keine Freude, ohne Schmerz ist die Erfahrung von Glück nicht möglich. Denken Sie hier nur an die Geburt eines Kindes.

Alle Ihre Erfahrungen, die Sie im Laufe Ihres Lebens machen, werden Ihnen durch Ihre Sinne vermittelt und durch Ihren Verstand bewertet und beurteilt und sind daher Einbildungen und tatsächlich *Interpretationen* Ihrer Erfahrungen. Sie entstehen nur, weil Sie sich von allem getrennt fühlen und Ihre Zeit limitiert erscheint.

Deshalb gehört auch der Tod zum Leben, denn er ist der ultimative begrenzende Faktor in diesem Spiel. Er nimmt Ihnen die Möglichkeit, jede – vor allem unangenehme – Erfahrung zu verschieben. Durch den Tod wird Ihre verfügbare Zeit eingeschränkt, und da Sie Ihre verfügbare Zeit möglichst gut „nutzen" wollen, bleibt Ihnen nur der Ausweg des Tuns oder Handelns. Daher ist es auch folgerichtig, dass Sie Angst vor dem Tod haben, denn Ihre Angst „zwingt" Sie dazu, Ihre aktuelle Situation zu verändern und somit Ihrem Leben immer wieder von Neuem Sinn zu verleihen, indem Sie neue Erfahrungen machen.

So schließt sich der Kreis. Geburt und Tod sind Anfang und Ende einer Reise, auf der Sie unbewusst dem tieferen Sinn des Lebens folgen und so dem Bewusstwerden langsam, aber unausweichlich näherkommen. Deshalb hat der individuelle Sinn Ihres Lebens eine ganz entscheidende Auswirkung auf die Erfahrung der gesamten Menschheit und ebenso innerhalb der Schöpfung, da mit jeder Erfahrung, die Sie machen, *das Göttliche* seine Schöpfung durch Sie erfährt und sich dadurch mit Ihnen und mit *Ihm* die gesamte Schöpfung verändert. Schöpfung ist Veränderung und sie geschieht durch Sie und den Sinn, den Sie Ihrer persönlichen Schöpfung, die Sie als Ihr Leben bezeichnen, geben.

Ihr Beitrag mag Ihnen unbedeutend erscheinen, aber das ist er nicht. Der Sinn, den Sie Ihrem Leben geben, hat nicht nur das Potenzial, die Schöpfung zu verändern; er tut dies tatsächlich, einfach deshalb, weil Sie einen Vertrag mit *dem Göttlichen* haben, der in Liebe besteht und unauflöslich durch alle Zeit hindurch Bestand hat. *Das Göttliche* kann deshalb gar nicht anders, als das Universum nach Ihren persönlichen Vorstellungen auszurichten.

Veränderung ist die einzige Konstante in Ihrem Leben, da sich durch Sie und den Sinn, den Sie Ihrem Leben geben, alles unaufhörlich verändert. Ohne Veränderung ist keine Erfahrung möglich. Da aber der Sinn der gesamten Menschheit darin liegt, Erfahrungen zu machen, muss sich alles unaufhörlich verändern. Ein sinnvoller Zugang zum Leben besteht darin, sich dieser Veränderung zu öffnen und nicht an Geschehenem festzuhalten.

10.5 Den größeren Zusammenhang erkennen

Wie Sie dem letzten Kapitel entnehmen konnten, liegt der Sinn der Erfahrung in der Erfahrung selbst. Dieser Satz scheint nicht besonders tiefgründig zu sein, jedoch steht hinter dieser Aussage ein größerer Kontext, als sich zunächst vermuten lässt. Er bedeutet schlichtweg, dass jede Erfahrung eine Aussage darüber ist, wer Sie in *Wirklichkeit* sind beziehungsweise nicht sind. Sie lernen mal mehr, mal weniger daraus und erkennen sich zunehmend selbst. Dieser Prozess führt Sie letztlich über die Erfahrung hinaus und in den Zustand des Seins.

Bewusstsein im Glauben an die Illusion in Form von Trennung und Zeit vergisst dies jedoch, ohne die Sehnsucht nach der Liebe zu verlieren. Daher machen Sie weiterhin (dieselben) Erfahrungen und suchen innerhalb dieser Erfahrungen nach der Liebe, die sie verloren glauben. Sobald Sie sie gefunden haben, überkommt Sie die Angst, sie wieder zu verlieren. Das ist der Grund, weshalb Sie sich Ihr ganzes Leben lang ständig zwischen den Polen von Liebe und Angst hin- und herbewegen. Sie spüren die Energie, die zwischen den Polen fließt, und erfahren somit die einzige Konstante in Ihrem Leben innerhalb der Polarität: die Veränderung. Gemäß Ihrem freien Willen entscheiden Sie mit jeder Wahl, die Sie treffen, in welchem Pol Sie sich gerade befinden, und wählen somit, wie Energie und Schwingung in Form Ihrer Gefühle auf Sie wirken.

In diesem Spiel sind Sie Tänzer:in und das Leben ist der Tanz. Sie sind die Instanz, welche der Schöpfung darüber Informationen liefert, wie Erfahrung auf Bewusstsein wirkt. *Das Göttliche* lässt Sie jede Art von Erfahrung machen, die gemacht werden kann. Nur so kann *das Göttliche* sich durch Sie erfahren. Alles, was Sie über Gefühle und Situationen, über Liebe, Angst, Freude und Hass herausfinden können, steht zu Ihrer freien Wahl. Buchstäblich absolut alles steht zu Ihrer Wahl, da Sie nichts außerhalb *des Göttlichen* tun können, weil es ja nichts außerhalb *des Göttlichen* gibt. Und da *das Göttliche* Liebe ist, ist es letztendlich egal, was Sie in Ihrem Leben tun oder nicht tun, wie Sie sich entscheiden und was Sie fühlen, Sie werden immer über alles geliebt.

Um tun und lassen zu können, was Sie wollen, benötigen Sie einen freien Willen. Dies ermöglicht Ihnen, Schöpfer:in Ihres eigenen Universums zu sein. Da die gesamte Schöpfung jedoch schon besteht, ist es Ihnen unmöglich, etwas außerhalb dieser Schöpfung zu erschaffen. Daher ist absolut *nichts*, keine einzige Erfahrung, nicht vom *Göttlichen* gewollt oder ermöglicht worden. *Das Göttliche* kennt auch bereits jede Ihrer Erfahrungen, aber es bleibt Ihnen überlassen, welche Sie aus einer unendlichen Anzahl von Möglichkeiten auswählen und wie Sie auf Ihre Wahl reagieren.

Da alles von Ihnen bestimmt wird, gibt es auch keinen Zufall in Ihrem Leben. Das bedeutet jedoch nicht, dass alles vorherbestimmt ist. Sie haben, bevor Sie in diese Realität gekommen sind, sprich geboren wurden, jede einzelne dieser unendlichen Möglichkeiten für sich gewählt. Dies war Ihnen möglich, da Sie als Seele das universelle Bewusstsein verkörpern und somit vor der Geburt alles wussten, gleich *dem Göttlichen*. (Der Satz in der Bibel „Euer Vater weiß, was ihr braucht, noch ehe Ihr *Ihn* bittet" [Mt 6,8] erklärt sich aus diesem Zusammenhang.) Sie haben also jede Erfahrung für sich gewählt, ja, es war Ihnen sogar bewusst, dass Sie nach der Geburt alles vergessen würden.

Damit wurden Sie quasi doppelt unbewusst. Sie wussten nicht mehr, wer Sie in *Wirklichkeit* sind, und Sie sind sich der Tatsache nicht bewusst, dass Sie jede Ihrer Erfahrungen innerhalb Ihrer Realität selbst gewählt haben. Sobald Ihnen dies jedoch wieder bewusst wird, löst sich eines der größten Missverständnisse der Menschheit auf: die Vorstellung von Opfer und Täter:in. Sie waren und werden nie das Opfer von Umständen, Situationen oder anderen Menschen in Ihrem Leben sein. Dies ist so, weil auch allen anderen Menschen dieses Wissen zuteilgeworden ist und Sie und alle anderen sich auf einer höheren Ebene geeinigt haben, eine bestimmte Rolle in diesem Leben zu spielen, um eine individuelle Erfahrung zu ermöglichen.

Eines *der* Fundamente der Schöpfung – alles ist mit allem verbunden – kommt hier zum Tragen. Daher ist jede Erfahrung, die Sie machen, das Resultat einer Ihnen auf einer höheren Ebene bereits bekannten und bewussten Schöpfung. Somit ist auch jede Erfahrung in sich vollständig und ganz.

Auch wenn Sie in dieser „Realität" eine individuelle Erfahrung machen können, ändert dies nichts an der Tatsache, dass wir alle miteinander verbunden und auf einer bestimmten Ebene *eins* sind. Es macht daher keinen Sinn, Dinge und Ereignisse getrennt voneinander zu betrachten. Wenn Sie dies tun, ist die Folge davon eine Missinterpretation der *Wirklichkeit*, sei es in Ihrem eigenen Leben oder im Leben anderer.

Jede Entscheidung, die Sie treffen, hat unendliches Potenzial und ist reine Schöpfung. Selbst einfachste Entscheidungen, wie zum Beispiel zu einem bestimmten Zeitpunkt einen Einkauf zu tätigen, verändern die Welt. Ihre Welt und damit zwangsläufig die ganze Welt. Das Ausmaß dieser Veränderung mag bis zur Unmerklichkeit gering sein, es ist jedoch in jedem Fall gegeben. Und es kann auch sehr groß sein, wie das aus der Chaostheorie stammende, berühmte Beispiel vom Flügelschlag eines Schmetterlings uns zeigt, aus dem sich ein Hurrikan entwickelt. Aus Sicht der Schöpfung können Sie gar nicht anders, als laufend zu erschaffen. Der Schöpfung ist es jedoch egal, ob Sie einkaufen gehen oder ein Lied oder ein Gedicht schreiben, das Tausende andere Menschen in dieser Welt berührt. So wie es der Liebe egal ist, ob Sie in einer Wellblechhütte wohnen oder in einer teuren Villa, ist es der Schöpfung egal, was Sie mit Ihrer Entscheidung am Leben verändern, da jede Schöpfung – ebenso wie die damit gemachte Erfahrung – ja bereits vollkommen ist.

Irgendwann im Verlauf Ihrer Reise, welche Sie auf verschiedene Kontinente, zu unterschiedlichen Zeiten, in jede Form von menschlichem Dasein geführt hat, wird der Moment kommen, an dem Sie sich selbst in der Erfahrung erkennen. Das ist der Moment, in dem die Illusion der Polarität und der Dualität in sich zusammenbricht und Sie sich als Schöpfer:in all dessen begreifen, was Sie je erfahren haben. Ab diesem Moment ist Ihre Reise beendet, da Sie in allem nur mehr die Liebe sehen, die Sie sind.

Wenn Sie Liebe sind, dann sind Sie im Sein. Was bedeutet das wiederum für Ihr Tun? Im Zustand des Seins sind Sie nicht untätig, im Gegenteil, Sie heilen den Schmerz und das Leid auf dieser Erde und helfen den Menschen, sich aus Ihrer Illusion zu befreien – und zwar ursächlich in der fundamentalsten Bedeutung dieses Wortes.

Das Wesen der Veränderung

Da Sie, ob bewusst oder unbewusst, laufend Ihre Welt erschaffen, ist es hilfreich, sich des Wesens der Veränderung bewusst zu sein.

Eine Erkenntnis besteht darin, dass es nichts Bestehendes gibt. Absolutes, bewusstes und unbewusstes Bewusstsein sind allesamt erschaffend. *Das Göttliche* lässt die gesamte Schöpfung laufend neu entstehen, indem der göttliche Geist mit der Absicht zur Erschaffung das Nichts, welches alles enthält, mit der unendlichen Vielfalt *des Göttlichen* befruchtet. Da Ihr Wille der Wille *des Göttlichen* ist, verändern Sie die Schöpfung durch Ihr Bewusstsein. Ob Ihr Bewusstsein auf bewusste oder unbewusste Art erschafft, ist dabei gleichgültig. Der Unterschied liegt darin, dass unbewusstes Erschaffen innerhalb der Illusion stattfindet und somit eine neue Illusion erschafft. Wenn es Ihnen gelingt, sich der Illusion bewusst zu werden und sich von der Abhängigkeit von ihr zu befreien, dann sind Sie über die Illusion hinausgegangen und erschaffen folglich auf einer bewussten Ebene. Bewusstes Erschaffen zeigt sich immer dann, wenn Sie Schmerz und Leid auf ihrer ursächlichen Ebene auflösen und sich der Allgegenwart des einzigen bewusst werden, das es gibt: Liebe.

Wenn aber in jedem Moment alles neu entsteht, dann ist auch in jedem Moment alles immer neu und anders. Keine Schneeflocke gleicht der vorherigen, der anderen oder einer der Abermilliarden nachfolgenden. Diese Sichtweise ermöglicht Ihnen, Ihre Perspektive zu ändern und die Veränderung zu sehen. Die Schöpfung ist ein ununterbrochener Vorgang, der ständig Neues hervorbringt. Um das Ganze etwas philosophischer auszudrücken, könnte man daher sagen: Veränderung ist die Essenz von Existenz und Sein, Veränderung *ist*.

Da immer alles neu ist, ist auch immer alles in Veränderung. Ihr Tun zeichnet sich dadurch aus, dass es scheinbar Bestehendes, wenn es positiv ist, festhalten bzw., wenn es negativ ist, verändern will und dadurch die Veränderung verhindern oder erzwingen will, anstatt das So-Sein des Augenblicks zu akzeptieren. Wenn Sie jedoch etwas im Außen verändern möchten, erschaffen Sie das *Gleiche* wieder. Denn richten Sie Ihren Fokus – Ihre Energie – auf das, was Sie *nicht* wollen, hat dies den exakt gegenteiligen Effekt, weil man nicht nicht erschaffen kann. Das Universum kann dann nicht anders, als eine „Kopie" des Bestehenden entstehen zu lassen – eben das, was Sie gerade nicht wollten.

Wenn Sie an etwas Bestehendem *festhalten* wollen, also eine Erfahrung wiederholen wollen, die Sie als positiv empfinden, dann werden Sie Ihr Bewusstsein auf diese Situation in der Vergangenheit lenken, die kopiert werden soll. Das funktioniert möglicherweise zunächst mehr oder weniger gut, jedoch lassen sich Erfahrungen nicht hundertprozentig wiederholen, da sich ja alles ständig verändert. Die Kopie, auf die Sie abzielen, wird wie jede Kopie ein wenig schlechter sein als das Original, und je öfter Sie kopieren, umso weiter entfernen Sie sich von Ihrem ursprünglichen Ziel des Behaltens. Zudem findet in der Wiederholungsschleife keine Entwicklung statt und Sie haben das Gefühl sich im Kreis zu drehen. Wenn Sie darauf mit immer mehr Bemühen reagieren, die Situation im Außen doch Ihrem Wunsch gemäß beizubehalten, wird früher oder später das Gefühl von Angst ins Spiel kommen, die Kontrolle (die Sie tatsächlich nie gehabt haben) zu verlieren. Ein gutes Beispiel hierfür sind Ihre Beziehungen zu anderen Menschen, vor allem Ihre partnerschaftlichen Beziehungen: Es ist nicht möglich, den Rausch der ersten Verliebtheit ad infinitum zu wiederholen. Sich dieser Tatsache zu widersetzen führt unweigerlich zum Scheitern. Nur mit der Veränderung mitzugehen hat Aussicht auf Dauerhaftigkeit. Die Quintessenz all dessen in einem Satz lautet: *Lassen Sie das Positive los und nehmen Sie das Negative an.*

Die Angst, von der gerade die Rede war, ist das Entscheidende. Egal, ob Sie sich davor ängstigen, sich einer negativen Situation zu stellen und diese daher vermeiden wollen oder ob Sie Angst davor haben, etwas zu verlieren – Ihre Energie richtet sich immer auf das „nicht", dem das Universum nicht Folge leisten kann. *Das Göttliche* kann nicht anders, als genau die Situation im Außen zu erschaffen, die Sie vermeiden wollen: Sie wollen *nicht* arm sein? Dann „hört" *das Göttliche* Ihren Mangel und erschafft diesen als Ihre Realität. Sie wollen *nicht* allein sein? Dann ...

Es ist, wenn Sie im Außen etwas versuchen, so, als ob Sie in einen Spiegel schauen, der Ihnen die *Wirklichkeit* spiegelverkehrt darstellt, wobei in *Wirklichkeit* Ihr Tun spiegelverkehrt ist. Nichts ist so, wie es scheint. Wirkliche Veränderung geschieht immer im Inneren, denn das Außen folgt immer dem Inneren.

In Wirklichkeit ist unser Tun Ausdruck unserer Unfähigkeit, das Jetzt zu akzeptieren, wie es ist. Im Zustand unbewussten Erschaffens ist unser Tun grundsätzlich nur dazu da, um einen bestimmten Zustand zu erreichen und diesen dann – ohne ihn zu verändern – möglichst lange zu erhalten. Im Sein wissen Sie, dass es nichts zu verändern gibt, da alles ständig neu erschaffen wird und Veränderung ganz ohne Ihr Zutun in jedem Moment geschieht. Es gibt daher für Sie nichts zu tun.

Wenn Sie dennoch etwas tun, dann landen Sie dadurch gleich in der nächsten Illusion, jener von Ursache und Wirkung. Diese Illusion verdanken Sie Ihrem linearen Denken, welches nicht verstehen kann, dass alles mit allem verbunden ist. In der Schöpfung gibt es keine isolierten Ereignisse. Da Bewusstsein sich nicht trennen lässt, da es in der gesamten Schöpfung enthalten ist, sind alle Bewusstseinsebenen und alle Ereignisse innerhalb dieser Ebenen miteinander verbunden. Jedes gesprochene Wort, jeder Gedanke, einfach *alles* beeinflusst sich gegenseitig, wirkt aufeinander ein und wird in das Ganze integriert, und zwar über alle Ebenen der Schöpfung hinweg. Dies ist ähnlich einem

Stein, der in einen See geworfen wird. Das auslösende Ereignis verursacht Wellen, welche auf andere Wellen innerhalb des Sees treffen, sich mit Ihnen vermischen und innerhalb des Sees als neue Wellen integriert werden, sodass sich daraus wieder neue Wellen und Formen bilden können.

Dass Sie der *Wirklichkeit* fernbleiben, liegt jedoch nicht an Ihrem Tun, sondern daran, dass Sie die Trennung erschaffen und sich dadurch selbst aus der *Wirklichkeit* herausnehmen. Ihr illusionäres Selbst erschafft diese Trennung wegen seiner Angst vor der *Wirklichkeit*, in der es nicht existieren könnte. In diesem unbewussten Zustand entstehen somit der, die und das „andere". Erinnern wir uns an das Bild vom Hologramm (Kapitel 4.3) und vergegenwärtigen wir uns das Wesen von Bewusstsein (Kapitel 10.2.), dann wissen wir, wissen Sie, dass Sie ein Teil *des Göttlichen* und gleichzeitig *alles des Göttlichen sind*. Der, die und das „andere" existieren somit nicht, sie sind Illusion. Jedoch eine überaus wirkmächtige Illusion: Das „andere" erzeugt Ihren Widerstand gegenüber dem, was ist, vor allem wegen der potenziellen Gefahr, Opfer dieses „Außen" zu werden. So entstehen Opfer und Täter:innen, die jedoch nicht getrennt voneinander sind.

Da Ihnen dies aber in der Regel nicht bewusst ist, bemisst sich Ihr Bewusstseinsstand in Ihrer Realität daran, wie viel Potenzial an geistiger und körperlicher Bewusstheit Sie in sich aufnehmen können. Das ist sinnvoll, da vor allem Ihr Körper die hohe Schwingung von Liebe und die damit verbundene Menge an Energie, welche im Besonderen bei höheren geistigen Zuständen in Ihren Körper einfließt, nicht aufnehmen könnte und Sie eventuell geistige oder körperliche Schäden davontragen würden, wenn diese Energie zu schnell in Ihren Körper strömen würde. Daher ist ein Prozess notwendig, der dies steuert. Dies ist der Prozess des Erwachens. Dieser Prozess wird von Ihrem höheren Selbst, also Ihrer Seele, gesteuert und ist abhängig von Ihrem aktuellen Bewusstseinszustand und Ihrer Absicht, sich den geistigen Wahrheiten zu öffnen.

Alles ist göttlich, *das Göttliche* ist alles

Wenn also jeder Mensch ein Teil *des Göttlichen* ist und Sie und alle zugleich alles *des Göttlichen* sind und *das Göttliche* das Einzige ist, was es gibt – was bedeutet dann das? Es bedeutet, dass es keine „anderen" und nichts „anderes" gibt. Wir – und damit sind letztendlich nicht nur wir Menschen gemeint, sondern die Gesamtheit der Schöpfung – sind alle ein und dasselbe, obwohl wir äußerlich total verschieden sind. *Das Göttliche* benötigt Vielfalt, damit *Es* die Liebe, die *Es* ist, sein kann. *Es* braucht jedoch den, die, das andere, damit sich die Liebe ausdrücken kann. Im Eins-Sein ist dies nicht möglich. Das bedeutet nicht, dass es im Eins-Sein nur ein einziges Wesen gibt. Das Gegenteil davon ist wahr. Auf den unzähligen Ebenen des Seins existiert eine unendliche Zahl verschiedenster Wesen. Alle diese Wesen sind zwar individueller Ausdruck *des Göttlichen*, aber Sie sind zugleich eins mit dem göttlichen Bewusstsein.

Für Sie hat diese Aussage, dass auch Sie in *Wirklichkeit* eins mit allem sind, eine weitreichende Konsequenz. Es bedeutet, dass Sie, wenn Sie etwas an einem Menschen, einer Situation oder einem Ereignis ablehnen, und sei es nur zu einem ganz geringen Teil, *alles* davon ablehnen – und auch sich selbst. Eins mit allem zu sein bedeutet die uneingeschränkte Annahme von allem, was ist. Durch Ablehnung eines noch so geringen Teils von allem, was ist, kann der Zustand des Eins-Seins nicht aufrechterhalten werden. Nun werden Sie vermutlich einwenden, dass damit der Zugang zum Eins-Sein wohl auf ewig verschlossen bleibt, denn irgendetwas wird schließlich immer abgelehnt. Tatsächlich ist die Ablehnung in unserer vierdimensionalen Realität nicht nur logisch, sondern sogar notwendig, um Erfahrungen zu machen. Und diese sind ja die Meilensteine auf Ihrer Reise zum bewusst Sein.

Eins mit allem zu sein bedeutet zudem, dass Sie alles, was Sie einem anderen antun, sich selbst antun. Dies beeinflusst alle

Beziehungen zu allen anderen Menschen und Dingen. Beziehungen sind *das* Thema Ihres illusionären Ichs. Ihr illusionäres Ich erkennt sich selbst über das von Ihnen nach außen projizierte Bild, einer Vorstellung, die Sie von sich selbst haben. Da es das Außen aber nicht gibt, trifft es dort auf die Illusion in Form eines Spiegels. Der beste Spiegel, um sich selbst in der Illusion zu erkennen, sind daher andere Menschen und die Art, in welcher Beziehung Sie zu Ihnen stehen.

Sie können nicht Liebe sein, sie können keine Beziehung in Liebe führen, wenn Sie die anderen für irgendetwas, was Sie durch diese Menschen erfahren, verantwortlich machen. Sie können nicht den Spiegel dafür verantwortlich machen, wenn Ihnen nicht gefällt, was Sie darin sehen. So wie Sie sich selbst im Spiegel betrachten, betrachten Sie sich selbst, indem Sie den anderen anschauen. Es gibt daher einen sehr einfachen Grundsatz, der immer gilt: *Alles*, was Sie in anderen sehen, ist in Ihnen. Ohne Ausnahme!

Alles, was Sie in anderen sehen, ist eine Projektion von sich selbst. Das ist fundamental wichtig zu verstehen, weil Sie mit ziemlicher Sicherheit Eigenschaften in anderen erkennen, die Ihnen nicht gefallen und von denen Sie mit Sicherheit denken, dass Sie nichts, aber auch absolut gar nichts mit Ihnen zu tun haben. Je heftiger Sie daher etwas an anderen ablehnen, verurteilen, bewerten oder nicht leiden können, desto stärker ist diese Eigenschaft auch in Ihnen. Nur wollen Sie diese nicht sehen oder gar anerkennen und verdrängen sie daher. Daher sagte Jesus, als er auf dieses Thema angesprochen wurde: „Liebe deine Feinde". Das ist die Eintrittskarte ins Paradies. Das Gleiche gilt natürlich auch umgekehrt: Wenn Sie etwas an jemand anderem besonders lieben, dann ist diese Liebe auch Teil von Ihnen. Aber bleiben Sie auch hier wachsam. Wenn Sie jemanden bewundern, weil diese Person Eigenschaften aufweist, die Sie gerne hätten, dann sind Sie wieder in der Illusion gelandet. In diesem Fall projizieren Sie Ihre vermeintliche Größe auf diese

Person, ohne sie in sich selbst zu erkennen und anzuerkennen. Jemanden aufgrund seiner Fähigkeiten zu bewundern und diese Eigenschaften für sich selbst zum Vorbild zu nehmen ist sinnvoll, ja sogar weise. Sich selbst jedoch als unfähig zu betrachten und die Ihnen innewohnende Perfektion nur im anderen zu erkennen, ist Ausdruck eines mangelhaften Selbstwertgefühls und der Grund für das Verharren in der Illusion.

Jedes illusionäre Selbst kann sich nur im Vergleich mit anderen Menschen, Dingen oder Situationen erkennen. Es ist sich dabei jedoch nicht bewusst, dass das, was es in anderen Personen zu erkennen glaubt, ein Spiegelbild ist, die eigene Projektion. Das hat einen großen Einfluss auf Ihr Leben und darauf, welche Menschen in Ihr Leben treten, denn das, was Sie nach Außen projizieren, das tritt in Ihr Leben. Dies gilt im Besonderen für Ihre Beziehungen. Daher ist das Außen ein perfektes Abbild Ihres Inneren und Ihres Fokus. Alles, was Sie in Ihrem Inneren nicht in Balance gebracht haben, wird über das Außen in Balance gebracht. Alles, was sich in Ihrem Inneren nicht im Gleichgewicht befindet, wird durch Ihren Fokus, welcher durch das Ungleichgewicht ständig aus Ihrer Mitte abgelenkt wird, über das Außen zu Ihnen herangezogen. Andere Menschen zeigen Ihnen daher sehr genau, was in Ihrem Leben noch in Balance gebracht werden muss, was Sie von sich selbst noch nicht anerkannt und angenommen haben. Vieles davon wurde im Laufe Ihres Lebens ins Unterbewusstsein verdrängt. Daher sind Beziehungen, vor allem enge Beziehungen, ein sehr großes Geschenk, welches Ihnen ermöglicht, Ihr Unterbewusstsein aufzulösen und bewusster zu werden.

10.6 One more thing ...

Welchen Weg Sie zur Heilung, also der Überwindung von Leiden und Schmerz, wählen, können Sie selbst entscheiden. Es gibt nicht nur einen Weg, sondern unzählige. So wie jeder Mensch einzigartig ist, ist es auch der Weg jedes Einzelnen. Was Ihnen jedoch enorm weiterhelfen wird, ist, wenn Sie verstehen, wie dieser Prozess funktioniert und wie Sie ihn beschleunigen können. Im Grunde ist verstehen das falsche Wort, denn es gibt nichts zu verstehen. Es ist ein sich Einlassen auf den Prozess des Erwachens. Wie Sie wissen, müssen Sie hierfür auch nichts tun. Es genügt, wenn Sie Ihre Aufmerksamkeit auf das Jetzt richten und das So-Sein dieses Momentes annehmen. Nicht das Außen wird zum Maßstab Ihrer Handlungen, sondern Ihr Bewusstseinszustand in diesem Moment. Dadurch ermöglichen Sie sich das, was wir als das Sich-Erinnern bezeichnet haben. Das ist kein Erinnern, wie Sie sich eines auswendig gelernten Gedichtes erinnern. Es ist vielmehr ein Wissen, welches Ihnen über Ihre Seele jederzeit zur Verfügung steht und das Ihnen unmissverständlich sagt: „Ich weiß!"

Dem ganzen Prozess der Schöpfung wohnt Vollkommenheit inne. Nichts geschieht durch Zufall. Alles ist mit allem verbunden und zwar auf Ebenen, die für Sie nicht nachvollziehbar sind. Ihrer Seele sind diese Verbindungen jedoch sehr wohl bewusst, da Sie auf einer höheren Ebene von Ihnen miterschaffen wurden. Jede Inkarnation Ihrer Seele hat ihr eigenes Schicksal gewählt. Daher be- und verurteilen Sie nicht. Erlauben Sie jeder Seele, ihren Weg zu gehen, auch wenn dies bedeutet, dass sich ein geliebter Mensch aus Ihrem Leben verabschiedet. Dies kann durch Auflösung einer engen Beziehung, aber auch durch den Tod geschehen. Wie auch immer, er verschwindet nicht vollständig, er hat nur seine Aufgabe in Ihrem Leben als Mensch erfüllt. Das Weglassen von Be- und Verurteilung gilt auch dann, wenn jemand freiwillig aus seinem Leben scheidet. Sie haben die freie Wahl auch dazu. Niemand wird jemals dafür verurteilt. Die Seele wird sich eine neue Aufgabe suchen und der Prozess beginnt von Neuem.

Dieser Prozess der spirituellen Evolution wird nie durch Kampf gewonnen. Der Sieg wird immer durch Hingabe errungen: durch das Sich-Hingeben an das, was ist. Sich hinzugeben ist das

Gegenteil von Widerstand. Hingabe bedeutet, sich dem Fluss des Lebens anzuvertrauen, anstatt Vergangenem anzuhaften oder sich in Zukunftsträumen zu verlieren. Innerer Widerstand entsteht durch Ihr Beurteilen und Bewerten, durch welches Sie das, was ist, ablehnen. Ihr Verstand ist es, der sich Ihrem Bewusstsein hingeben muss. Durch das Annehmen dessen, was ist, befreien Sie Ihr Selbst von der Identifikation mit dem Verstand und verbinden es – also sich – mit dem Sein. Wovon wir hier sprechen, ist die innere Hingabe. Diese bedeutet nicht, im Außen untätig zu sein und sich „alles gefallen zu lassen". Die Liebe zu sich selbst und zu anderen verpflichtet Sie sogar dazu, sich und Ihre Lieben z. B. zu schützen, selbst wenn dies bedeutet, dass Sie sich Ihrem Gegenüber physisch widersetzen müssen. Entscheidend ist die Absicht, in der Sie handeln: zum Wohle aller Wesen und Ihnen selbst. Diesen Punkt haben wir bereits mehrfach angesprochen, z.B. im Kapitel 4.7 „Ihr persönlicher Schöpfungsprozess".

Hingabe, das Loslassen von geistigen und emotionalen Widerständen, wird somit zu einem Tor zu den Ebenen des Seins. Innerer Widerstand schneidet Sie von allem Äußeren und von Ihnen selbst ab. Dadurch wird das Gefühl von Getrenntheit verstärkt. Je stärker das Gefühl von Getrenntheit vorhanden ist, desto stärker sind Sie an die Welt der Form gebunden. Je mehr Sie an die Welt der Form gebunden sind, desto schwieriger wird der Übergang ins Formlose, in das Sein. Im Zustand der Hingabe weicht diese Verhärtung auf und die Liebe kann durch Sie in diese Welt eintreten. Ihre Aufgabe besteht daher nicht darin, die Liebe zu suchen, sondern Sie in Ihre Welt einfließen zu lassen.

Mit Ihrem Eintritt in diese vierdimensionale Realität haben Sie so etwas wie einen Vertrag mit *dem Göttlichen* abgeschlossen. Dieser ist natürlich nicht auf Papier und mit Tinte unterzeichnet, sondern es ist eine Abmachung, die auf ewig gilt. Im allgemeinen Teil dieses Vertrages steht geschrieben, dass Sie und *das Göttliche* durch alle Ebenen hindurch unauflöslich miteinander verbunden sind. Weiterhin hat *das Göttliche* sich verpflichtet, Sie aus der Illusion herauszuholen, falls Sie den Ausgang in diesem Leben nicht finden. Dies geschieht durch Ihren physischen Tod. Der Tod ist somit ein Geschenk. Noch in den letzten Augenblicken seines Lebens kann einem Menschen klar werden, dass das, wonach er sein Leben lang gesucht hat, immer schon da war. Nur die Identifikation mit Form hat ihn davon ferngehalten.

Neben dem allgemeinen Teil enthält die Vereinbarung auch einen persönlichen Bezug. Darin ist festgehalten, dass Ihnen das bleibt, dem Sie sich widersetzen, und das verschwindet, was Sie genau anschauen und annehmen. Des Weiteren besagt die Vereinbarung, dass Sie alles das sein, tun oder haben können, was Sie sich vorstellen, aber leider auch das anziehen, wovor Sie sich fürchten, da Sie dem Ihre Energie geben. Das „Kleingedruckte" ist aus „juristischer" Sicht leider notwendig, da Ihnen ansonsten die Möglichkeit einer Wahl vorenthalten worden wäre und Sie die Illusion nicht hätten auflösen können. Somit wäre der Vertrag nichtig geworden.

Wenn Sie sich einer Sache widersetzen, geben Sie ihr Bedeutung. Dadurch verleihen Sie ihr Ihre Energie, zum Beispiel in Form von Gedanken, Worten oder Taten. Diese Energie wird Resultate erzeugen. Je stärker Sie sich dem Resultat widersetzen, desto mehr Energie geben Sie dem unerwünschten Ereignis. Es bleibt bestehen oder verstärkt sich sogar.

Wenn Sie jedoch den Mut haben, das Ereignis offen anzuschauen, ohne eine gedankliche Vorverurteilung, dann werden Sie den Grund für seine Existenz erkennen. Sie werden durch das Ereignis hindurchschauen, es *durchschauen*. Da alle Ereignisse an sich neutral sind, ist Ihr Widerstand eine Illusion. Jede Illusion muss sich auflösen, sobald Sie diese durchschauen. Als Ergebnis verschwindet die Illusion, und was übrig bleibt, ist die *Wirklichkeit*. Die *Wirklichkeit* ist Wahrheit und die Wahrheit wird Sie aus der Illusion befreien.

Malen Sie sich Ihre Vorstellung von diesem Leben mittels Ihrer Absicht und Ihres Fokus in den schönsten Farben aus. Dabei ist es jedoch hilfreich, den Prozess des Wünschens versus Wählens zu verstehen. Wenn Sie sich etwas *wünschen* (oder auch darum bitten, es erflehen usw.), dann drücken Sie eine Form von Mangel aus: Sie wünschen sich ja deshalb etwas, weil Sie es nicht haben und auch nicht daran glauben, es erreichen zu können. Ihr Ursprungsgedanke zu diesem Thema, das einzige eigentlich Schöpferische, ist einer des Scheiterns. Alles andere ist Beiwerk, darauf reagiert das Universum nicht mehr. Es kümmert sich vielmehr um die Manifestation dieses Ursprungsgedankens und bestätigt Sie in Ihrem Mangel.

Ein weiteres Hindernis in diesem Zusammenhang ist die Absicht, die Ihrem Wunsch zugrunde liegt. Viele Menschen wünschen sich einen Lottogewinn, um ihre materiellen Lebensumstände zu verbessern. Das ist absolut in Ordnung, aber es wird ihnen mit an Sicherheit grenzender Wahrscheinlichkeit nicht gelingen, ihren Lottogewinn zu bekommen. Warum ist das so? Wenn ihre Absicht einfach darin bestand, ihren materiellen Wohlstand zu erhöhen, dann gesellt sich zum materiellen Mangel auch noch die Missachtung einer der Grundregeln, nach denen das Universum funktioniert: Das, was Sie für einen anderen tun, tun Sie für sich selbst. Wenn Sie also einen Lottogewinn anstreben, um jemand anderem zu helfen, und Ihre Absicht frei von egoistischen oder auch persönlichen Zielen ist – Anerkennung zu bekommen, berühmt/reich/... zu werden –, dann ist die Wahrscheinlichkeit, dass Sie diesen Lottotreffer in Ihr Leben ziehen, viel höher. Der Grund hierfür ist, dass Ihre Absicht reiner Natur ist und direkt aus Ihrem Herzen kommt.

Das gilt auch für das Wählen. Der Unterschied besteht lediglich darin, dass Sie beim Wählen keinen Mangel ausdrücken und somit die erste Hürde umgehen. Eckhart Tolle berichtet in seinem berühmten Buch „Jetzt!", dass ihm, als er sein Manuskript beinahe fertiggestellt hatte, das Geld ausging. Mit seinen letzten Münzen erwarb er einen Lottoschein und gewann genau die 1.000 Dollar, die es ihm ermöglichten, sein Werk zu vollenden. Er bekam also exakt das, was er benötigte, um sein Vorhaben zu verwirklichen. Er hatte eine klare Entscheidung getroffen und ein klares Bild davon, wie sich seine Wahl manifestieren würde. Dies hilft dem Universum bei der Verwirklichung. Dennoch gilt auch hier: Ein reiner Ursprungsgedanke ist in jedem Fall hilfreich.

Je besser Sie diesen Prozess verstehen und beherrschen, desto unmittelbarer wird Ihre Erfahrung der Schöpfung, welche ansonsten durch die Illusion der Zeit oft nur indirekt erfahren wird. Auf Ihrer Reise zum bewusst Sein werden Sie diesem besseren Verständnis näherkommen.

Ihr Wissen über den Schöpfungsprozess darf aber kein rein intellektuelles Wissen bleiben. Der Schöpfungsprozess muss einem tieferen Wissen entspringen, das über Hoffen oder Glauben hinausgeht. Dieses Wissen ist eine tiefe Form von Liebe, die in Ihnen aufsteigen muss, eine Klarheit, die Ihnen mit absoluter Sicherheit vermittelt, dass das, wofür Sie sich in Ihrem Leben entscheiden, bereits geschehen ist. In Japan gibt es Kyudo, die Kunst des Bogenschießens, als einen Do, einen Entwicklungsweg. Dabei wird die Absichtslosigkeit geübt und nicht auf das Erzielen möglichst vieler Ringe hintrainiert. In seiner höchsten Form weiß der Schütze bereits *bevor* der Pfeil den Bogen verlassen hat, dass dieser das Ziel treffen wird. Nicht die Schützin trifft, sondern ihre Bewusstheit hat den Pfeil in das Ziel des Seins geführt. *Es* hatte getroffen. Dieses Wissen ist ein sicheres Zeichen von Meisterschaft: Das, was Sie für sich wählen, ist bereits eingetreten, da alles bereits existiert. Das Ergebnis geht dem Gedanken voraus. Dieser Schritt erfolgt aus einem tiefen Punkt in Ihnen, dem eine Dankbarkeit vorausgeht, bevor das Ereignis eintritt. Daher ist die beste Art, etwas in Ihr Leben zu ziehen, *dem Göttlichen* zu danken. Was immer es ist, danken Sie *dem Göttlichen* dafür und stellen Sie sich vor, das Ergebnis bereits in Ihren Händen zu halten.

Dieser Prozess funktioniert immer und bei allen Menschen. Die wenigsten wissen jedoch davon und noch viel, viel weniger glauben es. Die wenigen, die es erfahren haben, reden nicht darüber, da es nichts mehr zu sagen gibt. Das Bild des Schützen soll Ihnen helfen, sich ein höheres, Ihnen und allen Wesen dienendes Ziel zu setzen, als Sie das bisher gemacht haben. Dann lassen Sie es nicht mehr los. Lassen Sie Ihre Zweifel los. Verscheuchen Sie Ihre Ängste. Mit der Zeit werden Ihre Gedanken klarer. Wir sprechen hier von Disziplin, welche notwendig ist, Ihren unruhigen Geist zu zähmen. Wenn Ihre Gedanken klar werden, sprechen Sie diese aus, denn Worte haben eine große schöpferische Wirkung.

In Ihrem Leben geschieht nichts, was nicht zuerst als Gedanke existierte. Ihre Gedanken sind schöpferisch. Der schnellste Weg, Ihre Gedanken zu verändern, findet sich in der Umkehrung des Prozesses der Gedanken, des Wortes und der Tat. Tun Sie etwas, folgen Sie Ihrer Intuition oder Ihrem Gefühl, das Sie in diesem Moment von einer bestimmten Situation haben, ohne es in Ihrer Gedankenmühle zu zermahlen. Dann sprechen Sie über diese Erfahrung. Indem Sie dies so oft wie möglich tun, trainieren Sie Ihren Geist, auf neue Art und Weise zu denken.

Warum ist das wichtig? In diesem Buch war viel davon die Rede, wie wenig Sie sich auf Ihren Verstand, auf Ihre Gedanken, verlassen können – sind diese doch Teil der Illusion. Es war jedoch auch davon die Rede, dass der Verstand den Menschen aus gutem Grund gegeben wurde. An dieser Stelle stellt sich eine wichtige Frage: Wissen Sie überhaupt, wie Sie zu den Gedanken gekommen sind, die Sie denken? Ist Ihnen klar, dass Ihre Umwelt ständig versucht, Ihre Gedanken zu manipulieren, sodass Sie so denken, wie Sie jetzt denken? Wäre es nicht besser, wenn Sie Ihrem Geist eigene Gedanken zukommen lassen, anstatt diese Aufgabe den Medien, Ihrem beruflichen oder privaten Umfeld oder Ihrer Kultur zu überlassen? Genau dies lässt sich durch das Herstellen einer Verbindung von Verstand und Intuition erlernen: Eigenständigkeit des Denkens.

Denn derzeit ist es so: Das meiste Denken ist reaktiv, von Angst geprägt und entspricht den Erfahrungen anderer. Diese Erfahrungen beeinflussen wiederum Ihren Fokus, welcher ausschlaggebend dafür ist, welche Frequenz Ihre Gedanken haben und somit mittels Ihres Gehirns – welches die Funktion eines Radios übernimmt, das auf einen bestimmten Sender eingestellt ist – in Ihr Bewusstsein kommen. Ohne die Fähigkeit, eigene Erfahrungen zu machen und eigene Gedanken zu entwickeln, bleiben Sie in der Unbewusstheit gefangen. Daher ist es wichtig, Ihre Grundgedanken zu überprüfen, Ihre Denkmuster zu erkennen und zu durchschauen, sie gegebenenfalls fallen zu lassen und durch Ihre eigenen Grundgedanken zu ersetzen. Eine solche Wahl „out of the box", die aus keiner vorherigen Erfahrung entstanden ist, ist reine Schöpfung. Diese Art von Schöpfung wird nie zu Wiederholungen, Langeweile oder unbewussten Entscheidungen führen. Damit erschaffen Sie sich ständig neu.

Es ist sicher mühsam, die eigenen Gedanken zu zähmen, aber es ist nicht so schwierig, wie Sie denken. Am Ende ist es, wie gesagt, eine Frage der Disziplin und des Willens. Ihre Vorbereitung besteht darin, sich anzuschauen, worüber Sie den ganzen Tag nachdenken. Sind Ihre Gedanken negativ, also nicht auf Ihr Wohl und das Wohl aller Wesen ausgerichtet? Halten Ihre Gedanken Sie von Ihrer höchsten Vision ab? Dann lassen Sie sie los. Denken Sie neue Gedanken. Immer wieder. Sehen Sie das Positive in Ihrem Unglück. Erkennen Sie auch das Negative in Ihrem Glück. Lernen Sie daraus und klammern Sie sich nicht an den positiven Aspekten fest. Wärmen Sie sich an der Glückseligkeit schöner Erinnerungen, aber verlieren Sie sich nicht darin und versuchen Sie nicht, diese Erfahrungen endlos zu wiederholen. Jegliche Anhaftung hält Sie im Unbewussten und verhindert, dass Sie wahrhaft schöpferisch werden.

Werden Sie ebenso wie *das Göttliche* zum *Beobachter Ihrer Gedanken* und Ihres Lebens. Das, was Ihre Gedanken beobachtet, sind Sie, Ihr Selbst, Ihr Bewusstsein. Wenn es nur Ihre Gedanken gäbe, würden Sie gar nicht wissen, dass Sie denken. Beobachten Sie und dann lassen Sie Ihr Bewusstsein entscheiden.

Alle Ihre Gedanken begegnen allen anderen Gedanken aller Menschen. Diese Gedankenformen bilden Strudel oder Felder von großen Ausmaßen und hoher Mächtigkeit. Je mehr Menschen einen bestimmten Gedanken verfolgen, desto machtvoller ist er und desto schneller wird er sich manifestieren. Dies gilt leider auch für angstvolle Gedanken. Da das meiste Denken der Menschen aus Angst und nicht aus Liebe heraus entsteht, haben diese Gedanken einen sehr starken Einfluss auf das kollektive und das individuelle Verhalten der Menschen. Wenn Sie also einen negativen oder furchtvollen Gedanken haben, dann muss dieser sich nicht sofort manifestieren. Verbindet er sich aber mit dem negativen Gedankenfeld anderer Menschen, wird das Auftreten eines negativen Ereignisses sehr viel wahrscheinlicher; Sie ziehen ja, wie wir schon gehört haben, alles an, wovor Sie sich fürchten. Weil Sie das, wovor Sie sich fürchten, ablehnen und es gerade durch diese Ablehnung Ihre Energie erhält und bestehen bleibt. Wenn Sie etwas ablehnen, egal, ob es Ihnen Angst macht oder nicht, besteht Ihre einzige Möglichkeit es aufzulösen darin, dass Sie seine Existenz segnen, es sich anschauen und annehmen.

Viele Menschen suchen ihre Spiritualität innerhalb der Religionen. Dagegen ist nichts einzuwenden, nur sind Spiritualität und Religion zwei unterschiedliche Dinge. Alle Religionen enthalten in ihrem Kern eine tiefe Wahrheit. Es ist die Botschaft der Liebe. Jedoch wurde diese Botschaft über viele Jahrhunderte hin verfälscht, sodass das Licht nur noch schwach erkennbar ist. Viele Religionen haben Uneinigkeit und Trennung gestiftet, anstatt Heilung und Trost zu bringen. Ja, der Hass auf die falsche Religion, der in Wahrheit eine Angst ist, hat sogar zu Krieg und Mord geführt. Religionen produzieren bis zum heutigen Tag fixe Vorstellungen von *dem Göttlichen* oder dem Leben, sogenannte Dogmen. Alles, was nicht den Dogmen entspricht, ist demzufolge falsch und nicht im Sinne *des Göttlichen*. Es wird daher abgelehnt. Das Ziel der Menschen dahinter besteht darin, Ihnen weiszumachen, dass Sie weniger sind als *das Göttliche* und nur durch die Befolgung bestimmter Regeln und Gesetze etwas werden können, was Sie schon sind. Ihre Chancen tendieren daher gegen null, dieses Ziel zu erreichen: Die strikten Regeln verhindern, dass Sie Ihre eigenen Gedanken denken, Ihrer eigenen Intuition folgen. Abgesehen von dem unwahrscheinlichen Fall, dass Ihre ureigenen Gedanken und Ihre Intuition zu hundert Prozent den Dogmen entsprechen, werden Sie in der obligatorischen Regelbefolgung nicht umhinkönnen, bestimmte Ihnen eigene Neigungen und Gaben als schlecht zu bezeichnen. Somit können Sie nicht werden, was Sie schon sind, denn sobald Sie einen Teil von sich ablehnen, lehnen Sie alles an sich ab; eine Konsequenz dessen, dass es nur das *All-Eine* gibt. So wird Ihnen auch die Fähigkeit zum Schöpfertum geraubt und Ihnen bleibt der Ausweg, zu erwachen, versperrt.

In aller Regel wird das, was bei anderen als falsch angesehen und somit abgelehnt wird, auch verurteilt. Selbst das genügt aber oft nicht, dann wird anderen noch Schaden zugefügt oder eine Verletzung. Die Meinung anderer wird verworfen und deren Existenz als Bedrohung für die eigene gesehen. Dabei wird eine Hälfte des Lebens komplett abgelehnt, während die andere Hälfte nur zu einem Bruchteil verstanden wurde. Aus dieser Schöpfung in der Illusion heraus kann nur weiteres Unglück und Leid entstehen. Segnen Sie, was Sie nicht verstehen. Lassen Sie es in Ruhe, lassen Sie es sein. Wenn Sie etwas nicht in Ihr Leben lassen wollen, müssen Sie es nicht bekämpfen. Erst wenn Sie bereit sind, es zu verstehen und anzunehmen, lassen Sie es herein, und dann geschieht das Wunder: Das Unerlöste löst sich auf. Dies ist der schnellste Weg, höheres Bewusstsein in diese Welt zu bringen. Sie müssen keine Buße tun, wenn Sie erkennen, dass Sie einen Teil des Lebens abgelehnt haben. Es genügt, sich neu zu entscheiden, zu wählen, wer Sie *jetzt* sein wollen, und dann handeln Sie entsprechend.

Es ist daher weise, wenn es Ihnen gelingt, jede Form von Verlust, Schaden oder Gefühlen des Verletztseins zu überwinden. Nehmen Sie derlei als Teil Ihrer Existenz und entscheiden Sie, wer Sie trotz dieser Ereignisse sind.

Wir sind alle eins

Dies ist ein wunderschöner esoterischer Satz, doch was bedeutet er wirklich? Es bedeutet, dass es nur *einen* von uns gibt und dass es viele von uns gibt. Viel verwirrender kann eine Antwort kaum sein, aber sie klärt sich rasch auf, wenn Sie die Perspektive wechseln. Auf metaphysischer Ebene gibt es nur *einen* von uns. Das ist *das Göttliche*. Durch Teilung – nicht jedoch Trennung – entstand das, was Sie als Seelen bezeichnen. Jetzt gibt es viele von uns. Auf physischer Ebene ergeben sich daraus ein paar sehr wichtige Erkenntnisse für Ihr Leben und Ihr Sein:

- Alles, was Sie tun, tun Sie für sich selbst.
- Alles, was Sie für jemand anderen tun, tun Sie für sich selbst.
- Alles, was Sie für jemand anderen nicht tun, das tun Sie auch nicht für sich selbst.
- Der schnellste Weg, etwas zu bekommen, was man nicht hat, ist jemand anderem dabei zu helfen, es zu bekommen.
- Der schnellste Weg, etwas zu verlieren, was man hat, ist etwas *nicht zu geben*, was man hat und jemand anders braucht.
- Was für andere gut ist, ist gut für Sie.
- Was für andere nicht gut ist, ist nicht gut für Sie.

Da es nur einen von uns gibt, geben Sie alles, was Sie einem anderen geben, in *Wirklichkeit* sich selbst. Das ist das spirituelle Geheimnis des Lebens.

Diese scheinbar so einfachen Wahrheiten beinhalten ein tiefes Wissen über den Schöpfungsprozess, das menschliche Wesen in seiner wahren Form und die Regeln für ein gewaltloses und friedvolles Zusammenleben aller Menschen auf dieser Erde.

Da es immer nur das *All-Eine* gibt und Trennung eine Illusion ist, gibt es den Anderen nicht. Sie treffen und sehen immer nur sich selbst. Alle Menschen, denen Sie begegnen, sind in *Wirklichkeit* ein Teil von Ihnen. Obwohl jeder Mensch einzigartig ist, verbindet Sie doch alle das Gleiche mit allen. Es ist Ihr Bewusstsein, welches unteilbar ist. Wenn Sie also dem anderen helfen, dann helfen Sie automatisch auch sich selbst. Das Schöne und Gute, das Sie in einem Anderen sehen, das sehen Sie auch in sich. Das ist der äußere Hinweis auf Ihre innere Realität. Ihre innere Realität ist entscheidend. Je mehr Licht Sie im Inneren spüren, desto mehr Freude werden Sie im Außen wahrnehmen.

Das Gleiche gilt auch für Schmerz und Leid. Das Leid, das Sie der oder dem „anderen" zufügen, fügen Sie sich selbst zu – sei dieses „andere" ein Mensch, ein Tier, eine Pflanze, die Natur. Wären Sie sich dessen bewusst, würden Sie die Verbindung mit allen Dingen spüren, würden Sie derlei niemals tun. Die Unfähigkeit, dies zu spüren, die Unbewusstheit gegenüber den Zusammenhängen, sind der Urquell allen Leidens. Je mehr Sie Ihre Perspektive ändern, desto mehr werden sich Ihre Gedanken verändern, und da Ihre Gedanken alles erschaffen, wird sich Ihr ganzes Leben ändern.

Haben Sie sich schon einmal gefragt, wie es sein würde, wenn Sie diese Erfahrung von höherem Bewusstsein machen? Das ist mit Worten schwer zu beschreiben, aber vielleicht hilft Ihnen ein kleines Bild, um dies zu veranschaulichen.

Stellen sie sich eine Flasche Wasser vor, welche in ein riesiges Aquarium gelassen wird. Das Wasser in der Flasche ist das gleiche wie im Aquarium. Nur eine dünne Schicht aus durchsichtigem

Glas trennt beide. Die Flasche ist mit einem Korken versehen, welcher verhindert, dass das Wasser in der Flasche sich mit dem Wasser aus dem Aquarium mischt. Die Flasche ist Ihr Körper, der Korken entspricht Ihrem Verstand, welcher sich durch Ihr Denken ausdrückt und sich als Ego und Persönlichkeit manifestiert. Das Aquarium ist Ihre Seele, von der Sie ständig umgeben sind, ohne es zu wissen.

Jedes Mal, wenn es Ihnen gelingt, sich über Ihr Denken zu erheben, lockert sich der Korken in der Flasche ein bisschen. Je öfter Ihnen dies gelingt, desto lockerer wird der Korken, bis er sich eines Tages wie von selbst von der Flasche löst. Das Wasser in der Flasche verbindet sich augenblicklich mit dem Wasser im Aquarium. Sie haben damit das Bewusstsein Ihres höheren Selbst, also Ihrer Seele, in Ihrem Körper integriert. Ihre Persönlichkeit und Ihr Ego haben sich innerhalb des Bewusstseins Ihrer Seele aufgelöst.

Ihr Körper existiert weiterhin, aber er ist nicht mehr das begrenzende Gefäß Ihres Bewusstseins. Sie werden weiterhin als Bewusstsein in diesem Aquarium existieren, aber gleichzeitig werden Sie erkennen, dass Sie eins mit allem sind, was innerhalb des Aquariums existiert, dass Sie niemals getrennt davon waren. Das Paradies, die Liebe, die Sie Ihr ganzes Leben gesucht haben, waren immer da, wo auch Sie waren. Die Illusion von Trennung löst sich auf. Ja, mehr noch, Sie erkennen, dass Sie gleichzeitig alles innerhalb des Aquariums sind. Sie sind das Riff, die Fische und alles, was dazwischen ist. Erleuchtung ist ab diesem Moment kein geistiges Konzept mehr, sondern ein Bewusstseinszustand, der Sie Ihr ganzes weiteres Leben begleiten wird.

Der Schlüssel dazu liegt jedoch nicht in Ihrem Bewusstsein, sondern in der Liebe. Bewusstsein ist reines Wissen. Wenn Sie jedoch den Korken von der Flasche lösen wollen, dann geschieht das über die Liebe. Das Bewusstsein fließt in Sie ein, je mehr Sie sich von Ihrer Angst befreien, Schöpfer:in zu sein. Dadurch wird alles leichter, aber damit diese Befreiung und Erweiterung erfolgen können, müssen Sie die Liebe, die Sie *sind*, in Ihrem Inneren wiederfinden. Es gibt nur die Liebe; Liebe ist Schöpfung, Liebe ist *Wirklichkeit*. Und die Angst davor, Liebe zu sein und damit Schöpfer:in zu sein und damit in der *Wirklichkeit* zu sein ist ironischerweise Ihre größte Angst.

Auf diese Weise erschaffen Sie selbst laufend die Illusion Ihrer eigenen Realität, indem Sie aus Angst vor der *Wirklichkeit*, die der Tod Ihres illusionären Ich-Bewusstseins wäre, mit aller Kraft versuchen, den Korken in der Flasche zu halten, um Ihr Eins-Sein mit *Allem-was-Ist* nicht erfahren zu müssen. So funktioniert die Illusion Ihrer Realität. Das ist der ganze Trick.

Buddha sagt dazu:

> *Erkenne alle Dinge als so beschaffen: wie eine Luftspiegelung,*
> *ein Luftschloss, ein Traum, eine Erscheinung –*
> *ohne Essenz, aber mit wahrnehmbaren Eigenschaften.*

> *Erkenne alle Dinge als so beschaffen:*
> *wie die Spiegelung des Mondes in einem klaren See,*
> *ohne dass der Mond in den See gefahren wäre.*

> *Erkenne alle Dinge als so beschaffen:*
> *wie der Widerhall*
> *von Musik, Klängen und Stimmen,*
> *in einem Echo, das selbst keine Melodie enthält.*

> *Erkenne alle Dinge als so beschaffen:*
> *wie eines Magiers Illusion*
> *von Pferden, Ochsen, Karren und anderem,*
> *ist nichts so, wie es erscheint.*[11]

---

11 Zitiert nach: Sogyal Rinpoche, S. 60

Was ist Erleuchtung?

Das Wort Erleuchtung geistert schon eine lange Zeit durch dieses Buch, sodass es nun Zeit wird, sich zum Ende hin dieses Rätsels zu widmen. Die Entwicklung von Bewusstsein auf unserer Erde hat schon vor Milliarden von Jahren begonnen. Bewusstsein in menschlicher Form – mit dem Verstand als „Krone der Schöpfung" – ist dagegen mit „nur" einigen Hunderttausend Jahren eine vergleichsweise junge Entwicklung, es ist aber auch lediglich eine von vielen weiteren Stufen, welche das Bewusstsein durchlaufen wird.

Das aktuelle Ich-Bewusstsein wird dabei von einem kollektiven Wir-Bewusstsein abgelöst werden, in dem sich die Menschheit nicht nur als Schöpferin ihrer Umwelt erkennt, sondern auch als Teil ihrer Umwelt und dieses Planeten. Der nächste Evolutionsschritt besteht dann in einer noch größeren Erkenntnis, welche wir als kosmisches Bewusstsein bezeichnen können. Einige große Mystiker und Menschheitsführer sind diesen Weg schon vorausgegangen und haben den Weg für alle jene sichtbar gemacht, die *wirklich* sehen und erwachen wollen.

Wie ist dieser Zustand zu erreichen? Sie finden zu ihm, wenn ihr Blick nach innen gerichtet ist. Jesus sagt dazu: „Wenn nun dein ganzer Leib licht ist und kein Teil an ihm finster, dann wird er ganz licht sein, wie wenn dich das Licht erleuchtet mit hellem Schein." (Lk 11,36)

Dieses Licht ist allen großen Mystikern bekannt und es ist Ihr Sonnenaufgang, welcher Sie aus der Dunkelheit der Unbewusstheit in das Licht der Erkenntnis führen wird. Das innere Licht, die Erweckung der Liebe in Ihrem Inneren, trennt den Schleier von der Illusion und führt Sie in die Erleuchtung. Dabei ist die Erleuchtung nicht die höchste Form von *Wirklichkeit*, die Sie erfahren können. Über der Erleuchtung steht die *Einswerdung*.

Lassen wir diese aber außer Acht, da sie für unsere Zwecke zu weit führt, und beschäftigen wir uns weiter mit der Erleuchtung. Erleuchtung ist Ihr Geburtsrecht und daher ein Zustand, der allen Menschen möglich ist. Da erleuchtet zu sein der *natürliche* Zustand des Menschen ist, kann kein Tun oder Handeln Sie in diesen Zustand bringen: *Sie können nicht dort hingehen, wo Sie schon sind.* Dazu müssten Sie ja den Ort, an dem Sie sich befinden, verlassen, nur um ihn auf Umwegen wieder zu erreichen.

Genau das tun Sie aber, und zwar unbewusst; es entspricht der Realität vieler, ja fast aller Menschen. Nicht, dass Sie jetzt denken, etwas falsch gemacht zu haben! Das haben Sie nicht. Das Problem liegt darin, dass Sie nicht erfahren können, was Sie nicht wissen. Wenn Sie nicht wissen, dass Sie bereits im Himmel sind, werden Sie die Erfahrung dessen nicht machen, da Ihnen dieser Gedanke nie in den Sinn kommen wird und Sie somit nicht in dieser Weise schöpferisch tätig werden können.

In *Wirklichkeit* steht Ihnen natürlich auch diese Wahlmöglichkeit jederzeit offen, was Sie im Zustand der Unbewusstheit aber nicht wissen (können). Sie haben *immer* die Wahl zwischen Freude und Leid, zwischen Hingabe und Widerstand. Die meisten Menschen entscheiden sich für das Leid und den Widerstand. Das entspricht dem Wesen der Unbewusstheit, die Ihnen scheinbar keine Wahlmöglichkeit erlaubt und auf Dinge von außen mit Widerstand reagiert. Das Wissen über diese Zusammenhänge ist daher von elementarer Bedeutung für Ihr weiteres Leben. Bildlich gesprochen ist dieses Wissen der Schlüssel, der die Tür zum bewusst Sein öffnet.

Solange Sie nicht wissen, wie Sie Ihre Unbewusstheit und somit Leid und Schmerz überwinden können, (ver)suchen Sie es im Außen. Dies ist aber ein Teufelskreis, der Sie immer tiefer in die Illusion bringt. Sie warten auf eine Erfahrung, die aber innerhalb der Illusion nicht kommen kann. Vielleicht haben Sie auch die Erfahrung von Erleuchtung schon einmal oder mehrmals gemacht. Kurze Momente, in denen alles perfekt zusammengepasst hat und die Zeit stillzustehen schien. Aber wenn Sie nicht wissen, dass Sie diese Erfahrung der Erleuchtung gemacht haben, dann ist es so, als ob Sie sie nie gemacht haben. Ein ewiger Kreislauf beginnt.

Es mag Ihnen schwierig, ja vielleicht unmöglich erscheinen, diesen Zustand zu erreichen. Seien Sie versichert, dass Sie ihn (vielleicht schon mehrmals) in Ihrem Leben erreicht haben und zwar immer dann, wenn Sie Ihr inneres Leiden oder das Leiden anderer auf der ursächlichen Ebene gelöst haben. Immer dann, wenn Sie Unannehmbares angenommen haben und es somit aufgelöst haben, waren Sie erleuchtet. Immer dann, wenn Sie aus reiner Liebe heraus gehandelt haben, ohne ein Ziel zu verfolgen, handelten Sie erleuchtet. Das, was Ihnen so schwierig erscheint, ist daher nicht, den Zustand der Erleuchtung zu erreichen, sondern in diesem zu verbleiben. *Wenn Sie daher nur wüssten, wie nahe Sie diesem Zustand bereits sind!* Wenn Sie nur wüssten, wie wenig Sie von der Erleuchtung trennt, dann würden Sie das Außen als unwichtig erkennen, sich nach innen wenden, Ihrem Bewusstsein den Vorrang vor Ihren Gedanken einräumen und somit die Welt und die gesamte Schöpfung verändern.

Warum fällt es uns allen so schwer, dies zu erkennen? In der buddhistischen Tradition gibt es eine schöne Beschreibung, die zeigt, weshalb es so schwierig ist, die Wahrheit über unser Sein und somit die *Wirklichkeit* zu erkennen:

- Das Bewusstsein, also das, was Sie in *Wirklichkeit* sind, ist einfach zu *nah*, als dass wir es erkennen könnten. Es ist nicht von uns getrennt und durchdringt auch die Realität dieser Illusion. So, wie es Ihnen unmöglich ist, ohne eine Spiegel Ihr eigenes Gesicht zu sehen, so ist es für den Verstand unmöglich, das, was wir als Bewusstsein bezeichnen, zu erfassen.
- Die wahre Natur unseres Bewusstseins ist zu *tiefgründig*, um von unserem Verstand erfasst werden zu können. Hätten wir

auch nur einen Hauch einer Ahnung davon, wie tiefgründig unsere wahre Natur wirklich ist, dann würden wir uns bis zu einem gewissen Grad selbst erkennen.

- Das, was wir in *Wirklichkeit* sind, erscheint uns trotz seiner unergründlichen Tiefe als zu *einfach*, um es glauben zu können. Die *Wirklichkeit* ist ein harmonisches Ganzes, welches gar nicht anders sein kann, in dem alles mit allem verbunden ist und nichts getrennt voneinander existiert. Wie eine komplizierte mathematische Gleichung, die sich vor Ihren Augen auflöst, sobald Sie Ihre wahre Natur erkannt haben, so löst sich die Komplexität ihrer Existenz auf, sobald Ihnen die wahre Natur ihres wirklichen Seins bewusst geworden ist.

- Die *Wirklichkeit* ist in ihrer Schönheit und Perfektion einfach zu *wunderbar*, als dass unser Verstand sich dies je vorzustellen vermöchte. Unser Denken ist viel zu klein und zu beschränkt, um die Weite und die Herrlichkeit, die hinter dem Verstand stehen, akzeptieren zu können. Es übersteigt unsere geistigen Kapazitäten bei Weitem.[12]

Erkennen Sie, dass Sie mit Ihrem ganzen Tun und Handeln den Himmel verlassen, um dorthin zu gelangen, wo Sie schon sind. Der Umweg führt meistens in die Hölle oder nahe daran vorbei. Auch dies ist Teil der menschlichen Erfahrung. Daher verurteilen Sie diesen Umweg nicht. Erleuchtung ist aber immer im Hier und Jetzt. Erleuchtung ist das Wissen, dass es im Leben nicht darum geht, irgendwohin zu gelangen oder „etwas" zu werden. Sie sind schon dort und waren immer dort. Erleuchtung bedeutet, die Suche nach dem Sinn des Lebens aufzugeben, zu erkennen, dass es kein bestimmtes oder individuelles Ziel im Leben gibt, sondern nur eines für alle – was auch logisch ist, wenn wir uns daran erinnern, dass wir alle eins sind. Es besteht im Erkennen und Erwachen Ihres wahren Seins.

---

12 Nach: Sogyal Rinpoche, S. 74 f.

Um Erleuchtung zu erlangen, müssen Sie auch nicht irgendwelchen Leidenschaften entsagen oder *das Göttliche* in der Einsamkeit suchen. Leidenschaftlich zu handeln ist oft sogar ein sehr guter Weg zur Erleuchtung, wenn diese Leidenschaft aus Ihrem Herzen kommt. Entsagung verweigert sich daher nie der Leidenschaft. Entsagung bedeutet, sich von Resultaten freizumachen. Die Anhaftung an Resultate ist es, die den Weg versperrt. Da es aber kein Ziel im Außen gibt, macht auch die Anhaftung keinen Sinn. Leidenschaft ist ein Ausdruck von Liebe zum Tun. In dieser Form wird Ihr Tun zum Sein. Ein Leben ohne von Herzen kommende Leidenschaften ist ein verschenktes Leben.

Die ganze Freude des Tuns liegt im Erschaffen und nicht im Ergebnis. Zur Erleuchtung gelangen Sie daher, indem Sie Ihr Handeln frei von Erwartungen oder Bedürfnissen gestalten. Ein Leben ohne Bedürfnisse ist wahre Freiheit. Wahre Freiheit ist Erleuchtung.

10.7 Quintessenz(en)

Die Quintessenz dieses Buches besteht darin, die Wahrheit über die Schöpfung zu vermitteln und Ihnen das Geheimnis des Lebens innerhalb dieses Universums und auf der Erde offenzulegen. Und darin, Ihnen Ihre wahre Herkunft zu enthüllen – was gleichbedeutend ist mit der Antwort auf die Frage „Wer bin ich wirklich?".

Leider muss an dieser Stelle gesagt werden, dass dieses Buch damit nur zu einem Teil erfolgreich war.

Dies liegt daran, dass die Wahrheit, die dieses Buch enthält, in Worte gehüllt werden musste. Worte können die Wahrheit jedoch nie *sein*, sondern bestenfalls zum Ausdruck bringen, was auf sie hinweist. Worte, selbst wenn so eindringlich und klar geschrieben wie möglich, werden von Ihrem Verstand in Besitz genommen und in Gedanken umgewandelt. Damit nehmen sie Gedankenform an und werden Teil der Illusion dieser Welt.

Ihr Verstand kann daher die Essenz dessen, was Ihnen hier ans Herz gelegt werden sollte, nicht erfassen. Vermutlich hat er sich mit dem Verstehen so mancher Inhalte dieses Buches sogar recht schwergetan. Das macht jedoch nichts. Ihr Bewusstsein war währenddessen stets für Sie da, hat Ihnen tiefere Zusammenhänge erschlossen und zu einem größeren Bild von Ihrem Sein, Ihrer Existenz und der Existenz allen Lebens in diesem Universum verholfen.

Ihr Bewusstsein erkennt die Wahrheit und erfasst die Zusammenhänge zwischen dem, was wirklich ist, und Ihrer illusionären „Realität", sobald es davon hört oder liest. Es ist diese Wahrheit, die Sie frei macht. Jesus sagte: „Dann werdet ihr die Wahrheit erkennen und die Wahrheit wird euch befreien." (Joh 8,32) Befreien wovon? Von der Dominanz Ihres Verstandes, von allen Sorgen und Wünschen.

An diesem Punkt stellen Sie sich möglicherweise die Frage, warum Sie, wenn doch Ihr Bewusstsein die Wahrheitsfindung für Sie übernommen hat, trotzdem noch immer nicht im Paradies angekommen sind. Was ist es, was Sie nach wie vor in der Polarität und Ihrer selbst erschaffenen Realität hält?

Es ist einmal mehr das Denken, Ihr rastloser Verstand. Die Quintessenz all dessen, was Sie in diesem Buch gelesen oder erfahren haben, hat Ihr Bewusstsein zwar aufgenommen, dies ist jedoch kein rationaler Vorgang gewesen: Ihr Bewusstsein agiert intuitiv und *erfühlt* Wissen auf einer ganz tiefen, von Herzen kommenden und von Liebe getragenen Ebene. Ihr Verstand, der ja permanent um seine Existenz ringt, stülpt sich allerdings ein ums andere Mal über dieses wahrhaftige Wissen und verschließt Ihnen den bewussten Zugang dazu. Deshalb ist es so wichtig, das Herz zu öffnen. Denn wenn Sie wirklich Liebe *sind*, dann hören alle Gedankenspiele auf, dann „wissen" Sie einfach, dass alles gut ist, genau so, wie es gerade ist.

Die Schöpfung ist perfekt und daher ist in Wahrheit alles gut, so wie es ist, auch wenn Ihr Verstand dies nicht wahrhaben will und kann. Dieses „Liebe spüren und Liebe sein" und die Welt mit diesen Augen zu betrachten, ist die Quintessenz allen Lebens. Denn dann werden Sie erkennen, dass Sie von nichts und niemandem getrennt sind. Sie werden erkennen, dass Sie der, die, das andere sind. Es ist daher im Grunde ganz einfach, die Illusion im wahrsten Sinne des Wortes zu durchschauen und somit zu überwinden: Liebe ist das Einzige, was es gibt. Bedingungslose, wahrhaftige, allumfassende Liebe ist das Einzige, was es dafür braucht.

Leider kann Ihnen kein Buch der Welt dieses „Wissen" vermitteln, womit wir wieder am Anfang sind.

K. O. Schmidt gibt in seinem Buch „In dir ist das Licht" einen Einblick in die Quintessenz menschlicher Erfahrung, indem er einen Bericht des englischen Dichters Lord Alfred Tennyson (1809 – 1892) wiedergibt:

„Ich hatte den Abend mit zwei Freunden in einer großen Stadt zugebracht. Wir hatten Dichtung und Philosophie miteinander gelesen und erörtert. Um Mitternacht trennten wir uns. Ich hatte noch eine lange Wagenfahrt nach Hause. Mein Gemüt, noch tief unter dem Eindruck der Gedanken, Bilder und Gefühle, die durch Lesen und Reden in mir hervorgerufen waren, war still und friedvoll.

Plötzlich, ganz unvorbereitet, fand ich mich eingehüllt in eine *flammenfarbige Wolke*. Ich dachte einen Augenblick an Feuer, an einen etwaigen Brand irgendwo in der Nähe. Aber sogleich sah ich: *das Feuer war in mir selbst*. Alsbald überkam mich ein Gefühl von Jubel, von grenzenloser Freude, begleitet oder unmittelbar gefolgt von einer *un-*

beschreiblichen Erleuchtung der Einsicht. So sah ich, dass das All nicht aus totem Stoff besteht, sondern dass es im Gegenteil eine *lebendige Gegenwart ist:* dass die Weltordnung so ist, dass ohne alle Ausnahmen und Zufälle alle Dinge zum Besten füreinander wirken. Die Schau dauerte nur wenige Sekunden. Dann war sie verschwunden. Aber die Erinnerung an sie und das Gefühl der Wirklichkeit dessen, was sie zeigte, dauerten durch all die fünfundzwanzig Jahre, die seitdem vergangen sind."[13]

Betrachten Sie dieses Buch daher mehr als eine Schatzkarte, die Sie gefunden haben (oder die Sie gefunden hat). Eine Schatzkarte in Händen zu halten ist eine tolle Sache, weil Sie jetzt definitiv wissen, dass es einen Schatz gibt. Allerdings bedeutet es nicht, dass Sie den Schatz schon besitzen. Aber jede Schatzkarte kann Ihnen den Weg zeigen.

Auf Ihrer persönlichen Schatzsuche gibt es absolut nichts für Sie zu tun, denn jede Art von zweckorientiertem Tun wird Sie nur immer tiefer in die Illusion hineinführen. Sie müssen keine bestimmten Voraussetzungen mitbringen, um Ihren Schatz zu finden, ja, theoretisch brauchen Sie nicht einmal Zeit dazu. Der Schatz, von dem wir hier reden, befindet sich da, wo er immer schon war: in Ihrem Inneren. Er war und ist somit nie von Ihnen getrennt gewesen.

Diese vielleicht am schwierigsten zu begreifende und zu akzeptierende Tatsache erklärt sich daraus, dass es nur das *Eine* gibt und somit *alles eins ist.* Dieses *Eine* ist Liebe und das ist, was auch Sie sind.

Dieses Wissen löst die Illusion auf, welche in der Trennung alles Existierenden besteht. Obwohl Ihnen Ihr Verstand und Ihre Er-

---

13 K.O. Schmidt, S. 20

fahrungen jeden Tag das Gegenteil dessen bestätigen, was hier geschrieben steht, ist es die Wahrheit. Alles andere ist Illusion.

Wahrheit und Illusion sind jedoch miteinander verbunden, so wie die beiden Seiten einer Medaille. Ohne die Informationen auf Ihrer Schatzkarte ist es Ihnen unmöglich, aus der Illusion zu entkommen. *Die Quintessenz dessen, wovon wir hier reden, ist die Tatsache, dass Sie sich bereits im Paradies befinden, ohne es zu wissen.* Sie müssen es nicht erst suchen. Nur die Illusion von Raum und Zeit hat Sie aus diesem Zustand vertrieben. Wenn Ihnen also bewusst wird, dass das Paradies kein Ort ist, sondern ein Zustand, der jederzeit und überall auf diesem Planeten und im gesamten Universum erreicht werden kann, dann können Sie auch Ihre Schatzkarte beiseitelegen. Sie wird Ihnen dann nicht mehr nützlich sein.

Da das, was Sie suchen, nicht im Außen zu finden ist, gehen Sie nach innen. Ein paar Minuten am Tag genügen. Wenn Sie mehr Zeit haben, dann dehnen Sie die Zeitspanne aus, solange es sich für Sie gut anfühlt. Ihre Gabe, *das Göttliche* (das Licht) in sich wahrzunehmen, ist die Gabe, die Sie am meisten pflegen und entwickeln sollten. Sie wird Ihnen helfen, den Weg zu erkennen, den Sie in sich selbst zu gehen haben, um zu Ihnen selbst zu kommen.

Vernachlässigen Sie aber auch das Außen nicht. Tun Sie das, was Ihnen Freude macht. Achten Sie dabei nicht darauf, was andere sagen, sondern tun Sie, was Sie schon immer machen wollten. Worauf Sie jedoch achten sollten, ist, dass Ihre Wahl nicht Ihrem Verstand entspringt und kurzfristiger Natur ist, sondern aus Ihrem Herzen kommt. Ihre Seele spricht zu Ihnen über Ihr Gefühl.

Entspringt Ihre Wahl Ihrem Herzen, so wird sie Ihnen helfen, Ihre Fähigkeiten für andere einzusetzen. Wählen Sie daher immer für sich und nicht für andere, aber seien Sie sich bewusst, dass Ihre Wahl am Ende auch anderen dienen oder nützen soll, einfach aufgrund der Tatsache, dass es den Anderen nicht gibt. Wählen Sie daher etwas für andere, um so auf Ihrer Reise zum bewusst Sein voranzukommen. Ihre Belohnung wird die Freude sein, die Sie empfinden, wenn Sie erkennen, dass Sie durch Ihr Hergeben nichts verloren haben, da Ihnen die Fülle bereits zuteil wurde. Ihr Gegenüber wird Ihnen dafür seine Wertschätzung und seine Liebe zeigen, wodurch Ihnen etwas gelungen ist, was Ihr Verstand nicht begreifen kann: Sie haben durch Ihr Weggeben die Liebe verdoppelt.

Dieses Buch wird Sie auf Ihrem inneren Weg begleiten und Sie an jene Punkte führen, die für Ihr Leben in diesem Augenblick wichtig sind. Es wird so lange Ihr Begleiter sein, wie Sie es wünschen, bis Sie es eines Tages nicht mehr brauchen.

Versuchen Sie dann das, was Sie in Ihrem Inneren spüren können, auch im Außen zu fühlen. Kommen Sie von der Wahrnehmung ins Gewahrsein, wie es im Kapitel 6.5 beschrieben wurde. Beginnen Sie mit einfachen Schritten, indem Sie zum Beispiel eine Blume mit solcher Intensität betrachten, dass Ihnen bei ihrem Anblick die Anmut, die Stille, die Verletzlichkeit, die Offenheit, die Schönheit und die Hingabe an das, was ist, bewusst wird. Auf diese Art zu erspüren, was durch die Blume in diese Welt strömt, ist ebenfalls eine Form der Meditation. Dann werden Sie die Blume nicht mehr als Blume wahrnehmen, sondern als ein lebendiges Wesen, welchem Freude und Liebe entströmt. In diesem Erkennen liegt dann Ihre Verbundenheit mit dem Wesen, das Sie als Blume bezeichnen.

Das können Sie nun mit allen Dingen und Lebewesen machen. Spüren Sie die Unbekümmertheit und Freude eines Hundes, nehmen sie die perfekte Form, die bunten Farben und die Wachsamkeit eines Vogels wahr, fühlen Sie Mutter Erde als ein lebendes Wesen, erkennen Sie ihre Vielfalt und Verletzlichkeit und die Güte, welche in ihr wohnt, indem sie immer gibt und alle Lebewesen ernährt und erhält.

Wenn Sie ab und zu die Gelegenheit haben, einen Blick in das Weltall bei Nacht zu werfen, dann halten Sie einen Augenblick inne, spüren Sie die unermessliche Weite, die friedvolle Stille und das Funkeln der Sterne, die Ihnen aus Millionen von Lichtjahren Entfernung entgegenleuchten. Spüren Sie das Wunder Ihrer Existenz auf diesem Planeten.

All dies befindet sich auch in Ihnen und noch viel mehr, denn Sie sind nicht getrennt von diesen Eigenschaften. Das ist der Schatz, von dem wir hier sprechen. Erkennen Sie, welches Wunder Sie tagtäglich umgibt. Da es nur das Eine gibt, sind auch Sie ein Teil dieses Wunders. Sie, alle Menschen, alle Tiere und Pflanzen, ja sogar scheinbar unbelebte Materie ist somit heilig, makellos und rein.

Wenn sie sich zu guter Letzt für die Quintessenz des gesamten Universums und der Schöpfung interessieren, dann werfen Sie doch mal einen Blick auf den letzten Satz auf der letzten Seite dieses Buches. Selbst wenn Sie sich an nichts mehr erinnern können, was in diesem Buch geschrieben steht, oder die darin enthaltenen Aussagen ablehnen, Sie sich jedoch diesen einen Satz in Ihrem Gedächtnis behalten und sich seine tiefe Weisheit und Wahrheit zu eigen machen, die zugleich die einfachste und selbstverständlichste Sache der Welt ist, dann hat sich Ihre Mühe, dieses Buch zu lesen und die darin enthaltene Schatzkarte zu erkunden, mehr als gelohnt.

11 Der Schluss

„Ich werde dir nicht die Gründe sagen, weshalb du mich lieben sollst,
denn du hast keine Gründe. Der Grund zum Lieben ist die Liebe selber."
Antoine de Saint-Exupéry (Die Stadt in der Wüste)

„Wenn Sie das Geheimnis des Universums lüften wollen, denken
Sie in Begriffen wie Energie, Frequenz und Vibration." Wenn Ihnen dieser Satz bekannt vorkommt, dann haben Sie recht. Dieses
Buch beginnt mit diesem Zitat von Nikola Tesla und es endet
damit als Symbol dafür, dass es *in Wirklichkeit* keinen Anfang
und kein Ende gibt. Und natürlich, weil er die Wahrheit darüber
enthält, dass alles in unserem Universum Energie ist, es daher
keine feste Materie gibt, dass alles ständig fließt, alles lebt und
lebendig ist. Alles ist einzigartig in unserem Universum, da alles
in der je eigenen Frequenz schwingt und aus dieser Schwingung
lassen sich wiederum Zyklen und Rhythmen ableiten, welche
unser Leben in unserer vierdimensionalen „Realität" bestimmen.

Wenn es aber keine Materie, keinen Anfang und kein Ende gibt
und alles nur Schwingung ist – was existiert dann wirklich?
Geist. Oder Bewusstsein. Was Geist oder Bewusstsein ist, kann
der menschliche Verstand nicht erfassen. Daher ist das gebräuch-
lichste Wort dafür *das Göttliche. Das Göttliche ist* und *Es ist* das
Unmanifeste und das Unmanifeste ist die *Wirklichkeit*. Alles, was
existiert, also eine Form hat und sich verändert, ist das Manifeste und eine Illusion. Das Licht Ihres Bewusstseins beginnt
dann zu leuchten, sobald Sie sich dem Unmanifesten zuwenden,
Ihre Aufmerksamkeit weg von der Form von Dingen und hin zu
Ihrem wahren Sein lenken. Indem Sie sich mit dem Unmanifesten
beschäftigen, schätzen Sie automatisch das Manifeste, da alles
in der Existenz Befindliche ein Ausdruck des Unmanifesten ist.

Wenn Sie nachts einen Blick auf den Sternenhimmel werfen,
dann entspricht die Anzahl der Sterne, die Sie sehen, nur ei-

nem winzigen Bruchteil dessen, was allein in unserer Galaxie an Sternen existiert. Diese unbegreifliche Weite und Tiefe ist das Unmanifeste, welches sich, nach außen kehrend, als unser Universum darstellt. Da Sie mit diesem unbegreiflichen Wunder auf das Tiefste verbunden sind, ist diese Weite und Tiefe auch in Ihnen zu finden. Das ist das Unmanifeste in Ihnen. Es ist ein Gefühl von unbegrenzter Freiheit und Weite. Sie sind dieses Unmanifeste, das keinen Anfang und kein Ende hat. Die Form, die Sie sehen, ist letztendlich ein Ausdruck des Unmanifesten, da es ohne die Form sich selbst und seine Schöpfung nicht wahrnehmen kann. Sie sind das Werkzeug des Bewusstseins, durch welches das Bewusstsein seiner Schöpfung bewusst wird und gleichzeitig sind Sie das Bewusstsein selbst. Das ist das Geheimnis Ihrer Existenz.

Dieser Trick ist so genial, so unglaublich harmonisch und auf perfekte Art und Weise in sich geschlossen, dass es Ihnen unmöglich erscheint, ihn als Trick zu erkennen. In Ihrer äußeren Form als Mensch wird Ihre Aufmerksamkeit ständig durch die Dinge im Außen von Ihrem inneren Sein abgelenkt, sodass Sie das Unmanifeste ständig übersehen. Gleich einem Zauberer, welcher ebenfalls Ihre Aufmerksamkeit von der Wirklichkeit ablenkt, um seinen Zaubertrick als Realität erscheinen zu lassen, nutzt *das Göttliche* Ihre Unaufmerksamkeit, um Sie von der *Wirklichkeit* abzulenken.

Wozu geschieht das alles? Das Bewusstsein, welches das Wissen und die Intelligenz im Unmanifesten widerspiegelt, kann sich nicht selbst erkennen, da es *alles ist, was es gibt*. Stellen Sie sich vor, Sie suchen Ihre Brille, während Sie auf Ihrem Kopf ist. Sie können Sie unmöglich finden, da sie für Sie nicht sichtbar ist und so lange für Sie nicht existiert, bis jemand außerhalb von Ihnen Sie darauf aufmerksam macht oder Sie vor einem Spiegel stehen. Sie benötigen daher das Außen, um eine Lösung zu finden. Die wirkliche Lösung liegt in Ihrem Inneren. Das ist der unbewusste Zustand Ihres Selbst.

Das Bewusstsein ist sich seiner selbst voll und ganz bewusst, weiß also, wo sich Ihre Brille befindet. Wenn Sie erkennen, dass Sie der Andere sind, der Ihre Brille sieht, oder dass Sie das Spiegelbild sind, welches Sie anschaut und mit dessen Hilfe Sie Ihre Brille wiederentdeckt haben, dann haben Sie die Trennung aufgelöst und Sie sehen sich in allem wieder, was existiert. Dann hat Ihr Bewusstsein sich durch Sie selbst erkannt. Es erlangt Selbst-Bewusstsein und erkennt seine wahre Herkunft in der Form. In diesem Erkennen oder Erwachen liegt Ihre Aufgabe. Es gibt nichts anderes zu tun. Ihr inneres und Ihr äußeres Ziel sind dann zu einem Ziel verschmolzen. Dieses Erkennen ist ein rein geistiger Prozess. Sie können daher im Sinne von Handeln und Aktion nichts dafür tun.

Im Spiegelbild Ihrer „Realität" nehmen Sie sich als getrennt von sich selbst wahr. Das ist die Illusion Ihres Selbst. Obwohl Ihr innerer aktueller Bewusstseinszustand – durch den Sie die Welt so wahrnehmen, wie Sie Ihnen aktuell erscheint – ein komplett verzerrtes und verdrehtes Bild der *Wirklichkeit* darstellt, muss dieses als Basis für alle weiteren Entscheidungen herhalten. Gleichzeitig sagt es jedoch nie die Unwahrheit darüber aus, was Sie als Ihre innere Wahrheit zum aktuellen Zeitpunkt Ihres Lebens ausdrücken. Dies ist das Paradoxon Ihres Lebens.

Wenn Ihnen dies bewusst ist und Sie diese Wahrheit tief in Ihrem Inneren spüren können, dann haben Sie, um mit den Worten Jesu zu sprechen, die Welt überwunden. Was bedeutet es, die Welt zu überwinden? Die Welt zu überwinden heißt, frei zu sein von Angst, von Leid und Schmerz, die diese Welt beherrschen. Es bedeutet, dass Sie zurückgekehrt sind an Ihren Ursprung, wonach Sie sich Ihr ganzes Leben lang gesehnt haben.

Der einzige Grund für das Leid und den Schmerz in dieser Welt ist, dass Sie diese Verbundenheit mit Ihrem inneren Sein nicht spüren können. Ironischerweise liegt genau darin der tiefere Sinn der Schöpfung und der Weg des Erwachens verborgen. Da alles in diesem Universum einem Prozess gleicht, alles entsteht und wieder vergeht, ist auch Ihr Erwachen ein Prozess innerhalb dieses kosmischen Prozesses. Leiden und Schmerz sind nicht gottgewollt, aber sie sind Teil Ihrer Erfahrung. Sie können diesen Prozess abkürzen, ja sogar vermeiden, wenn Sie sich jetzt dazu entschließen, sich dessen bewusst zu werden, wer Sie in *Wirklichkeit* sind, und so zu Ihrem Ursprung zurückzukehren.

Beginnen Sie mit Dingen, die Ihnen leichtfallen: Schenken Sie einem Fremden ein Lächeln, helfen Sie einer älteren Person über die Straße oder klingeln Sie bei Ihrem Nachbar und fragen Sie, ob Sie irgendwie helfen können. Wenn Sie wüssten, dass Sie weder auf spiritueller noch auf materieller Ebene allein sind, dass Ihnen geholfen wird, sobald Sie Hilfe brauchen, würde dies nicht vieles verändern? Dadurch würde ein neues Bewusstsein entstehen, welches den Menschen erlauben würde, wieder mehr an die Liebe zu glauben. Indem die Liebe somit vermehrt in das Leben vieler Menschen einflösse, könnten neue Formen des Zusammenlebens entstehen, welche letzten Endes zu einem Wir-Bewusstsein führen würden, in dem die Angst, allein zu sein, von der Erkenntnis abgelöst würde, dass wir alle *eins* sind. Dies wiederum hätte eine so weitreichende Auswirkung auf uns Menschen, die Natur und auch auf Tiere und Pflanzen, wie Sie es sich vielleicht noch gar nicht vorzustellen vermögen. Die Erde würde sich in das verwandeln – oder vielmehr als das wahrgenommen werden –, was sie schon ist, ein Paradies.

Sie müssen daher nicht erst erleuchtet werden, um das Paradies auf Erden zu schaffen. Da Sie nicht anders können, als zu erschaffen, erschaffen Sie sich Ihr Paradies im Kleinen. Dies wird anderen ein Vorbild sein, es Ihnen gleichzutun. So verändern Sie die Welt. Wenn Sie einmal nicht weiterwissen, dann fragen Sie sich: „Was würde die Liebe jetzt tun?" Lassen Sie die Liebe in Ihr Leben einfließen, denn die *Wirklichkeit* ist Liebe. Sie sind Liebe, daher müssen Sie nichts anderes tun und haben somit alles, was Sie sich wünschen.

Da *das Göttliche* Liebe ist und es außer der Liebe nichts gibt, besteht die Aufgabe *des Göttlichen* darin, Ihnen immer eine neue Gelegenheit zu geben, das zu erschaffen, was Sie wählen. Wählen Sie, jede Sekunde aufs Neue, und feiern Sie Ihre Wahl, bis Sie Ihnen nicht mehr gefällt. Je weniger Sie auf bereits gemachte Erfahrungen oder die Meinung anderer beim Erschaffen Ihrer Realität zurückgreifen, desto tiefer geht die Erfahrung des Erschaffens.

Es gibt jedoch einen wichtigen Unterschied zwischen dem, was Sie wählen, und dem, was Sie sich wünschen. Wenn Sie sich etwas wünschen, dann drücken Sie gegenüber dem Universum einen Mangel aus, nämlich den, etwas nicht zu haben. Darauf fokussiert Ihr eigentlicher Urgedanke, der diesem Wunsch zugrunde liegt. Das Universum wird daraufhin Ihren Wunsch „erfüllen" und Ihnen das Gefühl des Mangels vermitteln. Wenn Sie jedoch etwas wählen, dann kann das Universum nicht anders, als Ihnen diese Wahl zukommen lassen. Wenn Sie daher in Ihrem Leben etwas Bestimmtes erfahren wollen, dann „wählen" Sie es, anstatt es nur zu „wollen". Danken Sie *dem Göttlichen* für die Erfüllung Ihrer Wahl und überlassen Sie *Ihm* alles Weitere.

Tun Sie daher, was Sie wirklich lieben. Verschenken Sie keine Sekunde. Sie haben nicht viel Zeit. Tun Sie etwas, was Sie erfreut, und zeigen Sie den anderen dadurch, wer Sie sind. Sie *tun* nicht etwas, um glücklich zu sein. *Seien* Sie glücklich und handeln Sie entsprechend. Es ist nicht wichtig, was Sie tun. Das Erschaffen von etwas, das Sie lieben, birgt genug Freude, um auch dem Resultat Ihres Schaffens genügend Glanz zu verleihen. Ihre Aufgabe als Schöpferwesen besteht darin, immer zu erschaffen, nicht darin, etwas zu erhalten oder zu besitzen. Ihre Belohnung liegt im Erwachen.

LIEBE IST DIE BOTSCHAFT UND LIEBE IST DIE ANTWORT!
LOVE IS THE MESSAGE AND THE ANSWER IS LOVE!
EL AMOR ES LA MENSAJE Y EL AMOR ES LA RESPUESTA!

ЛЮБОВЬ – ЭТО ПОСЛАНИЕ, А ЛЮБОВЬ – ЭТО ОТВЕТ!
L'AMOUR EST LE MESSAGE ET L'AMOUR EST LA RÉPONSE.
L'AMORE È IL MESSAGGIO E L'AMORE È LA RISPOSTA.
KÄRLEK ÄR BUDSKAPET OCH KÄRLEK ÄR SVARET.
사랑이 메시지이고 사랑이 답입니다.

LIEFDE IS DE BOODSCHAP EN LIEFDE IS HET ANTWOORD.
MIŁOŚĆ JEST PRZESŁANIEM I MIŁOŚĆ JEST ODPOWIEDZIĄ.
A SZERETET AZ ÜZENET ÉS A SZERETET A VÁLASZ.
SEVGI MESAJDIR VE SEVGI CEVAPTIR.

Literaturverzeichnis

Daniel Ackermann, „Alles eine Frage von Bewusstsein. Gott enthüllt seinen Zaubertrick".
Assunta-Verlag, Schweiz 2002

Bernadette von Dreien, „Christina. Die Vision des Guten".
Govinda Verlag, Rheinau/Schweiz 2018 (4. Auflage)

Sogyal Rinpoche, „Das tibetische Buch vom Leben und Sterben. Ein Schlüssel zum tieferen Verständnis von Leben und Tod".
Knaur Verlag, München 2010

K.O. Schmidt, „In dir ist das Licht. Von Ich-Bewußtsein zu kosmischem Bewusstsein".
Drei Eichen Verlag, Engelberg/Schweiz, München 1959

Satya Singh, „Das Yoga-Buch vom Leben und Sterben".
O.W. Barth Verlag, München 2013

Eckhart Tolle, „Jetzt! Die Kraft der Gegenwart".
J. Kamphausen-Verlag, Bielefeld 2012 (4. Auflage)

Neal Donald Walsch, „Gespräche mit Gott, Band 1: Ein ungewöhnlicher Dialog".
Wilhelm Goldmann Verlag, München 2006 (14. Auflage)

Neal Donald Walsch, „Gespräche mit Gott, Band 2: Gesellschaft und Bewusstseinswandel".
Arkana Verlag, München 2008 (5. Auflage)

Neal Donald Walsch, „Gespräche mit Gott, Band 3: Kosmische Weisheit".
Wilhelm Goldmann Verlag, München 2008 (7. Auflage)

Der Autor

Andreas Budz hat schon als Jugendlicher über die
Bücher von Elisabeth Kübler-Ross erste Kontakte
zu Texten gehabt, welche in ihm den Wunsch nach
einem Verständnis für die Sinnhaftigkeit und das
wahre Wesen der Dinge ausgelöst haben.

Dieser Wunsch ist über die Jahre gewachsen, so
dass auf Grund der gesammelten Erfahrungen
dieses Buch entstanden ist. „Sonnenaufgang" ist
ein Reisebegleiter, welcher nicht nur das Leben des
Autors begleitet hat, sondern auch Ihnen ein Begleiter sein möchte.

Es soll Ihnen die Schönheit und Perfektion der
Schöpfung näher bringen und Ihnen ihre Rolle als
Schöpfer ihres Lebens verdeutlichen. Denn wenn
Sie entdecken, wer Sie in Wirklichkeit sind, dann
werden Sie die Freude und das Glück erleben,
welches beim Schreiben dieses Buches dem Autor
wiederfahren ist.

novum ⟋ VERLAG FÜR NEUAUTOREN

Der Verlag

*Wer aufhört
besser zu werden,
hat aufgehört
gut zu sein!*

Basierend auf diesem Motto ist es dem novum Verlag
ein Anliegen, neue Manuskripte aufzuspüren, zu ver-
öffentlichen und deren Autoren langfristig zu fördern.
Mittlerweile gilt der 1997 gegründete und mehrfach
prämierte Verlag als Spezialist für Neuautoren in
Deutschland, Österreich und der Schweiz.

**Für jedes neue Manuskript wird innerhalb we-
niger Wochen eine kostenfreie, unverbindliche
Lektorats-Prüfung erstellt.**

Weitere Informationen zum Verlag und
seinen Büchern finden Sie im Internet unter:

www.novumverlag.com